원문 중심의 이야기 로마서

세움북스 는 기독교 가치관으로 교회와 성도를 건강하게 세우는 바른 책을 만들어 갑니다.

모두를 위한 신학 시리즈 2

원문 중심의 이야기 로마서

초판 1쇄 인쇄 2016년 7월 25일
초판 1쇄 발행 2016년 7월 30일

지은이 | 김곤주
펴낸이 | 강인구

펴낸곳 | 세움북스
등　록 | 제2014-000144호
주　소 | 서울시 마포구 양화로 78, 502호(서교동, 서교빌딩)
전　화 | 02-3144-3500
팩　스 | 02-6008-5712
이메일 | cdgn@daum.net

교　정 | 김민철, 김영욱
디자인 | 참디자인

ISBN 979-11-87025-08-5 (03230)

모두를 위한
신학 시리즈
2

복음과
신실함

원문 중심의
이야기 로마서

Gospel and Faithfulness:
A story of Romans with a consideration of the Greek Text

김곤주 지음

세움북스

일러두기

1_ 이 책은 단순한 강해설교집이 아닌, 성경신학적 통찰력을 제공해 주는 원문 중심의 로마서 해설서입니다.
2_ 이 책은 2년 가까이(2012-2013) 호주 새언약교회의 주일 강단에서 설교한 실제적인 이야기들을 바탕으로 한 흥미로운 이야기 중심의 강해입니다.
3_ 이 책은 로마서 주석서와 신학서들 그리고 이와 관계된 많은 자료를 비교 연구 검토한 로마서 연구서입니다.
4_ 이 책에 사용된 헬라어는 기식(숨, 발성)의 표기법(강기식과 약기식)을 생략하였으며, 또한 세 개의 악센트 부호들(acute, circumflex, grave) 가운데, 가장 강한 악센트를 가진 애큐트 부호만 사용하여 표기법을 단순화하였습니다.
5_ "더 깊은 이해를 위한 추천 자료"는 참고문헌 목록에 포함되지 않으며, 다만 저자가 문헌들을 구체적으로 인용하였을 경우에 참고문헌에 수록하였습니다.
6_ 이 책은 로마서 전체를 다루었기에 로마서가 본문인 경우 장과 절만 표시했습니다.
7_ 본문에서 등장하는 참고도서는 저자와 페이지만 표시했습니다. 해당 도서에 대한 설명은 참고문헌을 참고하시기 바랍니다.

머리말

복음에 대한 보다 깊은 이해와 그 진리를 바탕으로 한 신앙생활에 있어서, 로마서만큼 깊고 풍부한 진리를 제공해 주는 책은 없을 것입니다. 이 글은 이러한 로마서 전체의 내용을 충실하게 원문 중심으로 이해할 수 있도록 도우면서, 동시에 신앙생활에 실제적인 적용이 가능하도록 다양한 소재들을 하나의 이야기 형식(narrative)으로 구성했습니다.

특별히, 로마서 9–11장은 지금도 많은 신자들과 교회 지도자들이 이해하는 데 어려움을 느끼고 있는 부분입니다. 따라서 9–11장은 보다 자세히 살펴보고 연구할 수 있도록 다루었습니다.

한마디로 말해서, 이 글을 통해 구원의 복음의 본질에 대한 깊은 이해(1–8장)와 그 구원을 이루어 가시는 하나님의 신실함(9–11장), 그리고 이러한 복음을 누리는 신실한 신자의 삶(12–16장)에 대하여 여러분과 함께 나누게 될 것입니다. 이 책을 통하여 로마서의 깊고 풍부한 진리들을 올바르게 이해하고, 그 복음의 진리를 누리며 살아가는 데 큰 유익이 있기를 기대합니다.

이 책이 나오기까지 가장 가까이서 길고도 오랜 시간 동안 로마서 복음을 들었던 새언약교회의 작은 공동체 식구들에게 감사를 전합니다. 또한 성경신학의 깊이와 넓이에 눈을 뜨게 해 주시고, 본 내용의 로마서

9–11장의 연구에 큰 도움을 주었던 무어신학교 교수님들에게 감사를 전합니다.

무엇보다 그동안 내조를 아끼지 않았던 아내의 헌신과 수고, 그리고 어머님의 기도에 애정어린 감사를 표현하고 싶습니다. 더불어서, 한 권의 책으로서 내놓기에 부끄럽지 않도록 내용을 다듬고, 부족한 원고를 흔쾌히 수락해 주고 격려와 조언을 아끼지 않고 수고해 주신 세움북스의 가족들에게도 감사의 인사를 전합니다.

시드니의 자택에서

저자 김곤주

추천사

늘 새로운 도전과 의문을 던지는 신학생(神學生)이었던 저자 김곤주 목사를 만난지 25년이 되어 갑니다. 그동안 저자는 여러 가지 시련 앞에서 믿음의 혁신을 해 왔으며, 지금도 초지일관(初志一貫) 달려갈 사명의 길을 가고 있기에, 이 책은 '삶이 묻어 나오는 신앙의 흔적'입니다.

저자는 이 책에서 삶 속에서의 복음을 드러내고 있습니다. 그래서 이 책은 원문 중심의 이야기일 뿐만 아니라, 신앙의 진정성을 느끼게 하면서 독자가 하는 고민을 함께 느끼게 할 것입니다. 이러한 저자의 글은 진솔하게 교인들과 대화하고자 하는 목회자들은 물론, 이 시대를 살아가는 그리스도인들에게 더욱 필요한 내용이라고 생각합니다.

또한 저자는 이 책을 통하여 이 시대의 그리스도인들에게 '삶이 곧 예배'임을 잘 드러내고 있습니다. 바로 이러한 그리스도인들의 거룩한 삶이 곧 교회와 이 나라를 치유하는 참된 원동력이 될 것입니다. 이 책을 읽다 보면 여러분들은 이 시대(時代)를 살리는 '하나님의 신실함'과 그에 응답하는 '나의 신실함'이라는 '신실함의 세계'로 빠져 들어가게 될 것입니다.

새중앙교회 협동목사

윤호종 목사

추천사

로마서는 우리가 읽어야 할 신약의 서신서들 가운데 가장 중요한 성경이다. 종교개혁자 루터는 로마서와 갈라디아서와 결혼했다고 하며 이 두 책을 자신의 아내라고 하기까지 했다. 칼빈도 로마서를 이해하는 사람은 성경 전체를 이해하는 확실한 길로 들어선 사람이라고 하며, 바울 서신 중에 로마서는 가장 큰 것이며 복음에 근본적 교리인 '의인은 믿음을 살리라'는 말씀은 가장 위대한 문장이라고 말했다.

이러한 로마서를 많은 사람들이 복음의 정수임을 고백하지만, 정작 로마서의 풍부한 진리를 쉽고도 깊이 있게 전달하면서 복음에 대한 올바른 이해를 돕는 책들은 많지 않다. 한편으로 지나치게 겉핥기식이어서 로마서의 깊은 진리를 발견하지 못하고 지나치는 경우들이 많다면, 다른 한편으로는 지나치게 사변적이고 학문적인 설명으로 독자들이 읽기에 지루함과 난해함을 느끼게 하기 때문이다. 이러한 상황에서 일반 신자들과 신학생, 그리고 목회자들에 이르기까지 참고서가 될 수 있는 책이 발간됨을 기쁘게 생각한다.

특별히 로마서에서 가장 난해한 부분으로 알려진 9-11장을 쉽고 자세히 설명한 책은 아직까지 찾아볼 수 없었던 것 같다. 또한 로마서 전체의 내용을 이해하는 데 있어서 필요한 원어 설명과 이야기 중심의 구성은 독자들에게 흥미와 유익을 주기에 충분하다. 복음과 하나님의 신실함이라는 주제 아래 쓰인 「원문 중심의 이야기 로마서」가 나의 사랑하는 후배를 통하여 발간하게 됨을 진심으로 축하하며 한국 교회 앞에 자신 있게 추천하는 바이다.

2016년 1월 수리산 기슭에서

전 안양대학교 총장, 이은규목사

차례

2부 언약에 대한 하나님의 신실함(9–11장)

3부 복음 안에 거하는 신실한 삶(12–16장)

1부

복음 안에 있는 구원과 믿음(1-8장)

들어가는 글

로마서 1–8장의 내용은 사도 바울이 기록한 13권의 바울 서신 가운데서 복음의 핵심 내용을 가장 구체적이고도 논리적으로 설명하고 있는 내용으로 인정받고 있습니다. 그러나 이 내용의 구조를 이해하고 분석하는 데 있어서는 다양한 관점들이 공존하고 있는 것이 사실입니다.

예를 들어서, 1–8장 전체의 내용을 크게 구분한다면, 1–4장과 5–8장의 두 부분으로 구분될 수 있습니다. 이러한 구조는 '믿음을 통한 칭의를 핵심 내용으로 보느냐' 혹은 '믿음을 통한 그리스도와의 연합과 성화를 핵심 내용으로 보느냐'에 따른 단순한 구분이라고 말할 수 있습니다. 다시말해서, '하나님을 떠난 모든 사람이 죄인이요. 그러한 죄인들이 예수 그리스도를 믿음으로 의롭게 된다'는 내용이 1–4장의 핵심 내용이라면, '예수 그리스도를 믿은 사람들이 예수 그리스도와 실제적으로 연합된 자들로서 삶(성화)'을 살아가는 구원받은자의 상태가 어떠한지를 다루고 있는 내용이 5–8장의 핵심이라고 볼 수 있습니다.

하지만, 로마서 1–8장 내용의 구조를 이해하는 데 있어서 신학자들 사이에는 다양한 견해가 있으며, 이 부분에 있어서 특별히 5–8장의 관계는 복잡하고도 미묘한 관계 속에 있습니다. 따라서 이 부분은 어떤 신학적 관점으로 내용의 구조를 보느냐에 따라서 다른 견해를 가질 수 있기에 이러한 신학적 논쟁을 접어 두고 본문의 내용을 이야기의 흐름을 따라서 쉽게 이해하고 접근하고자 합니다.

이러한 차원에서, 제1부에서는 로마서 1-8장 전체의 내용을 '죄와 구원에 관한 복음'(1-3장), '믿음과 관계된 죄와 율법의 관계'(4-6장), 그리고 '믿음과 관계된 성화'(7-8장)라는 이야기의 흐름을 따라서 내용의 큰 주제들을 구성하였습니다. 로마서 1-8장 전체의 내용이 구원에 이르는 길과 구원받은 신자의 상태(종말론적 구원의 삶을 살아가는 신자들의 참 모습)에 대해서 사도 바울이 서술해 가고 있는 내용들을 구체적으로 따라가면서, 복음에 대한 깊고도 넓은 이해와 적용을 할 수 있기를 기대해 봅니다.

1장

복음이 무엇인가(1장)

복음은 헬라어로 '유앙겔리온'(εὐαγγέλιον), 영어로 가스펠(Gospel)입니다. 이 말은 '좋은 소식'(Good News) 혹은 '좋은 메시지'(Good Message)라는 뜻입니다. 복음은 하나님께서 우리의 죄를 용서하시고자 이 땅에 예수 그리스도를 보내셨고, 그 예수 그리스도를 믿기만 하면 죄에서 구원받아 영생을 누릴 수 있다는 소식입니다. 뿐만 아니라 복음은 죄로 인한 고통과 불행 가운데 사는 인생들이 예수 그리스도를 만남으로 진정한 영혼의 만족과 기쁨을 누릴 수 있다는 소식입니다. 바울은 주후 55-58년경 고린도(Corinth) 지방에서 이 서신을 기록했는데, 로마에 살고 있던 신자들에게 이 복음을 다음과 같이 소개하면서 로마서를 시작합니다.

> 1예수 그리스도의 종 바울은 사도로 부르심을 받아 하나님의 복음을 위
> 하여 택정함을 입었으니 2이 복음은 하나님이 선지자들을 통하여 그의
> 아들에 관하여 성경에 미리 약속하신 것이라 3그의 아들에 관하여 말하
> 면 육신으로는 다윗의 혈통에서 나셨고 4성결의 영으로는 죽은 자들 가
> 운데서 부활하사 능력으로 하나님의 아들로 선포되셨으니 곧 우리 주
> 예수 그리스도시니라 5그로 말미암아 우리가 은혜와 사도의 직분을 받
> 아 그의 이름을 위하여 모든 이방인 중에서 믿어 순종하게 하나니 6너희

도 그들 중에서 예수 그리스도의 것으로 부르심을 받은 자니라 [7]로마에
서 하나님의 사랑하심을 받고 성도로 부르심을 받은 모든 자에게 하나님
우리 아버지와 주 예수 그리스도로부터 은혜와 평강이 있기를 원하노라
(1:1–7).

헬라어 본문을 보면, 1장 1–7절은 하나의 긴 문장으로 이루어져 있으며, 바울이 쓴 13권의 서신 안에 있는 문안 인사들 중에서 가장 깁니다. 이 긴 인사말에서 바울은 자신을 '예수 그리스도의 종이요 부름 받은 사도'라고 소개합니다. 여기서 바울이 말하는 '종'이란 '하나님의 종'이라는 유대적인 표현일 뿐만 아니라 당시 로마 사회의 '종'(slave)을 생각하며 사용한 표현입니다.[1] 그러면서 바울은 로마 교회의 성도들에게 "너희도… 예수 그리스도의 것"(1:6)이라고 말함으로써 예수 그리스도의 소유됨을 강조하며, 예수 그리스도가 주인 되심을 강조합니다. 이처럼 신자들은 "예수님이 나의 주인입니다"라고 인정하고 고백하는 사람들이고, 그들이 바로 성도입니다. 그러므로 우리가 "하나님의 사랑하심을 받고 성도로 부르심을"(1:7) 받았다는 말은 우리가 하나님의 자녀가 되었고, 동시에 예수 그리스도의 종이 되었으며 예수 그리스도가 우리의 주인이시라는 의

---

1) 1장 1절에서 바울은 자신이 하나님께 보냄 받은 사도이며 동시에 예수 그리스도의 종이라고 말합니다(1:1). '사도'(apostle)는 헬라어로 '아포스톨로스'(ἀπόστολος)인데 '보냄을 받은 자'(messenger)라는 뜻이며, '종'은 헬라어로 '둘로스'(δοῦλος)인데 '노예'(slave)나 '종'(bond servant)을 의미합니다. 칼빈(John Calvin)은 바울이 사용한 이 '종'이라는 단어가 '공무원'(officer 또는 minister)을 가리킨다고 해석하였으며, 반면에 무(Douglas J. Moo)와 슈라이너(Thomas R. Schreiner)는 구약을 배경으로 한 하나님의 종이라는 유대적 표현이라고 설명합니다(Calvin, *The Romans*, 3–4; Moo, *Romans*, 40–41; Schreiner, *Romans*, 32).
이 점에 있어서 우리는 구약의 유대적 문화와 바울 당시 헬라적 문화를 동시에 고려해야 합니다. 따라서 바울이 사용하는 '종'은 구약 시대의 선지자들과 같이 하나님의 종이라는 사명 의식과 함께, 당시의 문화적 배경 속에서 주인의 소유 의식과 충성심을 보여 주는 의미로 이해하는 것이 적절합니다(Dunn, *Romans 1–8*, 7–8; Hultgren, *Romans*, 39–41).

미이기도 합니다(cf. 14:7–8; 고전 6:20).

바울은 이러한 인사말과 함께 "이 복음은 하나님이 선지자들을 통하여 그의 아들에 관하여 성경에 미리 약속하신 것"(2절)이라고 말합니다. 왜 이러한 말로 복음의 내용을 소개할까요? 구약성경에 능통한 바리새파의 율법 학자였던 바울은 다메섹으로 가는 도중에 부활하신 예수님을 만났고(행 9:1–5), 그 결과 구약의 메시아 예언들이 바로 예수 그리스도를 가리키고 있음을 분명하게 깨닫게 되었습니다. 그래서 이 복음은 "육신으로는 다윗의 혈통에서 나셨고 성결의 영으로는 죽은 자들 가운데서 부활하사 능력으로 하나님의 아들로 선포"되신 예수 그리스도에 관한 것이라고 인사말에서 소개합니다(1:3–4).

"육신으로는 다윗의 혈통에서 나셨고 성결의 영으로는 죽은 자들 가운데서 부활하사 능력으로 하나님의 아들로 선포되셨으니"(1:3–4)라는 말에 대해서 여러 해석이 있습니다.[2] 하지만 이 내용은 다윗의 혈통을 따라 이 땅에 오신 예수님이 성령의 능력 안에서 부활하심으로써 하나님의 아들이심이 확증되었다는 말씀입니다(cf. 빌 2:6–11). 이 부분에 있어서, 톰 라

---

2) 1장 3–4절의 해석에 따른 세 가지 주요 논점은 다음과 같습니다. 첫째, '성결의 영'에 해당하는 헬라어(πνεύμα αγιωσύνης)는 '인간의 영' 혹은 '성령'이라는 두 가지 해석이 가능하기에, NIV 성경은 '거룩한 성령'(the Spirit of holiness)으로, KJV 성경은 '인간의 거룩한 영'(the spirit of holiness)으로 번역합니다. 하지만 문맥상 NIV의 성령(대문자 Spirit)이 더 적합합니다. 둘째, '성결의 영'이라는 표현을 육신의 예수님이 부활의 순간에 하나님의 아들로 받아들여졌다는 양자론(adoptionism)과 연관해서 해석하는데, 이는 예수님이 본래부터 하나님의 아들이심을 부정하는 잘못된 해석입니다. 여기서 말하는 양자론은 예수님이 부활하시기 전까지 우리와 똑같이 오직 인성(human nature)만을 가지고 계셨으나, 예수님이 부활하신 그 시점을 기준으로 신적인 하나님의 아들(divine nature)로 인정받았다(adopted)는 해석입니다. 셋째, 1장 3–4절의 말씀이 예수님의 두 본성을 대조하고 있다는 주장입니다. 그러나 바울은 '성령'(혹은 '영')과 '육체'(혹은 '육')를 종종 대조적으로 표현합니다(예, 7:5–6; 8:2–13; 갈 3:3; 4:29; 5:16–18 등). 다시 말해서, 바울이 21번 사용한 '살크스'(σάρξ)는 '육체' 또는 '육'으로 번역되고 있으며, 바울이 사용한 이 단어는 연약성(혹은 죄성)을 지닌 인간 존재 그 자체를 나타내는 표현입니다(Moo, *Romans*, 47).

이트(N. T. Wright)는 "바울이 말하는 복음은 주(Lord)로 불리던 로마의 가이사 황제에 대하여 진정한 주(Lord)로 오신 왕(황제)의 탄생과 승천을 의미한다"라고 설명합니다(Wright, "Paul's Gospel and Caesar's Empire", 2004).[3] 이러한 설명은 당시 문화적 배경에서 볼 때 타당성이 있습니다. 그러나 복음은 사복음서 기자들이 보여 주듯이 예수 그리스도의 생애뿐만 아니라, 하나님 나라에 관한 예수 그리스도의 가르침을 포함합니다. 따라서 바울은 이러한 총체적인 복음이라는 의미에서 "예수 그리스도에 관한 것"(1:4)이라고 복음을 이야기합니다.

더 나아가서, 바울은 복음을 받아들인 이방인들이 하나님을 "믿어 순종하게 하나니"(1:5)라고 말합니다. 이 말의 의미는 '진정한 믿음이란 순종을 동반한다'는 것입니다. 다시 말해서, "믿어 순종하게 하나니"(ὑπακοὴν πίστεως)라는 구절은 '믿음의 순종'(obedience of faith)으로 번역하는 것이 알맞습니다. 따라서 '믿음에 대한 순종'(obedience to the faith, KJV)이라는 번역보다는 '순종으로 구성된 믿음'(faith that consists of obedience, NIV)으로 번역한 NIV 성경이 더 올바른 번역이라고 볼 수 있습니다. 바울은 로마서의 마지막 장에서 "모든 민족이 믿어 순종하게 하시려고"(16:26)라는 말을 하면서 다시 '휘파코엔 피스테오스'(ὑπακοὴν πίστεως)라는 같은

---

3) 톰 라이트는 예수 그리스도께서 구약에 예언된 왕(다윗)의 자손으로 오신 진정한 왕임을 강조하면서, 당시 로마 황제를 주님이라고 부르는 세상에 대해서 예수님이 주님이시라고 선포하는 것이 복음이라고 정의하고, 이런 차원에서 1장 3–4절의 내용을 '왕의 신학'이라고 부르고 있습니다 (톰 라이트, 「바울의 복음을 말하다」, 80–81). 또한 라이트는 복음의 내용을 '십자가에 못 박힌 예수', '부활한 예수', '왕이신 예수', 그리고 '하나님의 복음'(예수–하나님)이라는 4가지 요소(사중복음)로 말합니다(Ibid, 67–92).
물론 복음은 이러한 기본적 요소들을 지니고 있는 것이 분명합니다. 그러나 바울이 이해한 복음에 대한 라이트의 정의는 예수 그리스도의 죽음과 부활이라는 측면과 아울러 예수 그리스도의 가르침(죄인을 구원하러 오심과 천국 비유 등)을 포함하는 포괄적인 의미의 복음에 대하여 충분한 설명을 하지 못하고 있다고 여겨집니다.

표현을 반복함으로 이것이 어떠한 성격의 믿음인지를 말합니다.

바울은 로마서를 통하여 철저하게 믿음을 강조하지만, 그 믿음은 순종의 행위를 동반하는 믿음을 의미합니다. 믿기만 하면 자동으로 순종이 주어진다는 것이 아니라 성령 안에 거하며 성령의 인도하심을 따르는 진정한 신자의 삶을 사는 것을 의미합니다(8:3-4). 이 점에 있어서 예수님은 "그들의 열매로 그들을 알지니…좋은 나무가 나쁜 열매를 맺을 수 없고 못된 나무가 아름다운 열매를 맺을 수 없느니라"(마 7:16-18)고 말씀했습니다. 또 야고보는 "행함이 없는 믿음은 죽은 것"(약 2:26)이라고 말했습니다. 그러므로 구원에 이르는 진정한 믿음은 순종의 행위로 증명됩니다.

그러고 나서 바울은 인사말에 해당하는 서론에서 로마에 있는 성도들에게 은혜와 평강이 있기를 기원하는 말로 마칩니다(1:7). 여기서 '은혜'란 일차적으로 예수 그리스도를 통하여 우리에게 값없이 주신 구원의 은혜를 뜻하고, '평강'은 그 구원의 결과로 누리게 되는 영혼의 평화를 의미합니다. 그리고 이 은혜와 평강은 우리가 매일의 삶 속에서 경험하며 누리게 되는 영적인 복을 의미합니다. 바울은 이러한 축복의 인사로 로마서의 서론을 마칩니다. 그러고 나서 바울은 아직 한 번도 가 보지 못한 로마의 방문 계획과 방문 목적에 대하여 다음과 같이 기록합니다.

> 8먼저 내가 예수 그리스도로 말미암아 너희 모든 사람에 관하여 내 하나님께 감사함은 너희 믿음이 온 세상에 전파됨이로다 9내가 그의 아들의 복음 안에서 내 심령으로 섬기는 하나님이 나의 증인이 되시거니와 항상 내 기도에 쉬지 않고 너희를 말하며 10어떻게 하든지 이제 하나님의 뜻 안에서 너희에게로 나아갈 좋은 길 얻기를 구하노라 11내가 너희 보기를 간절히 원하는 것은 어떤 신령한 은사를 너희에게 나누어 주어 너희를

> 견고하게 하려 함이니 12이는 곧 내가 너희 가운데서 너희와 나의 믿음으
> 로 말미암아 피차 안위함을 얻으려 함이라 13형제들아 내가 여러 번 너희
> 에게 가고자 한 것을 너희가 모르기를 원하지 아니하노니 이는 너희 중
> 에서도 다른 이방인 중에서와 같이 열매를 맺게 하려 함이로되 지금까지
> 길이 막혔도다 14헬라인이나 야만인이나 지혜 있는 자나 어리석은 자에
> 게 다 내가 빚진 자라 15그러므로 나는 할 수 있는 대로 로마에 있는 너희
> 에게도 복음 전하기를 원하노라(1:8–15).

먼저 바울은 로마의 성도들의 믿음이 세워져 감을 하나님께 감사하면서 내가 쉬지 않고 너희를 위하여 기도하고 있다고 말합니다(1:8–9). 그러면서 어떻게 하든지 하나님의 뜻 안에서 너희에게 가기를 원한다고 고백합니다(1:10). 물론 바울이 모든 것을 제쳐 놓고 로마에 가려고 했다면 왜 못 갔겠습니까? 하지만 바울은 자신의 방법대로 로마에 가고자 한 것이 아니라, 하나님의 뜻 안에서 하나님께서 예비하신 때에 가고자 기다렸던 것입니다. 우리의 신앙생활도 마찬가지입니다. 신앙생활이란 내가 원하는 인생을 내 뜻대로 살아가는 것이 아니라 하나님의 뜻이 무엇인지, 그리고 하나님의 방법이 무엇인지 생각하고 기도하면서 기다리며 살아가는 것입니다. 그래서 신앙은 기다림입니다.

그러면서 바울은 "내가 너희 보기를 간절히 원하는 것은 어떤 신령한 은사를 너희에게 나누어 주어 너희를 견고하게 하기 위함이고, 피차 안위함을 얻으려 힘이라"(1:11–12)고 말합니다. 여기서 말하는 '신령한 은사'란 영어로 '영적인 선물'(spiritual gift)이라고 하는데, 그 의미는 두 가지로 설명할 수 있습니다. 첫째는 '신령한 영적 은사들'이라고 이해하는 것입니다. 예를 들면, 로마서 12장과 고린도전서 12장, 그리고 에베소서 4

장에 나오는 모든 종류의 은사들과 관련이 있는 것으로 이해하는 것입니다. 둘째는 '복음'이라고 이해하는 것입니다. 다시 말해서, '은사'라고 번역한 이 단어는 헬라어로 '카리스마'(χαρίσμα)인데, 기본적으로 '선물', '은사', '은혜'라는 뜻이 있습니다. 따라서 신령한 은혜가 바로 복음이라고 이해할 수 있습니다. 그래서 이 말씀은 그 다음 로마서 1장 15절에 나오는 "나는…너희에게 복음 전하기를 원하노라"는 말씀과 같은 맥락에서 이해할 수 있습니다. 물론 바울이 영적인 은사들을 포함하여 언급하고 있음을 생각해 볼 수 있지만, 본문에서 말하는 '은사', 즉 '카리스마'(χαρίσμα)는 근본적으로 은혜의 복음을 의미합니다.[4)]

그래서 바울은 "로마에 있는 너희에게도 복음 전하기를 원하노라"(1:15)고 말합니다. 그렇다면 이미 복음을 듣고 신앙생활을 하고 있는 로마 교회의 성도들에게 왜 다시 복음을 전해야 할까요? 왜 로마에 있는 성도들이 복음을 다시 들어야 합니까? 복음은 예수님을 모르는 사람들만 듣는 것이 아니기 때문입니다. 복음은 신앙생활의 뿌리와 같기 때문입니다. 그래서 신앙생활을 오래 해도 진정한 믿음의 변화가 없고, 신앙의 열매가 없는 것은 뿌리에 문제가 있기 때문입니다. 다시 말해서, 복음을 지식으로 알고 가슴으로 느끼지 못하기 때문입니다. 복음의 내용은 알지만 실제로 그 복음을 누리는 신앙생활을 하지 못하기 때문입니다. 복음

4) 1장 11절에서 바울이 언급한 '신령한 은사'를 헬라어로 살펴보겠습니다. 기본적으로 '은사'(카리스마, χαρίσμα)와 '은혜'(카리스, χαρίσ)는 종종 구분되어 사용됩니다. 그러나 사실상 '은사'는 '은혜'라는 한 단어에서 나온 말로서, 둘 다 같은 의미로 사용되는 경우도 많습니다. 그래서 바울이 사용한 '카리스마'는 한편으로는 구원과 관계되고(1:11; 5:15; 6:23; 14:19; 고전 1:8; 7:7; 고후 1:11), 다른 한편으로는 성령 혹은 성령의 나타남과 관계가 있는 단어입니다(12:6; 고전 12:11). 다시 말해서, '카리스마'는 한편으로 선물로 주어지는 구원의 은혜와 관계가 있고, 다른 한편으로는 성령 혹은 성령의 은사와도 관계가 있기 때문에 문맥의 흐름과 문장의 의미에 따라서 단어의 의미가 번역되어야 합니다.

은 단순히 아는 것으로 끝나는 지식이 아니라 생명입니다. 그래서 복음은 믿고 누리는 것입니다. 예수님이 내 삶의 주인 되심을 인정하고 경험하면서 살아가는 것입니다. 그러한 신자들에게 복음은 생명이고 기쁨이고 능력의 근원이 됩니다.

그러므로 복음을 가슴으로 경험하지 못했다면 복음을 다시 들어야 합니다. 복음의 감격을 경험했지만 지금 은혜가 없다면 복음을 다시 들어야 합니다. 신앙생활의 의미와 기쁨을 잃어버렸다면 복음을 다시 들어야 합니다. 삶의 진정한 의미와 삶의 원동력이 복음 안에 있기 때문입니다. 그래서 복음의 감격이 살아 있는 사람은 어떤 어려움과 고난 앞에서도 무너지지 않습니다. 이 복음 안에 굳게 서야 우리의 신앙은 견고해지고 우리의 믿음은 자라갑니다.

이러한 신앙생활은 특별히 복음 안에서 서로 위로하고 격려하는 성도의 교제를 통해 자라고 더 견고해집니다. 그래서 바울은 "내가 너희 보기를 원하는 것은 첫째로 신령한 은사와 은혜를 나누어 주기 위해서요, 너희와 함께 있으면서 서로가 위로 받고 서로 힘을 얻는 성도의 교제를 나누기 위해서다"라고 말합니다(1:11-12). 진정한 성도의 교제는 서로가 복음에 합당한 삶을 살아가도록 격려하고 붙들어 주는 것입니다. 진정한 성도의 교제란 그 안에서 서로 배우고 가르치고 나누며 사는 것입니다. 이렇게 복음 안에서 나누는 교제가 풍성할 때, 우리의 믿음은 그리스도의 장성한 분량에 이르기까지 자라갈 수 있습니다.

이와 같이 바울은 로마에 있는 성도들에게 다시 복음을 전하기 원했습니다. 복음의 교제를 나누기 원했습니다. 그러면서 1장 16-17절에서 다음과 같이 선언합니다.

16내가 복음을 부끄러워하지 아니하노니 이 복음은 모든 믿는 자에게 구
원을 주시는 하나님의 능력이 됨이라 먼저는 유대인에게요 그리고 헬라
인에게로다 17복음에는 하나님의 의가 나타나서 믿음으로 믿음에 이르게
하나니 기록된 바 오직 의인은 믿음으로 말미암아 살리라 함과 같으니라
(1:16-17).

바울은 1장 16절에서 내가 복음을 부끄러워하지 않는다고 고백하면서 이 복음이 "먼저는 유대인에게요 그리고 헬라인에게로다"라고 밝힙니다. 여기서 우리는 구원에 있어서 유대인과 이방인의 관계는 '차별은 없으나 구별(순서)은 있다'는 중요한 성경신학적 원리를 발견하게 됩니다. 이 점에 있어서 바울은 "먼저는 유대인에게요 그리고 헬라인에게로다"(2:9-10)라는 말을 반복합니다. 다시 말해서, 유대인과 이방인을 차별하지는 않으나 구별해서 말하고 있음을 잘 보여 줍니다. 이 사실은 9-11장에서 다루는 유대인과 이방인의 관계를 이해하는 데 하나의 단서가 됩니다. 9-11장에는 택하신 언약 백성에 대한 '하나님의 신실함'이라는 중요한 신앙적 주제가 함축되어 있습니다.

본문에서 특별히 집중해서 살펴보아야 할 주제는 '하나님의 의'입니다. 먼저 '하나님의 의'에 대한 발견이 기독교 역사에 얼마나 큰 영향을 끼쳤는지 마르틴 루터를 통해서 잠깐 살펴 보겠습니다. 1483년, 독일에서 태어난 루터는 법학을 공부하던 대학생 시절, 길을 가다가 갑자기 폭우를 동반한 천둥 번개를 만났습니다. 그런데 오랫동안 종교적 평안을 추구했던 루터의 바로 옆에 벼락이 떨어지자, 너무나 두려웠던 루터는 자신을 살려 주면 신부가 되겠다고 하나님께 서원 기도를 했습니다. 그 후에 신부로서 끊임없는 고행과 수행을 계속했지만, 루터는 죄인에게 진

노하시는 심판의 하나님을 생각하면서 마음의 불안을 떨쳐버릴 수 없었습니다. 나중에 그가 박사 학위를 받고 교수가 되어 독일의 비텐베르크(Wittenburg) 대학에서 시편과 로마서를 가르치기 전까지도 그는 로마 가톨릭의 가르침과 교리를 벗어나지 못하였고 복음에 대한 바른 진리를 깨닫지 못했습니다.

그래서 루터는 자신이 듣고 배운 대로 로마서 1장 17절에서 말하는 '하나님의 의' 때문에 하나님께서는 불의한 죄인을 처벌하시는 것으로만 알고 있었습니다. 그러다가 신학생들에게 로마서를 가르치려고 깊이 있게 연구하면서, '하나님의 의'(1:17)에 대한 바른 복음의 진리를 깨닫게 되었습니다. 다시 말해서, 인간의 의(로운 행동)와 전혀 관계없이 하나님의 의(그리스도의 의)로 말미암아 구원을 얻게 된다는 사실을 깨달았습니다. 그 결과, 종교적인 선행이나 인간의 의로운 행위가 인간의 죄를 속죄하고 구원에 이르게 하는 데 효력이 있다고 믿었던 중세 로마 가톨릭의 신앙관이 잘못되었음을 깊이 깨닫게 되었습니다. 따라서 그는 자신이 거대한 로마 가톨릭의 세력에 의해서 죽을 수도 있다는 것을 각오하면서 자신이 깨닫게 된 참된 진리를 외쳤습니다. 그렇게 하나님께서는 루터를 사용하셔서 중세 기독교의 세계관을 뒤흔드는 종교개혁의 불을 붙이셨습니다(스피츠, 59-73; 워커, 165-171; 곤잘레스, 「기독교사상사 III」, 46-52; Haacker, 153-6.).

그렇다면 1장 17절에서 바울이 말하는 '하나님의 의'는 구체적으로 무엇을 의미할까요? 여기서 '의'는 헬라어로 '디카이오쉬네'(δικαιοσύνη)인데, 우리말 성경에서는 '의', '의로움', '정의' 또는 '공의'라고 번역되어 있습니다. 그리고 이 '하나님의 의'라는 표현과 관련해서 구약성경에서 말하는 '의'는 기본적으로 두 가지 의미를 포함합니다. 첫째, 이 '의'는 재판석에서 재판관이 죄인에게 '의롭다'라고 선언할 때 쓰는 선언적 의미로 쓰입니다(출 9:27; 느 9:33).

둘째, 구약성경에서 사용한 '의'라는 단어는 '하나님의 구원 행위'를 나타냅니다. 시편 98편 2절을 보면, "여호와께서 그의 구원을 알게 하시며 그의 공의를 뭇 나라의 목전에서 명백히 나타내셨도다"라고 기록합니다. 이 말씀을 보면 하나님의 구원 행위와 함께 하나님의 공의가 나타남을 말합니다. 또 이사야 51장 8절을 보면 "나의 공의는 영원히 있겠고 나의 구원은 세세에 미치리라"라고 말합니다. 이 말씀 또한 하나님의 구원과 공의가 동시에 나타나고 있음을 보여 줍니다. 다시 말해서, 하나님의 공의가 죄인에게는 심판을 의미하지만 동시에 의인에게는 하나님의 구원 행위를 의미합니다. 그러므로 파이퍼(John Piper)와 슈라이너가 말하고 있는 것처럼 하나님의 의는 '행동하시는 구원의 능력을 보여 주시는 하나님의 의'로 이해할 수 있습니다.[5)]

이렇게 구약성경에서 말하는 '하나님의 의'에 대한 이해를 기본으로, 1장 17절에서 말하는 '하나님의 의'를 네 가지 의미로 살펴보겠습니다. 첫째는 하나님 자신이 의로우신 분이기 때문에 하나님께서 소유하신 '하나님의 의'요, 둘째는 죄인을 의롭다고 선언해 주시는 '법정적 의미'에서 '하나님의 의'요, 셋째는 '구원의 행위로 나타나는 하나님의 의'요, 넷째는 예수 그리스도를 통하여 하나님과 관계가 회복되는 관계적 의미에서 '하나님의 의'입니다.[6)] 이러한 '하나님의 의'를 예수 그리스도를 통하여 받

5) 이 외에도 '하나님의 의'가 그의 '구원하시는 의'로서 하나님의 의로운 행동을 보여 주는 많은 사례들은 세이프리드의 책에서 볼 수 있습니다(Mark A. Seifrid, 39–44).

6) 이 부분에 대한 자세한 설명은 웨더번(Wedderburn)이 '하나님의 의'라는 주제 안에서 잘 설명해 주고 있습니다. 그는 로마서 전체에 나타난 '하나님의 의'라는 단어의 의미를 검토한 후에, (1) 하나님의 성품과 관계된 의, (2) 하나님의 의로운 성품 안에 있는 행동, (3) 하나님의 의로운 행동의 결과 나타나는 인간의 의로운 상태, (4) 위의 세 가지가 서로 연결되어 나타나는 하나님의 의 로 정리해서 설명합니다. 특별히 로마서 1장 17절에 나오는 '하나님의 의'는 네 번째 경우

아들이게 될 때 하나님께서는 죄인을 의롭다고 인정해 주시는데, 이것을 '칭의'(justification)라고 말합니다. 그래서 하나님께서 의롭다고 하시는 칭의는 하나님의 법정에서 일어나는 법정적 선언이라는 점에서 단번에 이루어지는 것이지만, 동시에 그리스도와 연합하여 하나님의 의가 회복되는 데 한 평생이 필요하기에, 칭의와 성화는 평생의 과정인 동시에 종말론적이라고 나용화 교수는 칼빈의 칭의론을 인용해서 설명합니다(나용화, *JSRT*, 16, 110-112; cf. 칼빈, 「기독교강요」, Ⅲ. iii.9).

하지만 1980년대에 바울 신학을 연구하는 신학계에서는 이러한 전통적 칭의론을 부정하는 학자들이 등장했고, 이들의 주장을 우리는 새관점(new perspective on Paul)이라고 부릅니다.[7)]

***더 깊은 이해를 위한 글 1: "톰 라이트의 칭의론과 로마서 해석" p. 35을 함께 보세요.**

새관점은 1세기 유대교에 대한 새로운 해석과 함께 바울 서신에 나타난 '이신칭의'를 사회론적 그리고 교회론적 관점에서 접근함으로써 바른 성경적 구원론에서 멀어진 것으로 한국개혁신학회는 평가합니다.[8)] 따라

에 해당되기에 그 의미를 파악하기에 다소 복잡하고 어렵다고 지적해 주고 있습니다(A. J. M. Wedderburn, *The Reasons for Romans*, 108-122).

7) 톰 라이트는 그의 책에서 '하나님의 의'에 대한 여러 신학자들의 해석을 다음과 같이 정리하여 소개합니다. 먼저 '하나님의 의'는 '하나님 자신의 의'와 '사람에게 주어지는 의'로 구분합니다. 그리고 더 구분하면, (1) 도덕적 특성으로서의 하나님 자신의 의, (2) 하나님의 구원과 창조의 능력으로서의 하나님 자신의 의, (3) 하나님으로부터 오는 의로운 상태로서 사람에게 주어지는 의, (4) 하나님 앞에서 인정되는 (혹은 가치 있는 특성으로서) 사람에게 주어지는 의, 이렇게 네 기지로 구분합니다. 그리고 이 네 기지의 해석들 아래에 더 구체적으로 구분되는 하위 범주들도 있음을 설명하면서, 그 가운데 '언약에 대한 신실함이라는 측면에서 하나님 자신의 의'라는 이해가 가장 합당하다고 주장합니다. 반면에 종교개혁 이후에 전통적으로 '하나님의 의'는 '사람에게 주어지는 의'(전가적 개념) 범주 안에서 이해되어 왔지만 이러한 성경적 근거가 희박하다고 비판합니다(「바울의 복음을 말하다」, 167-171).

8) 새관점이 말하는 율법: 새관점을 처음 소개한 샌더스는 1세기 유대교가 율법주의종교(legalist religion)가 아니며, 유대인들이 율법을 지키는 것은 은혜로 주어진 언약에 대한 감사의 표현(언

서 한국의 복음주의신학회는 샌더스(E. P. Sanders)로 시작해서 제임스 던(James D. G. Dunn)과 톰 라이트에 의해 발전된 새관점이 바울의 이신칭의 교리를 잘못 이해함으로 바른 성경적 구원론에서 멀어진 것으로 평가합니다.

따라서 "복음에는 하나님의 의가 나타나서 믿음으로 믿음에 이르게 하나니"라는 것은 바울의 선언이 '예수 그리스도를 믿는 순간 하나님께서 그 사람을 의롭다고 선언하시고, 그 결과 구원받은 하나님의 자녀가 되어 하나님과 인격적인 관계를 맺는 삶을 살아간다'는 의미입니다. 다시 말해서, 이신칭의는 종말에 하나님의 심판대 앞에서 의롭다고 인정을 받고 구원을 얻게 될 뿐만 아니라, 예수님을 믿고 성령으로 거듭난 그 순간부터 하나님과 인격적인 관계를 맺고 믿음과 순종의 삶을 살아가게 되는 것을 포함합니다. 이런 차원에서 바울은 "믿음으로 믿음에 이르게 하나

약적 율법주의, covenantal nomism)이었다고 주장합니다. 이러한 유대인과 하나님의 언약적 관계에서 바울 서신을 이해하는 것이 새관점의 공통적 특징입니다. 특별히 새관점 학파인 톰 라이트는 죄의 전가를 강조하는 전통적 칭의 개념을 부정하고, '하나님의 의'는 이스라엘 백성과 맺은 언약에 대한 하나님의 언약적 신실함이라는 관계적 측면만을 강조합니다. 이러한 라이트의 설명은 바울이 로마서 1-3장에서 지적하고 있는 죄의 심각성과 죄에 대한 하나님의 심판, 그리고 죄에 대한 해결책으로 바울이 제시한 구원의 복음을 충분히 바르게 설명해 주지 못하고 있습니다. 뿐만 아니라, 최갑종 교수에 의하면 '샌더스의 주장은 유대교 문헌이 보여 주고 있는 다양성을 충분하게 반영하지 못하고 있으며, 던의 율법(율법 행위)에 대한 사회학적(공동체적) 재해석은 바울의 율법(율법 행위)에 대한 신학적 의미를 충분하게 반영하지 못하고 있으며, 라이트의 하나님의 의에 대한 언약론적(교회론적) 재해석도 바울 서신에 나타난 구원론적인 의미를 제대로 반영하지 못하고 있다'고 비판했습니다. 결국 새관점은 성경적 구원론이 아닌 21세기의 반(半)펠라기우스로 결론지었습니다(새관점과 반펠라기우스의 연구 비교에 대해서는 김병훈 교수 논문 참조 요).

Wright, *New Perspectives on Paul*, 2-17; Wedderburn, *The Reasons for Romans*, 108-111; Seifrid, 36-48; 이은선, "바울의 새 관점(New Perspective on Paul)의 이신칭의에 대한 비판", 「한국개혁신학」, 192-224; 김철홍, "현대 바울신학 연구동향: 바울신학의 새 관점을 중심으로", 「여름 성서마당」, 78-90; 김병훈, "율법주의, 언약적 율법주의, 은혜언약"; "바울의 새 관점들'의 신학적 소재(所在)?" 「한국개혁신학」, 147-191; 최갑종, "바울에 대한 '새 관점'의 접근과 개혁신학: '새 관점', 무엇이 문제인가?", 한국개혁신학회 제28회 정기학술대회, 2010년.

니 기록된 바 오직 의인은 믿음을 말미암아 살리라 함과 같으니라"라고 1장 17절 후반절에서 말합니다. 여기서 "믿음으로 믿음에 이르게 하나니"라는 말은 처음부터 끝까지 믿음으로 살아간다는 것입니다. 이 점을 설명하고자 바울은 "의인은 그의 믿음으로 말미암아 살리라"고 기록된 하박국 2장 4절을 인용합니다.

선지자 하박국은 하나님의 말씀을 떠나 세상 죄악에 물든 이스라엘 백성들의 모습을 보고 하나님께 부르짖었습니다. 그때 하나님께서는 이스라엘 백성들의 죄악을 언제까지나 보고만 계시는 분이 아니라 때가 되면 바벨론 나라를 통하여 반드시 심판하시는 공의의 하나님이심을 말씀하십니다(합 1:7-11). 하지만 하박국 선지자는 하나님께서 당신이 택한 이스라엘 백성들을 심판하시기 위해 어떻게 악한 이방 나라인 바벨론을 심판의 도구로 사용하실 수 있는지 이해할 수 없었습니다. 그래서 하박국이 하나님께 기도하며 항변할 때, 하나님께서 이렇게 대답하셨습니다. "보라 그의 마음은 교만하며 그 속에서 정직하지 못하나 의인은 그의 믿음으로 말미암아 살리라"(합 2:4). 즉 교만하고 악한 바벨론 나라 역시 하나님의 심판을 면치 못할 것이지만 오직 "의인은 그의 믿음으로 말미암아 살리라"라고 하나님께서 하박국 선지자에게 말씀하신 것입니다. 그래서 하박국 2장 5-20절을 보면, "화 있을진저"라는 말을 다섯 번이나 반복하면서 바벨론의 죄악들을 열거합니다. 그 죄들은 교만하고 탐욕스러운 죄요, 불의하게 이익을 취한 죄요, 많은 사람들의 피를 흘린 죄요, 이웃에게 죄를 짓도록 유혹한 죄요, 우상 숭배한 죄입니다. 그러므로 이스라엘과 바벨론뿐만 아니라 온 세상이 공의로우신 하나님의 심판대 앞에 있음을 하박국 선지자는 깊이 깨닫게 되었습니다.

지금도 이 세상은 불의한 방법을 사용하는 사람들이 더 빨리 성공하고, 정직하고 의롭게 살아가는 사람들이 더 손해를 보고 억울한 일을 겪는 경우들이 많습니다. 그러나 우리는 세상 역사를 주관하시면서 악한 행위들을 심판하시고 오직 믿음으로 살아가는 의인을 구원하시는 하나님의 공의와 사랑을 깨닫고 하박국 선지자와 같이 믿음의 길을 걸어가야 합니다. 그럴 때 "비록 무화과나무가 무성하지 못하고 포도나무에 열매가 없으며 감람나무에 소출이 없으며 밭에 먹을 것이 없어도 구원의 하나님으로 인하여 나는 기뻐할 것이다"라는 하박국 선지자의 고백(합 3:17-18)이 우리의 고백이 될 것입니다.

예수님을 믿는 신자에게 있어서 가장 중요한 것은 믿음으로 사는 것입니다. '믿음으로 산다'는 것은 복음을 누리며 살아간다는 것을 의미합니다. '복음을 누린다'는 것이 무슨 말일까요? 앤디(Andy)라고 하는 호주 할아버지가 있었습니다. 그는 두 번의 사고로 몸이 불편했고, 두 번의 이혼 후 노년을 홀로 살아갔습니다. 그가 저를 초대한 첫 날을 잊을 수 없습니다. 그가 자신의 집이 물가에 있다고 자랑을 해서 저는 근사한 집을 상상하며 방문했습니다. 그런데 그 집은 주인집 아래에 있는 창고를 개조해서 만든 작은 장소였고 그 모양은 마치 동굴과 같았습니다. 천장은 흙이 떨어지지 않도록 천을 갖다 붙였고, 바닥은 평평하지 않은 돌바닥이었습니다. 그 안에 침대 하나와 주방과 책상이 벽을 따라 놓여 있었습니다. 그러나 그는 조금도 부끄러운 내색 없이 그 좁은 공간을 하나씩 저에게 소개했습니다. 그 모습이 너무나 진지해서 아주 특별한 느낌을 받았습니다. 그러고 나서 그는 장차 누릴 천국의 소망을 이야기했습니다. 그는 이 땅의 장막을 벗고 가게 될 영원한 나라를 기대하면서 이 땅의 것에 연연하지 않았습니다. 그는 하루하루를 하늘에 계신 아버지와 친밀한 교제를 나누면서 왕의 자녀처럼 살았습니다. 그는 복음을 누리면서 살아갔습니다.

복음을 누리며 살아가는 사람들은 세상의 것들에 연연하지 않고, 세상의 것들을 부러워하지도 않습니다. 복음을 누리며 살아가는 사람들은 복음을 부끄러워하지 않습니다. 그래서 유대인이나 헬라인이나 믿는 모든 자들에게 복음은 하나님의 능력이 되기 때문에 우리가 복음을 부끄러워하지 않는다고 바울은 말합니다(1:16). 바꾸어 말하면, 우리가 복음을 부끄러워하는 이유는 복음을 누리면서 복음의 능력을 체험하는 삶을 살아가지 못하기 때문입니다.

세계 기독교 역사를 차지하고, 한국 기독교 역사의 한 단면만 보아도 복음의 능력을 경험한 후에 변화되었다는 간증들은 헤아릴 수 없이 많습니다. 일제 시대에 평양의 깡패로 이름을 날렸던 이기풍은 한때 선교사의 턱뼈를 부러뜨릴 정도로 포악한 깡패였지만 복음을 듣고 변화되어서 한국 최초로 평양신학교를 졸업한 7명의 목사 중 한 명이 되었습니다. 1963년도에 일가족 다섯 명을 도끼로 무참하게 살해했던 고재봉은 감옥에서 예수님을 믿고 사형을 받기까지 1,800명을 전도하고 "인애하신 구세주여" 찬송가를 부르면서 이 세상을 떠났습니다. 1994년도에는 일명 '살인 공장'을 만들어 놓고 5명이나 엽기적인 연쇄살인을 했던 지존파 사건의 주인공 6명 모두 감옥에서 예수님을 믿었고, 그 중에 김현양 군은 감방 전도사가 되어 복음을 전했습니다. 복음은 어떠한 죄인도 변화시키고 구원하시는 예수 그리스도의 능력이요, 하나님의 능력입니다. 그래서 우리는 복음을 부끄러워할 수 없습니다.

이 복음을 바로 이해하기 위해서는 두 가지 측면을 생각해야 합니다. 바로 하나님의 사랑과 하나님의 공의(정의)입니다. 다시 말해서, 하나님께서는 사랑과 용서의 하나님이시지만 동시에 정의와 공의의 하나님이심을 기억해야 합니다. 하나님께서는 죄인을 한량없이 사랑하시지만 동시에 죄는 결코 용납하지 않으시고 심판하시는 심판의 하나님이십니다. 그리고 이러한 죄 가운데 가장 큰 죄는 인간이 하나님을 거부하고 하나님을 떠나서 살아가는 불신앙의 죄입니다. 이러한 죄인들은 마지막 심판 날에 하나님의 심판을 피할 수가 없습니다.

그러나 하나님께서는 이러한 우리를 영원한 형벌에서 구원하시고자 친히 죄 없는 당신의 아들 예수 그리스도를 이 땅에 보내셨고, 십자가 위에서 우리의 죄를 대신하여 형벌을 받게 하셨습니다. 그래서 하나님의 사랑과 하나님의 공의를 완전히 만족시킨 사건이 바로 십자가의 사건입니다. 그래서 누구든지 예수님을 믿기만 하면 '의로운 자'로 여기시고 구원을 베풀어 주십니다. 이것이 바로 '인간의 의'와는 전혀 다른 '하나님의 의'입니다. 이렇게 하나님의 사랑과 공의가 동시에 완성된 십자가 사건이 복음이요, 이 복음이 구원을 주시는 하나님의 능력입니다. 이 복음을 삶 속에서 실제적으로 누리는 것이 하나님의 자녀들이 누리는 특권입니다.

*더 깊은 이해를 위한 글 2: "복음의 내용과 하나님의 복음" p. 40을 함께 보세요.

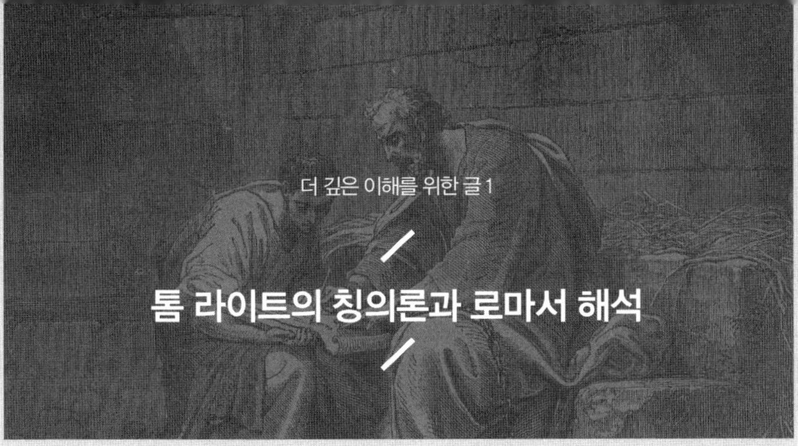

더 깊은 이해를 위한 글 1

톰 라이트의 칭의론과 로마서 해석

바울신학 연구에 있어서 새관점 학파의 대변자로 불리는 톰 라이트는 방대한 신학적인 글을 쏟아내는 뛰어난 성경신학자일 뿐만 아니라, 일반 신자들과도 가장 소통을 잘하는 뛰어난 대중적 신학자로 인정받고 있습니다. 하지만 톰 라이트의 칭의론은 개혁주의 신학자들 사이에서 꾸준히 비판을 받아 오고 있습니다. 이러한 톰 라이트의 칭의론에 대한 이해를 위하여 그의 책(『바울의 복음을 말하다』, 6-7장)을 요약하여 소개해 드립니다.

톰 라이트의 칭의론

구약성경과 1세기 유대교적 배경에서 '하나님의 의'는 언약에 대한 하나님의 신실함입니다. 특히 '의롭다'는 개념은 구약의 법정에서 이해할 때 무죄석방을 얻게 되는 상태를 말하기 때문에 판사가 자신의 의를 전가하거나 증여하는 것이라고 말하는 것은 이치에 맞지 않습니다.

바울이 말하는 칭의는 첫째로 언약의 언어이며, 둘째로 법정적 언어이며, 셋째로 종말론적 언어입니다. 여기서 법정은 언약과 분리되지 않으며, 그 언약은 세상의 죄 문제를 처리하고 하나님의 정의와 질서가 우주적으로 회복하는 것입니다. 또한 하나님이 그리스도 안에서 행동하셨고, 이제는 그의 영으로 만물을 예수께 복종시키신다는 종말론적 세계관의 일부입니다.

이러한 개념의 칭의는 개인이 하나님의 참된 백성 공동체에 들어가는 방법에 대한 것이 아니라 언약 공동체에 속한 사람이 누구인지를 말하는지에 대한 것입니다. 그러므로 칭의는 구원론에 대한 것이라기보다는 교회론에 대한 것입니다. 한마디로, 칭의는 하나님의 참 백성에게 옳다는 판정이 내려지는 언약적 선언이며 믿음을 기초로 하여 아브라함 가족의 일원이 된다고 주장하는 교리입니다.

톰 라이트의 칭의론과 로마서 해석

복음은 예수 그리스도가 주님(Lord)이라는 선언이며(1: 3-4), 하나님 자신의 의, 즉 그의 언약에 대한 신실하심을 드러내는 것입니다. 그런데 그 의는 예수 그리스도의 신실하심을 통해서 작용하며, '예수 그리스도가 주시다'라고 반응하는 모든 사람에게 효력을 발휘합니다(1:16-17). 따라서 '하나님 의'는 세상의 죄 문제를 해결하는 데 있어서 언약에 신실하신 의로우신 하나님이심을 보여 줍니다(3:5, 21-26). 즉 칭의는 예수 그리스도를 믿는 사람들이 진정한 언약 가족의 일원으로 선언되는 것입니다(3:24-26).

이런 차원에서 로마서 4장에 나오는 아브라함의 이야기는 아브라함과 맺은 언약(창 15장)이 그리스도 안에서 성취된 언약의 신실하심(하나님 자신의 의)을 보여 주는 것입니다(3:21-4:25). 아브라함의 믿음이 '의로 여겨졌다'(4:5)는 말은 그의 믿음으로 언약의 일원(죄를 용서받은 가족)이 되었음을 보여 주는 표지입니다. 또한 로마서 5-8장은 이 복음을 믿는 사람은 미래의 구원까지 확신할 수 있음을 보여 줍니다.

이러한 하나님의 의를 잘 보여 주는 내용이 로마서 9-11장의 내용입니다. 이 내용은 하나님이 예수를 믿는 이방인과 유대인 모두에게 언약에 신실하신 의로운 분이심을 보여 줍니다. 그 절정은 죄의 문제를 처리하고 전 우주가 새롭게 되는 일을 시작하는 것이고, 따라서 남겨진 문제는 교회의 선교와 일치입니다(10:9-16장). 이렇게 하나님의 의를 언약에 대한 하나님의 신실하심으로 이해하게 될 때 예수의 십자가는 하나님의 사랑을 최고조로 드러내게 됩니다(5:6-11; 8:31-39).

톰 라이트의 칭의론적 로마서 해석을 어떻게 이해할 것인가?

로마서 해석을 중심으로 한 톰 라이트의 칭의론은 구약의 언약 사상에 기초하고, 그의 언약신학적 성경 해석은 참신하고 뛰어난 면들이 많습니다. 또한 칭의가 하나님과의 언약 관계 속에 있는 관계론적 측면을 강조하고 있는 점에서 공동체적 칭의론의 강점이 있습니다. 하지만 그의 주장들은 여전히 재고해 보아야 할 과제들을 남깁니다.

로마서를 중심으로 보면, 로마서 1장 17절에 나오는 '하나님의 의'는 '하나님의 진노와 인간의 불의'(1: 18)와 대조를 이루면서, 3장에 이르기까지 죄에 대하여 심도 있게 다뤄진 후에, 그에 대한 해결책으로 '예수 그리스도를 통한 하나님의 의'가 다루어집니다(3:21-26). 그러나 라이트의 칭의론은 이러한 인간의 죄와 관련된 구원론적 칭의론을 제대로 담고 있지 못하고 있다고 보여집니다.

또한 톰 라이트는 4장에서 아브라함의 예가 바로 '언약 백성이 되었다'는 선언 차원에서 칭의라고 설명하지만 크게 공감이 되지 않습니다. 왜냐하면 바울은 4장에서 일한 것 없이 보수를 받은 것처럼 불의한 자가 의롭다고 인정받은 모델로 다윗을 등장시키고 있으며, 또 행위로서가 아닌 믿음으로 의롭다고 여김을 받은 인물로서 아브라함을 등장시키기 때문입니다(4:1-9).

뿐만 아니라 톰 라이트는 로마서 9-11장의 주제인 '하나님의 신실함'이 곧 '하나님의 의'(1:17)라고 해석합니다. 이렇게 로마서 9-11장을 '하나님의 의=하나님의 신실함'이라는 도식으로 해석한 것은 성경 본문 주석에 근거한 것이 아니라 톰 라이트 자신의 언약신학적 틀에서 나온 비약된 해석이라고 말할 수 있습니다.

이처럼 톰 라이트가 로마서를 중심으로 '하나님의 의'가 하나님의 언약의 신실함이라는 한 가지 의미로 설명하면서, 죄의 언급과 그에 따른 구원론적 칭의를 간과하는 것은 커다란 아쉬움으로 남습니다.

따라서 '하나님의 의'가 '하나님의 신실함'을 의미한다는 해석과 더불어, '칭의란 언약 가족의 일원으로 선언되는 것'이고, 그래서 칭의란 '구원론적 칭의가 아니라 교회론적 칭의'라는 주장, 그리고 '의의 전가'는 성경적 근거가 없다는 그의 주장들은 재고해 보아야 할 과제들을 남겨 줍니다.

○ 더 깊은 이해를 위한 추천 자료

1. 김세윤, 「바울 신학과 새관점」, 서울: 두란노아카데미, 2008.
2. 앨리스터 맥그래스, 「하나님의 칭의론」, 한성진 역, 서울: 기독교문서선교회, 2008.
3. 박영돈, 「톰 라이트 칭의론 다시 읽기: 바울은 칭의에 대해 정말로 무엇을 말했는가?」, 서울: IVP, 2016.
4. 이은선, "바울의 새 관점(New Perspective on Paul)의 이신칭의에 대한 비판: 톰 라이트(N. T. Wright)와 존 칼빈(John Calvin)의 비교를 중심으로", 「한국개혁신학」 28권, 192-224.
5. 존 파이퍼, 「칭의 논쟁」(*The Future of Justification*), 신호섭 역, 서울: 부흥과개혁사, 2009.
6. 톰 라이트, 「바울의 복음을 말하다」(*What St. Paul Really Said*), 최현만 역, 평택: 에클레시아북스, 2011.
7. A. J. M. Wedderburn, *The Reasons for Romans*, New York: T&T Clark, 2004.
8. Mark A. Seifrid, *Christ, Our Righteousness; Paul's Theology of Justification*, NSBT, Westmont: Inter-Varsity Press, 2001.
9. "New Perspective on Paul": Rutherford House, Edinburgh, 10th Edinburg Dogmatics Conference: 25-28 August 2003.
10. ______________, "Paul's Gospel and Caesar's Empire", Center of Theological Inquiry, Princeton, New Jersey, 2004.

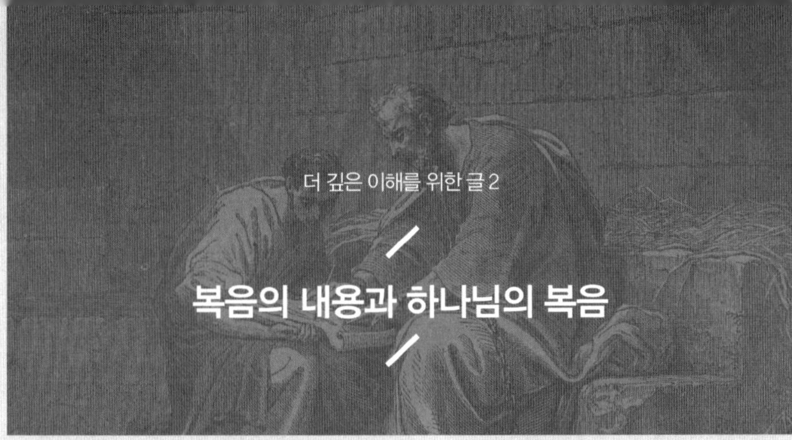

더 깊은 이해를 위한 글 2

복음의 내용과 하나님의 복음

복음이란 예수님이 이 땅에 오셔서 우리의 죄를 대신하여 십자가에서 죽으시고 부활하신 사건을 기초로 합니다. 그리고 그 내용은 예수님의 생애와 예수님이 전하고 가르치셨던 말씀이 기록된 복음서 전체를 기본으로 합니다. 따라서 예수님의 가르침과 생애를 기록한 4권의 책을 우리는 사복음서(마태, 마가, 누가, 요한)라고 부릅니다.

특별히 복음의 내용은 이 땅에서 실현되는 하나님의 나라(통치)와 장차 이루어질 종말론적 하나님의 나라(통치)라는 큰 주제를 포함합니다. 여기서 말하는 '하나님의 나라'는 하나님께서 다스리시는 왕국(the kingdom of God)이라는 뜻입니다. 하나님의 통치(the kingdom of God)는 예수님이 이 땅에 오심(초림)으로 시작되었고, 다시 오심(재림)으로 완성됩니다. 이렇게 이미 도래한 하나님의 나라와 장차 도래할 하나님의 나라의 긴장 속에서 살아가는 신자들은 장차 누리게 될 영원한 하나님의 나라의 일부분을 이 땅에서 경험하는 것입니다. 하나님의 나라는 성령 안에서 누리는 '의와 평강과 희락'이라고 바울은 말합니다(14장).

또 하나님의 나라(통치)의 시작은 그리스도를 영접하고 그리스도의 통치를 받는 한 개인으로 시작하지만, 하나님의 나라(통치)는 자신이 속한 공동체와 이 세상의 전 영역으로 확장되어 가야만 합니다. 그래서 신자들은 예수 그리스도 안에서 하나님의 정의와 공평과 사랑이 이 세상에 나타나도록 세상 속에서 빛과 소금이 되는 삶, 즉 선교적인 삶을 살아가야 합니다.

그런데 복음의 내용을 '예수님의 십자가와 부활 사건을 기초로 하는 영생'이라는 내세적인 의미로만 한정해서 이해하는 분들이 종종 있습니다. 물론 이것이 복음의 핵심인 것은 분명합니다. 그러나 이러한 복음의 기초를 복음의 전부인 것처럼 강조할 경우 다음과 같은 두 가지 문제가 발생할 수 있습니다.

첫째는 오직 천국에 가는 것만이 삶의 궁극적인 목적이라는 개인주의적 신앙관에 빠지거나 현실에 대한 부정적인 시각이나 소극적인 시각 혹은 비관적인 신앙관을 갖는 것입니다. 다시 말해서, 하나님 나라의 확장이라는 선교적 사명을 위한 현실 참여 의식이나 사명 의식은 약화되고, 이 세상은 어차피 망할 세상이니 예수님 믿고 천국 가는 것만이 유일한 소망이요 삶의 목적이라는 지극히 개인주의적이고 이기적인 신앙관에 빠질 수 있다는 것입니다. 그러나 성경이 말하는 신자의 삶의 목적은 천국을 가는 것이 아니라 이 세상에서 하나님께, 하나님의 영광을 위하여, 하나님의 나라를 위하여 살아가는 것입니다.

둘째로 복음의 내용을 예수님의 십자가와 구원이라는 주제 안에서만 한정해서 이해할 경우, 성경의 일부 내용만 강조하면서 다른 성경 본문들은 경시하고 간과하기 쉽습니다. 혹은 성경에서 '행하라' 혹은 '하지 말라'는 윤리적 실천 명령들은 마치 복음과 전혀 관계가 없는 도덕적이고 율법적인 행위 정도로 취급하기 쉽습니다. 혹은 그 반대로 이러한 성경의 내용들을 '죄-십자가·구원-천국'이라는 하나의 도식으로 성경의 전체 내용을 이해하고자 상징적 혹은 영적(혹은 알레고리적)으로 무리해서 성경을 잘못 해석하는 경향도 나타날 수 있습니다.

흥미롭게도, 바울은 1장 1절에서 "하나님의 복음을 위하여" 택함을 받았다고 고백합니다. 또 바울은 사도행전 20장 24절에서 "하나님의 은혜의 복음"을 증언하는 일에 나의 생명도 귀하게 여기지 않는다고 고백합니다. 여기서 바울이 '예수 그리스도의 복음'이라고 말하지 않고 '하나님의 복음'이라고 말한 점에 우리는 주목해야 합니다. 복음은 예수 그리스도를 통하여 하나님의 통치가 이루어지는 것일 뿐만 아니라, 복음의 시작과 끝이 하나님 안에 있기 때문입니다.

따라서 복음의 핵심은 예수님의 십자가와 부활 그리고 영생이지만, 우리의 신앙생활과 직접적으로 관계된 복음의 내용은 하나님의 말씀(성경 66권) 안에 있는 윤리적 명령과 실제적인 실천 덕목들을 포함합니다. 바울이 말하는 복음의 내용은 복음의 교리적인 내용(1-8장, 혹은 1-11장)뿐만 아니라, 구원받은 신자들에게 있어서 복음적인 삶이 무엇인지를 가르치고자 기록한 윤리적인 실천 명령(12-16장) 전체를 포함하고 있다는 사실을 잊어서는 안됩니다.

1. 그레엄 골즈워디, 「복음과 하나님의 나라」(*Gospel and Kingdom*), 김영철 역, 서울: 성서유니온, 2006.
2. ____________, 「복음과 하나님의 지혜」(*Gospel and Wisdom*), 김영철 역, 서울: 성서유니온, 2009.
3. 김세윤, 「복음이란 무엇인가」, 서울: 두란노, 2003.
4. 레슬리 뉴비긴, 「변화하는 세상, 변함없는 복음」(*Faith in a Changing World*), 홍병룡 역, 서울: 아바서원, 2014.
5. Bryan Chapell, *What Is the Gospel?: The Gospel Coalition Booklets*, Wheaton: Crossway Books, 2010.
6. Greg Gilbert, *What Is the Gospel?*, Wheaton: Crossway Books, 2010.
7. John Piper, *God is the Gospel: Meditations on God's Love as the Gift of Himself*, Wheaton: Crossway Books, 2005.
8. Michael J. Vlach, "The Kingdom of God in Paul's Epistles," *Professor of Theological Studies MSJ* 26/1(Spring 2015) 59–74.
9. Richard Stearns, *The Hole in Our Gospel*, Nashville: Thomas Nelson, 2009.
10. Trevin Wax, "Gospel Definitions", www.trevinwax.com, 2012.

적 용 과 토 론 을 위 한 질 문

1장 복음이 무엇인가(1장)

1 바울은 자신이 '예수 그리스도의 종'(롬 1:1)이라고 고백하고 있습니다. 그렇다면, 우리들 각자의 삶 속에서 고백되어지는 '예수 그리스도의 종'이라는 의미는 무엇입니까? 또한 바울은 예수 그리스도의 오심에 대하여 '구약의 선지자들이 예언한 약속의 성취'(롬 1:2)로 말하고 있습니다. 구약에 예언된 메시아 예언들을 찾아보고 함께 나누어 봅시다.

2 이단들의 잘못된 가르침과 긴 신학적 논쟁의 중심에 있었던 예수님의 신성과 인성의 관계에 관한 논의는 '예수 그리스도는 혼합되거나 분리되지 않은 참 하나님이시며 참 사람이다'라는 공식적인 선언을 하기에 이르렀습니다(AD 451, 칼케돈 종교회의). 본문 1장 3-4절에서 바울은 예수님의 인성과 신성에 대하여 어떻게 이야기하고 있습니까?

3 바울은 로마에 가기를 원하는 자신의 뜻과 계획을 1장 11-12절의 내용을 통하여 밝히고 있습니다(또한, 15장 22-29절에서도 밝히고 있습니다). 이 두 평행구절들을 함께 묵상해 봅시다. 바울이 로마에 가고자 한 이유와 목적이 무엇입니까?

4 로마서 1장 17절에서 바울이 선언한 '하나님의 의'란 구체적으로 어떤 의미입니까? 예수 그리스도를 믿음으로 말미암아 의롭게 된다는 '이신칭의 교리'에 대하여 카톨릭과 개신교의 가르침이 어떻게 다른지 나누어 봅시다.

2장
죄와 구원의 길(1:18–3:31)

죄가 무엇인가(1:18–32)

우리는 '포스트모더니즘(postmodernism) 시대'에 살고 있습니다. 물론 이 말은 광범위한 의미들을 포함하고 있지만, 그중에 하나는 전통적인 가치관, 권위, 도덕과 윤리, 그리고 절대 진리와 같은 기존의 가치들을 거부하고 개인의 자유를 추구하는 정신이라고 말할 수 있습니다. 그래서 혼전 동거, 이혼, 혹은 동성애와 같은 일들이 개인의 자유을 존중한다는 이유로 당연하게 받아 들여지고, 죄에 대한 절대적 기준을 인정하지 않고 있습니다.

신자들 또한 죄에 대한 성경적 기준보다는 이 세상의 가치관과 문화 정신을 따라서 생각하고, 그 결과로서 죄에 대한 설교마저 거부하고 있습니다. 바울은 죄에 대하여 로마서에서 많은 지면을 할애하여 자세히 언급합니다. 지금도 어떤 교인들은 죄에 관한 내용들이 불신자들에게 필요한 말씀이라고 생각할지 모릅니다. 그러나 이 내용은 로마의 신자들에게 보낸 편지의 일부입니다. 따라서 우리는 바울이 왜 죄와 하나님의 진노에 대해서 1–3장에 걸쳐서 자세히 다루고 있는지 생각해야 합니다.

그것은 죄가 인간을 얼마나 비참하게 만들고 얼마나 불행하게 만드는

지 바울이 너무나 잘 알고 있기 때문입니다. 또 인간의 죄로 인하여 거룩하고 의로우신 하나님께서 얼마나 진노하시는지, 그리고 인간이 영원한 형벌을 받기에 얼마나 마땅한 존재인지를 깨닫게 하기 위해서입니다. 그래서 결국은 하나님의 은혜와 구원의 복음이 우리에게 얼마나 절실하게 필요한 것인지를 깨닫게 하고 구원에 이르도록 하기 위해서입니다.

이러한 이유로 바울은 죄에 대하여 다음과 같이 말합니다.

> 18하나님의 진노가 불의로 진리를 막는 사람들의 모든 경건하지 않음과
> 불의에 대하여 하늘로부터 나타나나니 19이는 하나님을 알 만한 것이 그
> 들 속에 보임이라 하나님께서 이를 그들에게 보이셨느니라 20창세로부
> 터 그의 보이지 아니하는 것들 곧 그의 영원하신 능력과 신성이 그가 만
> 드신 만물에 분명히 보여 알려졌나니 그러므로 그들이 핑계하지 못할지
> 니라 21하나님을 알되 하나님을 영화롭게도 아니하며 감사하지도 아니하
> 고 오히려 그 생각이 허망하여지며 미련한 마음이 어두워졌나니 22스스
> 로 지혜 있다 하나 어리석게 되어 23썩어지지 아니하는 하나님의 영광을
> 썩어질 사람과 새와 짐승과 기어다니는 동물 모양의 우상으로 바꾸었느
> 니라 24그러므로 하나님께서 그들을 마음의 정욕대로 더러움에 내버려
> 두사 그들의 몸을 서로 욕되게 하게 하셨으니 25이는 그들이 하나님의 진
> 리를 거짓 것으로 바꾸어 피조물을 조물주보다 더 경배하고 섬김이라 주
> 는 곧 영원히 찬송할 이시로다 아멘 26이 때문에 하나님께서 그들을 부끄
> 러운 욕심에 내버려 두셨으니 곧 그들의 여자들도 순리대로 쓸 것을 바
> 꾸어 역리로 쓰며 27그와 같이 남자들도 순리대로 여자 쓰기를 버리고 서
> 로 향하여 음욕이 불 일듯 하매 남자가 남자와 더불어 부끄러운 일을 행
> 하여 그들의 그릇됨에 상당한 보응을 그들 자신이 받았느니라 28또한 그

들이 마음에 하나님 두기를 싫어하매 하나님께서 그들을 그 상실한 마음
대로 내버려 두사 합당하지 못한 일을 하게 하셨으니 29곧 모든 불의, 추
악, 탐욕, 악의가 가득한 자요 시기, 살인, 분쟁, 사기, 악독이 가득한 자
요 수군수군하는 자요 30비방하는 자요 하나님께서 미워하시는 자요 능
욕하는 자요 교만한 자요 자랑하는 자요 악을 도모하는 자요 부모를 거
역하는 자요 31우매한 자요 배약하는 자요 무정한 자요 무자비한 자라 32
그들이 이같은 일을 행하는 자는 사형에 해당한다고 하나님께서 정하심
을 알고도 자기들만 행할 뿐 아니라 또한 그런 일을 행하는 자들을 옳다
하느니라(1:18–32).

먼저 바울은 "복음에는 하나님의 의가 나타나서"(1:17)라고 말한 후에 "하나님의 진노가…불의에 대하여 하늘로부터 나타나나니"(1:18)라고 대조적인 표현을 사용합니다. 헬라어 성경은 1장 18절을 시작하면서 '갈'(γὰρ)이라는 접속사를 사용하고, 그래서 일부 영어 성경들도 '왜냐하면'이라는 접속사(for)를 사용합니다(cf. RSV, NKJV). 이러한 하나님의 진노는 불의로 진리를 막는 사람들에게 나타납니다. 특별히 1장 18절은 3장 23절까지 이어지는 죄의 내용에 대한 서론이기도 합니다. 여기서 "불의로 진리를 막는 사람들"(1:18)이라는 말은 하나님을 인정하지 않고 하나님을 거부하면서 계속 죄 가운데 거하는 사람들을 의미합니다. 그들은 복음을 거부하면서 불경건하고 불의한 삶을 살아가는 사람들입니다. 여기서 한 가지 주목해야 할 사실은, 하나님의 진노가 지금 임하고 있다는 것입니다. 문법적으로 말하면 '현재 진행형 수동태' 문장으로서, '하나님의 진노가 하늘로부터 지금도 계속해서 나타나고 있다'는 의미입니다(헬. Αποκαλύπτεται γάρ οργή Θεού από ουρανού; cf. The wrath of God is being revealed from heaven, NIV).

그렇다면 하나님의 진노가 현재 어떻게 나타나고 있습니까? 이 점에 대하여 세 가지로 설명하겠습니다. 첫째, 하나님의 진노는 인간의 죽음과 피조물의 탄식으로 나타납니다. 창세기 3장을 보면 아담과 하와의 범죄가 인간의 온갖 질병과 죽음을 불러왔고 땅의 저주와 자연의 대재앙을 불러왔다는 사실을 알 수 있습니다. 그래서 바울은 "피조물이 다 이제까지 함께 탄식하며 함께 고통을 겪고 있는 것을 우리가 아느니라"(8:22)라고 말합니다. 다시 말해서, 아담과 하와의 범죄 이후 온 우주 만물은 다 함께 고통을 겪으면서 탄식하고 있습니다. 인간이 개발한 핵 방사능의 유출로 인간과 자연이 함께 신음하고 고통당하고 있습니다. 인간이 발명한 수많은 편리한 운송 수단들의 결과물로 인해 지구온난화가 가속화되고 있습니다. 현대 문명과 과학도 결국 우리에게 재앙이 되어 돌아오고 있습니다. 그러나 하나님의 최후 심판이 지나가면 하나님께서 만물을 새롭게 하실 것입니다(8:19-25).

둘째, 하나님의 진노는 죄인들이 계속해서 죄를 짓도록 내버려 둔 그 자체로 나타납니다. 다시 말해서 하나님의 진노와 형벌은 인간이 스스로 죄에 대하여 무감각해지고 어리석게 되어서 점점 타락해 가도록 내버려 두는 그 자체에 있습니다. 잘못한 자식에게 부모가 내리는 가장 무서운 형벌이 있다면 무엇이겠습니까? 그것은 부자지간의 인연을 끊고 더 이상 상관하지 않고 내버려 두는 것입니다. 그래서 바울은 하나님께서 그들의 마음의 정욕대로, 그들의 부끄러운 욕심대로, 그들이 마음에 하나님 두기를 싫어하는 마음 그대로 내버려 두셨다는 말씀을 세 번에 걸쳐서 합니다(1:24, 26, 28).

셋째, 하나님의 진노는 이러한 모든 일시적인 재앙과 비교할 수 없는 영원한 형벌로 나타납니다. 그래서 바울은 데살로니가후서에서 이렇게 기록합니다. "하나님을 모르는 자들과 우리 주 예수의 복음에 복종하지 않는 자들에게 형벌을 내리시리니 이런 자들은 주의 얼굴과 그의 힘의 영광을 떠나 영원한 멸망의 형벌을 받으리로다"(살후 1:8-9). 그러므로 예수 그리스도 안에서 성령으로 거듭나지 못한 사람, 새로운 피조물이 되어서 생명의 빛을 경험하지 못한 사람은 하나님의 심판 아래 있습니다. 그들에게 지금 당장은 영원한 형벌의 심판이 보류되고 있어도 그들이 행하는 죄악은 최후에 맞이할 하나님의 영원한 형벌을 더욱 쌓아 가고 있을 뿐입니다.

그래서 시편 기자는 이렇게 말합니다. "하나님은 의로우신 재판장이심이여 매일 분노하시는 하나님이시로다 사람이 회개하지 아니하면 그가 그의 칼을 가심이여 그의 활을 이미 당기어 예비하셨도다 죽일 도구를 또한 예비하심이여 그가 만든 화살은 불화살들이로다"(시 7:11-13). 하나님께서 불꽃같은 눈으로 공의의 화살을 이미 당겨서 죄인들의 심장을 겨냥하고 계시며 그 진노를 피할 사람은 아무도 없습니다. 죄인들을 향한 진노의 불길은 지금도 활활 타오르고 있고 하나님의 공의의 칼은 높이 들려져서 죄인들의 머리 위에서 내리칠 준비가 되어 있습니다.

그렇다면 하나님을 알지 못해서 죄를 짓고 살아가던 사람들은 이러한 하나님의 진노와 영원한 형벌을 피할 수 있을까요? 결코 그럴 수 없습니다. 바울은 하나님을 알 만한 것이 그들 속에 있고, 하나님의 영원하신 능력과 신성이 그가 만드신 만물에 분명히 보여 알려졌기에 아무도 핑계할 수 없다고 분명히 선언합니다(1:19-20). 인간에게는 하나님께서 주신 종교성이 있고 이성과 양심이 있습니다. 그것들은 하나님을 찾아가도록 하나님께서 인간에게 부여하신 성품들입니다. 그래서 전도서 기자는 하나님께서 사람들에게 "영원을 사모하는 마음"(전 3:11)을 주셨다고 말합니다. 인류학자들의 말에 의하면, 어느 나라 어느 종족을 찾아가 보아도 거기에는 종교가 있다고 말합니다. 뿐만 아니라 모든 인간에게는 하나님께서 주신 이성과 양심이 있습니다. 물론 인간은 타락한 이성과 양심을 가지고 있지만, 그래도 하나님의 존재를 인정하기에 충분합니다. 왜냐하면 천지 만물이 '하나님이 존재한다는 사실'을 보여 주고 있기 때문입니다. 그러므로 하나님의 심판대 앞에서 '나는 하나님을 발견할 수 없었다'라고 핑계 댈 수 없습니다.

호주 멜버른에 있는 한 목사님이 「The Regal Standard」라는 신문을 제작해서 배포했는데, 그 신문 전면에 앤토니 플루 교수(Antony Flew)가 소개되어 있었습니다. 앤토니 플루는 1923년, 영국에서 감리교 목사의 아들로 태어나 성장했지만, 그가 15살 되던 해에 제2차 세계 대전이 시작되면서 무신론자가 되었습니다. 나중에 그는 철학 교수가 되었고 약 20여 권이 넘는 책을 저술하였는데, 특별히 신의 존재를 부정하던 그의 신념과 가르침들이 많은 무신론자들에게 큰 영향력을 끼쳤습니다. 그러다가 그는 2004년도에 "하나님이 존재한다!"라고 공식적인 선언을 하고, 「존재하는 신」(*There is a God*)이란 책을 썼고, 2010년에 87세의 나이로 세상을 떠났습니다. 그가 신의 존재를 인정하고 자신의 신념을 바꾼 결정적인 계기는 천체의 우주 행성들이 놀랍도록 완벽하고 정밀하게 운행되고 있다는 사실과 모든 생물의 세포 안에 있는 복잡한 구조의 유전자들이 놀랍도록 질서 정연하게 움직이고 있다는 사실 때문이었습니다.

사실 창조주 하나님의 지적 설계도가 없이 인간이 우연히 존재했다는 가능성이나 진화에 의해서 발전할 가능성은 수학적인 확률로 계산해 보아도 나오지 않습니다. 한마디로 말해서 하나님을 부정하는 무신론은 하나님을 거부하려는 마음에서 나오는 인간의 신념에 불과한 것입니다. 하나님께서 존재하지 않는다고 과학이 증명하고 있습니까? 그렇지 않습니다. 인간이 한 미생물로부터 진화하여 유인원이 되고 그 유인원이 인간이 되었다는 진화론은 하나의 가설이요, 하나님을 거부하는 사람들이 가진 하나의 신념일 뿐입니다. 세계적인 우주 물리학자 스티븐 호킹이 지구는 어느 날 갑자기 생겼다고 설명할 때 과연 그것이 진리입니까? 그것은 하나의 가설이요 자신의 신념일 뿐입니다.

역사상 수많은 과학자들이 지구의 자전과 태양계, 그리고 은하계, 열역학 법칙들과 유전 법칙들, 만유인력의 법칙, 상대성 이론 등을 발견했지만, 그 모든 것은 결국 이 세상 만물이 우연히 생겨서 우연히 돌아가고 있지 않다는 사실을 증명할 뿐입니다. 이러한 불변의 자연 법칙들은 우리 눈으로 볼 수도 없는 미생물부터 너무나 크고 너무 멀리 떨어져 있어서 우리가 볼 수도 없는 대 우주에 이르기까지 하나님의 놀라운 지혜와 신적인 능력으로 설계되고 창조되고 운행되고 있다는 사실을 드러낼 뿐입니다. 그래서 과학의 법칙들을 발견한 코페르니쿠스, 케플러, 뉴턴, 보일, 멘델, 파스퇴르와 같은 많은 위대한 과학자들이 성경을 하나님의 말씀으로 믿었던 신앙인들이었다는 사실은 이상한 일이 아닙니다. 결국 사람이 하나님의 존재를 인정하고 믿느냐 아니면 거부하느냐의 신앙의 차이에 달려 있을 뿐입니다.

따라서 인간이 스스로 그 마음에 하나님 두기를 싫어하는 것이 인간의 가장 큰 죄요 가장 근본적인 죄입니다. 지금도 하나님을 인정하면 마음이 불편하기 때문에 하나님을 거부하는 사람들이 많습니다. 하나님을 인정하면 자신의 죄가 드러날까 부담스러워서 거부하는 사람들이 많습니다. 앞으로도 계속 죄를 지으면서 자기 뜻대로 살고 싶기 때문에 하나님을 거부하는 사람들이 있습니다. 그래서 요한복음 3장 19-21절은 이렇게 기록합니다. "빛이 세상에 왔으되 사람들이 자기 행위가 악하므로 빛보다 어둠을 더 사랑한 것이니라 악을 행하는 자마다 빛을 미워하여 빛으로 오지 아니하나니 이는 그 행위가 드러날까 함이요 진리를 따르는 자는 빛으로 오나니 이는 그 행위가 하나님 안에서 행한 것임을 나타내려 함이라 하시니라."

그러므로 인간의 가장 근본적인 죄악은 하나님을 아느냐 모르느냐 하는 지성의 문제가 아니라 하나님을 받아들이느냐 거부하느냐 하는 선한 양심과 선한 의지의 문제입니다. 그래서 바울은 "하나님을 알되 하나님을 영화롭게도 아니하며 감사하지도 아니하고 오히려 그 생각이 허망하여지며 미련한 마음이 어두워졌나니…하나님의 영광을 썩어질 사람과…동물 모양의 우상으로 바꾸었느니라"(1:21-23)라고 지적합니다. 인간은 누구나 자신의 욕심과 정욕을 따라 살아가다 보면 점점 더 어리석은 죄악의 길로 들어서서 결국 타락의 길로 가게 됩니다. 한마디로 말해서 자신이 사랑하는 그것이 우상이 되어 버립니다. 그러므로 스스로 하나님을 거부하면서 하나님을 영화롭게 하지 않고 하나님께 감사하지 않고 하나님을 우상으로 대치시켜 버린 것이 인간의 가장 근본적인 죄요 가장 무서운 죄악입니다.

이러한 죄의 항목 가운데 민감한 이슈가 동성애입니다(1:26-27). 숭실대학교의 구미정 교수는 "성(性) 자체가 죄가 될 수 없듯이 동성애도 무조건 죄의 목록에 집어 넣을 수 없다"라고 주장했습니다. 그러면서 1장 26-27절은 "일반 동성애자를 향한 경고가 아니라 로마 제국의 권력자들이 사치와 향락에 근거하여 행하는 잘못된 성 문화에 대한 지적"이라고 설명했습니다. 또 구미정 교수는 말하기를 "로마서는 로마 교회에 보내는 편지이고, 그 편지를 받는 당시 수신자들의 상황에 맞는 해결책을 주는 말씀인데, 그런 상황을 다 무시하고 이 두 구절을 만고불변의 진리로 해석해서는 안 된다"라고 주장했습니다.

물론 역사적으로 보면, 로마 시대에는 성적인 타락이 만연했습니다. 로마는 여러 나라들을 정복하면서 많은 재물을 축적하였고, 포로로 잡아온 노예들을 부리면서 시민들은 사치와 나태와 방탕한 생활로 빠져들어 갔습니다. 그래서 구미정 교수는 동성애 문제가 로마 시대 당시의 타락한 성 문화에 대한 이야기이지 모든 시대에 동일하게 적용되는 보편적인 진리는 아니라고 주장했습니다. 또 동성애의 정당성을 주장하는 일부 성경 해석자들은 본문의 말씀이 어릴 때부터 자연스럽게 동성애적 성향을 가진 사람들과는 다른, 문란한 동성애 행위를 하는 이들에 대해서 이야기하는 것이라고 주장합니다. 사실 이런 주장은 동성애를 옹호하는 신학자들의 공통적인 주장입니다.

하지만 바울은 모든 사람은 구원의 복음이 절실하게 필요한 죄인이라는 사실을 1장 17절부터 3장까지 설명하면서, 바로 이러한 보편적인 죄들 가운데 대표적인 성적 타락의 죄가 동성애라고 지적합니다. 다시 말해서 동성애에 관한 이 본문은 로마 시대의 타락한 동성애 행위에만 한정해서 말하는 것이 아니라 보편적으로 모든 시대를 초월해서 해당되는 보편적 진리입니다. 이런 차원에서 바울은 성적인 욕구 때문에 여자들이 순리대로 쓸 것을 바꾸어 역리로 쓰고, 마찬가지로 남자들도 순리대로 여자 쓰기를 버리고 남자가 남자와 더불어 부끄러운 일을 행하고 있다고 동성애에 대해서 언급합니다(1:26-27). 그래서 2011년도에 새로 바뀐 NIV 영어성경은 'sexual', 즉 '성적인'이라는 단어를 집어넣어서 순리는 '본성적인 성관계들'(natural sexual relations)로 표현하고, 역리는 '본성을 거스른 성적인 관계들'(unnatural sexual relations)로 그 의미를 명확하게 표현합니다.

또 어떤 이들은 동성애가 유전적이라고 주장합니다. 지극히 소수에 한해서 그런 경우도 있을지 모르겠으나, 그것 또한 인간의 타락과 죄의 결과로 나타난 왜곡된 성 정체성의 한 현상입니다. 다시 말해서 동성애는 하나님을 떠나 살아 온 인간의 육체적, 정신적 질병의 한 현상이지 자연적인 현상으로 받아들일 정상적인 성적 취향이 아닙니다. 호주에서는 서호주 퍼스의 한 교회를 담임하는 마가렛 코트(Margaret Court) 목사가 동성 결혼을 반대하는 캠페인을 적극적으로 해 오고 있습니다. 그녀는 과거에 여자 세계 테니스 대회인 윔블던 대회에서 3회 우승을 했던 호주의 스포츠 영웅입니다. 그녀는 공개 방송 인터뷰에서 "자신의 교회를 찾아온 동성애자들 그리고 자신이 알고 있는 수많은 동성애자들이 성적 학대를 당하고 있고 그 결과 동성애의 성적 취향을 갖게 되었다"라고 밝혔습니다.

또한 동성애자로 살다가 현재는 목사가 되어 동성애 치유 사역을 하고 있는 한국의 이요나 목사는 동성애자들의 말년이 얼마나 비참한가를 이렇게 강조합니다. "내 나이 육십이 넘었는데 알고 있던 동성애자는 대부분 죽었거나 병들어 있다. 내가 돌보는 이들 중 오륙십이 된 사람들이 아직도 술과 섹스로 지내고 있으며, 대부분 에이즈나 간염에 걸려 죽음의 날을 보내고 있다. 돌아갈 가족도 직장도 없고 거리에서 술과 약물, 섹스로 살다가 죽어 간다. 그것이 과연 인권인가?"

바울은 본문에서 동성애를 분명한 죄로 규정합니다. 이 외에도 동성애가 죄라는 다른 성경적 근거들을 요약하면 다음과 같습니다. 첫째, 신약성경 유다서 1장 7절을 보면, "소돔과 고모라와 그 이웃 도시들도 그들과 같은 행동으로 음란하며 다른 육체를 따라 가다가 영원한 불의 형벌을 받음으로 거울이 되었느니라"라고 선언합니다. 즉, 창세기 19장에 나오는 아브라함 시대의 소돔과 고모라 성에 있던 동성애가 하나님의 심판을 받게 된 죄였음을 보여 줍니다. 둘째, 레위기 18장 22절과 20장 13절을 보면 동성애 행위는 가증한 행위요, 사형에 처하는 죄에 해당됩니다. 동성애를 옹호하는 신학자들은 이 두 구절과 소돔과 고모라 멸망은 동성애와 관계가 없다고 해석하지만, 설득력이 없습니다. 셋째, 고린도전서 6장 9절과 디모데전서 1장 10절에서도 동성애를 죄의 범주에 넣어서 지적합니다. 그러므로 진정한 신자들이라면 동성애를 정당화하고 국가적으로 합법화하는 것이 앞서가는 문화나 관용적인 사회라는 세속적인 생각을 무조건 따라가서는 안됩니다. 왜냐하면 동성애의 합법화는 가족공동체의 파괴와 아이들의 성 정체성 혼란을 비롯해서 사회적인 많은 문제들을 야기하고 결국은 국가적 재앙과 하나님의 심판을 가져오는 무서운 결과를 초래하기 때문입니다.

계속해서 바울은 "그들이 마음에 하나님 두기를 싫어하매 하나님께서 그들을 그 상실한 마음대로 내버려 두사"(1:28)라고 선언한 후에 인간 사회에서 일어나는 구체적인 죄악들을 1장 28–31절에서 열거합니다. 그것들은 불의, 추악, 탐욕, 악의, 시기, 살인, 분쟁, 사기, 악독, 수군거림, 비방, 교만, 악을 도모함, 부모를 거역함, 우매함, 배약함, 무정함, 무자비함 등입니다. 그러고 나서 마지막 1장 32절에서 그들은 자신들이 행하는 일들이 하나님의 심판을 받을 옳지 않은 일이라는 사실을 알고 있으면서도 여전히 죄악들을 행하고 있을 뿐만 아니라 다른 사람들도 같은 죄를 짓도록 부추긴다고 설명합니다.

이처럼 이 세상에 존재하는 모든 인간의 불행들은 피조물을 조물주보다 더 경배하고 섬긴 결과요, 자기를 사랑하고 하나님을 거부하면서 하나님의 영광을 다른 피조물과 바꾼 결과로 따라온 것들입니다. 그리고 이러한 인간의 죄로 인해서 이 세상의 모든 피조물이 함께 고통을 당하며, 함께 하나님의 구속을 고대하고 있다고 바울은 8장 19–22절에서 밝힙니다.

*더 깊은 이해를 위한 글 3: "죄에 관한 정의와 어거스틴의 죄론" p. 87를 함께 보세요.

유대인의 죄는 다른가(2:1–3:8)

바울은 1장에서 인류의 보편적인 죄들을 설명한 후에, 2장에 와서 유대인들의 죄에 대하여 다음과 같이 말합니다.

> 1그러므로 남을 판단하는 사람아, 누구를 막론하고 네가 핑계하지 못할
> 것은 남을 판단하는 것으로 네가 너를 정죄함이니 판단하는 네가 같은
> 일을 행함이니라 2이런 일을 행하는 자에게 하나님의 심판이 진리대로
> 되는 줄 우리가 아노라 3이런 일을 행하는 자를 판단하고도 같은 일을 행
> 하는 사람아, 네가 하나님의 심판을 피할 줄로 생각하느냐 4혹 네가 하나
> 님의 인자하심이 너를 인도하여 회개하게 하심을 알지 못하여 그의 인자
> 하심과 용납하심과 길이 참으심이 풍성함을 멸시하느냐 5다만 네 고집
> 과 회개하지 아니한 마음을 따라 진노의 날 곧 하나님의 의로우신 심판
> 이 나타나는 그 날에 임할 진노를 네게 쌓는도다 6하나님께서 각 사람에
> 게 그 행한 대로 보응하시되 7참고 선을 행하여 영광과 존귀와 썩지 아니
> 함을 구하는 자에게는 영생으로 하시고 8오직 당을 지어 진리를 따르지
> 아니하고 불의를 따르는 자에게는 진노와 분노로 하시리라 9악을 행하는
> 각 사람의 영에는 환난과 곤고가 있으리니 먼저는 유대인에게요 그리고
> 헬라인에게며 10선을 행하는 각 사람에게는 영광과 존귀와 평강이 있으
> 리니 먼저는 유대인에게요 그리고 헬라인에게라(2:1–10).

유대인들은 자신들이 하나님께 선택받은 백성이기 때문에 이방인들처럼 하나님의 무서운 진노와 심판을 받지는 않을 것이라고 생각했습니다. 하지만 바울은 "남을 판단하는 네가 같은 일을 행하고 있기 때문에 하나님의 심판이 임한다"라고 말합니다(2:1–2). 그러면서 "하나님의 인자하심이 너를 인도하여 회개하게 하기를 원하시는 하나님의 마음을 네가 알지 못하고, 그의 인자하심과 용납하심과 길이 참으심이 풍성함을 네가 멸시하느냐"라고 바울은 계속해서 질책합니다(2:4). 그러므로 죄인들이 끝까지 돌아오기를 기다리심과 하나님의 풍성하신 은혜와 사랑을 멸시하고 끝내 회개하지 않는 자들은 하나님의 의로우신 심판을 받기에 충분하다는 것입니다. 그래서 바울은 "다만 네 고집과 회개하지 않는 마음 때문에 하나님의 의로우신 심판이 나타날 그 날에 받게 될 하나님의 진노를 계속 쌓고 있다"라고 말합니다(2:5). 이 말은 마치 죄의 중심부를 찌르는 말과 같습니다.

우리는 이 사실을 출애굽기에 나오는 바로 왕을 통해서 더욱 분명하게 볼 수 있습니다. 애굽의 바로 왕은 자신의 고집 때문에 애굽의 온 백성들이 고통을 당하고 결국은 자신의 첫 아들부터 짐승의 첫 새끼까지 다 죽임을 당하는 마지막 10번째 재앙을 겪고 나서야 자신의 고집을 꺾고 이스라엘 백성들을 해방시켜 주었습니다. 그런데 흥미롭게도 "여호와께서 바로의 마음을 완악하게 하셨으므로"라는 구절이 출애굽기에 나오고, 9장에서도 이 점을 언급합니다(9:17–18). 그러나 바로 왕의 마음을 하나님께서 강퍅하게 만드시기 전에 바로 왕 스스로 자신의 마음을 강퍅하게 한 것임을 우리는 기억해야 합니다(9장 해설 참조).

버림받은 사울 왕의 경우도 이와 같습니다. 오래전 한국에서 교회 사역을 하면서, '하나님의 말씀을 잘 알고 그 말씀을 가르치는 사람들이 어떻게 하나님께 버림받는 삶을 스스로 선택하는가'에 대해서 고민한 적이 있었습니다. 그때 깨달았던 말씀이 사무엘상 15장의 내용이었습니다. 사무엘은 사울 왕에게 "당신이 하나님의 말씀을 거역하고 끝까지 자신을 변명하면서 고집을 부리는 것은 우상에 절하는 죄와 같이 하나님께서 보시기에 무서운 죄에 속한다"라고 지적했습니다(삼상 15:22-23). 즉 사울 왕이 하나님께 버림받았던 결정적인 원인은 강퍅한 마음에서 나온 완고한 고집이었습니다. 이 고집은 마음의 우상입니다. 인간은 이 고집 때문에 옳지 않은 줄 알면서도 그릇 행하고, 죄인 줄 알면서 끝까지 회개하지 않습니다. 그래서 하나님과 영적인 관계가 끊어진 사람들은 자신의 회개하지 않는 마음과 고집이 우상이 되어 살아갑니다.

그러므로 하나님께서 심판하시는 이유는 인간의 고집과 그 고집으로 인하여 회개하지 않는 마음 때문입니다. 그래서 하나님께서는 각 사람이 행한 대로 갚으십니다. 선을 행하는 자에게는 영생을 주시고 불의를 행하는 자에게는 진노와 분노로 심판하십니다(2:6-7). 바울은 여기서 다음과 같은 구약성경을 인용합니다. "주여 인자함은 주께 속하오니 주께서 각 사람이 행한 대로 갚으심이니이다"(시 62:12). "네가 말하기를 나는 그것을 알지 못하였노라 할지라도 마음을 저울질 하시는 이가 어찌 통찰하지 못하시겠으며 네 영혼을 지키시는 이가 어찌 알지 못하시겠느냐 그가 각 사람의 행위대로 보응하시리라"(잠 24:12).

또 바울은 유대인이든 이방인이든 상관없이 악을 행하는 사람에게 환난과 곤고가 있고, 선을 행한다면 그 사람에게는 영광과 존귀와 평강이 있을 것이라고 말합니다(2:8-10). 이 말씀들은 문맥의 흐름을 잘 살피지 않으면, 마치 믿음과 상관없이 인간의 행위대로 심판하시는 하나님으로 오해하거나 혹은 믿음과 행위가 똑같이 구원의 조건이 되는 것으로 혼동하기 쉽습니다. 하지만 2장에서 바울이 유대인들에게 말하고자 하는 초점(주제)은 "너희들의 노력과 의로 하나님의 의(영광)에 도달할 수 없다"는 것입니다. 즉 바울은 하나님의 종말론적 심판을 언급하면서 유대인들에게 경고의 말을 하고 있습니다. 한마디로 말하면, 바울은 예수 그리스도를 믿고, 하나님의 말씀에 순종하는 하나님의 백성들에게 영광과 존귀와 평강이 있을 것이라고 말합니다. 그래서 이 내용은 앞에서 설명한 "믿어 순종하게 하나니"(1:5; 16:26)라는 말씀과 관계가 있고, 믿음과 행위는 뗄 수 없는 관계에 있다는 점과 관련이 있습니다(cf. 14:10, 23).

바울은 계속해서 다음과 같이 말합니다.

> 11이는 하나님께서 외모로 사람을 취하지 아니하심이라 12무릇 율법 없이 범죄한 자는 또한 율법 없이 망하고 무릇 율법이 있고 범죄한 자는 율법으로 말미암아 심판을 받으리라 13하나님 앞에서는 율법을 듣는 자가 의인이 아니요 오직 율법을 행하는 자라야 의롭다 하심을 얻으리니 14(율법 없는 이방인이 본성으로 율법의 일을 행할 때에는 이 사람은 율법이 없어도 자기가 자기에게 율법이 되나니 15이런 이들은 그 양심이 증거가 되어 그 생각들이 서로 혹은 고발하며 혹은 변명하여 그 마음에 새긴 율법의 행위를 나타내느니라) 16곧 나의 복음에 이른 바와 같이 하나님이 예수 그리스도로 말미암아 사람들의 은밀한 것을 심판하시는 그 날이라(2:11–16).

바울은 "하나님께서 외모로 사람을 취하지 아니하심이라"(2:11)고 말합니다. 여기서 '외모로 취함'이라는 단어는 헬라어로 '프로소포렙시아'(προσωπολημψια)라는 한 단어입니다. 그 뜻은 '외모로 사람을 판단하는 것', '편파심', '차별 대우', '편견' 등을 의미합니다. 그래서 NIV 성경은 "하나님께서는 편애하지 않는다"(For God does not show favouritism)로 번역하고, NKJV 성경은 "하나님께는 편파성이 없다"(For there is no partiality with God)로 번역합니다.

즉, 하나님께서는 모든 사람에 대해서 편애와 편견과 편파심이 없는 공평하신 분이라는 말씀입니다. 이것은 인간을 향한 하나님의 사랑과 하나님의 공의로우신 심판에 있어서 그렇습니다. 그래서 그 다음 2장 12절에서는 "율법이 없지만 그 양심이 율법이 되어 살아가는 이방인들은 율법 없이 망하고, 율법을 가지고 있으면서 범죄하는 유대인들은 율법으로 말미암아 심판을 받는다"라고 바울은 말합니다. 그러나 이방인이든 유대인이든 자신의 행위로 하나님 앞에서 의롭다고 인정을 받을 수 없고, 그러기에 하나님의 심판을 받을 수밖에 없다는 말입니다.

그래서 믿음을 통한 하나님의 의가 필요하고, "하나님 앞에서는 율법을 듣는 자가 의인이 아니요 오직 율법을 행하는 자라야 의롭다 하심을 얻으리니"(2:13)라는 말씀도 이러한 차원에서 이해해야 합니다. 즉 '율법을 행한다'는 것은 믿음을 전제로 한 행위를 말하는 것이지, 믿음과 상관없는 행위를 말하는 것이 아닙니다. 헬라어 성경과 영어 성경을 살펴보면, 2장 13절은 '왜냐하면'(헬라어 γὰρ, 영어 for)이라는 접속사로 시작합니다. 그러므로 13절 한 구절만 따로 떼어서 '율법을 행하는 자가 의롭다고 인정을 받는다'라고 주장한다면 1–3장 전체의 문맥적 흐름에 대한 큰 오해입니다. 이 말의 의미는 "하나님 앞에서는 율법을 듣는 자가 아니라 율법을 행하는 자가 의롭다고 인정을 받을 수 있는데, 그런 면에서 이방인들이 너희들보다 더 낫다"라고 유대인들을 책망하는 말입니다. 동시에 하나님의 심판이 믿음의 행위와 관계가 있음을 보여 주는 말씀이기도 합니다.

그래서 율법 없는 이방인도 자신의 양심(마음에 새긴 율법)에 따라 살아간다고 하면서, 모든 사람들의 심판은 "하나님이 예수 그리스도로 말미암아"(2:14–16) 하게 될 것이라고 바울은 말합니다. 그러므로 예수 그리스도로 말미암아 이루어지는 심판은 결국 믿음에 근거한 심판이요, 그 믿음은 순종의 행위가 동반된다는 사실을 보여 줍니다. 따라서 이 말씀은 한편으로 '예수 그리스도를 믿음으로 말미암아 하나님께 의롭다고 인정을 받게 된다'는 로마서와 갈라디아서의 말씀과 일치하며, 동시에 믿음과 행위가 하나임을 말하는 예수님의 말씀과 야고보서 2장의 말씀과도 일치합니다(1:17; 3:24, 28; 4:3, 25; 5:1, 9; 갈 3:11, 24; cf. 마 7:21; 약 2:22–26). 그래서 바울은 8장에서 그리스도 예수 안에 있는 자에게 정죄함이 없는 이유가 예수 그리스도의 구속의 은혜 때문이며, 다른 한편으로는 신자들 안에 내주하신 성령께서 율법의 요구를 이루어지게 하시기 때문이라고 말합니다(cf. 8:1–4).[9]

계속해서 바울은 유대인들을 향하여 다음과 같이 책망합니다.

> 17유대인이라 불리는 네가 율법을 의지하며 하나님을 자랑하며 18율법의
> 교훈을 받아 하나님의 뜻을 알고 지극히 선한 것을 분간하며 19맹인의 길
> 을 인도하는 자요 어둠에 있는 자의 빛이요 20율법에 있는 지식과 진리의

5) 2장 1–16절과 관련된 '하나님의 행위 심판과 신자의 믿음'이라는 관계에 있어서, 8장 1–17절은 그 답을 제공해 주고 있습니다. 왜냐하면 하나님의 율법을 행하는 삶과 믿음 안에서 성령을 따르는 삶이 대치되거나 다를 수 없으며, 또한 예수 그리스도를 믿는 삶은 곧 성령을 따르는 삶이기 때문입니다(8:4; 고전 7:19; cf. 겔 36:26–28).
이런 차원에서 바울은 종말론적 구원(즉 영생)에 순종의 행위가 요구된다고 말하며(2:6–11, 6:19–23; 8:13; 갈 5:16–21; 6:7–9; 고전 6:9–10), 불순종의 행위에 대해서 멸망의 경고들을 합니다(고전 6:9–10; 10:1–13; 갈 5:21; 엡 5:5 등). 이것은 우리가 '이미'(already) 믿음으로 의롭다고 인정을 받았지만, '아직'(not yet) 마지막 날에 그 의의 소망을 기다리고 있다는 긴장 관계 속에서 이해할 수 있습니다(Schreiner, *New Testament Theology*, 656; 권연경, "옛 관점과 새 관점의 충돌", 「한국개혁신학」 제28권, 121–122).

모본을 가진 자로서 어리석은 자의 교사요 어린 아이의 선생이라고 스스로 믿으니 [21]그러면 다른 사람을 가르치는 네가 네 자신은 가르치지 아니하느냐 도둑질하지 말라 선포하는 네가 도둑질하느냐 [22]간음하지 말라 말하는 네가 간음하느냐 우상을 가증히 여기는 네가 신전 물건을 도둑질하느냐 [23]율법을 자랑하는 네가 율법을 범함으로 하나님을 욕되게 하느냐 [24]기록된 바와 같이 하나님의 이름이 너희 때문에 이방인 중에서 모독을 받는도다(2:17-24).

유대인들은 하나님의 율법을 받아서 살아감으로써 세상 모든 민족들보다 복을 받았던 민족이었습니다(3:1-2; cf. 9:1-5). 바울은 유대인들이 하나님께 받았던 은혜와 특권이 무엇인지에 대해서 2장 17-21절에서 네 가지로 말합니다. 첫째는 말씀대로 율법을 의지하며 하나님을 자랑하는 것입니다(2:17). 둘째는 율법의 교훈을 받아서 하나님의 뜻을 알고 그래서 지극히 선한 것을 분별할 수 있는 것입니다(2:18). 셋째는 맹인의 길을 인도하는 안내자, 혹은 하나님을 모르는 어두움 가운데 있는 자들에게 빛이 되어 줄 수 있다는 것입니다(2:19). 넷째는 율법의 지식과 진리를 가지고 모범을 보이면서 어린 아이 수준의 이방인들을 가르치는 교사가 될 수 있다는 것입니다(2:20). 따라서 그들은 구약성경에 예언된 메시아가 바로 예수 그리스도임을 깨달음으로써 이방인들보다 먼저 예수 그리스도를 믿고 영생의 복을 누릴 기회가 있었습니다.

하지만 그들은 실패했습니다. 그들은 자신들이 믿는 하나님이 유대 민족만을 위한 하나님이시라고 믿었고, 자신들이 받은 율법이 자기 민족만을 위한 율법이라고 믿었으며, 메시아가 유대 민족만을 위해서 오실 것이라고 믿었기 때문입니다. 또 그들은 하나님께서 자신들을 먼저 선택하시고 자신들에게 율법을 주신 근본 목적을 망각했기 때문입니다. 하나님께서 이스라엘 민족을 선택하여 부르신 목적은 그들이 제사장 나라가 되고 거룩한 백성이 되어 이방 민족들에게 하나님을 증거하는 역할을 감당하도록 하기 위해서였습니다(창 12:1–3; 출 19:5–6; cf. 사 2:2–4; 갈 3:6–9).

하지만 유대인들은 그러한 하나님의 근본적인 뜻을 깨닫지 못하고 이방인들을 멸시했습니다. 그래서 바울은 "율법을 알고 지킨다"라는 유대인들이 그 율법의 바른 의미를 깨닫지 못하고 오히려 율법을 범하고 있다고 지적합니다. 이처럼 유대인들은 하나님의 뜻을 바로 깨닫지 못했을 뿐만 아니라, 이방인들과 똑같은 죄를 지으면서 살아갔습니다(2:21). 하지만 언약에 신실하신 하나님께서는 그러한 이스라엘 백성들을 끝내 버리지 않으셨고 앞으로도 버리지 않으시며 택하신 자들을 구원하실 것이라고 바울은 9–11장에서 자세히 다룹니다.

이러한 유대인들의 모습을 우리에게 적용해 볼 수 있습니다. 신자들은 먼저 하나님의 선택을 받아서 예수 그리스도를 믿고 하나님을 섬기며 살아가는 사람들입니다. 즉 하나님의 말씀을 따라 거룩한 삶을 살아가면서, 세상 사람들에게 하나님을 증거하는 삶을 살도록 먼저 부르심을 받은 사람들입니다. 하나님을 모르는 영혼들을 그리스도 앞으로 인도하는 안내자가 될 사명을 받은 사람들입니다. 그럼에도 불구하고 적지 않은 신자들이 유대인들과 같이 이러한 사명과 본분을 깨닫지 못하며 살아가고, 그 결과 하나님께서 주신 은혜의 특권들을 누리지 못하며 살아가는 것은 안타까운 일입니다.

이렇게 바울은 유대인들을 향하여 율법을 자랑하는 너희들이 오히려 율법에서 하지 말라고 하는 도둑질을 하고, 간음을 하고, 신전에 있는 우상 물건을 훔침으로써 하나님을 욕되게 하고 있다고 선언합니다(2:23). 그래서 바울은 하나님의 이름이 너희 때문에 세상 사람들에게 모독을 받고 있다고 말합니다(2:24). 그렇다고 해서 모든 유대인들이 이런 죄를 짓고 있다고 바울이 주장하는 것은 아닙니다. 사실 유대인들 중에도 경건하고 신실한 유대인들이 있습니다. 신약성경만 보아도 세례 요한의 부모나 성전에서 아기 예수님을 보았던 안나와 시므온, 그리고 예수님의 시체를 장사지냈던 아리마대 요셉 등, 하나님을 경외하는 신실하고 경건한 유대인들이 등장합니다. 또 예수님의 제자들이 유대인들이요, 바울 역시도 유대인입니다. 그래서 바울은 이렇게 경건하고 신실한 유대인들을 9장과 11장에서 '하나님의 은혜로 남은 자'라고 표현합니다.

바울은 마지막 2장 25-29절에서 다음과 같이 말합니다.

> [25]네가 율법을 행하면 할례가 유익하나 만일 율법을 범하면 네 할례는 무할례가 되느니라 [26]그런즉 무할례자가 율법의 규례를 지키면 그 무할례를 할례와 같이 여길 것이 아니냐 [27]또한 본래 무할례자가 율법을 온전히 지키면 율법 조문과 할례를 가지고 율법을 범하는 너를 정죄하지 아니하겠느냐 [28]무릇 표면적 유대인이 유대인이 아니요 표면적 육신의 할례가 할례가 아니니라 [29]오직 이면적 유대인이 유대인이며 할례는 마음에 할지니 영에 있고 율법 조문에 있지 아니한 것이라 그 칭찬이 사람에게서가 아니요 다만 하나님에게서니라(2:25-29).

유대인들에게 있어서 할례는 굉장히 특별한 종교적 의미를 지닙니다. 지금도 보통 유대인 남자 아이들은 출생한 지 팔 일째 되는 날에 보통 10명 이상의 가족과 친지들이 함께 모인 가운데 할례를 받습니다. 그 의식을 간략하게 소개하면, 할례를 하기 위해 아기를 안고 수술할 방에 들어

오면 모든 참석자가 일어서서 “지금 이 방에 들어오는 아이에게 복이 있을지라”고 한 목소리로 축복합니다. 그러면 아기의 아버지나 할례 시술자는 아기를 받아 안고 하나님께서 아브라함과 맺은 할례 언약을 상기하는 내용으로 화답합니다. 그러고 나서, 아이의 아버지가 할례 시술자에게 칼을 건네주면, 할례 시술자인 유대인 랍비가 아기의 표피를 제거합니다. 그때 아버지는 다음과 같이 낭송합니다. “찬양받으시기에 합당하신 주 우리의 하나님 우주의 왕이시여, 당신의 계명으로 우리를 성별하시며 우리로 우리의 조상 아브라함의 계약에 들어가게 하셨나이다.” 그러면 참석자들이 다시 화답하는 말을 하고 특별 기도와 찬송, 그리고 축도의 순서로 마친 후에 음식을 함께 나누면서 모든 순서를 마무리합니다. 이렇게 함으로써 유대인들은 자신들이 하나님의 특별한 선택을 받은 사람들이라는 공동체 의식을 가지게 되고 그 사실을 기억하면서 살아가게 됩니다.

이 할례의 기원은 하나님께서 아브라함을 택하여 부르신 후에 “너의 모든 후손들에게 난 지 8일째 되는 날에 할례를 행하라”고 말씀하신 데 있습니다(창 17:10–12). 거기에 보면 “이것이 나와 너희 사이의 언약의 표징”이 될 것이라고 하나님께서 아브라함에게 말씀하셨습니다. 그래서 유대인들은 할례를 선택받은 하나님의 백성이라는 특별한 언약의 표시로 여겼고, 예수님을 믿은 후에도 “할례를 받아야 구원받는다”라고 주장하는 유대인들도 있었습니다. 그래서 사도행전 15장 1–2절을 보면 “모세의 법대로 할례를 받지 아니하면 구원을 받지 못하리라”라고 주장하던 일부 지도자들의 잘못된 가르침 때문에 “바울 및 바나바와 그들 사이에 적지 아니한 다툼과 변론이 일어난지라”라고 기록합니다.

그래서 바울은 유대인들이 율법을 지키지 않는다면 할례를 행하는 것은 아무 의미가 없다고 설명합니다(2:25). 또 선택받은 유대인들이라 할지라도, 할례를 행하지 않은 이방인(무할례자)들과 똑같이 하나님의 심판을 받을 수밖에 없다고 말합니다. 특별히 "할례는 마음에 할지니 영에 있고 율법 조문에 있지 아니한 것이라"(2:29)고 말합니다. 여기서 "영에 있고"라는 말은 '성령에 의해서'라는 말이고 "율법 조문"이란 말은 '문서로 작성된 율법'을 의미합니다(헬. εν πνεύματι ου γραματι; cf. by the Spirit, not by the written code, NIV). 다시 말해서 '할례는 율법 조항에 의해서가 아니라 성령에 의해서 마음에 하는 것이 진짜 할례다'라는 의미입니다. 바울은 유대인으로서 태어난 지 8일 만에 할례를 받았고, 유대인 율법 학자로서 누구보다 할례의 의미를 잘 알고 있었던 사람입니다. 그러한 바울이 "몸에 할례를 했다고 해서 진짜 유대인이 아니라 마음에 할례를 한 자들이 진짜 유대인이다"라고 한 선언은 대단히 중요합니다.

그렇다면 구약성경에서 하나님께서 원하셨던 마음의 할례가 무엇일까요? 신명기 10장 16절은 "너희는 마음에 할례를 행하고 다시는 목을 곧게 하지 말라"(cf. 신 10:12, 13)고 말씀합니다. 이 말씀의 배경을 보면, 이스라엘 백성들은 광야에서 지내며 끊임없이 원망과 불평과 불순종을 하였는데, 성경은 이러한 모습을 목이 곧은 백성들 혹은 목이 뻣뻣한 백성들이라고 종종 표현합니다. 그래서 모세는 이스라엘 백성들에게 "마음의 할례를 행하라"고 말하는데, 그것은 곧 온 마음과 뜻을 다해서 하나님을 사랑하고 하나님의 말씀에 순종하는 삶을 살아가는 것입니다.

또 예레미야 4장 3-4절을 보면, "너희 묵은 땅을 갈고…너희는 스스로 할례를 행하여 너희 마음 가죽을 베고 나 여호와께 속하라"고 말씀합니다. 여기서 예레미야 선지자가 "마음의 묵은 땅을 갈고 마음 가죽을 베고 마음의 할례를 하라"고 한 말은 '거짓과 불의와 불신앙의 삶에서 진실하고 정의로운 믿음의 생활로 회개하고 돌이키라'는 의미입니다(렘 4:1-2). 그러나 유대인들은 자신들이 하나님의 선택받은 증거로 몸에 할례를 받았다고 생각했습니다. 그래서 예레미야 선지자는 “모든 민족은 할례를 받지 못하였고 이스라엘은 마음에 할례를 받지 못하였느니라”(렘 9:26)고 말하면서 유대인들의 오만함과 죄악을 지적합니다.

이와 같은 구약의 배경과 본문의 내용을 통해서 우리는 세 가지 중요한 사실을 알 수 있습니다. 첫째, 하나님이 진정으로 원하셨던 할례는 육체의 할례가 아니라 마음의 할례라는 사실입니다(신 10:12–13, 16; 30:6–8; 렘 4:3–4). 둘째, 마음의 할례는 기록된 율법에 의해서가 아니라 성령에 의해서 이루어진다는 사실입니다(겔 36:26–27; 빌 3:3). 셋째, 마음의 할례를 받은 자, 즉 성령으로 거듭난 신자는 하나님께 순종하고 하나님의 말씀을 지키며 살아간다는 것입니다(렘 31:31–34; 겔 11:19–20; 36:26–27). 그래서 바울은 “하나님의 성령으로 예배(봉사)하며, 육체를 신뢰하지 않는 우리가 할례파”라고 빌립보서 3장 3절에서 말합니다.[10] 이처럼 바울은 성령에 의하여 마음의 할례를 받은 자들이 진정한 할례파요, 구원받은 하나님의 자녀임을 말합니다.

더 나아가서, 바울은 “우리가 성령으로 믿음을 따라 의의 소망을 기다

10) 2장 28–29절에 나오는 ‘육신의 할례와 영의 할례’는 빌립보서 3장 3절에 나오는 “하나님의 성령으로 봉사하며 그리스도 예수로 자랑하고 육체를 신뢰하지 아니하는 우리가 곧 할례파라”는 말씀과 관계가 있습니다. 하지만 빌립보서 3장 3절 말씀의 헬라어 본문은 ‘하나님의 성령에 의하여 예배하는(혹은 섬기는) 우리가 할례파다’라는 의미입니다. 다시 말해서 ‘봉사’로 번역한 헬라어 ‘라트류오’(λατρεύω)는 ‘섬기다’와 ‘예배하다’는 의미가 다 있습니다(cf. 12:1).
이 단어는 ‘임금을 위해서 일하다’라는 뜻에서 유래되었으나, 후에 ‘임금과 상관없이 노예나 종이 일하다’라는 의미로 발전되었으며, 이러한 차원에서 ‘섬기다’, ‘예배하다’는 의미로 성경(LXX)에서 사용되고 있습니다(Robinson & House, 219; Hawthorne, 126; Fee, 299–300). 그래서 NKJV 성경은 ‘worship’이라는 단어를 사용하여 “하나님의 성령으로 예배하는 우리가 할례자”(we are the circumcision, who worship God in the Spirit)라고 번역했습니다. 반면에 NIV 성경은 ‘serve’라는 단어를 선택하고 있는데, 이는 ‘예배하는’ 혹은 ‘섬기는’ 이라는 두 가지 의미가 가능한 단어입니다(it is we who are the circumcision, we who serve God by his Spirit).

리노니 그리스도 예수 안에서는 할례나 무할례나 효력이 없으되 사랑으로써 역사하는 믿음뿐이니라"(갈 5:5-6)고 갈라디아서에서 말합니다. 그리고 나서, "할례나 무할례가 아무 것도 아니로되 오직 새로 지으심을 받은 것만이 중요하리라"(갈 6:15)고 말합니다. 한마디로 말해서, 할례다 무할례다 그런 자격을 따지는 것이 중요한 것이 아니라, 성령 안에서 새사람이 되어 사랑을 실천하는 본질이 중요하다는 것입니다. 사실 신앙생활을 하다 보면 사소한 문제로 서로 다투거나 시험에 드는 경우들이 있습니다. 중요한 것은 복음을 누리며 성령으로 변화된 삶을 사는 것입니다. 중요한 것은 하나님을 사랑하고 이웃을 사랑하는 삶을 사는 것입니다. 이러한 삶이 성령으로 거듭나서 성령의 인도함을 받으며 살아가는, 곧 진정으로 마음의 할례를 받은 신자의 모습입니다.

이렇게 바울은 2장의 내용을 통해서 유대인들에게 '율법적인 의'나 '할례'와 같은 외적인 행위들이 하나님의 자녀가 되는 조건이 되지 못한다고 지적합니다. 다시 말해서, 예수 그리스도를 믿음으로 성령에 의해 거듭난 자가 마음의 할례를 받은 자요, 그들이 진정으로 하나님의 뜻을 순종하는 하나님의 자녀라고 바울은 말합니다. 그러나 바울은 유대인들이나 율법에 대해서 부정적인 평가만 하지는 않습니다. 그래서 할례를 받은 유대인들은 누리지만 이방인들은 누리지 못한 많은 특권과 언약에 대한 하나님의 신실함에 대해서 바울은 다음과 같이 말합니다.

> 1그런즉 유대인의 나음이 무엇이며 할례의 유익이 무엇이냐 2범사에 많
> 으니 우선은 그들이 하나님의 말씀을 맡았음이니라 3어떤 자들이 믿지
> 아니하였으면 어찌하리요 그 믿지 아니함이 하나님의 미쁘심을 폐하겠
> 느냐 4그럴 수 없느니라 사람은 다 거짓되되 오직 하나님은 참되시다 할

지어다 기록된 바 주께서 주의 말씀에 의롭다 함을 얻으시고 판단 받으
실 때에 이기려 하심이라 함과 같으니라 5그러나 우리 불의가 하나님의
의를 드러나게 하면 무슨 말 하리요 [내가 사람의 말하는 대로 말하노니]
진노를 내리시는 하나님이 불의하시냐 6결코 그렇지 아니하니라 만일 그
러하면 하나님께서 어찌 세상을 심판하시리요 7그러나 나의 거짓말로 하
나님의 참되심이 더 풍성하여 그의 영광이 되었다면 어찌 내가 죄인처럼
심판을 받으리요 8또는 그러면 선을 이루기 위하여 악을 행하자 하지 않
겠느냐 어떤 이들이 이렇게 비방하여 우리가 이런 말을 한다고 하니 그
들은 정죄 받는 것이 마땅하니라(3:1–8).

바울이 3장 1–2절에서 말하고 있는 바와 같이, 유대인들은 하나님의 말씀을 받은 하나님의 언약 백성으로서 하나님의 특별한 은혜를 경험한 산 역사를 가지고 있습니다. 그래서 바울은 9장 4–5절에서 “그들에게는 양자 됨과 영광과 언약들과 율법을 세우신 것과 예배와 약속들이 있고, 육신으로는 그리스도가 그들에게서 나셨다”라고 설명합니다. 그러면서 바울은 유대인들이 믿음을 받아들이지 않았기 때문에 “하나님의 미쁘심(신실하심)이 폐하여 졌는가?”라고 질문을 던지며 가상 토론을 이어갑니다(3:3–4).

쉽게 말해서, 유대인들의 질문은 이런 것입니다. “바울 선생, 율법과 할례가 하나님의 심판을 면하도록 해 주지 못하고, 하나님의 백성이라는 우리들의 신분도 보장해 주지 못한다면 어떻게 신실하신 하나님이라고 말할 수 있습니까? 하나님께서 일방적으로 유대인을 선택했다가 이제 와서 일방적으로 유대인을 버리셨다면 과연 그런 하나님을 신뢰할 수 있습니까?” 이러한 가상의 질문에 대해서 바울은 “결코 그럴 수 없다. 하나님께서는 미쁘시고 언제나 참되신 분이다”라고 강조합니다. 여기에서

"하나님의 미쁘심"(3:3)이란 '하나님의 신실하심'(God's faithfulness; 헬. την πίστιν του Θεου)을 의미하고, "하나님은 참되시다"(3:4)란 '하나님의 거짓 없음'(God's truthfulness; 헬. ό θεός αληθής)을 말합니다. 사실 바울은 자기 동족인 유대인들이 구원받지 못한 문제에 대해서 깊이 안타까워 합니다. 그래서 '하나님께서 자신이 선택한 이스라엘 민족을 버리셨는가?'라는 주제와 관련하여 9–11장에서 자세하게 언급합니다. 그 내용을 한마디로 말하면, 하나님께서 먼저 택하신 유대 민족을 완전히 버리지 않으셨다는 것입니다. 유대인들 가운데서도 진짜로 구원받을 자들, 즉 하나님께서 선택하신 '남은 자'들이 있다는 것입니다. 그래서 11장 29절에서 "하나님의 은사와 부르심에는 후회하심이 없느니라"고 바울은 선언합니다.

바울은 이러한 '하나님의 신실함'이라는 주제를 3장에서 잠깐 언급하면서, 하나님께서는 신실하시고 참되시기 때문에 공의로우실 수밖에 없고, 그래서 하나님께서는 불의하신 분이 아니라 공의로우신 심판의 하나님이라고 이어서 5–6절에서 선언합니다. 또 "나의 죄 때문에 하나님의 참되심이 더욱 드러나서 하나님의 영광을 드러내게 된다면 왜 내가 죄인처럼 심판을 받을 이유가 있겠는가?"라는 유대인들과의 가상 토론을 바울은 계속해서 기록합니다(3:7). 그래서 "하나님의 선을 이루기 위해 우리가 악을 행하자"라는 말까지 너희가 한다면, 그런 생각과 말은 정죄받아야 마땅하다고 바울은 말합니다(3:8).

38년간 남서울은혜교회를 개척하여 담임한 후 은퇴한 홍정길 목사는 은퇴 후 한 인터뷰에서 한국 교회의 '이중성' 문제, 즉 믿음과 삶에 일치성이 없는 것이 가장 큰 고민이라고 고백했습니다. 이 말은 한국 교회의 모든 신자들에게 하는 말이기도 하지만 한국 교회의 목사들에게 한 말이었습니다. 홍정길 목사는 이렇게 말했습니다. "제가 볼 때 목사들이 천국

갈 생각을 안 한다는 게 문제입니다. 천국이 있는데 어떻게 그렇게 살 수 있어요? 목사들이 예수도 안 믿고 천국도 안 믿는 시대입니다. 천국에 대한 믿음을 놓치면 안 됩니다. 그래야 실수를 해도 주님께서 다시 회복할 힘을 주십니다."

예수 그리스도의 구원의 은혜와 감격이 없고 천국 소망이 없으면, 일반 신자이든 지도자이든 세상의 것들을 좇아 살아갈 수밖에 없습니다. 세상 사람들과 똑같이 눈에 보이는 세상적인 것들이 전부인 양 이 땅의 것들만을 좇으면서, 그것들을 기준으로 삶을 평가하며 살아갈 수밖에 없습니다. 이것이 한국 교회 타락의 한 원인이기도 합니다. 한마디로, 복음이 없는 것이 문제입니다.

바울이 유대인들을 향해서 한 말의 내용을 통해서 얻게 되는 교훈은 은혜 중심의 신앙생활을 해야 한다는 것입니다. 신앙생활은 자기 생각의 기준대로 무언가를 열심히 행하는 것이 아닙니다. 신앙생활은 먼저 복음을 바로 깨닫고 그 복음의 은혜를 누리며 살아가는 것입니다. 그렇지 않고, 내 생각을 기준으로 그리고 내 힘으로 신앙적 열심을 내다 보면 결국은 오래가지 못하고 지치고 힘들어지기 마련입니다. 그 결과, 신앙생활에 기쁨이 없고 몸과 마음이 지쳐서 율법주의적 신앙이나 형식 위주의 신앙생활이 될 수 있습니다. 그래서 예수 그리스도의 구원의 은혜와 예수 그리스도와 동행하며 누리는 감격의 복음이 필요합니다. 성령의 은혜 안에서 예배하고, 말씀이 주시는 은혜의 힘으로 봉사하면서 믿음의 삶을 살아가게 될 때, 우리는 이러한 영적 기쁨과 평안과 만족이 있는 삶을 살 수 있습니다.

다음으로 바울은 3장 4절에서 "기록된 바 주께서 주의 말씀에 의롭다 함을 얻으시고 판단 받으실 때에 이기려 하심이라 함과 같으니라"고 시편 51편 4절의 말씀을 인용합니다. 시편 51편은 다윗이 기록했습니다. 우리아 장군의 아내를 취하고 그를 죽인 간음죄와 살인죄를 저지른 다윗 왕에게 나단 선지자가 찾아와 그의 죄를 책망했습니다. 사실 다윗 왕은 나단 선지자를 처단하고 얼마든지 자신의 죄를 은폐할 수도 있었지만 그는 그렇게 하지 않았습니다. 그는 왕으로서의 체면과 권위를 내려놓고 침대가 다 젖도록 눈물로 자신의 죄를 회개했습니다. 그때 그는 "내가 주께 범죄하여 악을 행하였사오니 주께서 심판하시는 것은 마땅히 의로우신 일입니다"라고 자신의 죄를 고백합니다. 따라서 유대인들 역시 그들이 죄를 지었다는 사실보다 그 죄를 인정하지 않고 회개하지 않은 데 문제가 있다는 점을 바울은 지적합니다.

하나님의 자녀들이 사는 길은 변명과 후회가 아니라 회개에 달려 있습니다. 아담과 하와는 "왜 선악을 알게 하는 나무의 열매를 따 먹었느냐"라고 하나님께서 물으셨을 때 내 책임이 아니라고 변명하기에 급급했습니다. 하나님의 말씀을 어기고 선악을 알게 하는 나무의 열매를 따 먹은 것보다 변명하며 회개하지 않은 것이 더 큰 죄악입니다. 그래서 후회와 회개가 얼마나 다른 결과를 가져오는지 우리는 베드로를 통해서, 그리고 가룟 유다를 통해서 배우게 됩니다. 예수님을 배반했던 가룟 유다는 후회와 함께 영원한 죽음의 길로 갔지만, 똑같이 예수님을 배반했던 베드로는 회개함으로써 다시 하나님께 쓰임을 받았습니다. 자신의 죄를 후회하는 사람은 절망의 수렁에 빠지고, 자신의 죄를 변명하는 사람은 또 다른 죄를 짓지만, 자신의 죄를 진심으로 회개하는 사람은 하나님께 새롭게 쓰임받는 기회를 얻습니다. 하나님께서는 지금도 회개하는 자들을 결코 외면하지 않으시고 은혜와 힘을 주셔서 그 인생을 복되게 하십니다.

바울은 계속해서 "우리가 불의한 짓을 해서 하나님의 의를 드러내었다면 하나님께서 우리에게 진노하고 심판하실 이유가 있겠는가, 그러면 하나님이 불의한 하나님이 되는 것이 아니냐?"라는 유대인의 가상 질문에 대해서 "하나님께서는 결코 불의하시지 않다. 만약 하나님께서 불의하시면 어떻게 세상을 심판하시겠느냐?"라고 반박합니다(3:5-6). 그리고 계속해서 유대인을 상대로 가상의 토론을 이어갑니다(3:7-8). 다음으로 "나의 죄 때문에 하나님의 영광이 드러나게 된다면 내가 심판을 받을 이유가 있겠는가?"라는 궤변에 가까운 말과 더 극단적으로 "하나님의 선을 이루기 위해 우리가 악을 행하자"라는 말까지도 그들이 한다며 바울은 지적합니다. 그래서 바울은 이렇게 끝까지 자신의 죄를 인정하지 않고 회개하지 않으면서 변명하는 유대인들은 "하나님의 심판을 받기에 충분하다"라며 가상의 토론을 마칩니다(3:8).

본문에 나오는 유대인 궤변론자들과 같은 사람들을 우리 주위에서도 종종 볼 수 있습니다. 그들은 "왜 하나님께서는 아담과 하와가 죄를 지을 줄 아시면서 선악을 알게 하는 나무의 열매를 만들어 놓고 선악을 알게 하는 나무의 열매를 따 먹은 죄로 벌을 주시느냐?"라고 따집니다. "왜 하나님께서는 가룟 유다가 예수님을 배반하고 팔아 넘길 줄 아시면서도 그가 비참한 죽음을 당하게 내버려 두셨느냐?"라고 질문합니다. 또 사람들은 "왜 제1차 세계 대전, 제2차 세계 대전과 같이 큰 전쟁이 나서 죄 없는 수많은 사람들이 죽도록 하나님께서 내버려 두시느냐?"라고 하나님을 원망하고 그 책임을 하나님께 묻기도 합니다. 이렇게 인간은 끊임없이 자신들의 잘못을 변명하고 합리화하면서 하나님을 불의한 분으로 만들어 갑니다.

그에 대해 바울은 하나님은 신실하신 분이라고 말하며(3:3) "사람은 다 거짓되되 오직 하나님은 참되시다"(3:4)라고 선언합니다. 바울은 하나님을 불의하신 분이 아니라 공의로우신 심판의 하나님이라고 선언합니다(3:5). 하나님께서는 신실하시고 참되시기 때문에 공의로우실 수밖에 없습니다. 우리의 모습은 어떻습니까? 이와 같이 하나님을 불공평하고 불의하신 분으로 몰아세울 때는 없었습니까? 나의 실수와 잘못을 회개하기보다는 변명과 후회를 반복하면서 인생을 살지는 않았습니까? 하나님의 은혜와 사랑은 변함이 없습니다. 하나님은 신실하신 분입니다. 그분은 공의로우신 분입니다. 예수 그리스도의 십자가를 의지하면서, 그 신실하신 하나님 앞에 나아가 그 은혜를 덧입어 살아가는 삶이 되기를 바랍니다. 그럴 때 복음을 누리는 아름다운 인생을 맛보게 될 것입니다.

*더 깊은 이해를 위한 글 4: "행위 구원과 행위 심판" p. 92을 함께 보세요.

죄 아래 있는 사람과 구원의 길(3:9–31)

미국에는 약 20년이 걸려서 완공된 화려하고 예술적인 수정교회당이 있습니다. 이 교회를 개척해서 담임했던 로버트 슐러 목사는 사람들에게 희망을 심어주는 긍정적 설교와 하나님의 축복을 강조하는 번영신학을 목회 철학으로 삼았습니다. 매 주일 TV로 방영되는 설교를 시청한 사람들은 그를 '꿈의 사람'(a dreamer)이라고 부르며 존경했고, 그 교회는 급격히 늘어난 교인으로 인해서 1만 명이 모이는 초대형 교회가 되었습니다. 하지만 로버트 슐러 목사의 은퇴와 함께 수정교회의 재정 상태가 악화되어서 수정교회당은 가톨릭 교회 대 교구에 팔리고 말았습니다. 로버트 슐러 목사는 강단에서 죄에 대하여 설교하지 않았고 죄인이라는 용어도 쓰지 않았습니다. 그는 "사람들이 싫어하는 말을 설교자가 하는 것은 지혜롭지 못하다"라고 말했습니다. 이렇게 로버트 슐러 목사는 사람들의 귀에 듣기 좋은 설교와 긍정의 생각을 불어 넣는 설교를 함으로써 대형 교회를 이루는 목회자가 되었지만, 그는 바른 복음을 전하는 데 실패했습니다.

죄에 대하여 말하지 않는다면 진정한 구원의 복음은 없습니다. 예수님은 죄인을 구원하러 오셨기 때문입니다(마 9:13; 막 2:17; 눅 5:32). 그러나 사람들은 자신이 왜 죄인인지 깨닫지 못합니다. 심지어 예수님을 믿는다고 하면서도 자신이 왜 죄인인지 깨닫지 못하는 교인들도 있습니다.

바울은 1장 18절부터 3장 18절까지 인간의 죄가 무엇인지를 아주 자세하게 다룹니다. 여기서 바울은 이방인들의 죄에 대하여 그리고 유대인들의 죄에 대하여 설명하고 나서, "유대인이나 헬라인이나 다 죄 아래에 있다"고 선언합니다. 그러면서 다음과 같이 말합니다.

> **9**그러면 어떠하냐 우리는 나으냐 결코 아니라 유대인이나 헬라인이나 다
> 죄 아래에 있다고 우리가 이미 선언하였느니라 **10**기록된 바 의인은 없나
> 니 하나도 없으며 **11**깨닫는 자도 없고 하나님을 찾는 자도 없고 **12**다 치우
> 쳐 함께 무익하게 되고 선을 행하는 자는 없나니 하나도 없도다 **13**그들의
> 목구멍은 열린 무덤이요 그 혀로는 속임을 일삼으며 그 입술에는 독사의
> 독이 있고 **14**그 입에는 저주와 악독이 가득하고 **15**그 발은 피 흘리는 데
> 빠른지라 **16**파멸과 고생이 그 길에 있어 **17**평강의 길을 알지 못하였고 **18**
> 그들의 눈 앞에 하나님을 두려워함이 없느니라 함과 같으니라(3:9-18).

바울은 유대인이나 헬라인이나 모든 사람이 다 죄 아래 있다고 선언한 후에(3:9), 구약성경의 말씀으로 그 사실을 증명합니다. 바울은 시편과 전도서, 그리고 이사야서의 본문들을 엮어서 인용합니다. 이 내용을 세 부분으로 나누어서 살펴보면, 첫째 부분은 3장 10-12절로 전도서와 시편

을 인용하여 죄 가운데 살아가면서도 깨닫지 못하는 인간의 우매함을 지적합니다(시 14:1–3; cf. 시 51:5; 전 7:20). 한 예로 시편 51편 5절을 보면, 다윗 왕은 자신의 충신 우리아 장군의 아내인 밧세바를 취하고 그를 살인하는 죄를 저지른 후에 "내가 죄악 중에서 출생하였음이여 어머니가 죄 중에서 나를 잉태하였나이다"라고 고백합니다. 인간은 태어날 때부터 악한 본성을 가지고 태어났다는 사실을 깊이 깨닫고 고백하는 말입니다.

둘째 부분은 3장 13–14절로 시편의 세 군데를 인용합니다(시 5:9; 10:7; 140:3). 바울은 죄의 본성을 가지고 있는 인간의 언어가 얼마나 악하고 무서운지에 대해 무덤이 열려 있어서 악취가 나는 것 같고 독사의 독과 같다고 말합니다. 시편 10편 7절은 "그의 입에는 저주와 거짓과 포악이 충만하며 그의 혀 밑에는 잔해와 죄악이 있나이다"라고 기록합니다.

셋째 부분은 3장 15–17절로 이사야서를 인용합니다(사 59:7–8). 바울은 죄의 본성을 가진 마음과 생각뿐만 아니라 무죄한 피를 흘리기에 신속한 인간의 악한 행동에 대해서 말합니다. 그러고 나서, 18절에서는 그들이 하나님을 두려워하는 마음이 없다고 시편 36편 1절을 인용하며 말합니다.

이처럼 인간의 문제는 근본적으로 죄의 문제이고 영혼의 문제입니다. 흔히 사람들이 말하는 많은 병적인 증상들은 인간이 죄 아래 있어서 영혼이 병들어 나타나는 현상들입니다. 그렇다면 예수님을 믿고 하나님의 자녀가 된 우리들은 세상 사람들보다 더 나은 사람들입니까? 그렇지 않습니다. 우리 역시 세상 사람들과 똑같은 죄의 본성을 가지고 살아가는 존재들입니다. 하나님을 두려워하는 마음 때문에 죄의 본성을 억누르고 있을 뿐이며, 성령의 은혜로 우리의 죄의 욕망이 갇혀 있을 뿐입니다. 그러므로 내가 죄인임을 인정하고, 내 안에는 선한 것이 없다는 고백이 날마다 있어야 합니다. 이렇게 자신의 죄된 모습에 대한 아픔이 있고 그 죄의 무게로 인하여 영혼의 고통이 느껴질 때, 우리는 십자가의 은혜를 새롭게 경험하게 될 것입니다.

이렇게 바울은 "유대인이나 이방인(헬라인) 모두가 죄 아래 있다"고 선언한 후, 이 사실을 강조하면서 다음과 같이 말합니다.

> 19우리가 알거니와 무릇 율법이 말하는 바는 율법 아래에 있는 자들에게
> 말하는 것이니 이는 모든 입을 막고 온 세상으로 하나님의 심판 아래에
> 있게 하려 함이라 20그러므로 율법의 행위로 그의 앞에 의롭다 하심을 얻
> 을 육체가 없나니 율법으로는 죄를 깨달음이니라 21이제는 율법 외에 하
> 나님의 한 의가 나타났으니 율법과 선지자들에게 증거를 받은 것이라 22
> 곧 예수 그리스도를 믿음으로 말미암아 모든 믿는 자에게 미치는 하나님
> 의 의니 차별이 없느니라 23모든 사람이 죄를 범하였으매 하나님의 영광
> 에 이르지 못하더니 24그리스도 예수 안에 있는 속량으로 말미암아 하나
> 님의 은혜로 값없이 의롭다 하심을 얻은 자 되었느니라 25이 예수를 하나
> 님이 그의 피로써 믿음으로 말미암는 화목제물로 세우셨으니 이는 하나
> 님께서 길이 참으시는 중에 전에 지은 죄를 간과하심으로 자기의 의로우
> 심을 나타내려 하심이니 26곧 이 때에 자기의 의로우심을 나타내사 자기
> 도 의로우시며 또한 예수 믿는 자를 의롭다 하려 하심이라(3:19-26).

신자들 가운데 '율법'과 '율법주의'를 혼동하는 분들이 종종 있습니다. 한마디로 말하면 율법은 거룩하고 선한 하나님의 법이지만, 율법주의는 그러한 율법을 잘못 이해하고 그릇된 신앙생활에 빠지게 하는 것입니다. 그래서 율법주의에 빠지면 자신의 종교적 행위들을 자신의 공로로 여기는 경향이 있고, 종교적 행위들을 이행한 것으로 하나님께 대한 의무를

다했다고 생각하는 경향이 있습니다. 이처럼 율법주의는 '마음을 다하고 힘을 다하여 하나님을 사랑하고 이와 같이 네 이웃을 사랑하라'는 율법의 근본 정신은 잃어버리고, 율법에 기록된 종교적 의무만 하면 자기 할 일을 다한 경건하고 의로운 신앙인이라는 착각에 빠지게 합니다. 그래서 자신이 하나님 앞에서 의로운 자라는 생각을 가지도록 합니다. 그러므로 율법은 선하고 좋은 것이지만 율법주의는 악한 것입니다. 율법주의는 그리스도를 붙잡게 하지 않고 자기 의를 의지하게 함으로써 궁극적으로 예수 그리스도의 은혜로부터 멀어지게 만들기 때문입니다. 그런데 이러한 율법주의에 대한 부정적인 이미지와 그러한 가르침 때문에 율법 자체를 부정적으로 생각하는 신자들이 있습니다. 바로 율법과 율법주의를 혼동하기 때문입니다.[11)]

본문에는 '율법'이라는 단어가 6번이나 반복해서 나타납니다. 그렇다면 율법이 무엇입니까? 먼저 우리는 '율법'이라는 단어가 다양한 의미로 사용되고 있다는 점부터 이해해야 합니다. 율법이라는 단어가 창세기, 출애굽기, 레위기, 민수기, 신명기, 이 다섯 권의 '모세오경'(토라)을 가리킬 때도 있습니다. 또 율법이라는 단어가 이제는 더 이상 지속되지 않는 구약 시대의 특정한 제사법이나 절기법 등을 말하는 것인지, 아니면 지금도 변함없이 지켜야 하는 십계명과 같은 하나님의 법(또는 도덕법)을 말

---

11) 2–3장과 7–8장에는 '율법'이라는 말이 반복해서 등장합니다. 바울이 그의 서신에서 '율법'이라고 사용한 말의 의미를 세이프리드는 다음과 같이 요약해서 설명합니다(Seifrid, 95). "하나님께서 이스라엘 백성들을 위해서 모세에게 주신 기록된 율법(2:14, 17; 3:19; 9:4)은 타락한 이 세상에서 생명을 주시기 위해 문서로 작성되어 요구한 것이며(10:5; 갈 3:10; cf. 7:1–3; 갈 2:19; 4:3), 오직 순종을 조건으로 축복과 생명을 주시고자 제공된 것이며(7:9–10; 10:5; 갈 3:11), 불순종에 대해서는 죽음과 저주가 따르는 것이다(1:32; 7:9–13; 갈 3:10). 그러므로 율법을 아는 자들은 율법에 의해서 판단을 받게 될 것이다(2:12, 27; 갈 5:3)."
더 자세한 내용을 위한 참고 문헌: Schreiner, *New Testament Theology*, 646–662; Seifrid, 95–127; Rosner, 26–81.

하는 것인지 구분해서 이해해야 할 때도 있습니다.

그러나 대부분 구약성경에서 말하는 '율법'이란 출애굽기 19장에 나온 것처럼, 이스라엘 백성이 애굽에서 나온 후 시내 광야에 있는 한 산에서 하나님과 맺은 언약을 의미합니다. 그래서 이 율법을 '시내산 언약'이라고 말하기도 합니다(출 19:5-6). 이 언약의 내용들, 즉 율법의 내용들은 십계명, 절기 의식, 제사 의식, 그리고 재판법 등 다양한 내용을 포함합니다. 그래서 율법은 어떻게 하나님을 사랑하고 예배할 것인지, 어떻게 이웃을 사랑하고 공동체 생활을 해야 할 것인지, 그리고 어떻게 하나님의 거룩함을 닮아가야 하는지 등의 하나님의 뜻을 보여 주는 하나님의 통치 원리입니다.

그렇다면 하나님은 왜 율법을 주셨을까요? 우리는 율법을 세 가지 기능적 측면에서 이해할 수 있습니다. 첫째는 구원받지 못한 모든 사람이 하나님의 심판 아래 있음을 깨닫게 하기 위해서 주셨습니다(3:20). 둘째는 이스라엘 민족 공동체의 질서를 유지하고 죄를 억제하게 하기 위해서 주셨습니다. 셋째는 구원받은 하나님의 백성들이 하나님의 뜻을 알고 하나님의 거룩함을 닮아가는 삶을 살게 하기 위해서 주셨습니다. 이러한 율법의 세 가지 기능을 이진섭 교수는 소극적 측면에서 정죄 기능(3:19-20; 7:7-12; 갈 3:10), 객관적 측면에서 규범적 기능(2:6-16), 그리고 적극적 측면에서 지시와 안내 기능(7:13-25; 갈 3:22-25)으로 설명합니다(이진섭, "로마서와 갈라디아서에서 공통적으로 나타난 바울의 율법 이해", 4-8).

특별히 본문을 보면 "율법 아래 있는 자들"(3:19)이라는 표현이 있습니다. 율법 아래 있다는 말은 인간이 절망적인 상태에 있음을 의미합니다. 그렇다면 율법 아래 있다는 말이 왜 인간의 절망적인 상태를 말하는 것일까요? 그것은 율법의 행위로 하나님 앞에서 의롭다고 인정을 받고 구원받을 수 있는 사람이 아무도 없기 때문입니다(3:20). 왜냐하면 율법은 죄를 드러나게 하고, 자신이 죄인임을 깨닫게 하기 때문입니다. 즉 율법은 하나님의 심판대 앞에서 '죄 없다'라고 변명을 못하도록 모든 인간의 입을 막습니다(3:19). 따라서 인간은 그 심판을 면하기 위해서 예수님 앞에 나아가 믿음으로 말미암아 '의롭다' 함을 받아야 합니다(갈 3:24).

이 점에 대해서 종교개혁가 마르틴 루터는 "율법의 방망이로 실컷 얻어 맞은 자만이 예수 그리스도의 은혜의 치료가 가능하다"고 말했습니다. 율법을 자세히 들여다볼수록 자신의 힘으로 율법을 온전히 지킬 수 없는 죄인이라는 사실이 드러나기에 양심의 고통을 더욱 느낄 수밖에 없습니다. 이렇게 율법의 방망이로 두드려 맞을수록 자신이 선하고 의롭다는 착각에서 벗어나 하나님의 심판 아래 있는 자신의 비참한 모습을 보게 되고, 예수 그리스도의 구원의 은혜를 구하고 의지하게 됩니다. 예수 그리스도를 믿음으로 하나님의 심판에서 벗어나 구원의 은혜를 누리게 되는 것입니다.

이러한 하나님의 구원의 섭리를 따라서 하나님의 한 의가 나타났고(3:21), 그것이 바로 예수 그리스도를 믿는 자에게 주시는 하나님의 의라고 바울은 말합니다(3:22). 또 모든 사람이 죄를 범하였기에 하나님의 영광에 이르지 못하지만(3:23), 예수 그리스도를 통하여 하나님의 은혜로 값없이 의롭다 하심을 얻게 되었다고 바울은 말합니다. 그런데 "하나님의 영광에 이르지 못하더니"(3:23)라는 말은 무엇을 의미할까요? 여기서 말하는 '하나님의 영광'은 하나님 자신의 본질적인 속성을 의미합니다. 즉 하나님 자신이 거룩한 영광 그 자체이십니다.

예컨대 출애굽기 33장을 보면, 모세가 하나님께 "원하건대 주의 영광을 내게 보이소서"(18절)라고 기도합니다. 그때 하나님께서는 "내 영광이 네 곁으로 지나갈 때에 너는 내 얼굴을 보지 못하고 내 등을 볼 것이라"고 말씀하십니다(22-23절). 여기서 '하나님의 얼굴'과 '하나님의 등'은 하나님의 신비를 드러내기 위한 하나의 대조적인 표현, 즉 계시의 정도(등급)를 일컫는 표현입니다(Mackay, 559). 다시 말해서 '하나님의 얼굴'은 곧 하나님의 영광의 본체를 의미하는 말이고, '하나님의 등'은 그 하나님의 영광의 본체를 아무도 정면으로 볼 수 없음을 보여 주는 말입니다(Frethem, 301; Janzen, 399).

뿐만 아니라 모세가 떨기나무 불꽃 가운데 임하신 하나님의 음성을 듣는 것과 이스라엘 백성들이 시내 산에서 천둥과 번개로 하나님의 임재를 실제로 경험한 것, 그리고 바울이 다메섹으로 가는 길에 하늘의 빛을 받고 주님의 음성을 들은 것 등은 하나님의 영광의 본체에서 흘러나오는 일부분의 영광의 빛이라고 말할 수 있습니다. 이처럼 하나님의 영광은 곧 그분 자신이요 그러한 영이신데, 육신을 가진 인간이 보거나 경험할 수 있는 것은 그분의 본체에서 나오는 영광의 빛 일부분일 뿐입니다.

그런데 바울은 "모든 사람이 죄를 범하였으므로 하나님의 영광에 이르지 못하더니"(3:23)라고 말합니다. '이르지 못한다'는 말은 헬라어로 '휘스테론타이'(ὑστεροῦνται)인데, 그 뜻은 '결여되다' 또는 '부족하다'는 의미입니다(Robinson & House, 358; Rogers, 323). 그렇다면 '하나님의 영광이 결여되었다' 혹은 '하나님의 영광이 부족하다'라는 말은 무슨 의미일까요? 하나님께서는 자신의 형상과 성품을 따라 처음에 아담과 하와를 지으셨습니다. 그래서 아담과 하와는 하나님의 '지혜와 지식과 거룩함과 선함'과 같이 모든 하나님의 성품을 닮은 존재로 창조되었습니다. 그들은 에덴 동산에서 하나님과 교제하는 삶을 살았고 하나님의 영광에 참여하는 존재들이었습니다.

하지만 그들은 범죄한 이후에 하나님의 영광을 잃어버리게 되고, 그 결과 하나님의 거룩한 내적 성품들을 잃어버리고, 파괴적이고 오염된 죄의 성품들을 갖게 되었습니다(cf. 1:21–23; 3:9). 하나님과 더 이상 자유롭게 교제할 수 없도록 하나님의 영광으로부터 멀어졌습니다. 그러므로 성경은 모든 사람이 죄를 범하였다고 선언하고, 윤리적이고 도덕적인 죄의 범주를 넘어서 하나님과의 관계성을 기준으로 말합니다. 그러므로 성경이 말하는 죄는 하나님과의 관계가 잘못되어 있고, 그래서 하나님의 영광이 결여되어 있는 그 자체를 의미합니다.

하나님께서는 이러한 죄인들을 위하여 예수 그리스도 안에 있는 속량으로 말미암아 우리에게 값없이 의롭다 하심을 얻게 하셨습니다(3:24). 여기서 '값없이'라는 말은 어떤 대가도 없이, 인간의 어떤 행위나 공로와 상관없이 죄인을 의롭다고 인정해 주셨다는 말입니다. 그렇다면 어떻게 공의로우신 하나님께서 죄인을 의롭다고 인정하실 수 있을까요? 여기에 두 가지 원리가 있습니다. 첫째는 '구속의 원리'이고, 둘째는 '제물의 원리'입니다. 먼저 '구속의 원리'에 대해서 살펴보겠습니다. 24절을 보면 하나님께서 죄인을 의롭다고 선언하실 수 있는 것은 바로 "예수 그리스도 안에 있는 구속" 때문이라고 바울은 말합니다. 여기서 '구속'(redemption)이란 말은 '값을 주고 꺼내 온다' 또는 '값을 주고 풀어 준다'는 말입니다.

구약 시대 이스라엘 사람들은 빚을 진 후에 갚을 능력이 없으면 종이 되어서 그 빚을 갚아야만 했습니다. 그러나 가까운 친척 중에서 재력이 있는 사람은 자신의 가족이요 친척인 그 사람의 몸값을 대신 지불하고 해방시켜 주어야 했습니다. 이렇게 몸값을 대신 지불함으로 자신의 형제가 종이 되지 않도록 구해내는 것 혹은 풀어 주는 것을 '구속'이라고 말합니다.

그런데 성경은 모든 사람이 죄 아래 있기 때문에 하나님의 심판을 받을 수밖에 없다고 선언합니다. 성경은 "죄의 삯은 사망"(6:23)이라고 말합니다. 죽음만이 정당한 죗값이기에 누군가가 죽어야만 합니다. 그것도 오직 죄가 없는 사람의 죽음만이 죗값을 지불할 수 있습니다. 그래서 하나님께서는 그 아들 예수 그리스도를 이 땅에 보내셨고 우리의 죄를 대신하여 모든 죄의 대가를 지불하셨습니다. 그 예수 그리스도의 공로를 믿고 받아들이는 자는 죄에서 해방되고, 하나님의 심판과 영원한 사망에서 해방됩니다. 바울은 이것을 가리켜서 '예수 그리스도 안에 있는 구속'이라고 말합니다. 사도 요한은 하나님께서 '그리스도의 피'를 지불하고 우리를 사셨다고 말합니다(계 5:9). 이것은 하나님의 공의를 만족시키기 위한 대가가 지불되었다는 뜻이지 일부 사람들이 주장하듯이 사탄에게 지불했다는 말이 아닙니다.

하나님께서 죄인을 의롭다고 인정해 주시는 둘째 원리는 '피 제사를 통한 대속의 원리'입니다. 다시 말해서 하나님께서는 예수 그리스도를 우리 죄를 대신하는 화목제물이 되게 하셨습니다(3:25). 한글 성경은 '화목제물'(3:25)로 번역하지만, 영어 번역 성경들은 '화목제물', '대속제물', '속죄제물' 등으로 다양하게 번역합니다. 예를 들면, 3장 25절에 나오는 '화목제물'은 헬라어로 '히라스테리온'(ιλαστηριον)인데, 히브리서 9장 5절에서는 이 단어가 '속죄소'(mercy seat)로 번역되었습니다(cf. 출 25:17-22; 레 16:11-17). 또한 '화목제물'에 대한 영어 번역들을 보면 다양합니다(예, a propitiation, NKJV; an expiation, RSV; a sacrifice of atonement, NIV; mercy seat, NET).

이처럼 번역상 명칭이 조금씩 다르지만, 제사의 원리는 다 피의 제사를 드린다는 점에서 같습니다. 이것은 생명의 근원이 피에 있다고 하신 하나님의 말씀을 근거로 합니다(창 9:4; 레 17:11; 신 12:13). 그래서 이스라엘 백성들은 자신들이 죄를 지을 때마다 자신의 생명을 대신하는 짐승의 피를 흘리는 제사로 죄의 용서를 받아야만 했습니다. 그리고 이 불완전한 희생 제사는 예수님이 오셔서 십자가에서 죽으심으로 완성되었습니다. 이렇게 예수님은 그의 피로 우리의 죄를 씻어 주시고 하나님과 단절된 관계를 다시 회복시키시는 화목제물이 되셨다고 바울은 말합니다.

그렇게 하신 이유가 무엇입니까? “이는 하나님께서 길이 참으시는 중에 전에 지은 죄를 간과하심으로 자기의 의로우심을 나타내려 하심이니”(3:25)라고 바울은 말합니다. 하나님께서 자신의 의로우심을 나타내시기 위하여 자기의 아들 예수 그리스도를 십자가에 못박으셨습니다. 하나님께서는 자신의 의로움, 즉 하나님의 공의를 만족시키시기 위해서 자기 아들 예수까지도 십자가에 못을 박게 하신 것입니다. 이처럼 십자가는 하나님의 공의와 사랑을 분명하게 보여 줍니다. 그래서 기독교는 자기 자랑과 자신의 의로움을 내세울 수 없는 은혜의 종교입니다. 이렇게 우리가 죄인임에도 불구하고 예수님을 믿기만 하면 하나님께서는 우리를 의롭다고 선언하시고, 의롭다고 선언하신 후에는 하나님의 진노에서 벗어나 구원을 얻게 하심으로 그분의 사랑을 우리에게 분명하게 보여 주셨습니다(요 3:16; 5:8–9).

그래서 바울은 다음과 같이 말합니다.

> 27그런즉 자랑할 데가 어디냐 있을 수가 없느니라 무슨 법으로냐 행위로
> 냐 아니라 오직 믿음의 법으로니라 28그러므로 사람이 의롭다 하심을 얻
> 는 것은 율법의 행위에 있지 않고 믿음으로 되는 줄 우리가 인정하노라
> 29하나님은 다만 유대인의 하나님이시냐 또한 이방인의 하나님은 아니
> 시냐 진실로 이방인의 하나님도 되시느니라 30할례자도 믿음으로 말미
> 암아 또한 무할례자도 믿음으로 말미암아 의롭다 하실 하나님은 한 분이

시니라 31그런즉 우리가 믿음으로 말미암아 율법을 파기하느냐 그럴 수
없느니라 도리어 율법을 굳게 세우느니라(3:27-31).

바울은 사람이 하나님 앞에서 의롭다고 인정을 받는 것은 우리의 행위에 있지 않고 오직 믿음을 따라 된다고 강조합니다(27-28절). 그리고 하나님께서는 유대인(할례자)의 하나님이실 뿐만 아니라 이방인(무할례자)의 하나님도 되신다고 다시 강조합니다(29-30절). 그러므로 믿음은 율법을 파기한 것이 아니라 오히려 율법을 굳게 세워 준다고 말합니다. 바울이 이렇게 유대인들에게 율법과 관계해서 구원을 말하고 있는 것은 유대인들이 율법의 행위를 통하여 하나님께 인정을 받으려고 했기 때문입니다.

그런데 율법의 이해에 있어서 새관점을 따르는 학자들은 유대인들의 종교는 율법 중심의 종교가 아닌 언약 중심의 종교라고 강조합니다. 그래서 그들은 바울이 유대주의를 잘못 이해했거나 종교개혁의 전통을 따르는 기독교가 유대주의를 잘못 이해했다고 주장합니다. 또 그들은 바울이 비판한 율법은 사실상 자기 정체성(할례)과 종교 의식법(안식일, 음식 규정 등), 그리고 다른 민족에 대한 배타적 태도를 말한다고 주장합니다. 그러나 바울은 누구보다 유대교에 정통한 율법학자였기에 바울이 유대주의를 잘못 이해하고 율법을 할례와 안식일 규정 등 특정법에 한정해서 이해했다는 말은 설득력이 부족합니다. 바울은 율법의 특정 부분과 율법에 대한 유대인들의 태도에 한정해서 말하고 있는 것이 아니기 때문입니다. 다시 말해서 바울이 사용한 율법이라는 단어는 대부분의 경우 모세오경에 나오는 율법 전체를 의미하고 있기 때문에, 이 점에 있어서 바울의 율법에 대한 새관점의 이해는 문제가 있습니다.

유대인들은 율법을 지키는 행위를 통하여 하나님께 의롭다고 인정을

받아 구원에 이르게 될 것을 믿었습니다. 더 나아가서, 유대인들은 자기 민족이 하나님의 선택받은 백성이라는 사실을 특별한 자랑거리로 삼았을 뿐만 아니라 이방인들을 멸시할 정도로 교만했습니다. 요나서를 보면 이러한 선민의식이 얼마나 뿌리 깊은지를 보여 줍니다(욘 3-4장). 그러나 하나님의 은혜는 구약 시대에도 유대인들에게만 한정되지 않았습니다. 이러한 예는 라합, 룻, 나아만 장군, 수넴 여인 등 여러 곳에서 발견됩니다. 그럼에도 불구하고 유대인들은 이방인들을 선택받지 못한 백성들로 취급하고 그들을 멸시했습니다.

그래서 바울은 할례자(유대인)나 무할례자(이방인)나 하나님께 의롭다고 인정받는 길은 믿음뿐이라고 선언하면서, 믿음이 율법을 굳게 세운다고 말합니다(3:30-31). 다시 말해서 믿음으로 의롭다고 인정해 주신 것은 율법을 무시하고 율법을 어기면서 살아도 된다고 하신 것이 아니라 오히려 율법의 요구를 충족시키고 완성하라는 것입니다(8:3-4; 13:8-9). 진정으로 복음을 깨닫고 하나님의 은혜 아래 살아가는 신자라면, 성령의 내주하심을 통하여 예수 그리스도를 닮아가고 하나님의 율법을 지키고 완성해 가는 삶을 살아갑니다(8:3-4). 이처럼 복음 안에서 하나님의 은혜를 누리는 삶, 그 가운데 하나님의 말씀을 지키며 율법을 완성해 가는 믿음의 발걸음이 되어야 할 것입니다.

*더 깊은 이해를 위한 글 5: "죄에 대한 종교개혁가들과 복음주의자들의 견해" p. 96를 함께 보세요.

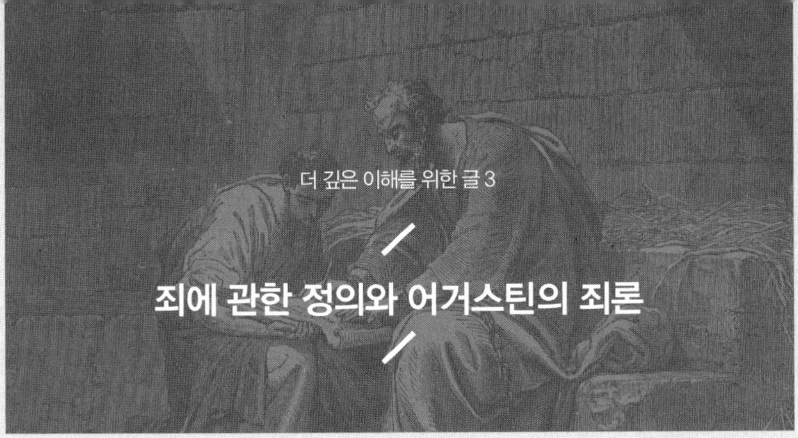

더 깊은 이해를 위한 글 3

죄에 관한 정의와 어거스틴의 죄론

어거스틴(Augustinus, 354-430)은 죄에 관한 성경적 가르침으로 기독교 역사 가운데 큰 영향을 끼치고 있는 신학자입니다. 어거스틴에 의하면, 아담은 하나님을 거역하기로 스스로 결정하고 죄를 지었습니다. 그리고 이 죄는 이 세상에 태어나는 각 인간에게 죄책과 부패와 처벌을 받기에 마땅한 상태를 초래했습니다. 즉 어거스틴은 아담의 부패와 전 인류의 부패는 퍼져 나가면서 오염시키는 성향이 있다고 보았는데, 이러한 어거스틴의 죄론은 세 가지 내용을 포함합니다.

첫째, 죄인의 지성(intellect)은 하나님에 관한 영원하고 불변하는 진리에 대하여 눈이 먼 상태이며, 죄인의 마음 스스로는 하나님을 볼 수 없게 되었습니다. 이 마음이 일반 은혜 가운데서 로고스의 조명해 주심을 받을 때만 죄인은 하나님의 속성과 하나님의 요구에 관한 어느 정도의 진리를 이해할 수 있습니다.

둘째, 죄인의 의지(will)는 하나님께 대하여 거역할 능력만 있을 뿐입니다. 즉 의지는 죄와 악에 대하여 노예가 아닐 때에만 진정으로 자유로운 것이며, 하나님께서는 인간을 창조하실 때 그러한 자유의지(free will)를 인간에게 부여하셨습니다. 그러나 아담이 범죄함으로 이러한 자유의지는 상실되었고, 인간은 죄를 지을 수밖에 없는 상태로 변했습니다.

셋째, 죄인의 정서(emotions)는 영원한 것에 대해 무관심하며 오직 일시적인 것에 대한 열망과 욕망을 갖고 있습니다. 죄인은 육신의 욕망 안에 살고 있기 때문에 하나님 안에서 참된 안식을 누리지 못하고 지속적인 영혼의 불안함을 경험합니다.

또한 어거스틴은 아담이 범죄했을 때 인류 전체는 씨의 형태로 아담 안에 있었기 때문에, 인류에 속하는 각 개인은 태어날 때에 첫 조상인 아담의 죄와 죄책을 이어받는 것으로 보았습니다. 더 나아가서 어거스틴은 아이들도 아담으로부터 오는 유전적 죄로 인하여 오염되어 있다고 보았으며, 유아들도 그들의 죄책과 육신의 정욕이 성령에 의한 중생 및 세례에 의하여 제거되지 않고서는 정죄를 당하게 될 것이라고 보았습니다.

이러한 어거스틴의 죄론에 반하여 기독교 역사 속에서는 죄에 대한 다양한 견해들이 등장했습니다(이 부분에 대하여 뒤에 가서 조금 더 살펴보겠습니다). 여기서는 어거스틴의 죄론과 함께 성경이 말하는 죄에 대한 올바른 정의를 내리는 데 도움을 주고자 합니다. 왜냐하면 죄에 대한 정의에 있어서 심각하게 잘못 가르치는 경우들이 종종 있기 때문입니다. 그 한 예를 살펴보면 다음과 같습니다.

"죄라는 단어 '하마르티아'를 히브리어로 바꾸면 '하타'입니다. 그 단어가 '빗나가다', '죄짓다', '타락하다'라는 뜻을 갖고 있지만, 그 단어가 역시 '회개하다', '정결케 하다', '화해하다', '용서하다' 이런 뜻도 같이 있습니다. 죄라는 단어 속에 '죄사함', '용서의 회개' 이게 다 같이 들어 있다니까요. 그 죄로 용서에 이르라는 것입니다. 죄는 묵시에서 나와 이 땅을 사는 하나님 백성들을 위한 그 작정 속에 있는 하나의 도구입니다. 그게 '사실은 나를 선으로 이끄는 하나님의 선물이었구나!'라고 아는 것입니다" (김성수, 로마서 73번째 설교 "사망이 선물이고 사망이 영생이다" 중에서).

이러한 죄에 대한 설명은 성경 해석의 원리를 모르는 사람들에게 많은 공감을 불러 일으키고 있지만, 사실 성경이 말하는 죄에 대하여 심각하게 왜곡하는 것입니다. 물론 히브리어 '하타'라는 단어에는 '빗나감', '정죄', '잃음', '유죄', '정화', '회개' 등 다양한 의미가 있습니다. 성경의 원어(히브리어와 헬라어)는 영어 단어와 같이 한 단어가 여러 의미를 갖습니다. 따라서 한 단어가 가지고 있는 다양한 의미들은 반드시 그 단어가 사용된 문장의 문맥(text)과 상황(context) 안에서 그 의미가 결정되어야만 합니다.

이 점에 대하여 버클리 마이켈슨은 "문맥을 무시하는 것이야말로 잘못된 해석과 부적절한 적용의 공통적 원인이다"라고 지적합니다(마이켈슨, 126). 마찬가지로 성경에 기록된 당시의 상황 안에서 그 문맥에 따른 단어의 의미를 살펴야 한다고 '성경해석학'을 가르치는 신학자들은 공통적으로 지적합니다(Klein et el., 242; Osborne, 75). 따라서 이러한 원리를 따르지 않고, 한 단어가 가진 다양한 의미들을 자신이 원하는 의도대로 다른 성경 본문들과 연결하면 위험하고 그릇된 해석이 나올 수밖에 없습니다.

뿐만 아니라 앞서 보았듯이 김성수 목사는 '죄는 하나님이 쓰시는 도구'일 뿐이라고 설명합니다. 이렇게 죄가 하나님의 선물이요 하나님이 쓰시는 도구일 뿐이라는 주장은 하나님께서 죄를 짓도록 의도적으로 계획했다는 말과 결코 다를 바가 없으며, 결국 하나님을 죄의 책임자로 만드는 논리적 결론에 이를 수밖에 없습니다. 성경이 말하는 죄는 영생의 선물을 주기 위해서 하나님께서 의도하신 '하나님의 도구'나 '하나님의 은총의 선물'이 결코 아닙니다(박해경, 57).

이 점에 있어서도 어거스틴은 인간이 자신의 의지에 의해서 죄를 선택하였으며, 하나님께서는 다만 그 죄를 허용하셨다는 '허용적 작정'으로 죄를 설명합니다. 마찬가지로 웨스트민스터 신앙고백서 6장 1절에 의하면 "우리의 시조 아담은 사탄의 간계와 시험에 유혹되어 금지된 열매를 먹는 죄를 범하였고, 하나님께서는 그들의 죄가 그 자신의 영광이 되도록 그 죄를 허용하셨다"라고 선언합니다. 다시 말해서 죄의 책임과 원인이 자유의지를 가진 아담과 하와에게 있으며, 하나님께서는 그러한 인간의 불순종과 범죄에 대하여 구원과 영생의 길을 미리 예비하셔서 하나님 자신의 영광이 되게 하셨습니다.

이처럼 성경이 말하는 죄는 자유의지를 부여받은 인간의 선택의 결과이고, 인간의 전적 타락과 함께 인간의 비참함과 죽음을 가져온 불행의 원인입니다(1:18; 3:23; 5:12). 다시 말해서 성경 어디에도 죄가 하나님의 도구요 하나님의 선물이라는 가르침은 없습니다. 오히려 죄는 오직 인간을 비참하게 만들고 끝내 영원한 사망에 이르게 하는 사탄의 도구일 뿐입니다.

○ 더 깊은 이해를 위한 추천 자료

1. 권진호, "아우구스티누스의 초기 은총론: 로마서 주석들을 중심으로", 「신학논단 제76집」, 2014.
2. 박해경, 「조직신학요해: 신학편람시리즈 4」, 서울: 아가페문화사, 1993.
3. 벵트 헤그룬트, 「신학사」(*Teologins Historia*), 박희석 역, 서울: 성광문화사, 2014.
4. 윤철호, "악의 기원과 극복에 대한 신학적 고찰", 「한국조직신학논총 제30집」, 279–304.
5. 「웨스트민스터 신앙고백: 영한대조」, 송종섭 역, 서울: 소망사, 1995.
6. Charles Hodge, *Systematic Theology: Volume II*, Grand Rapids: Wm. B. Eerdmans Publishing Company, 1940.
7. E. C. Bragg, Systematic Theology: Soteriology, http://www.trinitycollege.edu/assets/files/DCBragg/ChristologyR.pdf.
8. G. R. Osborne, *The Hermeneutical Spiral: A Comprehensive Introduction to Biblical Interpretation*, Westmont: Inter–Varisity Press, 1991.
9. Hans Madueme & Michael Reeves(Eds), *Adam, The Fall, and Original Sin: Theological, Biblical, and Scientific Perspectives*, Grand Rapids: Baker Academic, 2014.
10. Klein et al., *Introduction to Biblical Interpretation*, Nashville: Thomas Nelson Publishers, 1993.

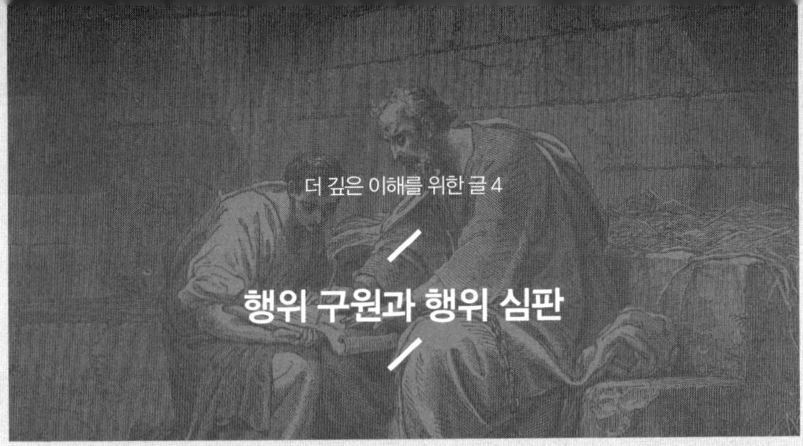

행위 구원과 행위 심판

로마 가톨릭은 믿음 위에 행위가 더해져야 구원을 얻는다고 주장합니다. 하지만 구원은 예수 그리스도를 믿는 믿음으로만 가능하며 구원에 이르는 참된 믿음은 행위로 드러나기에 믿음과 행위는 분리될 수 없습니다. 그래서 로마 가톨릭이 행위 믿음과 행위 심판을 주장하는 반면에, 개신교는 오직 참된 믿음으로 구원받지만 행위 심판이 있다는 점에서 서로 다른 길을 가고 있습니다(cf. 박해경, 59).

그리고 개신교의 행위 심판론에 대해서는 크게 두 가지 주장이 있습니다. 하나는 믿지 않는 불신자와 같은 차원의 행위 심판이 있다는 주장이고, 다른 하나는 믿는 자와 불신자의 행위 심판은 근본적으로 달라서 신자들에게는 구원의 차등을 두는 상급 심판이 있다는 주장입니다. 이 두 주장은 그 나름대로 설득력을 가지고 있으나 불신자와 동등한 행위 심판을 받을 것이라는 주장은 로마서가 말하는 복음의 내용과 일치하지 않으며 개혁주의 신앙과는 반대되는 주장입니다.

실제로 신약성경을 읽다 보면 행위 심판과 관련된 성경 구절들이 적지 않게 있음을 보게 됩니다. 로마서 본문의 경우 2장 6–8절에 나오는 말씀이 대표적인 예입니다.

그런데 로마서의 중심 주제가 마치 행위 심판인 것처럼 가르치는 「다이아몬드 같은 진리」라는 책이 있습니다. 이 책의 1장 제목은 "복음은 하나님의 능력입니다!"인데, 그 내용을 보면 '능력'이라는 단어들이 나오는 신약성경의 구절들을 거의 모두 찾아서 기록하고 있습니다. 다시 말해서 1장 16절에 나오는 "복음에는 하나님의 능력이 나타나서"라는 구절 가운데 '능력'이라는 한 단어에 초점을 맞추어 복음의 의미를 설명하는 것은 심각한 성경 해석의 오류임에도 불구하고, 이 책은 3페이지에 걸쳐서 이러한 '능력'이라는 단어가 들어 있는 성경 구절들(고전 2:4-5; 4:19-20; 고후 4:7; 13:3-5; 갈 3:5; 엡 1:18-19; 3:16; 6:10; 빌 4:13; 살전 1:5; 딤후 1:7-8, 11; 3:5; 벧전 1:5)을 그 증거로 제시합니다(변승우, 「다이아몬드 같은 진리」, 55-57).

하지만 위와 같은 성경 구절들은 대부분 1장 16절의 의미와 전혀 관계가 없습니다. 예를 들면, "내게 능력 주시는 자 안에서 내가 모든 것을 할 수 있느니라"(빌 4:13)는 말씀은 빌립보서 4장 11-13절의 문맥 안에서 이해해야 할 내용이지 1장 16절과는 관계가 없습니다. 또한 "이는 하나님의 사람으로 온전하게 하며 모든 선한 일을 행할 능력을 갖추게 하려 함이라"(딤후 3:17)는 "모든 성경은 하나님의 감동으로 된 것으로 교훈과 책망과 바르게 함과 의로 교육하기에 유익하니"(딤후 3:16)라는 말씀에 대한 설명입니다. 이처럼 성경 본문의 의미와 그 문맥을 떠나서, 단지 단어의 의미를 중심으로 성경을 이해하거나 해석하게 되면 심각한 오류를 범할 수밖에 없습니다.

또 이 책 2장의 제목은 "왜 복음이 능력이어야만 할까요?"인데, 이 큰 주제 안에서 "행위 구원과 행위 심판"과 "복음의 일부인 행위 심판"이라는 두 가지 소주제를 핵심 내용으로 다룹니다. 특별히 2장 6-11절의 설명에서 그는 "하나님의 심판 원리 즉 행위 심판이 3장 후반부터 시작되는 칭의에 대한 설명의 기틀이 된다"고 주장합니다. 그러면서 "은밀한 죄를 해결하지 않는 자는 신, 불신자를 막론하고 지옥에 던져지는 심판"을 받는다고 주장합니다(변승우, 80). 이처럼 로마서에서 말하는 복음의 핵심을 행위 구원과 행위 심판으로 간주하고 약 30페이지 분량에 걸쳐서 중심 주제로 다루는 것은 로마서에서 말하는 복음의 의미를 근본적으로 심각하게 왜곡하는 일을 넘어서 변질시키는 일입니다(변승우, 67–95).

특별히 2장 6–11절은 로마서 전체의 흐름에 있어서 아주 예외적인 부분에 속합니다. 이 점에 있어서 우리는 바울이 유대인들에게 구약적인 심판 개념을 배경으로 이 말을 하고 있다는 점을 고려해야 합니다. 2장 6절은 시편 61장 13절(LXX, 개역개정은 시 62:12)의 직접 인용입니다. 그래서 바울은 최후 심판의 기준을 재정의하여 잘못된 유대인들의 신념을 무너뜨리고, 그 결과 유대인들도 하나님의 공평한 심판 아래 있음을 주장합니다(김경식, 4–6).

따라서 바울이 유대인들에게 말하고자 하는 의도는 '너희들의 노력과 의로 하나님의 의(구원)에 도달할 수 없다'는 점을 종말론적 심판의 차원에서 언급하면서, 그들에게 회개를 촉구하기 위함입니다. 이와 함께 바울은 예수 그리스도를 믿고, 믿음을 바탕으로 순종하며 선을 행하는 하나님의 백성들에게 영광과 존귀와 평강이 있을 것이라고 말합니다(2:6–10).

○ 더 깊은 이해를 위한 추천 자료

1. 김경식, "바울은 왜 로마서 2장에서 행위 심판을 말하는가?: 시편 61(LXX)에 대한 바울의 해석 논쟁", 한국신학정보연구원, 제1권 2호 2007 가을, 239−271.
2. 박영돈, "개혁주의 구원론이 전파되지 않는 개혁교회", 코람데오닷컴, 2010.
3. 박해경, 「조직신학요해: 신학편람시리즈 4」, 서울: 아가페문화사, 1993.
4. 임병헌, "그리스도교 구원관에 대한 숙고", http://pds.catholic.or.kr/pdsm/bbs_view.asp?num=269&id=26092&menu=4803.
5. 헤르만 바빙크, 「하나님의 큰일」(*Magnalia Dei*), 김영규 역, 서울: 기독교문서선교회, 1992.
6. A. H. Strong, *Augustus Hopkins Systematic Theology: The Doctrine of Salvation Volume III*, Grand Rapids: Christian Classics Ethereal Library.
7. Brian S. Rosner, *Paul and the Law: Keeping the Commandments of God(NSBT)*, Westmont: Inter-Varsity Press, 2013.
8. D. A. Carson, "Reflections on Salvation and Justification in the New Testament," *JETS* 40/4(December 1997) 581 – 608.
9. Mark A. Seifrid, *Christ, Our Righteousness: Paul's Theology of Justification(NSBT)*, Westmont: Inter-Varsity Press, 2000.

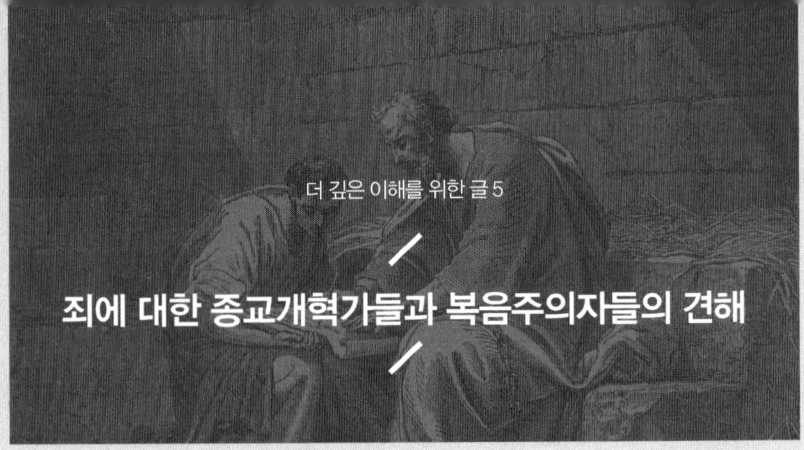

더 깊은 이해를 위한 글 5

죄에 대한 종교개혁가들과 복음주의자들의 견해

종교개혁가들(Reformers)

종교개혁가들에 의하면 인간의 죄된 의지(sinfull will)는 하나님께서 요구하시는 것에 대해서 행할 능력이 없다고 말합니다. '아담의 죄가 인류에게 어떻게 전달되었는가?'라는 구체적인 방법에 있어서 세 가지 다른 주장이 있는데, 소개해 드리면 다음과 같습니다.

첫째, 아담이 온 인류의 자연적 조상이라고 보고 '씨'에 의하여 원죄가 전달된다고 보는 주장. 둘째, 아담이 온 인류를 대표하는 조상(the representative headship)으로 하나님과 계약을 맺었기 때문에 아담이 범죄했을 때 우리도 동시에 범죄했다고 보는 주장. 셋째, 성경은 인류가 아담 안에서 타락했다는 사실만을 말하고 있을 뿐 그 방식에 대하여는 알 수 없다는 주장입니다.

종교개혁가 루터에 의하면, 아담의 타락의 결과로 인류는 전적으로 부패하게 되었고, 악을 지향하게 되었으며, 하나님 앞에서 죄책을 지고 있고, 하나님의 진노에 노출되어 있습니다. 또한 하나님을 저버린 죄인의 본성은 완전히 부패한 상태이며 영적 노예의 상태로 존재합니다. 따라서 하나님의 은혜로부터 떨어진 인간은 영적으로 어떤 선한 일도 행할 능력이 없으며, 죄로 향하는 경향성에 가망 없이 묶여 있는 상태입니다.

그러므로 인간의 자유의지(free will)가 구원의 문제에 있어서 아무리 작은 영적인 일이라도 행할 능력이 있다고 주장한다면, 그는 그리스도를 부인하는 것입니다. 루터에 의하면 아담의 타락 이후 죄인인 인간 안에 있는 '지성', '의지', '정서'라는 타고난 기능들은 심하게 부패된 상태로 남아 있습니다. 그는 어거스틴을 따라서 인간의 죄책과 부패성과 정죄가 생식을 통하여 인류에게 전승되었다고 주장했습니다.

마찬가지로 칼빈에 의하면 아담은 범죄함으로 그의 후손에게 죄책과 부패한 본성과 처벌받아 마땅한 상태를 물려주었습니다. 그러므로 모든 인간은 원죄에 참여하고 있는 것이며, 이 원죄는 우리 본성의 타락이요 부패이며, 하나님의 진노를 받기에 마땅한 상태에 있게 하는 것입니다. 반면에 인간의 의지는 일상생활의 일들에 있어서 도덕적으로 자유로우나 하나님께 대하여는 응답할 능력이 없을 정도로 죄에 의하여 완전히 부패되었습니다. 그리고 이러한 죄인의 의지는 내적 욕망인 타락한 본성의 충동에 의하여 조종되고 있습니다.

뿐만 아니라 칼빈은 아담을 하나님과 계약 관계에 있는 인류의 대표자로 보며, 인류의 법적 대표자인 아담의 운명이 모든 인간에 속하는 각 개인의 운명이 되도록 하나님께서 규정하셨다고 말합니다. 또한 칼빈에 의하면, 유아들도 원죄로부터 연유되어 나오는 유해한 결과들을 경험하고 그 결과들 자체는 각 개인이 스스로 책임져야 한다고 말합니다. 하지만 기독교인의 가정에 태어난 유아는 은혜의 계약에 속해 있기에, 그가 일찍 죽음을 맞이할지라도 하나님의 비밀스러운 선택의 대상으로서 구원받을 수도 있다는 구원의 가능성을 배제하지는 않습니다.

이러한 종교개혁가들의 가르침을 받은 개혁주의적 복음주의자들의 가르침은 다음과 같습니다.

개혁주의적 복음주의자(Reformed Evangelicals)

벨기에 신앙고백(Belgic Confession) 제15조 "원죄에 관하여"는 다음과 같습니다.

"우리는 아담의 불순종으로 원죄가 모든 인류에게 퍼져 간 것을 믿는다. 그 죄는 인간성 전체의 타락이며 유전적인 병이고, 이 병 때문에 유아라 할지라도 모태 안에서 전염되는 것이며, 사람 안에서 모든 종류의 죄를 만들며 그 죄가 뿌리를 박는다. 그러므로 그것은 하나님 보시기에 아주 악하고 혐오스러운 것이어서 모든 인류를 정죄하시기에 넉넉하다."

특별히 웨스트민스터 신앙고백서(The Westminster Confession of Faith, ch. 6)는 아담이 인류의 생식적 차원의 조상이라는 어거스틴의 이론과 아담은 하나님과의 계약 관계에 있어서 인류의 대표라는 이론을 결합시켰습니다. 아담의 죄가 인류에게 전가되는 이유를 아담이 인류의 자연생식적 조상이기 때문이라고 설명한 대표적인 신학자는 쉐드(William G. T. Shedd)입니다. 스트롱(A. H. Strong)도 아담이 인류의 자연생식적 조상이기 때문에 아담의 죄가 인류에게 전달된다고 설명했습니다. 그러나 코케이우스(Johannes Cocceius)는 아담의 죄가 인류에게 전달되는 이유를 아담이 인류를 대표하여 하나님과의 계약 관계에 있기 때문이라고 하는 계약신학(covenant theology) 이론을 정립하였습니다. 이러한 아담의 계약적 대표 이론은 오웬(John Owen)과 구프린스턴학파에 의하여 지지를 받았으며, 벌코프(Louis Berkhof)에 의하여 설명되었습니다.

그리고 이러한 계약신학적 이론은 유아들도 원죄의 짐을 지고 있으므로 그리스도를 통한 구원이 필요하다고 봅니다. 동시에 기독교인의 가정에 태어난 유아는 은혜의 계약에 속해 있기에 구원의 가능성을 갖고 있으며, 또한 부모가 기독교인이 아닐 경우라도 그 유아는 하나님의 비밀스러운 선택의 대상일 수 있다는 가능성을 배제하지 않습니다.

○ 더 깊은 이해를 위한 추천 자료

1. 김성욱, “루터의 노예 의지론(*De Servo Arbitrio*)”, 종교개혁 494주년 기념강좌, 33–76.
2. 루이스 벌코프, 「기독교 교리사」, 박문재 역, 파주: 크리스챤다이제스트, 2008.
3. 윤석주, “칼빈의 인간론: 죄와 자유의지를 중심으로”, 개혁주의학술원, http://www.kirs.kr/data/calvin/calvin037.pdf.
4. 이오갑, “칼빈에 따른 죄인으로서의 인간”, 「한국조직신학논총」 제19집, 109–133.
5. 헤르만 바빙크, 「하나님의 큰일」(*Magnalia Dei*), 김영규 역, 서울: 기독교문서선교회, 1992.
6. David Parker, “Original Sin: A Study in Evangelical Theology,” *Evangelical Quarterly* 61:1(1989): 51–69.
7. E. C. Bragg, Systematic Theology: Soteriology, http://www.trinitycollege.edu/assets/files/DCBragg/ChristologyR.pdf.
8. Gordon R. Lewis & Bruce A. Demarest, *Integrative Theology*, Vol. 2, 183–194, Grand Rapids: Zondervan, 1996.
9. Hans Madueme & Michael Reeves(Ed), *Adam, The Fall, and Original Sin: Theological, Biblical, and Scientific Perspectives*, Grand Rapids: Baker Academic, 2014.

적 용 과 토 론 을 위 한 질 문

2장 죄와 구원의 길(1:18-3:31)

1 성경에서 말하는 죄의 정의는 무엇입니까? 성경이 말하는 죄와 사회적 기준의 죄는 어떤 공통점과 차이점이 있을까요? 로마서 1-3장의 내용을 정리하면서 생각해 보고 함께 나누어 봅시다.

2 바울이 말하는 유대인과 이방인의 죄에 대하여 정리해 봅시다. 바울이 말한 유대인과 이방인의 죄들은 어떤 차이점과 공통점이 있을까요?(1:18-32; 2:1-5; 3:9-18 참조).

3 바울이 말하는 구원의 길은 무엇입니까? 로마서 3장을 통하여 구원에 관한 성경적 정의와 함께 구원의 길이 무엇인지를 정리해 봅시다.

4 율법의 행위와 예수 그리스도를 믿는 믿음은 서로 관계가 있습니까? 율법이 무엇인지 정리해 보고, 율법과 신자의 생활은 어떤 관계가 있는지 함께 나누어 봅시다.

3장
믿음, 그리고 죄와 율법(4-6장)

다윗의 행복과 아브라함의 믿음(4장)

바울은 이제 예수 그리스도를 믿음으로써 하나님께 의롭다고 여기심을 받은 자의 행복과 믿음의 삶에 대해서 구체적인 예를 들며 이야기합니다.

> 1그런즉 육신으로 우리 조상인 아브라함이 무엇을 얻었다 하리요 2만일
> 아브라함이 행위로써 의롭다 하심을 받았으면 자랑할 것이 있으려니와
> 하나님 앞에서는 없느니라 3성경이 무엇을 말하느냐 아브라함이 하나님
> 을 믿으매 그것이 그에게 의로 여겨진 바 되었느니라 4일하는 자에게는
> 그 삯이 은혜로 여겨지지 아니하고 보수로 여겨지거니와 5일을 아니할지
> 라도 경건하지 아니한 자를 의롭다 하시는 이를 믿는 자에게는 그의 믿
> 음을 의로 여기시나니 6일한 것이 없이 하나님께 의로 여기심을 받는 사
> 람의 복에 대하여 다윗이 말한 바 7불법이 사함을 받고 죄가 가리어짐을
> 받는 사람들은 복이 있고 8주께서 그 죄를 인정하지 아니하실 사람은 복
> 이 있도다 함과 같으니라(4:1-8).

고고학자 레오나드 울리(Leonard Woolley)가 1922년부터 12년 동안 아브라함의 고향인 '우르'를 발굴하면서, 아브라함이 살던 시대가 고고학적으로 밝혀졌습니다. 그 고고학적 발굴에 의하면, 갈대아 우르 지역에는 한 건물에 수백 개의 방이 있을 정도로 굉장한 주거지역이 있었고, 당시의 사람들은 도시를 상징하는 지구라트 신전 맨 위에서 머리에 초승달이 있는 여신을 섬겼습니다. 갈대아 우르는 문명이 발달한 도시였을 뿐만 아니라 우상의 도시였습니다.[12] 아브라함은 이러한 우상의 도시에서 자랐지만, 하나님께서는 그를 선택하여 부르셨고, 그를 부르신 후에는 그의 믿음을 보시고 의롭다고 인정해 주셨습니다(cf. 창 15:6). 그래서 "아브라함에게는 그 믿음이 의로 여겨졌다"(4:9)는 사실을 기초로 그의 믿음이 어떻게 하나님 앞에 의롭다고 여겨지게 되었는지를 바울은 보여 줍니다.

그런데 유대인 성경 해설서(미드라쉬)에 의하면, 창세기 26장 4-5절을 근거로 아브라함은 회개할 것이 없는 의인이었다고 말합니다. 즉, 유대인들은 아브라함이 누구보다 율법을 잘 지키고 하나님의 말씀에 순종한 결과 의롭다고 인정을 받게 되었다고 믿고 있습니다. 유대인 율법 학자들이 주장하는 것처럼 아브라함이 의롭다고 인정받은 것은 하나님의 말씀을 순종하고 그 명령과 법을 잘 지켰기 때문일까요? 물론 창세기 26장의 내용만 근거로 하면 그렇게 말할 수도 있습니다. 하지만 그 이전에 아브라함은 하나님을 믿는 믿음으로 인하여 의롭다고 인정받았다는 사실이 창세기 15장 6절에 이미 기록되어 있습니다. 그러므로 '믿음으로 의롭

12) 4장에 등장하는 아브라함의 고향 갈대아 우르는 인류 최초의 문명 발생지로 알려진 메소포타미아 지역 안에 있었으며, 그 당시의 사람들은 수메르인이라고 부릅니다. 고고학자 울리는 주전 2070년경에서 주전 1960년경 사이를 족장 아브라함의 활동 시기로 보았습니다. 우르는 주전 1960년경 아모리인들(Amorite)의 침략으로 멸망하였습니다. 여호수아 24장 2절은 갈대아 우르 지역에서 아브라함의 아버지 데라가 우상을 섬겼다고 기록합니다(Walton, 390-391; Dowley(Ed), 16; 장인수, "아브라함의 고향 갈대아 우르(3)").

다고 하나님께 인정받는다'라는 복음의 진리를 분명하게 보여 주는 대표적인 인물이 아브라함입니다.

다음으로 바울은 유대인들이 잘 알고 존경하는 또 다른 믿음의 인물인 다윗을 예로 들면서 말합니다. "경건하지 않은 자를 의롭다고 하신 하나님을 믿는 자에게는 그의 믿음을 하나님께서 의로 여기신다"는 말씀을 다윗에게 적용합니다(4:5). 그러면서 다윗과 같이 자신의 의로운 행위와 상관없이 하나님의 은혜로 죄를 용서받고 하나님께 의인으로 인정받은 사람들이 진정으로 행복한 사람이라고 바울은 시편을 인용해서 말합니다(시 32:2). 또 4장 6-8절에서 '복'이라는 단어를 세 번이나 반복하는데, 이 단어는 헬라어로 '마카리스모스'(μακαρισμος)로 '축복의 선언' 또는 '행복한 상태'를 의미합니다. '마카리스모스'는 '축복'(blessing) 또는 '행복'(happiness)을 의미하는 '마카리오스'(μακαριος)에서 파생된 축복의 상태를 나타냅니다.

이 말씀의 배경이 되는 시편 32편을 보면, 다윗은 자신의 충실한 부하였던 우리아 장군의 아내인 밧세바와 동침하는 간음죄를 범합니다. 그 후에 다윗은 이 사실을 은폐하기 위해서 우리아 장군을 전쟁터에 보내서 죽게 하는 살인죄를 저지릅니다. 하지만 다윗이 자신의 죄로 인해 마음의 고통을 느끼며 살아가고 있을 때, 하나님께서는 나단 선지자를 보내셔서 다윗의 죄를 지적하십니다. 그때 다윗은 자신의 죄를 하나님 앞에서 철저하게 회개하고, 그 결과 하나님께서 다윗의 죄를 용서해 주십니다. 이렇게 자신의 죄가 용서받고 죄의 고통으로부터 해방된 그 감격과 행복을 다윗은 시편 32편에서 고백합니다. 이것이 예수 그리스도를 믿는 자에게 주시는 죄 사함의 복입니다. 이러한 죄 용서의 은혜와 구원의 기쁨은 성령님이 우리 영혼에 찾아 오셔서 누리게 하시는 영혼의 감격이요, 영혼의 기쁨이요, 영혼의 행복입니다.

그러고 나서 바울은 4장 9절부터 4장 마지막까지 아브라함에 대하여 이야기합니다. 먼저 4장 9-12절에서 바울은 다음과 같이 말합니다.

> 9그런즉 이 복이 할례자에게냐 혹은 무할례자에게도냐 무릇 우리가 말하
> 기를 아브라함에게는 그 믿음이 의로 여겨졌다 하노라 10그런즉 그것이
> 어떻게 여겨졌느냐 할례시냐 무할례시냐 할례시가 아니요 무할례시니라
> 11그가 할례의 표를 받은 것은 무할례시에 믿음으로 된 의를 인친 것이니
> 이는 무할례자로서 믿는 모든 자의 조상이 되어 그들도 의로 여기심을
> 얻게 하려 하심이라 12또한 할례자의 조상이 되었나니 곧 할례 받을 자에
> 게뿐 아니라 우리 조상 아브라함이 무할례시에 가졌던 믿음의 자취를 따
> 르는 자들에게도 그러하니라(4:9-12).

여기서 바울은 아브라함이 할례자와 무할례자 모두의 조상이 된다고 말합니다. 우리는 바울이 왜 이런 이야기를 하는지 두 가지 측면에서 생각해 볼 수 있습니다. 첫째, 아브라함은 실제로 유대인들의 조상도 되고 이방인들의 조상도 됩니다. 하나님께서 아브라함이 이방인이었을 때 그를 택하여 부르셨기 때문입니다. 유대인들의 종교 관습에 의하면, 남자 아이가 태어나도 그 사람이 할례를 받지 않는다면 그는 이방인과 똑같은 사람으로 취급을 당합니다. 유대인들에게 있어서 '할례를 받는다'는 것은 곧 '하나님의 선택을 받았다'는 언약의 표시였습니다(창 17:9-14; cf. 행 15:1). 유대인들이 할례를 이렇게 중요하게 여기고 아브라함을 자랑스러운 조상으로 여기고 있지만, 사실 아브라함은 할례를 받지 않았던 이방인으로 있을 때 하나님께서 선택하여 부르셨고 그의 믿음을 보시고 의롭

다고 인정해 주셨습니다(창 15:6; 17:10-14). 그리고 아브라함은 이방인이었을 때 '언약의 표징'으로 할례를 행했습니다(창 17:11). 그래서 바울은 복음의 진리, 곧 이러한 사인(sign)은 할례를 받지 못한 이방인들이든 할례를 받은 유대인들이든 상관없이 믿음으로 의롭다고 인정받는 모두에게 해당된다는 것을 설명합니다.

둘째, 바울은 아브라함이 율법이 없는 시대에 살았기 때문에 율법을 지키는 행위로 하나님께 의롭다고 인정을 받지 않았다는 사실을 증명합니다. 바울은 이 점에 대해서 다음과 같이 말합니다.

> 13아브라함이나 그 후손에게 세상의 상속자가 되리라고 하신 언약은 율
> 법으로 말미암은 것이 아니요 오직 믿음의 의로 말미암은 것이니라 14만
> 일 율법에 속한 자들이 상속자이면 믿음은 헛것이 되고 약속은 파기되었
> 느니라 15율법은 진노를 이루게 하나니 율법이 없는 곳에는 범법도 없느
> 니라 16그러므로 상속자가 되는 그것이 은혜에 속하기 위하여 믿음으로
> 되나니 이는 그 약속을 그 모든 후손에게 굳게 하려 하심이라 율법에 속
> 한 자에게뿐만 아니라 아브라함의 믿음에 속한 자에게도 그러하니 아브
> 라함은 우리 모든 사람의 조상이라(4:13-16).

아브라함은 모세가 율법을 받을 때보다 430년 전에 살았던 인물입니다. 그래서 갈라디아서 3장 17-18절에서 바울은, "아브라함이 하나님과 맺은 언약은 430년 뒤에 생긴 율법이 바꾸거나 폐할 수 없다"고 말합니다. 그렇다면 아브라함이 하나님과 맺은 언약의 내용은 무엇입니까? 그것은 젖과 꿀이 흐르는 가나안 땅을 주시겠다는 약속(창 12:7; 13:14-15; 17:8), 아브라함의 후손을 통해 큰 민족을 이루시겠다는 약속(창 12:2;

13:16; 15:5; 18:18; 22:16–18), 그리고 세상 모든 민족이 아브라함을 통하여 복을 받게 될 것이라는 약속입니다(창 12:3). 이 언약의 말씀 가운데 특별히 세 번째, 모든 민족이 아브라함으로 인하여 복을 받을 것이라는 약속은 아브라함이 유대인들만의 조상이 아니라는 사실을 보여 줍니다. 다시 말해서 아브라함이, 혈통이 아닌 믿음으로 하나님의 자녀가 된 모든 민족, 모든 사람들의 조상이 된다는 것입니다.

그래서 바울은 '상속자가 되는 것'(4:14, 16), 즉 '하나님의 자녀가 되어 하나님의 기업을 물려 받는 것'은 아브라함의 믿음에 속한 모든 자에게 해당된다고 말합니다(4:16). 이처럼 아브라함은 율법에 속한 유대인뿐만 아니라 아브라함의 믿음을 따르는 모든 이방인들의 조상이 된다고 바울은 말합니다. 그리고 아브라함이 하나님을 믿음으로 의롭다고 인정을 받고 하나님의 자녀가 된 것과 같이, 하나님의 은혜는 유대인이나 이방인 모두에게 해당된다고 말합니다. 그러면서 만일 율법에 속한 자들이 상속자면 믿음은 헛것이며 하나님의 언약의 약속은 파기된 것이나 다름이 없다고 말합니다(4:14).

더 나아가서, 율법이 없는 곳에는 율법을 범하는 일도 없기에 율법은 진노를 가져오게 할 뿐이라고 바울은 말합니다(7:5–10). 물론 바울이 이와 같이 율법을 부정적인 측면에서 말하고 있는 것은 율법을 지키는 행위로 하나님께 의롭다 인정을 받게 된다고 생각하는 유대인들이 있었기 때문입니다. 바울은 아브라함과 같이 오직 믿음으로 하나님께 나아가는 자만이 하나님께 의롭다고 인정을 받고 상속자가 될 것을 말합니다. 그리고 이 약속은 예수 그리스도를 믿음으로 얻게 되는 것을 의미합니다.

다음으로 바울은 아브라함의 믿음이 구체적으로 어떠한 믿음이었는지 다음과 같이 말합니다.

17기록된 바 내가 너를 많은 민족의 조상으로 세웠다 하심과 같으니 그가
믿은 바 하나님은 죽은 자를 살리시며 없는 것을 있는 것으로 부르시는
이시니라 18아브라함이 바랄 수 없는 중에 바라고 믿었으니 이는 네 후손
이 이같으리라 하신 말씀대로 많은 민족의 조상이 되게 하려 하심이라 19
그가 백 세나 되어 자기 몸이 죽은 것 같고 사라의 태가 죽은 것 같음을
알고도 믿음이 약하여지지 아니하고 20믿음이 없어 하나님의 약속을 의
심하지 않고 믿음으로 견고하여져서 하나님께 영광을 돌리며 21약속하신
그것을 또한 능히 이루실 줄을 확신하였으니 22그러므로 그것이 그에게
의로 여겨졌느니라(4:17-22).

아브라함은 죽은 자를 살리시는 하나님, 없는 것을 있는 것 같이 부르시는 하나님, 약속하신 것을 반드시 이루시는 하나님을 믿었습니다. 그래서 아브라함은 자기 몸의 죽은 것 같음과 아내 사라의 태가 완전히 끊어진 것을 알고도 믿음이 약하여지지 않았습니다(4:21). 그리고 이러한 믿음으로 인하여 하나님께 의롭다고 인정을 받았습니다(4:22). 아브라함의 믿음은 하나님의 말씀에 순종하여 이삭을 제물로 드리는 행위로 증명되었습니다(창 22장). 이 점에 대하여 히브리서 기자는 아브라함이 "하나님이 능히 이삭을 죽은 자 가운데서 다시 살리실 줄로 생각한지라"(히 11:17-19)라고 기록합니다. 이것이 아브라함의 믿음입니다.

하지만 아브라함이 처음부터 그런 믿음을 갖게 된 것은 아닙니다. 하나님께서 99세가 된 아브라함에게 나타나셔서 아들을 주실 것이라고 말씀하시자 아브라함은 웃었습니다(창 17:17-18). 하나님의 천사가 아브라함에게 찾아와서 아내 사라에게 아들이 있을 것이라고 말했을 때 아브라함의 아내 사라도 장막 뒤에서 그 이야기를 듣고 있다가 '어찌 그런 일이

있을 수 있겠는가?'라며 속으로 웃었습니다(창 18장).

또 아브라함은 하나님의 약속을 믿음으로 기다리지 못하고 아내 사라가 권하는 대로 여종 하갈을 첩으로 맞이해서 이스마엘을 낳았습니다. 또한 아브라함은 가나안 땅에 머물러 있을 때 그 땅에 가뭄과 기근이 들자 애굽으로 내려갔습니다. 그때 자신의 아내를 여동생이라고 거짓말을 함으로써 자신의 신변을 지키려고 했습니다. 애굽 왕은 아브라함의 거짓말을 믿고 그의 아내 사라를 데리고 갔지만, 하나님께서 아브라함의 가족을 지켜 주셨습니다(창 20장). 이처럼 아브라함의 신앙은 연약했고 그의 순종은 불완전했습니다. 하나님께서 아브라함의 믿음을 보시고 의롭다고 인정을 해 주셨지만 아브라함이 처음부터 하나님 앞에서 온전히 의로운 삶을 산 것은 아닙니다.

그러나 아브라함과 그의 아내 사라는 불신앙적이고 연약한 신앙생활 가운데 계속 머물러 있지 않았습니다. 그들은 자신들의 연약한 믿음을 깨닫고 하나님을 더욱 의지했습니다. 비록 흔들리는 신앙생활을 할 때가 있었지만 아브라함은 25년 동안 하나님과 동행하는 삶을 살아가면서 하나님을 더 깊이 만나고 하나님을 더 깊이 알아갔습니다. 그 결과 아브라함은 100세가 되었을 때, 자신의 독자라도 하나님께 바치는 믿음의 수준에 이르게 되었습니다. 여기에 중요한 믿음의 원리가 있습니다. 그것은 아브라함이 하나님의 말씀에 대한 신뢰에서 그의 믿음의 여정을 시작했다는 것입니다. 아브라함이 자신을 통해서 큰 민족을 이루어 주시고, 약속하신 땅을 주시고, 모든 민족의 조상이 되게 하실 것이라는 하나님의 말씀을 의지하여 굳게 믿었다는 것입니다. 하나님의 말씀에 대한 끊임없는 신뢰는 순종의 행위로 나타났고, 그 결과 온전한 믿음의 수준에 이르게 되었습니다. 즉 믿음으로 하나님께 의롭다고 인정을 받은 이후에 그는 실제로 하나님 앞에서 의인이 되어 갔습니다.

바울은 이렇게 아브라함의 믿음에 대해서 구체적으로 이야기한 후에 다음과 같이 결론을 내립니다.

> 23그에게 의로 여겨졌다 기록된 것은 아브라함만 위한 것이 아니요 24의
> 로 여기심을 받을 우리도 위함이니 곧 예수 우리 주를 죽은 자 가운데서
> 살리신 이를 믿는 자니라 25예수는 우리가 범죄한 것 때문에 내줌이 되고
> 또한 우리를 의롭다 하시기 위하여 살아나셨느니라(4:23-25).

하나님께서 아브라함의 믿음을 보시고 의롭다고 인정하신 것은 아브라함만을 위한 것이 아니라 우리를 위한 것이라고 바울은 결론적으로 말합니다.

이렇게 다윗과 아브라함처럼, 우리의 행위에 대한 대가 없이 우리의 죄를 용서받고 하나님께 의롭다고 인정을 받아 구원을 받는 하나님의 자녀가 된다는 것은 참으로 놀라운 소식입니다. 이 놀라운 은혜를 우리는 예수 그리스도를 통하여 누리게 되었고, 그 은혜로 인하여 우리는 믿음의 삶을 살아갑니다. 이 믿음은 신념이 아닙니다. 신념은 나 자신을 신뢰하는 자기 확신이지만, 믿음은 하나님의 말씀과 하나님의 약속을 신뢰하는 것이기 때문입니다. 믿음은 예수 그리스도를 통하여 주어지는 구원의 은혜를 누리면서 나의 삶을 하나님의 뜻에 맡기고 하나님의 말씀에 순종하며 살아가는 것입니다. 그럴 때 우리의 믿음은 아브라함과 같이 온전한 믿음의 단계로 나아가게 될 것입니다. 이것이 우리가 걸어가는 믿음의 길이요 성화의 길입니다.

*더 깊은 이해를 위한 글 6: "죄에 대한 펠라기우스적 견해" p. 136을 함께 보세요.

신자의 믿음과 대표 원리(5장)

바울은 인간이 의롭다고 하나님께 인정받는 것은 오직 믿음으로만 가능하다는 사실과 그 믿음은 순종의 행위로 나타나게 된다는 사실을 말한 후, 5장에 와서 신자가 누리는 영적인 부요함이 무엇인지를 설명합니다. 먼저 5장 1–11절을 살펴보겠습니다.

> 1그러므로 우리가 믿음으로 의롭다 하심을 받았으니 우리 주 예수 그리
> 스도로 말미암아 하나님과 화평을 누리자 2또한 그로 말미암아 우리가
> 믿음으로 서 있는 이 은혜에 들어감을 얻었으며 하나님의 영광을 바라고
> 즐거워하느니라 3다만 이뿐 아니라 우리가 환난 중에도 즐거워하나니 이
> 는 환난은 인내를, 4인내는 연단을, 연단은 소망을 이루는 줄 앎이로다 5
> 소망이 우리를 부끄럽게 하지 아니함은 우리에게 주신 성령으로 말미암
> 아 하나님의 사랑이 우리 마음에 부은 바 됨이니 6우리가 아직 연약할 때
> 에 기약대로 그리스도께서 경건하지 않은 자를 위하여 죽으셨도다 7의인
> 을 위하여 죽는 자가 쉽지 않고 선인을 위하여 용감히 죽는 자가 혹 있거
> 니와 8우리가 아직 죄인 되었을 때에 그리스도께서 우리를 위하여 죽으
> 심으로 하나님께서 우리에 대한 자기의 사랑을 확증하셨느니라 9그러면
> 이제 우리가 그의 피로 말미암아 의롭다 하심을 받았으니 더욱 그로 말
> 미암아 진노하심에서 구원을 받을 것이니 10곧 우리가 원수 되었을 때에
> 그의 아들의 죽으심으로 말미암아 하나님과 화목하게 되었은즉 화목하
> 게 된 자로서는 더욱 그의 살아나심으로 말미암아 구원을 받을 것이니라
> 11그뿐 아니라 이제 우리로 화목하게 하신 우리 주 예수 그리스도로 말미
> 암아 하나님 안에서 또한 즐거워하느니라(5:1–11).

우리는 이 말씀을 통하여, 믿음으로 의롭다 인정을 받음으로 하나님의 자녀가 될 때 누리는 복이 무엇인지를 알게 됩니다. 첫째는 하나님과 화목(평화)을 누리고, 그 결과 영혼의 참 평안을 누리는 것입니다(5:1). 우리는 죄와 영적인 문제들로 인하여 하나님과의 관계가 올바르지 못하면 영혼의 평안을 경험할 수 없습니다. 또 우리는 종종 삶의 문제들로 인해서 불안과 근심과 두려움을 안고 살아갑니다. 삶의 긴장감 속에서 하나님께서 주시는 평안을 잃어버리고 살아가기도 합니다. 하지만 우리가 지속적으로 하나님 중심의 삶을 살아가고 성령의 다스림을 받으며 살아간다면, 어떠한 환경 가운데 처할지라도 우리의 영혼은 하늘의 참 평화를 경험하게 될 것입니다.

둘째, 믿음으로 의롭다 인정받고 하나님의 자녀가 될 때 누리는 복은 우리가 항상 하나님의 은혜의 보좌 앞으로 들어갈 수 있다는 것입니다(5:2). 여기에서 우리는 '들어간다'(gained access, NIV)는 말에 주목해야 합니다. 유대인들은 성전 앞 마당까지는 들어갈 수 있었지만 성전 안에는 들어갈 수 없었습니다(레 23:41; cf. 레 16, 23장). 성전 안에는 오직 제사장들만 들어갈 수 있었고, 하나님의 임재를 상징하는 지성소에는 대제사장이 일 년에 한 번, 그것도 대속죄일에 들어갈 수 있었습니다. 그런데 그 성소와 지성소를 가로막고 있었던 크고 튼튼한 휘장이 예수님이 십자가에 못 박히시고 "다 이루었다"는 말씀을 하시며 운명하시던 순간에 찢어졌습니다(마 27:45–53). 다시 말해서 예수 그리스도께서 우리의 죄를 위해 십자가에서 죽으심으로, 마치 휘장이 찢어지듯 자신의 몸을 찢어서 그 피를 의지하는 자에게 하나님의 은혜의 보좌 앞에 담대히 나아갈 수 있게 하신 것입니다(히 10:19–20; 엡 3:12). 그러므로 유대인이든 이방인이든 상관없이 누구든지 예수 그리스도를 통해서 하나님의 은혜의 보좌 앞에 나아갈 수 있습니다(히 4:16).

셋째, 믿음으로 의롭다 인정받고 하나님의 자녀가 될 때 누리는 복은 참 소망을 갖게 되는 것입니다. 그래서 바울은 "하나님의 영광을 바라고 즐거워하느니라"(5:2)고 말했는데, 이 말은 헬라어와 영어 번역에서 모두 "하나님의 영광의 소망 안에서 즐거워한다"라는 말로 기록됩니다(헬. καυχώμεθα επ ελπίδι της δοξης του θεου; rejoice in hope of the glory of God, NKJV). "소망 안에서 즐거워 한다"는 말은 장차 우리가 영원한 나라에서 하나님의 영광을 보게 될 소망이 있기에 즐거워한다는 말입니다. 이 구원의 소망이 바로 예수 그리스도를 믿음으로 의롭다고 인정을 받은 하나님의 자녀가 누리는 참 소망입니다.

이 소망은 우리의 슬픔과 고통과 환난 속에서도 빛납니다. 그래서 "우리가 환난 중에도 즐거워하나니 이는 환난은 인내를, 인내는 연단을, 연단은 소망을 이루는 줄 앎이로다"(5:3-4)라고 바울은 말합니다. 여기서 '연단'(5:4)이란 헬라어로 '도키메'(δοκιμή)인데, '인정된 것' 혹은 '입증된 것'을 의미합니다. 다시 말해서 본문에서 말하는 연단이란 고난과 시련을 참고 견디면서 얻는 경험들을 통하여 그 사람의 신앙이 증명되고 신앙 인격이 갖추어져 가는 것을 의미합니다.

그러므로 우리가 하나님의 자녀가 되었다고 해서 이 세상의 어려움과 환난이 없어지는 것이 아닙니다. 지금도 우리 주변에는 질병으로 고통당하는 믿음의 형제자매들이 있습니다. 경제적인 어려움으로 고통 당하는 신실한 신자들도 있습니다. 혹은 가정의 복잡한 문제들이나 인간관계의 문제들로 인하여 시련과 어려움을 겪는 신자들도 있습니다. 하나님을 잘 믿는다고 해서 이런 문제들 없이 살아가는 것은 아닙니다. 하지만 큰 차이가 있습니다. 예수님을 믿지 않는 사람들은 고난과 시련을 당할 때 그것이 주는 유익을 잘 알지 못합니다. 그 고통이 주는 의미를 잘 깨닫지 못합니다.

그러나 하나님의 자녀들은 고난 속에서 하나님의 뜻을 깨닫기도 하고, 더 나아가서 고난의 환경 너머에 있는 하나님의 영광을 소망하면서 인내할 수 있습니다. 우리가 고난과 시련을 믿음으로 인내하면 그것이 우리의 인격과 믿음을 단련시켜 준다는 사실을 알기 때문입니다. 욥의 고백과 같이, 나의 길을 하나님께서 아시기에 하나님께서 나를 단련하신 후에 나로 정금과 같은 믿음을 갖게 하셔서 나를 사용하실 것을 알기 때문입니다(욥 23:10). 쇠를 연단하는 사람은 쇳덩이를 뜨거운 용광로 속에 집어넣어 달군 후에 그것을 꺼내어 이리저리 사정없이 내리치고 두들겨서 쇠붙이에 붙어 있는 찌꺼기들을 제거합니다. 더 많이 치고 두들길수록 눈에 보이지 않는 아주 미세한 구멍이나 틈이 메워져서 더 단단하고 쓸만한 물건으로 만들어져 갑니다. 마찬가지로 하나님께서는 고난과 시련과 환난을 통하여 우리를 그렇게 연단하십니다. 더 많은 연단을 받을수록 세상의 욕심과 정욕의 불순물들이 빠져나가게 됩니다. 우리의 모난 성품과 잘못된 생각들이 빠져나가고 우리는 점점 예수님의 성품을 닮게 됩니다. 이것이 하나님께서 허락하신 연단이요 시련입니다.

그래서 바울은 고린도후서 4장 17-18절에서 이렇게 말합니다. "우리가 잠시 받는 환난의 경한 것이 지극히 크고 영원한 영광의 중한 것을 우리에게 이루게 함이니 우리가 주목하는 것은 보이는 것이 아니요 보이지 않는 것이니 보이는 것은 잠깐이요 보이지 않는 것은 영원함이라." 이 말씀과 같이 환난, 인내, 연단, 이 모든 것은 우리로 하여금 소망을 이루어가게 하는 믿음의 징검다리요 디딤돌입니다. 하나님께서는 우리가 당하는 여러 가지 시련과 그 인내의 시간들을 통하여 우리를 온전하고 부족함이 없는 믿음의 사람으로 만들어 가십니다. 그래서 시련을 당하거든 기뻐하라고 야고보서 기자는 말합니다(약 1:2-4).

물론 고난과 시련을 당하는 상황 속에서 기뻐한다는 것은 결코 쉬운 일이 아닙니다. 그러므로 우리가 고난과 시련 가운데 있을 때 적어도 다음과 같은 자세를 가져야 합니다. 첫째, 이 시련의 과정은 하나님께서 나의 믿음과 인격을 더 단련시키시고 나를 더 성숙하게 하시는 선한 뜻이 있음을 확신하는 것입니다. 고난과 시련을 통하여 하나님의 영광을 드러내는 기회로 삼겠다는 적극적인 믿음의 자세를 가져야 합니다.

둘째, 고난과 시련을 통과한 후에 예비된 하나님의 복을 바라보면서 기뻐하는 것입니다. 시편 기자는 이렇게 고백합니다. "하나님이여 주께서 우리를 시험하시되 우리를 단련하시기를 은을 단련함 같이 하셨으며 우리를 끌어 그물에 걸리게 하시며 어려운 짐을 우리 허리에 매어 두셨으며 사람들이 우리 머리를 타고 가게 하셨나이다 우리가 불과 물을 통과하였더니 주께서 우리를 끌어내사 풍부한 곳에 들이셨나이다"(시 66:10-12). 시편 기자는 이스라엘 백성들이 겪었던 400년간의 종살이 후에 젖과 꿀이 흐르는 가나안 땅으로 인도함을 받았던 하나님의 복을 회상하면서 그 사건을 자신이 처한 상황 속에 적용합니다.

우리의 인생도 마찬가지입니다. 인생을 살다가 때로는 억울한 일을 당하고, 때로는 생각지 못한 고난과 시련을 만날 수 있습니다. 사람들이 우리 머리를 밟고 지나가는 말할 수 없는 수치와 모욕을 당할 수 있습니다. 하지만 우리가 그러한 시련의 과정들을 믿음으로 통과할 때, 하나님께서 복된 자리로 인도해 주실 것을 믿음으로 바라보며 우리는 즐거워할 수 있습니다.

셋째, 우리가 장차 누리게 될 하나님의 영광을 바라보면서 소망 중에 인내하며 즐거워하는 것입니다. 사실 진정한 신자라면, 이 점이 우리가 고난과 시련 중에도 기뻐해야 할 가장 중요한 이유가 됩니다. 다시 말해서 고난과 시련이 찾아올 때 신자들은 세상 욕심이 헛된 것임을 깨닫고 영원한 하늘나라의 소망만이 참된 소망임을 더욱 분명하고 확실하게 깨달아 갑니다. 그래서 바울은 "하나님의 영광을 바라고 즐거워하느니라"(5:2)고 말한 후에, "우리 주 예수 그리스도로 말미암아 하나님 안에서 또한 즐거워하느니라"(5:11)고 말합니다.

1990년에 사망한 라이언 화이트(Ryan White)는 13살 때 수술을 받으면서 에이즈에 감염된 피를 수혈받고 에이즈 환자가 되었습니다. 그러나 누구도 원망하지 않고 밝은 모습으로 생활했고, 이러한 사실이 매스컴을 통해 알려지기 시작했습니다. 라이언은 5년을 더 살다가 18살에 죽음을 맞이했는데, 그때 아버지와 마지막으로 나눈 대화 내용이 크리스천 잡지에 실렸습니다. 그 내용에 의하면, 아버지가 아들에게 이렇게 말했습니다. "아들아, 미안하다. 이제는 네게 아무 것도 더 해 줄 것이 없구나. 이 아버지를 용서해다오." 그때 라이언이 대답했습니다. "아버지, 전 지금까지 많은 선물을 받았습니다. 하지만 아무도 아버지가 제게 준 것과 같은 선물을 준 사람은 없었어요. 아버지는 저에게 죽어서도 천국에 갈 수 있도록 예수님을 소개해 주셨어요. 아버지 때문에 예수님을 믿고 영생을 선물로 얻었으니 이보다 위대한 선물은 없을 거예요."

이처럼 예수 그리스도를 믿어서 하나님께 의롭다고 인정받은 하나님의 자녀들은 고난이 찾아오고 죽음이 찾아와도 하늘의 소망, 구원의 소망을 붙잡게 됩니다. 그래서 베드로는 신자들이 시련과 핍박 속에서 두려워하고 근심할 수밖에 없지만 오히려 크게 기뻐하고 있다고 언급합니다. 그들은 예수님을 진심으로 사랑하였고, 그래서 장차 예수 그리스도께서 나타나실 때에 누리게 될 구원의 복, 그 영광스러운 즐거움을 바라보면서 기뻐할 수 있다고 베드로는 말합니다(벧전 1:6-9).

동유럽의 루마니아에서 1989년도에 공산 정권이 무너지기까지 수천 명의 기독교인들이 고난과 박해를 받으면서 죽어 갔습니다. 당시 기독교인들은 불에 달군 인두나 칼로 고문을 당하고, 얼음 창고에 갇혔다가 죽기 직전에 꺼내지는 고문을 당했습니다. 또 큰 고무 곤봉으로 기절할 때까지 맞기도 하고 아침부터 밤 늦게까지 매일 열 여섯 시간 동안 움직이지 못하고 공산주의를 교육받기도 했습니다. 심지어는 기억력을 없애기 위한 마취제와 같은 약품이 들어 있는 음식을 강압에 의해 먹기도 했습니다. 그 가운데 살아 있는 순교자로 알려진 리처드 범브란트(Richard Wurmbrand) 목사는 14년간의 감옥 생활을 마치고 나오던 날 아침에 이렇게 고백했습니다. "감옥에서 보낸 햇수가 제게는 그리 길게 느껴지지 않았습니다. 그 이유는 홀로 독방에 갇혀 있으면서도 믿음이나 사랑을 넘어선 어떤 기쁨을 하나님 안에서 발견했기 때문입니다. 그 기쁨이란 이 세상 어느 것에도 견줄 수 없는 아주 깊고도 특이한 것이었습니다. 그래서 제가 감옥에서 나왔을 때는 아주 평화롭고 아름다운 산정에서 평지로 내려온 것 같은 느낌을 받았습니다." 하늘의 소망을 가지고 하나님의 영광을 바라고 즐거워한다는 것이 진정 이런 모습이 아닌가 생각해 봅니다.

반면에 "산 소망"(벧전 1:3)이 없는 사람들은 이 땅의 것만을 추구하면서 살아갑니다. 산 소망이 없기 때문에 작은 어려움과 시련이 닥쳐와도 쉽게 좌절하고 불신앙에 빠져서 하나님을 멀리합니다. 하지만 예수님을 믿고 성령으로 거듭나서 산 소망을 가지고 살아가는 신자들은 그렇지 않습니다. 그들은 고난을 당할 때 하나님 앞으로 더 가까이 다가갑니다. 심지어 복음을 위해서 스스로 고난받는 것도 기뻐합니다. 우리가 이 땅에서 잠시 겪는 고난들이 장차 우리가 누리게 될 영광과 비교할 수 없기 때문입니다(고후 4:17-18). 산 소망을 가진 신자들은 하나님의 영광을 바라보면서 기뻐합니다.

그러므로 우리가 가진 소망은 부끄럽지 않은 소망이요 우리를 실망시키지 않는 참 소망입니다(5:5). 여기서 헬라어 '카타이스퀴노'(καταισχύνω)는 '부끄럽게 하다', '실망케 하다', 또는 '명예를 실추시키다'라는 의미를 가집니다. 그래서 영어 성경은 '소망이 우리를 실망시키지 않는다'라고 번역합니다(And hope does not disappoint us, NIV). 그것은 우리에게 주신 하나님의 성령으로 말미암아 하나님의 사랑이 우리 마음에 부어졌기 때문이요, 그 하나님의 사랑이 예수 그리스도를 통하여 우리에게 나타났기 때문입니다(5:5-8).

믿음 생활은 지식으로만 하나님을 알고 믿는 것이 아닙니다. 진정한 믿음 생활은 성령의 역사로 말미암아 하나님의 사랑을 경험하고 하나님의 영광을 바라보는 구원의 참 소망을 누리며 그 안에서 기쁨과 평안을 누리고 살아가는 것입니다(5:11; cf. 8:24; 15:13). 이런 차원에서 신자의 진정한 기쁨과 소망은 하나님과의 관계에 달려 있습니다. 하나님과의 관계가 멀어지면 제일 먼저 나타나는 현상이 영적인 기쁨과 참 만족을 잃어버리는 것입니다. 이러한 생활이 지속되고 하나님과의 관계가 점점 더 멀어지면 세상적인 즐거움과 기쁨을 추구하는 죄의 길로 가는 경우도 있습니다. 이것은 대단히 불행한 일입니다.

바울은 이러한 죄의 근원에 대해서 다음과 같이 말합니다.

> 12그러므로 한 사람으로 말미암아 죄가 세상에 들어오고 죄로 말미암아
> 사망이 들어왔나니 이와 같이 모든 사람이 죄를 지었으므로 사망이 모든

사람에게 이르렀느니라 13죄가 율법 있기 전에도 세상에 있었으나 율법
이 없었을 때에는 죄를 죄로 여기지 아니하였느니라 14그러나 아담으로
부터 모세까지 아담의 범죄와 같은 죄를 짓지 아니한 자들까지도 사망이
왕 노릇 하였나니 아담은 오실 자의 모형이라(5:12–14).

바울은 "한 사람으로 말미암아 죄가 세상에 들어왔고 죄로 말미암아 사망이 들어와서 모든 사람이 사망에 이르게 되었다"고 말합니다(5:12). 물론 여기서 말하는 '한 사람'은 인류의 조상 아담입니다. 하나님께서는 아담을 창조하신 후에 그에게 동산의 모든 과일 나무의 열매들은 먹되, 선악을 알게 하는 나무의 열매는 먹지 말라고 하셨고 먹으면 죽을 것이라고 말씀하셨습니다(창 2:16–17). 이 하나님의 명령에 불순종한 아담과 하와는 하나님과 영원히 관계가 단절되는 영적인 죽음에 이르게 되었고, 또한 육체적인 죽음에도 이르게 되었습니다. 그래서 성경에서 말하는 죽음은 육체적인 죽음뿐만 아니라, 근본적으로 하나님과의 관계가 끊어진 영적인 죽음을 의미합니다(5:15; cf. 엡 2:1, 5). 이렇게 아담 한 사람의 죄로 말미암아 모든 사람이 죄인이 되었고, 그 결과 모든 사람이 하나님과 관계가 단절되어 영적으로 죽었고 죄 가운데 살아가게 되었다는 것이 우리가 믿는 '원죄 교리'입니다. 그런데 기독교 안에 이러한 원죄 교리를 믿지 않는 교회 지도자들과 신자들이 늘어나고 있습니다. 창세기의 내용은 문학적인 표현이고 아담은 상징적인 인물이라고 믿는 이들이 늘고 있습니다.

2012년 4월 9일 호주 국영 방송인 ABC방송은 무신론자 대표인 영국의 생물학자 리처드 도킨스 박사와 호주 가톨릭 교회의 최고 수장인 조지 펠 추기경과의 공개 토론을 방영하였습니다. 호주 국민 모두가 대단한 관심을 가지고 이 토론을 지켜봤습니다. 그때 조지 펠 추기경은 구약

성경 창세기에 나오는 첫 사람 아담과 이브의 이야기는 사실이 아니라 악과 고난을 설명하기 위한 하나의 문학적 상징이라고 설명했습니다. 그러나 이렇게 설명할 경우, 창세기 4장 7절에서 "죄의 소원이 네게 있지만 너는 죄를 다스리라"는 경고를 무시하고 아벨을 죽인 가인의 죄가 실제적인 죄의 기원과 죄의 원인이 됩니다. 이러한 해석은 설득력이 있어 보이지만, 성경 전체의 내용을 심각하게 훼손할 수밖에 없습니다. 다시 말해서 예수님이 사탄에게 시험을 받으신 사건이나 예수님이 귀신을 쫓아 내신 기사 등, 인간의 이성을 넘어선 사탄의 영적 실체에 대한 성경의 내용들도 부정하게 됩니다.

아담과 하와는 "선악을 알게 하는 나무의 열매를 먹으면 눈이 밝아져서 하나님처럼 되리라"는 뱀의 유혹을 받고 선악을 알게 하는 나무의 열매를 먹었습니다. 이것은 곧 하나님의 말씀을 거부하고 사탄의 말을 따르는 인간의 불신앙과 인간이 하나님처럼 되려고 하는 반역의 사건이었습니다. 그럼에도 불구하고 하나님께서는 아담에게 "네가 어디 있느냐, 네가 왜 선악을 알게 하는 나무의 열매를 따 먹었느냐"고 물으셨습니다. 하나님께서 아담에게 회개할 기회를 주신 것입니다. 하지만 끝내 회개하지 않은 아담과 하와는 하나님과 단절되는 영적 사망의 심판을 받았고 그러한 영적 사망의 한 현상으로 육체적 죽음이 따라왔습니다. 이러한 교만이 지금도 인간 속에 자리잡고 있는 죄의 뿌리입니다. 그래서 이러한 불신앙과 교만의 죄를 회개하지 않는 사람은 하나님의 무서운 심판을 피할 길이 없다고 바울은 1–3장에서 말합니다.

이어서 바울은 아담과 예수 그리스도에 대하여 다음과 같이 말합니다.

15그러나 이 은사는 그 범죄와 같지 아니하니 곧 한 사람의 범죄를 인하여 많은 사람이 죽었은즉 더욱 하나님의 은혜와 또한 한 사람 예수 그리스도의 은혜로 말미암은 선물은 많은 사람에게 넘쳤느니라 16또 이 선물은 범죄한 한 사람으로 말미암은 것과 같지 아니하니 심판은 한 사람으로 말미암아 정죄에 이르렀으나 은사는 많은 범죄로 말미암아 의롭다 하심에 이름이니라(5:15-16).

본문에 등장하는 '선물'(δωρεα), '은사'(χάρισμα), '은혜'(χάρισ)라는 단어들은 모두 예수 그리스도의 구원을 말합니다. 조금 더 구체적으로 보면, "예수 그리스도의 은혜로 말미암은 선물"(5:15)이란 예수 그리스도의 십자가를 통하여 얻게 된 구원을 의미하며, 다른 말로 하면 하나님께서 우리를 의롭다고 인정해 주시는 '하나님의 의'라고 말할 수 있습니다.

특별히 5장 16절의 "많은 범죄로 말미암아 의롭다 하심에 이름이니라"라는 개역개정의 번역은 본문의 의미를 바르게 이해하는 데 커다란 혼동을 줍니다. 왜냐하면 많은 범죄로 말미암아 심판에 이르게 된 것이지 의롭다 하심에 이른 것이 아니기 때문입니다. 이 본문을 헬라어로 보면, '은사(Κάρις)는 많은 범죄 후에 한 사람(예수 그리스도)을 통하여 온다'는 의미입니다. 즉 헬라어 전치사 '에크'(εκ)는 여러 가지 뜻이 있는데(예, after, for, from 등), 그 전치사를 문장의 의미에 맞게 번역하지 못한 것입니다. 성경은 한 사람을 통하여 죄가 세상에 들어와서 모든 사람이 죄와 죽음 가운데 살아가게 되었고, 의로우신 예수 그리스도께서 십자가에서 죽으심으로 그를 믿는 모든 사람이 의롭다 함을 얻고 구원의 은혜를 누릴 수 있게 되었다고 말합니다.

여기서 우리가 원죄에 대해서 생각해 봐야 할 또 하나의 중요한 주제가 있습니다. 바로 대표성의 원리입니다. 이와 관련해서 바울은 "아담은 오실 자의 모형이라"(5:14)고 말합니다. 여기서 모형이란 어떤 실체를 보여 주는 하나의 본보기(모형론, typology)를 의미합니다(cf. 고전 15:45). 다시 말해서, 완전한 인간으로 오신 예수 그리스도는 첫 아담이 타락으로 잃어버렸던 하나님의 형상과 영광을 회복하시려고 오셨으며, 그런 의미에서 첫 아담은 장차 오실 예수 그리스도의 본보기가 된다는 것입니다.

2012년 런던 올림픽에서 한국은 금메달 13개를 획득하여 종합 5위에 올랐습니다. 그런데 우리 국민들이 올림픽 경기를 보면서 열광하는 이유가 무엇일까요? 그 선수들이 우리를 대표해서 출전했기 때문입니다. 그러므로 우리 선수들이 지면 우리 국민 모두가 진 것이고, 그들이 이기면 우리 국민 모두가 이긴 것입니다. 그러니 올림픽 경기 중에 흥분하지 않을 사람이 없습니다. 이것이 바로 우리가 보게 되는 죄와 은혜에 관한 대표성의 원리입니다.

이 대표성의 원리에 대하여 바울은 5장 17-19절에서 다음과 같이 설명합니다.

> 17한 사람의 범죄로 말미암아 사망이 그 한 사람을 통하여 왕 노릇 하였
> 은즉 더욱 은혜와 의의 선물을 넘치게 받는 자들은 한 분 예수 그리스도
> 를 통하여 생명 안에서 왕 노릇 하리로다 18그런즉 한 범죄로 많은 사람
> 이 정죄에 이른 것 같이 한 의로운 행위로 말미암아 많은 사람이 의롭다
> 하심을 받아 생명에 이르렀느니라 19한 사람이 순종하지 아니함으로 많
> 은 사람이 죄인 된 것 같이 한 사람이 순종하심으로 많은 사람이 의인이
> 되리라(5:17-19).

즉 아담 한 사람으로 인하여 인류 전체가 하나님의 형벌 아래 있게 되

었고, 반대로 예수님 한 사람으로 인하여 인류 전체가 하나님의 구원의 은혜 아래 있게 되었다는 것입니다. 이 대표성의 원리는 개인주의 성향이 강한 현대인들에게 굉장히 받아들이기 어려운 부분이기도 합니다. 그래서 어느 불신자는 기독교의 원죄론에 대해서 '원시적인 발상을 토대로 한 인간 기만'이라고 비판했습니다. 하지만 그들이 놓쳐 버린 중요한 사실이 있습니다. 그것은 죄와 죽음이라는 것이 단지 자연적이고 중립적이고 추상적인 언어가 아니라 실제적인 권세(power)를 가지고 있다는 사실입니다. 죄와 죽음은 인간에게 하나의 자연스러운 현상이 아니라 인간을 지배하는 사탄의 권세 아래 있는 하나의 실체입니다. 이 사실은 5-6장에 반복해서 나타납니다. 예컨대 바울은 5장 14절에서 "사망이 왕 노릇 하였나니"라고 말하고, 17절에서 "한 사람의 범죄로 말미암아 사망이 그 한 사람을 통하여 왕 노릇 하였은즉"이라고 반복하며 6장 6절에서 "우리가 죄에게 종 노릇 하지 아니하려 함이니", 12절에서 "죄가 너희 죽을 몸을 지배하지 못하게 하여"라고 말합니다.

이처럼 성경은 죄와 죽음이 인간을 지배하고 다스리는 권세와 힘을 가지고 있다는 사실을 분명하게 말합니다. 중독 현상을 보면 이와 같습니다. 처음에 술이나 마약이나 도박을 조금씩 조절할 수 있습니다. 절제력이 있기 때문입니다. 하지만 이러한 것에 지나치게 집착하여 한 번 중독이 되고 나면 어떻습니까? 그때는 술과 마약, 도박의 힘에 조종을 당하게 됩니다. 술과 마약, 도박의 힘에서 벗어나고 싶어서 몸부림을 치지만 벗어나지 못하고 파멸의 길로 가게 됩니다. 여기에는 파괴적인 사탄의 힘이 작용합니다. 죄의 현상이 이와 같습니다. 그래서 죄는 인간을 영원한 멸망으로 끌고 갑니다. 죄가 인간을 지배하고 그 결과 죽음은 모든 인간 위에 왕 노릇한다고 바울은 말합니다. 다시 말해서 인류 최초의 사람인 아담이 범죄한 이후 죄와 죽음은 사탄의 권세 아래 이 세상에 들어왔고, 그 죄와 죽음의 힘은 지금도 이 세상과 세상 사람들의 마음을 지배하고 있습니다.

본문과 관련하여 또 하나의 주장을 살펴보겠습니다. 그것은 한 사람 예수 그리스도를 통하여 모든 사람이 구원에 이르게 되었기 때문에 '모든 사람이 구원을 받는다'는 만인구원론(universalism)입니다. 그런데 '만인구원론'이라는 용어가 흔히 두 가지 다른 의미로 사용되기 때문에 혼동하기 쉽습니다. 첫째, 예수님의 십자가의 구속이 세상 모든 사람에게 효력이 있기 때문에 누구든지 예수님을 믿기만 하면 구원받는다, 즉 예수님 믿고 구원받을 수 있는 기회가 모든 사람에게 열려 있다는 의미로 만인구원론을 사용하는 것입니다. 둘째, 세상의 모든 사람이 구원받는다는 의미로 만인구원론을 사용하는 것입니다(cf. 5:17-18; 11:32; 고전 15:22). 두 번째 경우, 만인구원론을 다른 말로 '보편구원론'이라고 부르기도 합니다. 이 말은 하나님께서는 사랑이시기 때문에 결국 세상 모든 사람을 구원하신다는 말입니다. 그러니 지옥에 갈 사람도 없고 지옥도 없다는 결론에 도달하게 됩니다. 사랑하는 사람이 예수님을 믿지 않고 죽음을 맞이하게 된다면, 후자가 훨씬 더 매력적으로 보일 것입니다.

2011년도에 미국의 한 유명 대형 교회의 인기 있는 목회자 랍 벨(Rob Bell) 목사가 '지옥은 없다'는 내용의 책 「사랑은 이긴다」(*A Book About Heaven, Hell, and the Fate of Every Person Who Ever Lived*)를 발간했습니다. 이 책은 뉴욕 타임즈 베스트셀러 2위에 오를 만큼 많은 사람의 호응을 받으면서 미국 교계와 신학계에 뜨거운 논쟁거리가 되었습니다. 이 책에서 랍 벨 목사는 '예수 천국, 불신 지옥'이라는 배타적인 신앙에 대해 다시 생각해 보자고 설득합니다. 그러면서 "하나님께서 소수의 선택받은 사람들만 천국에 보내시고 나머지 모든 사람을 지옥에서 고통 당하도록 사람들을 창조하셨다면 어떻게 이것이 '복음'이 될 수 있는가"라고 질문합니다. 한마디로 말해서 랍 벨 목사의 주장은 '하나님께서는 사랑이시기 때문에 지옥은 없고 인간은 죽어서 모두 천국으로 간다'는 만인구원론의 주장과 다름이 없습니다.

그래서 미국의 유명한 설교자이며 뉴욕 타임스 베스트셀러 작가인 프랜시스 챈(Francis Chan) 목사는 랍 벨 목사가 '지옥이 없다'라고 한 주장에 반박하기 위해서 「지옥은 없다?」(*Erasing Hell*)라는 책을 썼습니다. 프랜시스 챈 목사는 이 책을 출판하면서 다음과 같이 지적했습니다. "지옥에 대해 믿고 싶어 하지 않는 사람에게 '지옥은 없다'라는 메시지는 희소식일 것이다…사실 랍 벨이 주장하는 바는 이 시대 수많은 현대인들이 갖고 있는 태도와 생각의 일부분일 뿐이다."

성경은 오직 예수 그리스도를 믿는 자가 영생을 얻는다고 수없이 반복해서 구원을 말하고 있으며, 동시에 천국과 지옥이 있다고 말합니다. 그러므로 내가 사랑했던 사람이 의롭고 선하게 살다가 세상을 떠났다고 해서 그것이 천국을 보장해 주지 않습니다. 이것이 바로 바울이 9–11장의 서론에서 고백하는 자기 동족에 대한 큰 슬픔이요 큰 고통입니다. 그러므로 나의 가족 가운데 믿지 않는 자들과 이웃들의 구원을 위해서 기도해야 합니다.

이제 바울은 율법과 죄의 관계를 5장 20–21절에서 다음과 같이 결론 내립니다.

> [20]율법이 들어온 것은 범죄를 더하게 하려 함이라 그러나 죄가 더한 곳에
> 은혜가 더욱 넘쳤나니 [21]이는 죄가 사망 안에서 왕 노릇 한 것 같이 은혜

도 또한 의로 말미암아 왕 노릇 하여 우리 주 예수 그리스도로 말미암아 영생에 이르게 하려 함이라(5:20-21).

'율법이 범죄를 더하게 했다'(5:20)는 것은 무엇을 의미할까요? 이 말은 인간에게 율법이 주어졌을 때, 그 율법은 인간의 죄가 얼마나 무거운지 그리고 인간의 죄가 얼마나 많은지 더 많이 그리고 더 분명하게 보여준다는 의미입니다. 집에서 가끔 창가의 소파에 앉아 책을 읽거나 공부를 할 때 종종 제 등 뒤에서 햇빛이 환하게 들어오는데, 그럴 때면 너무나 많은 먼지가 아주 선명하게 보입니다. 평소에는 안 보이던 먼지들이 햇살이 환하게 비취니까 너무도 선명하게 보이는 것입니다. 그래서 '이렇게 많은 먼지들을 내가 마시고 있구나' 생각하며 숨쉬는 것조차 불편하게 느꼈던 적도 있습니다.

존 번연의 「천로역정」을 보면, 천국을 바라보며 순례의 길을 가는 주인공 크리스천이 한 집에 도달하게 됩니다. 그 집주인은 크리스천을 맞이하면서 한 번도 청소한 적이 없는 한 객실로 안내합니다. 그러고는 하인에게 방 안에 쌓여 있는 먼지를 털게 합니다. 그러자 크리스천은 엄청나게 많은 먼지 때문에 질식해서 죽을 것 같았습니다. 잠시 뒤에 주인은 옆에 있는 소녀에게 물을 가져와 뿌리라고 합니다. 소녀가 물을 가지고 와서 뿌리기 시작하자 먼지들은 가라앉기 시작했고 잠시 뒤에 방은 깨끗해졌습니다.

그러고 나서 주인은 이렇게 설명합니다. "이 방은 인간의 마음을 의미하고 이 방에 잔뜩 쌓인 먼지는 인간이 태어날 때부터 가지고 온 죄와 부패를 의미합니다. 그리고 먼지를 털기 시작했던 하인은 율법을 상징하고 물을 가져와 뿌린 소녀는 복음을 상징합니다. 처음에 하인이 먼지를 털기 시작했을 때 먼지가 없어지는 것이 아니라, 오히려 더 많이 일어났지요? 율법의 역할이 바로 그와 같습니다. 그러나 소녀가 물을 뿌리기 시작했을 때, 비로소 먼지가 가라앉고 깨끗하게 청소할 수 있게 되었지요. 그와 마찬가지로 예수 그리스도의 피에 의한 복음만이 인간의 죄 문제를 해결할 수 있습니다."

바울은 이러한 이유로 "죄가 더한 곳에 은혜가 더욱 넘쳤다"고 말합니다. 그러면서 "죄가 사망 안에서 왕 노릇 한 것 같이 은혜도 하나님의 의(예수 그리스도)로 말미암아 왕 노릇 하여 영생에 이르게 한다"고 말합니다. 이것이 복음의 능력입니다. 죄의 먼지를 마시고 죄 가운데 살아가는 자들에게는 사망에 이르러야 마땅하다고 하는 율법의 요구들을 단번에 해결하신 분이 예수 그리스도이십니다. 영원히 목마르지 않는 영생의 물이 예수 그리스도이십니다. 그 예수 그리스도와 동행하면서 성령 안에서 영혼의 참 만족을 누리는 삶이 되기를 바랍니다.

*더 깊은 이해를 위한 글 7: "죄에 대한 알미니안주의와 신정통주의의 견해" p. 140을 함께 보세요.

신자의 믿음과 영적 싸움(6장)

바울은 신자들이 자신의 죄와 싸워야 하고(6장), 또 악의 영들과 싸워야 한다고 가르칩니다(엡 6:10-18). 그러다 보니 죄의 문제나 불행한 일들의 원인을 모두 사탄(마귀)의 조종으로 여기고, 귀신 축사나 대적 기도를 강조하는 분들도 있습니다. 하지만 바울이 말한 영적 전쟁의 무기는 진리의 허리띠, 의의 흉배, 평안의 복음, 믿음의 방패, 구원의 투구, 성령의 검인 하나님의 말씀입니다(엡 6:13-18). 물론 아주 드문 경우에 귀신 축사와 같이 사탄적인 힘과 대적해야 할 때도 있겠지만, 실제로 대부분의 경우 우리의 영적 싸움의 대상은 자신의 죄와 정욕입니다. 한마디로 말해서 우리의 영적 전쟁은 구원의 확신 속에서 진리의 말씀을 붙잡고 의로운 믿음의 삶을 살아가는 것입니다.[13] 바울은 이 부분을 6장과 7장에 걸쳐서 율법이라는 주제와 함께 다룹니다.

먼저 6장 1-11절을 보면 다음과 같습니다.

> 1그런즉 우리가 무슨 말을 하리요 은혜를 더하게 하려고 죄에 거하겠느
> 냐 2그럴 수 없느니라 죄에 대하여 죽은 우리가 어찌 그 가운데 더 살리
> 요 3무릇 그리스도 예수와 합하여 세례를 받은 우리는 그의 죽으심과 합
> 하여 세례를 받은 줄을 알지 못하느냐 4그러므로 우리가 그의 죽으심과
> 합하여 세례를 받음으로 그와 함께 장사되었나니 이는 아버지의 영광으
> 로 말미암아 그리스도를 죽은 자 가운데서 살리심과 같이 우리로 또한
> 새 생명 가운데서 행하게 하려 함이라 5만일 우리가 그의 죽으심과 같은
> 모양으로 연합한 자가 되었으면 또한 그의 부활과 같은 모양으로 연합한
> 자도 되리라 6우리가 알거니와 우리의 옛 사람이 예수와 함께 십자가에
> 못 박힌 것은 죄의 몸이 죽어 다시는 우리가 죄에게 종 노릇 하지 아니하
> 려 함이니 7이는 죽은 자가 죄에서 벗어나 의롭다 하심을 얻었음이라 8만
> 일 우리가 그리스도와 함께 죽었으면 또한 그와 함께 살 줄을 믿노니 9이

---

13) 신자의 영적 싸움과 관련해서 우리는 특별히 에베소서 6장 10-18절을 살펴봐야 합니다. 왜냐하면 에베소서 6장에서 바울이 언급한 영적 싸움은 단지 특정한 영적 세력과 싸우는 영적 전쟁을 말하는 것이 아니라, 에베소서 전체에서 말하는 신자의 삶 전체와 관계가 있기 때문입니다. 다시 말해서 에베소서 6장 10-18절에 나오는 영적 싸움은 바울이 에베소서 4장 1절-6장 9절에서 언급하는 신자들 상호 간의 섬김과 사랑의 인간관계, 우리가 속한 사회 공동체에서의 생활, 그리고 가정생활(부부 관계와 자녀와의 관계)과 깊은 관계가 있습니다. 그러므로 신자의 영적 싸움이 아주 특별한 사탄의 힘(세력)에 대항하는 경우도 있을 수 있으나, 바울이 언급한 대부분의 경우는 신자의 생활 속에서 이루어지는 죄와 정욕과 자신과의 싸움이라는 점을 기억해야 합니다(Lincoln, 42, 438; Yoder, 290-291; cf. 바빙크, 「하나님의 큰일」, 516).

는 그리스도께서 죽은 자 가운데서 살아나셨으매 다시 죽지 아니하시고
사망이 다시 그를 주장하지 못할 줄을 앎이로라 10그가 죽으심은 죄에 대
하여 단번에 죽으심이요 그가 살아 계심은 하나님께 대하여 살아 계심이
니 11이와 같이 너희도 너희 자신을 죄에 대하여는 죽은 자요 그리스도 예
수 안에서 하나님께 대하여는 살아 있는 자로 여길지어다(6:1-11).

바울은 5장 마지막 절에서 "죄가 더한 곳에 은혜가 더욱 넘쳤나니"(5:20)라고 말했습니다. 그런 후에, "은혜를 더하게 하려고 죄에 거하겠느냐"(6:1)라고 질문을 던지고 "결코 그럴 수 없다"라고 대답합니다. 바울은 '예수를 믿고 성령으로 거듭난 신자는 죄에 대해서 죽은 자이기 때문에 더 이상 죄 가운데 거할 수 없다'는 진리를 확인시키고자 수사학적인 질문과 답변을 합니다. 신자는 옛 사람이 죽고 예수 그리스도 안에서 새롭게 태어난 사람들이기 때문에 더 이상 죄가 다스리지 못합니다. 바울은 당시 교회가 행했던 물세례의 실제적인 사건을 비유로 들어서 이 점을 설명합니다.

바울은 영적인 의미에서 세례는 '죄의 본성을 따라가던 우리의 옛 사람이 예수 그리스도와 함께 죽고 예수 그리스도와 함께 다시 살아나 새 사람이 되었다'라는 사실을 의미한다고 설명합니다(6:3-5). 다시 말하면 바울이 말하는 영적인 의미의 세례는 신자가 예수님을 믿을 때 성령의 신비로운 역사를 통해서 예수 그리스도와 연합되었다는 뜻이요, 이 말은 곧 신자의 새로운 영적 삶을 의미합니다.

바울은 이 점을 이어지는 6-8절에서 구체적으로 설명합니다. "우리 옛 사람이 죄에서 벗어나 의롭다 하심을 얻었기에 다시는 죄에게 종 노릇하지 않는다는 것을 우리가 안다." 이처럼 우리의 죄를 용서하신 예수 그

리스도의 십자가의 보혈과 성령의 은혜는 신자들로 하여금 날마다 죄의 힘을 이기고 살아가도록 하기에 충분합니다. 그러므로 우리는 다시 죄에게 종 노릇 할 필요가 없습니다. 이 말은 신자가 살아가면서 사소한 죄도 안 짓고 살아간다는 말이 아니라, 죄의 유혹과 죄의 힘에 붙잡혀서 반복적으로 죄를 짓거나 죄의 통제 아래 살아가지 않는다는 의미입니다. 곧 죄의 종이 되지 않는다는 말입니다.

우리나라 최초의 장로교단 목사 7명 가운데 한 명인 김익두 목사는 예수님을 믿기 전 젊은 시절에 술과 여자에 빠져서 방탕한 날들을 보냈습니다. 지나가는 행인들에게 못된 행패를 부려서 어떤 장사꾼들은 장에 가는 길목의 성황당 앞에서 "오늘은 제발 김익두를 만나지 않게 해 달라"고 빌 정도였습니다. 그러던 김익두가 26살이 되던 해에 전도를 받고 부흥사경회에 참석했다가 예수님을 믿고 변화되었습니다. 그러고 나서 이런 부고장을 보냈습니다. "여러분, 김익두가 죽었습니다!" 김익두가 죽었다는 소식에 반가운 사람들이 김익두의 죽음을 확인하기 위해서 장례식에 모였습니다. 그런데 살아 있는 김익두가 자리에서 일어나서 이렇게 말했습니다. "여러분, 여러분이 과거에 알고 있던 김익두는 분명히 죽었습니다. 여기 있는 김익두는 예수 그리스도 안에서 새롭게 태어난 김익두입니다." 그 뒤 김익두는 신학을 공부하고 목사가 되었고, 6.25 전쟁 때 새벽기도회를 인도하다가 공산당원의 총에 맞아 순교할 때까지 한국 초기 교회에 큰 영향을 끼쳤습니다.

예수님을 믿으면 새사람이 됩니다. 바울은 "그리스도께서 죽었다가 다시 살아나셨기에 죄와 사망이 더 이상 예수 그리스도를 다스릴 수 없는 것처럼, 너희도 죄에 대하여는 죽고 하나님께 대하여 산 자"라고 말합니다(6:9-11). 예수님을 믿고 구원받은 신자의 새로운 변화는 본능적으로 하나님의 뜻을 따라 살아가기를 원하는 새 마음에 있습니다. 구원받은 신자는 거룩한 삶을 살고자 죄의 유혹과 싸우면서 살아가는 영적 본능이 있습니다.

그래서 바울은 다음과 같이 말합니다.

> 12그러므로 너희는 죄가 너희 죽을 몸을 지배하지 못하게 하여 몸의 사욕
> 에 순종하지 말고 13또한 너희 지체를 불의의 무기로 죄에게 내주지 말고
> 오직 너희 자신을 죽은 자 가운데서 다시 살아난 자 같이 하나님께 드리
> 며 너희 지체를 의의 무기로 하나님께 드리라 14죄가 너희를 주장하지 못
> 하리니 이는 너희가 법 아래에 있지 아니하고 은혜 아래에 있음이라 15그
> 런즉 어찌하리요 우리가 법 아래에 있지 아니하고 은혜 아래에 있으니
> 죄를 지으리요 그럴 수 없느니라 16너희 자신을 종으로 내주어 누구에게
> 순종하든지 그 순종함을 받는 자의 종이 되는 줄을 너희가 알지 못하느
> 냐 혹은 죄의 종으로 사망에 이르고 혹은 순종의 종으로 의에 이르느니
> 라(6:12-16).

바울은 죄와의 싸움이 신자의 믿음 생활이라고 말합니다. 그래서 "몸의 욕망에 순종하여 너희 지체(몸)를 죄에게 내주지 말고 의의 무기로 하나님께 드리라"고 권면합니다(6:12-13). 동시에 바울은 신자들이 은혜 아래 살아가기 때문에 죄를 지으며 살아갈 수 없다고 말합니다(6:14-15). 또 신자들은 율법 아래 있지 않고 은혜 아래 있다고 말합니다(6:14). 여기서 "법 아래에 있지 아니하고"라는 말은 율법과 상관없는 삶을 살아간다는 말이 아닙니다. 이 말의 의미는 율법을 지키려는 노력이 구원을 가져오지 않는다는 것입니다. 또한 신자는 율법을 지킬 필요가 없다는 율법폐

기론을 의미하지도 않습니다.

따라서 "법 아래 있지 아니하고 은혜 아래에 있음이라"(6:14)라는 말의 의미를 두 가지 측면에서 생각할 수 있습니다. 첫째, 한 방향에서 다른 방향으로의 전환입니다. 로마 교회에 있는 유대인 신자들에게는 과거에 율법을 지키려고 애썼던 행위 중심의 신앙에서 은혜 중심의 신앙으로 전환하는 것을 의미하고, 동시에 율법을 모르고 살았던 이방인 신자들에게는 하나님의 법을 따라 살아가기 위해서 율법(하나님의 말씀) 안으로 들어오는 삶으로 전환하는 것을 의미합니다(Rosner, 54; cf. Hultgren, *Romans*, 260). 둘째, 구속사적 측면입니다. "법 아래 있지 아니하고 은혜 아래에 있음이라"라는 말은 우리가 모세의 언약 아래 있는 율법 시대에 살고 있는 것이 아니라, 예수 그리스도의 언약 아래 있는 은혜의 시대에 살고 있다는 것입니다(Schreiner, *Romans*, 326; cf. Edwards, 165). 그러므로 우리는 예수 그리스도의 은혜와 성령의 능력 안에서 끊임없이 죄를 이길 수 있는 능력을 공급받으며 살아갑니다(갈 5:18).

그래서 바울은 다음과 같이 고백합니다.

> 17하나님께 감사하리로다 너희가 본래 죄의 종이더니 너희에게 전하여
> 준 바 교훈의 본을 마음으로 순종하여 18죄로부터 해방되어 의에게 종이
> 되었느니라 19너희 육신이 연약하므로 내가 사람의 예대로 말하노니 전
> 에 너희가 너희 지체를 부정과 불법에 내주어 불법에 이른 것 같이 이제
> 는 너희 지체를 의에게 종으로 내주어 거룩함에 이르라 20너희가 죄의 종
> 이 되었을 때에는 의에 대하여 자유로웠느니라 21너희가 그 때에 무슨 열
> 매를 얻었느냐 이제는 너희가 그 일을 부끄러워하나니 이는 그 마지막이
> 사망임이라 22그러나 이제는 너희가 죄로부터 해방되고 하나님께 종이

> 되어 거룩함에 이르는 열매를 맺었으니 그 마지막은 영생이라 23죄의 삯은 사망이요 하나님의 은사는 그리스도 예수 우리 주 안에 있는 영생이니라(6:17-23)

청송교도소와 서울구치소에서 경비교도 대대장을 역임한 박효진 장로의 간증에는 자기 부모, 형수와 매형, 조카, 일가족 다섯 명을 살해한 사형수 이호성 씨가 나옵니다. 그리고 그가 죄를 짓게 하는 어떤 힘에 붙잡혀서 결국 인생이 파멸의 길로 가게 되었다는 사실을 보게 됩니다. 그래서 박효진 장로는 교도소에 들어온 많은 흉악 범죄자들이 사실상 자신의 의지로 다스릴 수 없는 죄의 힘에 붙잡혀서 결국 인생이 파멸의 길로 간 자들이라고 말합니다.

마찬가지로 예수 그리스도를 믿기 전 우리는 죄의 종이었기에 쉽게 죄를 지으면서 살아갈 수밖에 없었습니다(5:17). 바울은 이러한 설명을 하는데 '종'(노예)이라는 단어를 반복해서 사용합니다(6:15-18에서 6번 반복). 당시 로마 제국의 노예(종)들은 일단 노예 시장에서 팔리면 어떤 주인을 만나느냐에 따라 인생이 완전히 달라졌습니다. 농사짓는 주인을 만나면 농사꾼이 될 수밖에 없었고, 짐승을 키우는 주인이면 짐승 키우는 일을 할 수밖에 없었습니다. 또 어떤 종들은 주인을 잘 만나서 특별한 기술직에서 일하기도 했고, 주인의 자녀들을 가르치는 선생이 되기도 했습니다. 그러나 그들이 어떤 분야에서 일하든 간에 종은 주인의 말에 복종하고 순종하는 길 외에 다른 선택을 할 수가 없었습니다. 주인이 시키는 대로 할 뿐, 자신의 뜻대로 할 수 없었습니다.

바울은 당시의 생활을 영적 원리에 적용하여 이 세상의 모든 사람은 두 종류의 주인 아래 있음을 말합니다. 즉 '죄'라고 하는 주인 아래서 죄의 종이 되어 영원한 사망을 향해서 가느냐, 아니면 예수 그리스도를 주인으로 삼아서 의의 종으로 영원한 생명을 향해서 가느냐 하는 것입니다. 그래서 바울은 우리가 본래 죄의 종이었지만 예수 그리스도를 통하여 죄의 권세에서 해방된 것이 감사하다고 말합니다(6:17-18). 우리의 새 주인 되신 예수 그리스도를 만나서 예수 그리스도를 믿고 하나님의 뜻에 순종하게 된 것에 감사하다고 말합니다.

그런데 우리는 "교훈의 본을 마음으로 순종하여"(6:17)라는 구절에 주목해야 합니다. '마음으로 순종하여'(εκ καρδιάς)는 '마음에서 우러나오는 순종'을 의미합니다. '교훈의 본'은 '튀폰 디다케스'(τύπον διδαχής)로 '가르침의 패턴들' 혹은 '가르침의 기준들'을 의미합니다. 이 말을 NIV 영어 성경은 '가르침의 형태'(the form of teaching)라고 번역했습니다. 따라서 "교훈의 본을 마음으로 순종하여"는 '가르침을 받은 하나님의 말씀을 마음에서 우러나오는 진심으로 순종한다'는 뜻입니다.

이처럼 우리는 죄로부터 해방되어 의로우신 예수 그리스도께서 우리의 새 주인이 되셨기에 하나님의 말씀을 듣고 마음으로 순종하여 거룩함에 이르는 삶을 살게 되었습니다. 그래서 바울은 "너희 지체를 의에게 종으로 내주어 거룩함에 이르라"(6:19)고 말하고 나서, "거룩함에 이르는 열매를 맺었으니 그 마지막은 영생이라"(6:22)고 말합니다. 다시 말해서, 우리는 거룩하고 의로운 삶의 열매를 맺게 되고, 그 결과 영원한 생명에 이르게 된다는 말입니다. 하지만 그 다음 23절에서는 우리가 구원받고 영생을 얻는 것이 하나님의 선물이라고 말합니다. 그렇다면 우리가 거룩한 삶을 살아간 결과 영원한 생명을 얻는다는 말일까요, 아니면 예수님을 믿기만 하면 하나님의 선물로 영원한 생명을 얻는다는 말일까요? 아니면 둘 다 맞을까요?

우리는 분명히 예수님을 믿기만 하면 구원을 받습니다. 우리는 이것을 신학적으로 '칭의'라고 말합니다. 바울은 1–5장에서 이 사실을 분명하게 말합니다. 하지만 구원받은 사람들은 거룩해져 가는 삶을 또한 살아갑니다. 우리는 이것을 신학적으로 '성화'라고 말합니다. 이러한 칭의와 성화는 뗄 수 없는 불가분의 관계입니다. 이것이 앞에서 언급한 것처럼 '구원에 이르는 참 믿음은 순종의 행위가 따른다'는 의미입니다. 그래서 바울은 성화의 차원에서 "항상…이루라"(빌 2:12)라고 말합니다. 구원은 동전의 양면과 같이 믿음과 행위가 분리될 수 없습니다. 진짜 구원받은 신자는 거룩함을 추구하는 믿음의 행위, 즉 순종하는 믿음이 있습니다.

그래서 성경은 구원받은 신자들을 '성도', 즉 '거룩한 사람들'이라고 말합니다. 이 말은 우리가 완전한 의인이 되거나 완전한 성인이 된 것이 아니라, 그 방향을 향해서 가는 사람들임을 가리킵니다. 즉 세상 사람들은 죄의 종이 되어서 영원한 사망의 길을 향해 가고 있지만, 구원받은 신자들은 거룩함을 좇아서 영원한 생명의 길을 갑니다. 이처럼 구원받은 신자는 근본적인 방향 전환이 있고, 끊임없이 변화되어 갑니다(고후 5:17; 마 7:13–14). 예수님을 닮아서 거룩해지려고 애쓰는 모습이 어느 한 구석이라도 있습니다. 그것이 영원한 생명의 길을 가고 있다는 증거입니다. 거룩한 삶을 위한 우리의 영적 싸움은 동시에 은혜의 싸움입니다. 왜냐하면 나 혼자서 나의 힘으로 싸우는 싸움이 아니라 성령님의 도우심과 은혜로 싸우는 영적 싸움이기 때문입니다. 그래서 죄의 종이 되어 살아간 죄의 대가는 사망이지만, 예수 그리스도 안에서 의의 종으로 살아가는 구원받은 신자는 결국 영원한 생명에 이르게 된다고 바울은 말합니다(6:22–23).

구원받은 신자에게는 끊임없는 내적인 싸움이 있고, 영적인 싸움이 있습니다. 한편으로는 우리의 마음이 하나님께 순종하기를 원하지만, 다른 한편으로는 여전히 우리 안에 있는 죄의 본성과 정욕을 따르기 원합니다. 우리는 '타락한 죄의 세력 안에 있는 세상과 하나님의 통치를 받는 거룩한 하나님의 나라'를 동시에 경험하며 살아갑니다. 그래서 우리는 끊임없이 믿음의 선택을 해야 합니다.

인도 속담에 "코끼리는 코만 들어오면 다 된다"라는 말이 있습니다. 코끼리는 조그만 틈만 있어도 코를 내밀고 휘휘 저으며 앞으로 나갑니다. 그래서 코끼리는 코만 들어가면 집을 부수고라도 그 큰 몸뚱이가 들어가기 때문에 코가 들어오기 전에 미리 막아야 합니다. 죄도 마찬가지입니다. 죄가 깊숙이 들어오기 전에 죄의 유혹이 찾아올 때 미리 막아야 합니다. 그리고 이렇게 거룩한 삶을 향해 나아가는 것은 성령님의 도우심과 은혜로 끊임없이 믿음의 선택을 할 때 가능합니다.

물론 살아 있는 물고기도 거센 물살에 잠시 떠내려갈 수 있습니다. 마찬가지로 구원받은 신자들도 잠시 세상 유혹과 죄의 유혹에 빠져들어 갈 수 있습니다. 하지만 구원받은 신자들은 세상적인 쾌락과 더불어 살아가지 않습니다. 하나님의 자녀들은 하나님의 뜻을 따라 살아가는 데서 참된 기쁨과 평안을 얻기 때문입니다. 하나님의 나라를 위해서 살고자 하는 마음과 헌신 속에서 참된 보람을 느끼며 살기 때문입니다. 이것이 구원받은 증거요 구원받은 신자의 생활입니다.

*더 깊은 이해를 위한 글 8: "죄에 관한 바울의 사상" p. 144를 함께 보세요.

더 깊은 이해를 위한 글 6

죄에 대한 펠라기우스적 견해

펠라기우스주의자(Pelagian)

수사학과 성경 강해에 뛰어난 재능을 가진 펠라기우스(Pelagius, 360?-420)는 금욕주의적 수행을 통한 인간의 잠재적 가능성에 깊은 관심을 두었습니다. 그래서 그는 인간의 도덕적 능력과 영적 능력을 강조하여 가르쳤고, 기독교 공동체 안에서 영혼의 지도자요 개혁가로 명성을 얻었습니다. 5세기 초, 어거스틴이 죄로 가득한 인간의 본성을 경험함으로써 인간의 전적 무능과 하나님의 은총을 강조한 반면에, 펠라기우스는 인간의 가능성에 강조점을 두고 더 높은 윤리적 삶을 강조했기에 어거스틴과 펠라기우스는 서로 논쟁하고 충돌할 수밖에 없었습니다.

펠라기우스는 인간은 선을 행하는 능력을 갖고 세상에 태어나기 때문에, 인간을 태어나면서부터 전적으로 타락하고 부패한 상태라고 설명하는 것은 잘못되었다고 주장했습니다. 한마디로 말해서, 인간은 하나님께 완전하게 순종하면서 죄 없는 삶을 살 수 있으며, 죄와 상관없이 유한한 존재로 지음을 받았다고 주장했습니다. 이러한 펠라기우스주의적 사상은 카르타고 공의회(418)와 에베소 공의회(431)에서 잘못된 가르침으로 정죄되었습니다.

16세기에 나타난 소시니우스주의(Socinianism)도 이러한 주장을 따라서 원죄 개념을 거부했습니다. 소시니우스주의는 렐리오 소치니(Lelio Sozzini)와 그의 조카 파우스토 소치니(Fausto Sozzini)의 사상을 따라서 인간의 원죄와 삼위일체를 부정한 유니테리언주의(반삼위일체론)를 의미합니다. 따라서 윌리엄 채닝(William Channing)과 헨리 웨어(Henry Ware) 같은 유니테리언주의자들도 원죄의 교리와 전적 부패의 교리는 하나님의 도덕적 성품에 모순된다고 주장했습니다.

이러한 흐름은 현대에 와서 자유주의 신학자들이 인류의 타락과 원죄론을 부정하는 것과도 그 맥락을 같이합니다. 브라운(William A. Brown)은 죄를 '감각적 삶의 방식'(sensuality)이라고 정의하였으며, 인간은 부모의 영향과 사회 환경의 결과로 인하여 죄에 굴복하는 것이라고 주장했습니다. 그러나 이러한 주장을 다소 극단적이라고 여기며 이보다 완곡한 주장을 하였지만, 여전히 펠라기우스적 가르침에 영향을 받았던 사람들을 반펠라기우스주의자들(Semi-Pelagians)이라고 부릅니다.

반펠라기우스주의자(Semi-Pelagian)

펠라기우스적 사상에 영향을 받았던 15-16세기의 일부 신학자들은 아담의 죄는 그 후손을 근본적으로 타락시킨 것이 아니라 영적으로 약화시킨 것이라고 주장했습니다. 인류에게 전이된 도덕적 부패는 전적인 것도, 하나님의 진노를 받기에 마땅한 것도 아니며, 인간은 세상에 태어났을 때 선을 행할 수 있는 능력을 유지하고 있다고 보았습니다.

즉 펠라기우스주의에 의하면 인간은 영적으로 건강한 상태지만, 반펠라기우스주의자에 의하면 인간은 영적으로 병들었을 뿐입니다. 따라서 반펠라기우스주의자들은 아담이 인류의 머리이기 때문에 아담의 후손은 영적 결핍 상태를 피할 수 없게 되었지만, 개인이 의지적으로 하나님의 율법을 어기기 전까지는 죄를 범한 것이 아니라고 주장했습니다.

한편 16세기에 열렸던 트렌트 공의회는 인간은 아담이 범죄한 이후 하나님께서 부여하신 의(義)를 상실했고 아담의 죄가 번식을 통하여 마리아만 제외하고 전 인류를 '손상시켰다'(injured)라고 선언했습니다. 이러한 선언과 함께 마리아의 위상은 로마 가톨릭에서 신적인 존재로 격상되었습니다. 그러나 인류 전체의 '죄'에 대한 트렌트 공의회의 진술은 '의가 결여된 본질', '손상을 입은 도덕적 능력', '죄를 향하는 경향성' 등을 암시합니다. 그래서 트렌트 공의회는 어떤 사람도 원죄 하나만으로 정죄받는 것이 아니라, 원죄를 넘어서 스스로 죄를 범하는 개인적 결정으로 인하여 정죄를 받는 것이라고 설명합니다. 이런 차원에서 바울이 5장에서 반복하고 있는 '한 사람'의 죄는 문학적인 수사일 뿐, 문자적(실제적)인 의미가 아니라고 해석합니다.

하지만 바울은 죄와 타락의 근원이 아담에게 있음을 강조합니다(5:12-14; cf. 1:21-25, 32). 뿐만 아니라 바울은 아담과 예수님을 죄와 구원의 대표자로 내세워 두 인물이 실제임을 보여 줍니다(5:12-21). 그래서 바울은 모든 인간이 죄의 권세 아래에서 죄의 종이 되어 사망에 이르게 되었다고 선언합니다(5:12, 20; 6:16, 23).

ㅇ더 깊은 이해를 위한 추천 자료

1. 권진호, “펠라기우스와 어거스틴의 은총론 연구: 데메트리아스에게 보낸 편지를 중심으로”, 한국 교회사학회지 제25호(2009), 29-59.

2. ____, “믿음의 시작에 관한 어거스틴의 은총론”, 「한국기독교신학논총」 73집, 97-119.

3. 김영재, 「기독교 교리사」, 합동신학대학출판부, 2009.

4. 박해경, 「조직신학요해: 신학편람 시리즈 4」, 서울: 아가페문화사, 1993.

5. 헤르만 바빙크, 「하나님의 큰일」(*Magnalia Dei*), 김영규 역, 서울: 기독교문서선교회, 1992.

6. David Parker, “Original Sin: A Study in Evangelical Theology,” *Evangelical Quarterly* 61:1(1989), 51-69.

7. Gordon R. Lewis & Bruce A. Demarest, *Integrative Theology Vol. 2*, Grand Rapids: Zondervan, 1996.

8. Hans Madueme & Michael Reeves(Eds), *Adam, The Fall, and Original Sin: Theological, Biblical, and Scientific Perspectives*, Grand Rapids: Baker Academic, 2014.

9. Louis Berkhof, *Systemetic Theology*, Grand Rapids: Wm. B. Eerdmans Publishing Company, 1996.

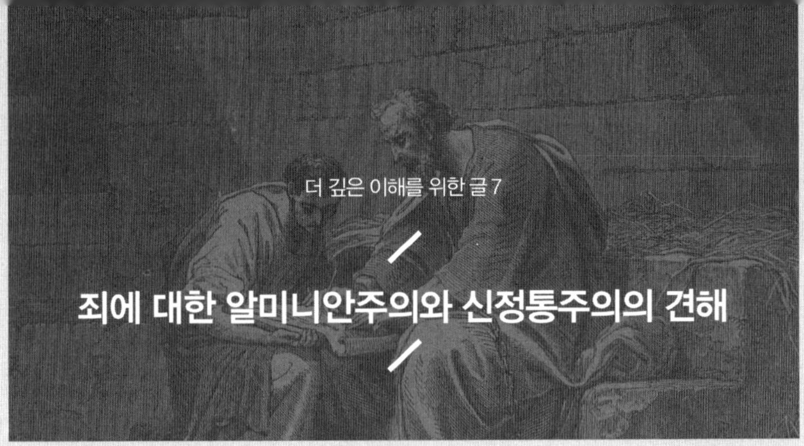

더 깊은 이해를 위한 글 7

죄에 대한 알미니안주의와 신정통주의의 견해

알미니안주의자(Arminian)의 견해

알미니안 신학은 아담의 타락이 인류에게 영향을 미쳤다는 사실과 함께 그 영향의 결과들이 하나님의 선행 은혜(prevenient grace)를 통하여 완화되었다는 사실에 초점을 두고 있습니다. 대표적인 신학자로는 아르미니우스(Arminius), 웨슬리(John Wesley), 와일리(H. Orton Wiley)가 있습니다(박해경, 61). 알미니안주의에 의하면 모든 인간이 "그 본질에 있어서 진노의 자녀"이나 하나님께서는 첫째 아담으로부터 유전된 일반적인 악에 대한 치료를 모든 인간에게 예수 그리스도(두 번째 아담) 안에서 값없이 제공하셨다고 이해합니다.

보다 강경 노선에 있는 알미니안주의자들은 아담과 인류 사이의 연관성은 오직 오염된 도덕적 본질에 있으며, 이것이 각 사람으로 하여금 죄를 짓게 하는 것이라고 봅니다. 다시 말해서 아담의 범죄로 인해 인류에게 오염된 도덕적 본질만 유전되었을 뿐이고, 죄(죄책, 정죄)는 유전되지 않았다는 것입니다. 아담은 자연적 생식을 통하여 그의 후손에게 타락, 도덕적 및 감각적 본질의 부패, 악을 향한 경향성을 전달했으며, 이런 타락 상태는 자연적 유전이므로 하나님께서 부과한 형벌은 아니라고 설명합니다(John Miley).

신정통주의(Neo-orthodox)의 견해

죄에 대한 반펠라기우스주의와 알미니안주의의 견해는 신정통주의에 의해서 또 다른 급진(극단)적인 모습으로 변형되어 나타납니다. 칼 바르트(Karl Barth)는 아담이 역사적 인물이라는 것을 부인했으며, 창세기의 타락에 관한 기사를 상징적인 것으로 이해했습니다. 그래서 죄가 아담의 타락으로부터 기원한 것은 사실이지만, 아담의 타락은 모든 인간 누구에게나 일어날 수 있는 사건을 묘사하는 것으로 이해했습니다. 따라서 바르트는 죄의 유전 교리는 잘못된 것으로 보았으며, 원죄라는 개념은 전 인류가 하나님의 뜻으로부터 교만하게도, 그리고 근본적으로 떨어져 나와 있는 상태를 의미하는 것으로 보았습니다.

에밀 브루너(Emil Brunner)는 바르트와 유사한 주장을 하는데, 아담과 하와에 관한 성경의 기사는 신화 내지는 비유이며 과학적 사실이 아니기 때문에 거부되어야 마땅하다고 보았습니다. 브루너에 의하면 성경에서 아담이라는 단어는 '인간'을 의미하기 때문에 아담의 이야기는 모든 인간의 역사를 말하는 것이며 모든 인간은 구체적인 행동을 통하여 죄를 짓게 된다고 보았습니다. 그래서 바르트와 브루너는 '유전된 죄'라는 개념이 행동에 대한 책임감을 제거한다고 주장했습니다.

니버(Reinhold Niebuhr)는 인간은 자유로우면서도 묶여 있는 존재이기 때문에 불가피하게 불안(anxiety)을 경험하게 되며(마 6:31), 이 불안이 바로 인간 내부에 자리 잡고 있는 '죄의 전제 조건'이라고 설명했습니다. 바르트나 브루너와 마찬가지로 니버도 원죄가 생식을 통하여 인류에게로

전이된다는 설을 거부합니다. 그는 아담의 기사를 신화로 보며, 이 신화의 본래 의미는 인간 각 개인은 불가피하게 죄에 빠진다는 보편적 진리를 선언하는 것으로 받아들였습니다.

하지만 바울은 죄와 타락이 아담으로부터 기인하였음을 강조합니다(5:12–14; cf. 1:21–25, 32). 또한 바울은 "죄가…나를 속이고 그것으로 나를 죽였다"(7:11), 그리고 "몸은 죄로 말미암아 죽은 것"(8:10)이라고 말합니다. 이처럼 죄는 도덕적인 죽음과 영적인 죽음을 낳았을 뿐만 아니라, 육체의 죽음의 원인이 되기도 합니다. 그래서 바울은 모든 인간은 죄의 종으로 사망에 이르거나 순종의 종으로 의에 이르게 되며, "죄의 삯은 사망"이라고 선언합니다(5:12, 20; 6:16, 23).

1. 김민석, "존 웨슬리의 죄 이해: 죄 이해 변화 과정의 역사적 고찰을 중심으로", 감리교신학대학교대학원 석사학위논문, 2000.
2. 김보경, "칼 바르트의 죄론에 대한 이해", 서울신학대학교대학원 석사학위논문, 1988.
3. 김한영, "The Theology of Reinhold Niebuhr As I Understand It: 라인홀드 니이버의 인간관", 신학전집, http://webcache.googleusercontent.com/search?q=cache:4eLM5zpHZQUJ:cfile217.uf.daum.net/attach/196C864D5029AD6C096B82+&cd=2&hl=ko&ct=clnk&gl=au.
4. 리차드 A. 뮬러, 「종교 개혁 후 개혁주의 교의학」(*Post-Reformation Reformed Dogmatics*), 이은선 역, 서울: 이레서원, 2002.
5. 박해경, 「조직신학요해: 신학편람 시리즈 4」, 서울: 아가페문화사, 1993.
6. Charles Hodge, *Systematic Theology: Volume II*, Grand Rapids: Wm. B. Eerdmans Publishing Company, 1940.
7. David Parker, "Original Sin: A Study in Evangelical Theology," *Evangelical Quarterly* 61:1(1989), 51–69.
8. Eric Hankins P., "Beyond Calvinism and Arminism toward a Baptist Soteriology," *JBTM*, 87–100.
9. Gordon R. Lewis & Bruce A. Demarest, *Integrative Theology Vol. 2*, Grand Rapids: Zondervan, 1996.
10. The Theology Program, "The Theology Notebook: Humanity and Sin", https://bible.org/assets/ttp/hum_notebook_nov2005.pdf.

더 깊은 이해를 위한 글 8

죄에 관한 바울의 사상

바울은 죄를 정의할 때 도덕적 의지의 약화나 주위 환경의 영향 등에서 기원을 찾는 모든 인본주의적 사상을 배격합니다. 또한 바울은 죄에 대한 실체와 본성에 대하여 만물의 창조주이신 하나님을 불신하고 하나님께서 정하신 법을 불순종한 것을 죄라고 정의합니다(1:18–2:5; 3:9–23). 인간은 아담의 범죄 이후 전적으로 타락하고 부패하여 진리를 떠나 살아가기 때문에 하나님의 심판을 면할 수 없으므로(2:6–9; 3:19; 살후 2:12; cf. 요 8:31–32) 죄의 삯은 사망이라고 바울은 선언합니다(5:12; 6:20–21; 고전 15:55–56). 바울이 이러한 죄에 대하여 말하고자 그의 서신에서 사용한 '죄'(헬. 하마르티아)라는 단어는 크게 세 가지 다른 의미가 있습니다(Eugene Cooper, 245–247).

첫째, 죄된 행동들을 가리킬 때 이 단어를 사용합니다. 예를 들어서 바울이 1–3장에서 이방인들의 죄와 유대인들의 죄를 열거할 때나 로마 교회 안에 있는 신자들의 죄된 행동들을 지적할 때 사용합니다. 바꾸어 말하면, 인간이 죄의 지배를 받음으로써 나타나는 효과와 그 결과를 죄로 규정합니다. 둘째, 인간이 가지고 있는 죄성(sinful nature)이나 아담 안에서 인류가 처해 있는 죄의 상태(sinful condition)를 표현할 때 이 단어를 사용합니다. 다시 말해서 바울은 인간 육체의 죄성을 말하거나 전인류적인 죄의 지배의 보편성을 지적하면서 이 단어를 사용합니다. 셋째, 바울은 죄성을 가진 육체를 통하여 인간을 지배하는 하나의 우주적이고 개인적인 힘을 표현하기 위해 이 단어를 사용합니다. 따라서 바울은 '육체'(헬. 살크스)라는 단어가 문맥의 의미에 따라 단순히 인간의 몸을 의미하는 중립적인 의미와 인간의 죄성을 말하는 부정적인 의미가 있듯이, 죄라는 단어를 세 가지 다른 의미로 사용합니다. 또한 바울은 율법과 죄를 긴밀하게 연결해서 설명합니다. 율법이 죄를 가져오고 죄의 권능이 율법이라고 말합니다(3:20; 4:15; 7:5-7; 고전 15:56). 이처럼 율법이 죄를 만들어 낸다는 표현은 '율법이 죄를 규정한다'라는 의미와 '율법이 없으면 죄가 성립되지 않는다'라는 두 가지 관념을 표현합니다. 그래서 바울은 "율법으로 죄를 깨닫는다고 했으며, 율법이 없을 당시에는 죄를 죄로 여기지 않았지만 율법이 들어온 후에 죄(의 항목들)가 더하게 되었다고 말합니다(3:20; 5:13, 20; 갈 3:22).

다시 말해서, 율법이 오기 전까지는 아무도 율법을 범한 사람이 있을 수 없으며, 율법이 생긴 이후로 율법은 죄를 만들어 내는 역할을 한다는 것입니다. 실제로 율법은 어떤 것을 금함으로써 그것을 하고 싶은 욕구(호기심)를 불러 일으키기도 합니다. 그래서 바울은 율법은 죄를 규정하고 어떤 의미에서는 죄를 만들어 낸다고 말하면서 죄와 율법의 관계를 설명합니다.

바울은 이러한 죄가 불신앙과 불순종에 기인하고 있으며, 많은 사람이 죄인으로 규정되는 것은 아담 한 사람의 불순종에 기인한다고 말합니다(5:19). 불순종의 삶을 따르는 모든 사람은 자기 만족과 자신의 욕심을 따르고자 하나님의 법에 불순종하며 결국 시망에 이르게 됩니다(엡 2:2; 5:6; cf. 약 1:17). 그래서 바울은 "죄가…나를 죽였다"(7:11)라고 말하면서 "몸은 죄로 말미암아 죽은 것"(8:10)이라고 말합니다. 이처럼 죄는 죽이는 권세(능력)가 있습니다. 죄는 인간의 영혼을 파괴하고, 양심과 인격을 파괴하며, 사랑과 친교의 관계를 파괴합니다. 따라서 죄는 도덕적인 죽음과 영적인 죽음의 원인이 되며, 육체적 죽음의 원인이 되기도 합니다.

결론적으로 바울은 이러한 죄의 근원이 아담으로부터 시작되었음을 말하면서, 모든 인간은 죄의 권세 아래 죄의 종으로 살다가 결국 사망에 이르게 된다고 말합니다(5:12, 20; 6:16, 23). 따라서 바울은 예수 그리스도를 믿음으로 이러한 죄에서 해방되고 구원에 이르기를 촉구합니다.

○ 더 깊은 이해를 위한 추천 자료

1. F. F. 브루스, 「틴델 신약주석 시리즈 6: 로마서」(*Epistle of Paul to the Romans*), 권성수 역, 서울: 기독교문서선교회, 2007.
2. 더글라스 J. 무, 「NICNT: 로마서」(*The Epistle to the Romans*), 손주철 역, 서울: 솔로몬, 2011.
3. 안드레아스 린데만, 「바울 신학의 이해」(*Paul, Apostle and Teacher of the Church: Studies of Paul and the Early Understanding of Paul*), 김충현 외 공역, 서울: 대한기독교서회, 2009.
4. 헤르만 바빙크, 「개혁교의학 3」(*Gereformeerde Dogmatiek*), 박태현 역, 서울: 부흥과개혁사, 2011.
5. Eugene J. Cooper, "Sarx and Sin in Pauline Theology," *Laval Théologique et Philosophique*, Vol. 29, n3, (1973), 243–255.
6. Mark Rapinchk, "Universal Sin and Salvation in Romans 5:12–21," *JETS* 42/3(September 1999), 427–441.
7. Stanley E. Porter, "The Pauline Concept of Original Sin, in Light of Rabbinic Background," *Tyndale Bulletin* 41.1(1990), 3–30.
8. T. L. Carter, *Paul and the Power of the Sin: Redefining 'Beyond the Pale'*, Cambridge University Press, 2002.

3장 믿음, 그리고 죄와 율법(4–6장)

1 바울이 로마서 4장에서 '다윗'과 '아브라함'을 의롭다 함을 받은 대표적인 인물로 소개하고 있습니다. 바울은 여기서 다윗의 생애에 있었던 어떤 사건을 구체적인 예로 소개하고 있습니까? 또한 아브라함이 믿음으로 의롭다고 인정받았다는 사실을 바울은 어떤 근거로 주장하고 있습니까?

2 바울이 말하는 '의롭다 하심을 받은 자'의 실제적인 변화는 무엇입니까?(롬 5:1–1 참조) 나의 삶 속에는 어떤 변화의 열매들이 있었는지 생각해 보고 함께 나누어 봅시다.

3 아담과 그리스도의 공통점과 차이점은 무엇입니까?(5:12–21 참조) 바울이 사용하고 있는 세 가지 다른 용어들, 즉 '은사, 선물, 은혜'을 어떻게 이해해야 할까요? 문맥을 통하여 이 단어들의 의미를 살펴보고 함께 나누어 봅시다(5:15–21 참조).

4 바울이 로마서 6장에서 그리스도와의 영적 연합을 무엇으로 비유하고 있습니까?(6:1–11 참조) 또한 바울이 6장에서 말하는 죄의 특징(성격)이 무엇입니까?(6:12–23절 참조)

4장

율법과 믿음, 그리고 성화의 길(7-8장)

영국 소설가 스티븐슨의 「지킬 박사와 하이드」라는 소설을 아실 것입니다. 과학자였던 지킬 박사는 정신병을 앓고 있는 자신의 아버지를 위해 선과 악을 분리하는 연구를 합니다. 그리고 연구 끝에 자신의 마음속에 존재하는 악을 떼어 내는 약물을 만들어 냅니다. 그런데 그 약물을 먹은 지킬 박사는 하이드라는 악의 인간으로 변해서 아무런 양심의 가책이 없이 온갖 악을 저지르기 시작합니다. 자신이 개발한 약을 인정해 주지 않는 이사회에 속한 사람들을 한 사람씩 살해하기도 하고, 길에서 처음 만난 노신사를 지팡이로 때려서 숨지게 하기도 합니다. 그러면서 낮에는 점잖은 신사요 지성인으로 행동하지만 밤이 되면 죄를 저지르고 싶은 충동이 일어나면서 점점 더 흉악한 하이드의 모습으로 변해갑니다. 결국 지킬 박사는 자신을 스스로 통제할 수 없는 비참한 자신의 모습에 괴로워하다가 자살을 선택합니다.

바울은 7장에서 율법과 신앙생활의 관계에 대하여 말한 후에, 신자의 마음속에도 선과 악의 두 얼굴이 여전히 존재하고 있음을 말합니다. 신자의 마음속에도 죄의 본성은 여전히 남아 있기 때문입니다. 그래서 신자는 하나님의 뜻과 죄의 욕망 사이에서 치열한 내적 갈등을 경험할 수밖에 없습니다. 하지만 바울은 이러한 신자의 삶이 성령님의 인도하심을 따를 때 죄의 욕망을 극복하게 되면서 결국 이 세상과 영원한 나라에서 하나님의 자녀로서의 삶이 이어지게 될 것을 말합니다. 바울은 죄와 율법이 어떤 관계성을 가지고 있는지를 언급한 후에 죄로 인하여 신자가 겪는 이중적 삶의 갈등과 모순에 대해서 고백적으로 이야기합니다. 그러고 나서 하나님의 자녀에게 하나님의 사랑과 선하심과 신실함이 어떻게 나타나고 있는지를 현재의 삶에서부터 영원한 삶으로 이어지는 하나의 연장선상에서 설명합니다. 그래서 이러한 바울의 설명을 구원과 성화, 그리고 영화라는 신학적 용어로 대신하여 표현할 수 있습니다.

율법과 믿음

바울은 7장에서 율법에 관하여 다음과 같이 덧붙여 설명합니다.

> 1형제들아 내가 법 아는 자들에게 말하노니 너희는 그 법이 사람이 살 동
> 안만 그를 주관하는 줄 알지 못하느냐 2남편 있는 여인이 그 남편 생전에
> 는 법으로 그에게 매인 바 되나 만일 그 남편이 죽으면 남편의 법에서 벗
> 어나느니라 3그러므로 만일 그 남편 생전에 다른 남자에게 가면 음녀라
> 그러나 만일 남편이 죽으면 그 법에서 자유롭게 되나니 다른 남자에게
> 갈지라도 음녀가 되지 아니하느니라 4그러므로 내 형제들아 너희도 그리
> 스도의 몸으로 말미암아 율법에 대하여 죽임을 당하였으니 이는 다른 이
> 곧 죽은 자 가운데서 살아나신 이에게 가서 우리가 하나님을 위하여 열
> 매를 맺게 하려 함이라 5우리가 육신에 있을 때에는 율법으로 말미암는
> 죄의 정욕이 우리 지체 중에 역사하여 우리로 사망을 위하여 열매를 맺
> 게 하였더니 6이제는 우리가 얽매였던 것에 대하여 죽었으므로 율법에서

벗어났으니 이러므로 우리가 영의 새로운 것으로 섬길 것이요 율법 조문의 묵은 것으로 아니할지니라(7:1-6).

바울은 유대인들의 결혼 제도를 예로 들면서, 예수님과 연합된 신자는 율법에 대하여 자유한 자라고 설명합니다(7:1-4). 그러면서 "우리가 육신에 있을 때에는 율법으로 말미암는 죄의 정욕이 우리 지체 중에 역사하여 사망의 열매를 맺게 하였다"라고 말합니다(7:5). 여기서 율법으로 말미암는 죄의 정욕이 역사했다는 말은 율법이 죄의 욕망을 더 충동질했다는 의미입니다. 다시 말해서 인간은 '하지 말라!'라고 하면 더 하고 싶은 충동을 느끼고, '하라!'라고 하면 더 하지 않는 고집을 부리는 타락한 본성을 가지고 있기에 율법이 이러한 죄의 본성을 자극했다는 말입니다.

그러나 이제는 율법에서 벗어나 영의 새로운 것으로 섬기고 율법 조문의 묵은 것으로 하지 않는다고 바울은 말합니다(7:6). 여기서 '영의 새로운 것'이란 '성령의 새로운 방식 안에서'(in the new way of the Spirit, NIV), 즉 '성령으로 말미암은 새로운 생활'을 의미합니다(헬. εν καινοτητι πνεύματος). 또 '율법 조문의 묵은 것'(in the old way of the written code, NIV)이란 '율법의 이전 방식'(헬. παλαιότητι γράμματος)을 의미합니다. 그래서 로마에 있는 유대인 신자들이 이제는 율법에 기록된 방식으로 하나님을 섬기는 것이 아니라, 우리 마음에 새겨진 성령의 법 안에서 하나님을 섬긴다는 것입니다(2:29; cf. 6:4; 8:4).

여기서 기억하고 넘어가야 할 점이 있습니다. 그것은 바울이 '율법을 통하여 구원에 이르겠다'는 유대인들, 그리고 구약에 기록된 율법의 방식대로 하나님을 섬기고자 했던 유대인들을 생각하면서 비판하고 있다는 사실입니다. 바울의 이 말을 듣는 주 대상은 로마의 유대인 신자들입니다. 그래서 바울이 한 말을 문자 그대로 받아들여서 '예수님을 믿는 우리에게도 율법은 필요없다"라고 오해해서는 안 됩니다.

더 나아가서, 구원받은 신자는 유대인들과 같이 율법의 외면적 행위로 하나님을 섬기는 자들이 아니라, 복음의 은혜를 따라서 성령으로 하나님을 섬기는 사람들입니다. 다시 말하면 성령으로 말미암는 참된 내면적 변화를 통하여 하나님을 섬기는 하나님의 자녀라는 말입니다(2:29; cf. 렘 31:33; 겔 36:26–27). 그러므로 구원받은 신자는 하나님의 계명(율법)을 마음에 새겨놓고 성령님의 인도하심을 따라 하나님을 섬기는 사람들입니다. 그 결과 '하나님을 위하여 열매를 맺는 삶'을 살게 됩니다(7:4). 그래서 이 열매는 곧 "거룩함에 이르는 열매"라고 바울은 말합니다(6:22; cf. 살전 4:3; 요 15; 골 1:10).

그런데 바울은 한 가지 더 충격적인 이야기를 합니다.

> 8그러나 죄가 기회를 타서 계명으로 말미암아 내 속에서 온갖 탐심을 이
> 루었나니 이는 율법이 없으면 죄가 죽은 것임이라 9전에 율법을 깨닫지
> 못했을 때에는 내가 살았더니 계명이 이르매 죄는 살아나고 나는 죽었도
> 다 10생명에 이르게 할 그 계명이 내게 대하여 도리어 사망에 이르게 하
> 는 것이 되었도다 11죄가 기회를 타서 계명으로 말미암아 나를 속이고 그
> 것으로 나를 죽였는지라 12이로 보건대 율법은 거룩하고 계명도 거룩하
> 고 의로우며 선하도다 13그런즉 선한 것이 내게 사망이 되었느냐 그럴 수
> 없느니라 오직 죄가 죄로 드러나기 위하여 선한 그것으로 말미암아 나를
> 죽게 만들었으니 이는 계명으로 말미암아 죄로 심히 죄 되게 하려 함이
> 라(7:8–13).

바울은 죄가 기회를 타서 계명으로 말미암아 인간 속에서 온갖 탐심을 이루었고, 율법이 죄를 짓는 기회를 제공해 주고, 인간을 죽음의 자리로 몰고 간다고 이야기합니다. 에덴 동산의 이야기를 예로 들겠습니다. 하나님께서 아담에게 "동산 안에 있는 모든 실과는 먹을 수 있지만 오직 동산 중앙에 있는 선악을 알게 하는 나무의 열매는 먹지 말라. 먹는 날에는 반드시 죽을 것이다"라는 계명을 주셨습니다. 그런데 사탄이 이 계명을 죄를 짓는 기회로 이용하여 하와에게 접근해서 "하나님께서 너희더러 동산 안에 있는 모든 나무의 실과를 먹지 말라고 하셨느냐"라고 유혹을 합니다. 결국 아담과 하와는 하나님의 계명을 어기고 선악을 알게 하는 나무의 열매를 따 먹습니다. 다시 말해서 "선악을 알게 하는 나무의 열매를 먹으면 반드시 죽을 것이다"라는 하나님의 계명은 죄가 틈타는 기회가 되었습니다. 본문의 말씀대로 죄가 율법과 계명을 이용해서 인간을 속이고 멸망에 이르게 하는 결과를 가져온 것입니다. 이처럼 죄는 하나님의 율법까지도 이용해서 인간을 죽음의 자리로 이끌고 간다고 바울은 말합니다.

그렇다고 해서, 율법이 필요없다거나 율법이 나쁘다는 말은 결코 아닙니다. 바울은 율법은 거룩하고 의롭고 선하다고 분명히 말합니다(7:12). 그러면서 선한 율법이 사망을 가져 올 수 없다고 말합니다. 다만, 율법의 계명은 죄를 심히 죄 되게 하기 위해서 필요한 것이라고 말합니다(7:13). 다시 말해서 "율법은 선하고 거룩한 것이지만, 죄를 드러내기 위하여 율법이 있다"라고 율법의 소극적 측면을 바울은 말합니다(7:13; cf. 갈 4:1–5).

하나님께서는 거룩하신 분이기에 하나님께서 우리에게 주신 율법도 거룩할 수밖에 없습니다. 하나님께서는 의로우시기에 하나님께서 주신 율법도 의로울 수밖에 없습니다. 인간의 근본적인 문제는 율법에 있는 것이 아니라 죄에 있습니다. 죄가 율법을 이용해서 사람들에게 범죄하도록 충동질하는 것입니다. 그래서 하나님의 뜻대로 살려고 마음을 먹고 노력하고 결심을 해도 때로는 죄의 유혹과 그 죄에 의해서 넘어지는 경우가 있습니다. 때로는 우리의 의지보다 죄의 힘이 더 강하게 느껴집니다. 그래서 내 의지와 내 노력으로 신앙생활을 하는 것이 아닙니다. 우리는 날마다 하나님의 은혜가 필요하고 예수님께 붙어 있어야 합니다.

그러면서 바울은 7장 14–25절에서 다음과 같이 말합니다.

> 14우리가 율법은 신령한 줄 알거니와 나는 육신에 속하여 죄 아래에 팔렸
> 도다 15내가 행하는 것을 내가 알지 못하노니 곧 내가 원하는 것은 행하
> 지 아니하고 도리어 미워하는 것을 행함이라 16만일 내가 원하지 아니하
> 는 그것을 행하면 내가 이로써 율법이 선한 것을 시인하노니 17이제는 그
> 것을 행하는 자가 내가 아니요 내 속에 거하는 죄니라 18내 속 곧 내 육신
> 에 선한 것이 거하지 아니하는 줄을 아노니 원함은 내게 있으나 선을 행
> 하는 것은 없노라 19내가 원하는 바 선은 행하지 아니하고 도리어 원하지
> 아니하는 바 악을 행하는도다 20만일 내가 원하지 아니하는 그것을 하면
> 이를 행하는 자는 내가 아니요 내 속에 거하는 죄니라 21그러므로 내가
> 한 법을 깨달았노니 곧 선을 행하기 원하는 나에게 악이 함께 있는 것이
> 로다 22내 속사람으로는 하나님의 법을 즐거워하되 23내 지체 속에서 한
> 다른 법이 내 마음의 법과 싸워 내 지체 속에 있는 죄의 법으로 나를 사
> 로잡는 것을 보는도다 24오호라 나는 곤고한 사람이로다 이 사망의 몸에
> 서 누가 나를 건져내랴 25우리 주 예수 그리스도로 말미암아 하나님께 감
> 사하리로다 그런즉 내 자신이 마음으로는 하나님의 법을 육신으로는 죄

의 법을 섬기노라(7:14-25).

이 본문에서 우리는 두 가지 중요한 특징을 발견하게 됩니다. 첫째, 바울은 율법이 신령하다고 선언합니다. 먼저 7장 14절에서 "우리가 율법은 신령한 줄 알거니와 나는 육신에 속하여 죄 아래에 팔렸도다"라고 바울은 말합니다. 그런데 적절하지 못한 번역으로 인해서 우리는 이 원문의 의미를 오해하기 쉽습니다(헬. Οἴδαμεν γαρ ότι νόμος πνευματικός εστιν). 왜냐하면 한글 성경의 문장은 '우리가 율법은 신령한 줄 알지만' 사실은 그렇지 않다는 느낌을 주고 있기 때문입니다.

그러나 이 구절의 의미는 NIV 성경이 번역한 것처럼 다음과 같이 이해해야 합니다. "우리는 율법이 신령한 것인 줄 잘 압니다. 그러나 죄의 종이 된 나는 신령하지 못합니다"(We know that the law is spiritual; but I am unspiritual, sold as a slave to sin, NIV). 혹은 KJV 영어 성경의 번역과 같이 "우리가 아는 대로 율법 자체는 영적인 것입니다. 하지만 죄의 종이 되어 육체에 속한 나는 영적이지 못합니다"(For we know that the law is spiritual but I am carnal, sold under sin, KJV)라고 이해해야 합니다. 또한 새번역 성경은 이 구절을 적절하게 다음과 같이 번역합니다. "우리는 율법이 신령한 것인 줄 압니다. 그러나 나는 육정에 매인 존재로서, 죄 아래에 팔린 몸입니다"(7:14).

사람들은 큰 죄든 작은 죄든 간에 자신이 지은 죄들을 쉽게 잊어버립니다. 반면에 다른 사람이 잘못을 하거나 죄를 지으면 그 사람만 죄인이라고 생각하면서 그들을 쉽게 비난하거나 정죄합니다. 그러나 하나님의 율법을 진정으로 알아가는 자는 그럴 수 없습니다. 하나님의 율법이 작은 죄들까지도 깨닫게 하기에 자신이 죄인임을 깨닫게 되기 때문입니다.

또한 예수 그리스도의 은혜를 붙잡게 하고, 율법에 나타난 하나님의 뜻을 따라서 거룩한 삶을 살아가도록 인도해 주기 때문입니다. 그래서 바울은 율법은 신령한 것이라고 말합니다. 하나님께서 주신 율법과 계명은 하나님의 의로우신 성품과 하나님의 선하시고 거룩하신 성품을 드러내기 때문에 신령합니다. 하나님께서 주신 율법은 성령의 감동으로 기록되어서 하나님의 자녀들을 교훈함으로 의롭고 거룩한 삶을 살아가도록 인도하기 때문에 신령합니다. 그래서 바울은 7장 14–17절에서 '선한 율법과 내 속에 거하는 죄'를 비교하여 대조적으로 표현합니다.

다음으로 둘째 중요한 특징은 헬라어 성경에서 7장 7–13절이 모두 과거형 문장으로 나오는 반면에, 7장 14–25절은 모두 현재형 문장으로 나온다는 것입니다(cf. 7:24만 미래형 문장). 만약 제가 아내에게 '좋아하는 여자 친구가 있었다'라고 과거의 경험을 이야기했는데, 아내가 '좋아하는 여자 친구가 지금 있다'라고 현재의 사건으로 이해한다면 어떻게 되겠습니까? 작은 오해로 심각한 문제가 발생할 것입니다. 마찬가지로 우리가 성경을 읽을 때, 화자가 현재의 경험을 이야기하는지, 아니면 과거 경험을 이야기하는지를 잘 구분하는 것은 굉장히 중요합니다.

바울은 7장 9절에서 율법과 계명을 깨닫고 보니까 "나는 죽었고 죄만 살아 있었다"라고 과거의 사건으로 이야기합니다. 그 다음에 11절에서도 "죄가 율법과 계명을 이용해서 나를 속이고 나를 죽게 했다"라고 과거의 사건으로 이야기합니다. 13절에서도 "죄가 선한 율법으로 말미암아 나를 죽게 만들었다"라고 과거의 사건으로 이야기합니다. 하지만 7장 14절부터 바울은 과거의 경험을 이야기하는 것이 아니라 현재의 경험을 이야기합니다. 그러면서 하나님의 율법은 신령하지만 나는 죄에게 팔려서 죄의 종이 된 것처럼 신령하지 못하다고 고백합니다.

이 점에 있어서 일부 성경학자들은 바울이 예수님을 믿은 후에 이런 고백을 할 리가 없다고 하면서 본문의 내용이 바울 자신의 고백이 아닌 가상의 표현이라고 설명합니다. 다시 말해서, 7장에 나오는 '나' 혹은 '내가'라는 이 표현들은 바울을 가리키는 것이 아니라 일반적인 의미의 '나'(수사학적 표현)라고 말합니다(Kummel, Dunn, Athas, 최갑종 교수 등).[14] 왜냐하면 바울은 6장 2절에서 "죄에 대하여 죽은 우리가 어찌 그 가운데 더 살리요"라고 말했기 때문입니다. 또 6장 14절에서 "죄가 너희를 주장하지 못하리니 이는 너희가…은혜 아래에 있음이라"라고 말했기 때문입니다. 그래서 7장에서 반복적으로 나오는 '나' 혹은 '내가'라는 주어는 바울이 아니라, 보통 신자들을 대표하는 하나의 문학적인 표현이라고 주장합니다.

이러한 본문의 '나' 또는 '내가'라는 단어와 관련하여 다양한 해석들이 있는데, 여기서 세 가지를 소개하겠습니다. 첫째, 본문에 나오는 절망적인 '나'는 예수님을 믿지 않는 유대인들이나 불신자들을 가리킨다는 주장입니다. 둘째, '나'는 예수님을 믿기 전의 바울이라는 주장입니다. 셋째, 여기에 나오는 '나'의 고백은 바울이 예수님을 믿은 후에 한 고백이지만, 성령 체험의 경험이 없는 연약한 신앙의 상태에 있을 때 한 고백이라는 주장입니다. 쉽게 말하면 성령 받지 못해서 죄의 욕망에 끌려다니는 믿음이 연약한 신자의 모습이라는 것입니다. 셋째 견해는 성령 체험을 하면 죄의 욕망이 완전히 사라져서 죄의 문제로 씨름할 필요도 없다고 믿는 사람들에게 대단히 인기가 있습니다.

---

14) 최갑종 교수는 "바울이 7장 7-13절에서 과거 시제를 사용한 것은 바울이 5장의 경우에서처럼 아담의 관점에서 말하고 있기 때문이며, 7장 14절 이하에서 계속해서 현재 시제를 사용하는 이유는 나에 대한 묘사가 현재적인 믿음의 전망으로부터 본 회심 전 바울에 관한 현재적인 고백이기 때문"이라고 말합니다(최갑종, "장로교회와 로마서 이해: 로마서 7장을 중심으로", 7). 하지만 여러 성경학자들의 주장과 같이 7장의 '나'를 단지 수사학적으로 보기에는 분명한 근거가 부족하며, 또한 내용 자체가 너무나 실제적(존재론적)인 고백임을 보여 주고 있습니다.

그러나 여기에 나오는 '나'의 고백은 바울이 예수님을 믿은 후에 성령의 은혜를 받아서 하나님께 헌신된 삶을 살아가지만, 여전히 그 마음속에 계속되는 죄에 대한 갈등을 고백한 것으로 보는 것이 바람직합니다. 7장 14–25절이 현재형 문장으로 기록되었다는 점뿐만 아니라, 6–8장의 전체적인 흐름이 '거룩함'이라는 하나의 주제를 이야기하기 때문입니다. 이런 면에서 본문의 절망은 거룩함을 향한 절망의 고백이요, 그 만큼 죄에 대한 영적 민감함을 보여 주는 바울 자신의 고백입니다.

실제로 바울은 약 주후 55년경에 "맨 나중에 만삭되지 못하여 난 자"요(고전 15:8), 또한 "나는 사도 중에 가장 작은 자"(고전 15:9)라서 사도라 칭함 받기에 감당하지 못할 자라고 고백했습니다. 주후 60년 초에는 "모든 성도 중에 지극히 작은 자보다 더 작은 나"(엡 3:8)에게 은혜를 주셨다고 고백했습니다. 그의 사역 말년인 주후 63–67년경에는 "죄인 중에 내가 괴수니라"(딤전 1:15)라고 바울은 고백했습니다(연도는 카슨 「신약개론」 참조). 이처럼 바울은 거룩한 삶을 살아갈수록 자신이 더 큰 죄인임을 깨달아 갔다고 볼 수 있습니다.

고 옥한흠 목사가 미국에서 유학하던 시절에 로마서를 배울 때 당시 교수님은 7장에 반복해서 나오는 '나' 혹은 '내가'라는 인물은 바울이 아니라 성령 충만하지 못한 연약한 신자의 모습이라고 설명했다고 합니다. 그래서 옥한흠 목사는 당시에는 그렇게 받아들였는데 목회를 시작하고 시간이 지나면서 자신이야말로 참으로 연약한 사람이라는 것을 깊이 깨달았다고 합니다. 또 정말 믿음이 좋아 보였던 사람들이 실족하고 죄를 짓는 모습을 보면서 인간의 연약성을 다시금 깨닫고 본문의 고백은 분명히 바울 자신의 고백이라고 주장하게 되었다고 합니다. 곽선희 목사는 이 본문에 대하여 '나'에 대한 실존적인 인식은 구제불능이라고 표현했습니다(곽선희, 「로마서 강해: 믿음에서 믿음으로 상」, 306).

마찬가지로 우리 안에는 여전히 죄의 본성과 부패한 마음이 존재합니다. 그래서 하나님의 뜻을 따르고자 하는 마음과 자신의 욕망과 죄를 따르고자 하는 두 마음이 싸우는 전쟁터가 우리의 마음입니다. 때로는 우리가 육신의 연약함 때문에 죄의 힘에 의해서 잠시 넘어지기도 합니다. 이것이 바로 믿음의 싸움이요, 우리가 싸워야 할 영적 싸움입니다. 이처럼 바울은 "내가 원하는 바 선은 행하지 아니하고 도리어 원하지 않는 악을 행한다"라고 고백합니다(7:15-18; cf. 갈 5:17). 한마디로 말해서, 우리 안에 성령이 계시기 때문에 육의 소욕과 성령의 소욕이 갈등할 수밖에 없습니다.

바울은 이러한 갈등 속에서 "만일 내가 원하지 아니하는 그것을 행하면 내가 아니요 내 속에 거하는 죄니라"(7:20)라고 말합니다. 그렇다면 죄가 문제일 뿐 나는 책임이 없다는 말일까요? 바울이 이 말을 하는 것은 죄를 짓는 원인이 외부에 있는 것이 아니라 내 안에 있다는 뜻입니다. 다시 말해서, 내가 죄를 짓게 된 것이 어떤 사람이나 환경 때문이 아니라 바로 내 안에 있는 죄의 욕망 때문이라는 것입니다. 뿐만 아니라 우리는 자신 안에 여전히 죄의 욕망이 있음을 고통스러워 하는 바울의 영적 민감함을 볼 수 있습니다. 이처럼 우리가 성령의 은혜 가운데 하나님의 율법(말씀)을 알아 가면 알아 갈수록 죄에 대해서 민감해집니다.

웃시야 왕이 죽음을 맞이한 주전 740년경에 이사야 선지자는 기도 중에 하늘 보좌가 열리고 천사들이 하나님을 찬양하는 장면을 목격하고 나서, "나는 입술이 부정한 사람이기에 죽을 수밖에 없다"라고 탄식합니다(사 6:1-7). 사실 이사야 선지자는 학식과 덕망이 있는 왕의 조언자였고 궁중에서 하나님의 말씀을 전하는 선지자였습니다. 그러한 이사야 선지자가 얼마나 죄를 지었기에 "이제 나는 완전히 죽었구나"라며 절망의 탄식을 하겠습니까? 이렇듯 하나님의 거룩하심을 경험한 자는 자신이 얼마나 부정한 사람인지를 발견하게 됩니다.

중세 시대의 성자로 불리는 성 프란시스가 길을 가는데 앞에서 한센병에 걸린 사람이 걸어오고 있었습니다. 마음 한편에서는 그 사람에게 복음을 전하고 기도해 주고 싶었지만, 다른 한편에서는 그 사람이 더럽다는 생각이 들어서 그냥 지나쳐 갔습니다. 그런데 계속 마음이 편하지 않아서 기도를 하자, '너는 그 한센병 환자보다 나은 게 있다고 생각하느냐? 너는 그 한센병 환자보다 더럽고 추한 냄새나는 죄인이었다. 그러한 너를 내가 받아 주었고 사랑해 주었다'라는 마음의 음성이 들려왔습니다. 그 순간 성 프란시스는 가던 길을 돌이켜 그 한센병 환자에게로 뛰어가서 그의 손을 붙들고 예수님의 사랑을 전하면서 기도해 주었다고 합니다. 그 일이 있은 후 성 프란시스가 동굴 속에서 종일토록 기도를 한 날이 있었습니다. 그때 동굴 밖에 있던 그의 제자들은 "하나님! 제가 하나님 앞에서 얼마나 큰 죄인인가를 깨닫게 해 주옵소서"라는 단 한 가지 기도만 하루 종일 되풀이하는 프란시스의 기도 내용을 듣게 되었다고 합니다.

바울은 "오호라 나는 곤고한 사람이로다 이 사망의 몸에서 누가 나를 건져내랴"(7:24)라고 탄식했습니다. 우리의 신앙생활은 어떻습니까? 우리의 신앙이 깊어지고 성숙해질수록 자신이 더 큰 죄인이라는 사실을 깨달아 갑니까? 진짜 하나님의 은혜를 경험한 신자들, 그리스도의 구속의 은혜를 경험한 신자들, 성령의 은혜를 경험한 신자들은 자신의 내면 깊이 숨어 있는 죄에 대해서 더욱 민감해져 죄의 고통을 느낍니다.

신자들은 죄의 욕망과의 끊임없는 싸움에서 패배하는 자신의 연약함을 안고 갈등하고 절망하면서 더욱 성숙하고 겸손한 신앙의 걸음을 내딛습니다. 그러한 가운데 우리가 깨닫는 한 가지 사실이 있습니다. 그것은 '예수 그리스도 안'에 죄를 이기는 능력과 믿음의 승리가 있다는 것입니다. 그러므로 우리는 자신의 연약함과 그로 인한 죄 때문에 갈등하고 괴로워하는 자리에 머물러 있는 것이 아니라, 날마다 예수 그리스도를 바라보고 은혜의 보좌 앞으로 나아가야 합니다.

*더 깊은 이해를 위한 글 9: "바울의 기독론" p. 186을 함께 보세요.

성령 안에서 걸어가는 성화의 길(8장)

구원에는 양면성이 있습니다. 구원의 한 면은, 우리가 예수 그리스도를 믿을 때 하나님께서는 우리를 의롭다고 선언하시고 우리는 구원을 선물로 받는다는 사실입니다. 우리는 이것을 신학적인 용어로 '칭의'라고 말합니다. 동시에 구원의 다른 한 면은, 우리가 예수님을 믿고 성령으로 거듭난 하나님의 자녀가 되면 분명히 나타나는 변화가 있다는 사실입니다. 다시 말해서 우리가 믿음으로 구원받은 그 순간부터 우리는 예수 그리스도 안에서 조금씩 의로워져 가고 거룩해져 가는 근본적인 마음의 변화가 일어납니다. 우리는 이것을 신학적인 용어로 '성화'라고 말합니다.

그래서 '구원받았다'라는 말에는 이러한 양면성이 포함되어 있습니다. 물론 예수님을 믿자마자 천국에 가는 이들에게는 성화의 과정을 볼 수 없지만, 적어도 살아 있는 구원받은 신자들에게는 그런 증거가 나타납니다. 그래서 예수 그리스도를 믿은 이후에는 행함이 따르는 믿음, 순종이 따르는 믿음이 구원에 이르는 믿음임을 알 수 있습니다. 그러므로 하나님의 뜻대로 살아가는 자들이 구원을 받는다고 말을 하게 되는 것입니다. 바로 이러한 차원에서 바울은 1-8장을 기록합니다.

바울은 8장 1-14절에서 다음과 같이 선언합니다.

> 1그러므로 이제 그리스도 예수 안에 있는 자에게는 결코 정죄함이 없나
> 니 2이는 그리스도 예수 안에 있는 생명의 성령의 법이 죄와 사망의 법에
> 서 너를 해방하였음이라 3율법이 육신으로 말미암아 연약하여 할 수 없
> 는 그것을 하나님은 하시나니 곧 죄로 말미암아 자기 아들을 죄 있는 육
> 신의 모양으로 보내어 육신에 죄를 정하사 4육신을 따르지 않고 그 영을
> 따라 행하는 우리에게 율법의 요구가 이루어지게 하려 하심이니라 5육신
> 을 따르는 자는 육신의 일을, 영을 따르는 자는 영의 일을 생각하나니 6
> 육신의 생각은 사망이요 영의 생각은 생명과 평안이니라 7육신의 생각은
> 하나님과 원수가 되나니 이는 하나님의 법에 굴복하지 아니할 뿐 아니라
> 할 수도 없음이라 8육신에 있는 자들은 하나님을 기쁘시게 할 수 없느니
> 라 9만일 너희 속에 하나님의 영이 거하시면 너희가 육신에 있지 아니하
> 고 영에 있나니 누구든지 그리스도의 영이 없으면 그리스도의 사람이 아
> 니라 10또 그리스도께서 너희 안에 계시면 몸은 죄로 말미암아 죽은 것이
> 나 영은 의로 말미암아 살아 있는 것이니라 11예수를 죽은 자 가운데서 살
> 리신 이의 영이 너희 안에 거하시면 그리스도 예수를 죽은 자 가운데서
> 살리신 이가 너희 안에 거하시는 그의 영으로 말미암아 너희 죽을 몸도
> 살리시리라 12그러므로 형제들아 우리가 빚진 자로되 육신에게 져서 육
> 신대로 살 것이 아니니라 13너희가 육신대로 살면 반드시 죽을 것이로되
> 영으로써 몸의 행실을 죽이면 살리니 14무릇 하나님의 영으로 인도함을
> 받는 사람은 곧 하나님의 아들이라(8:1-14).

먼저 우리는 8장 1절 맨 앞에 나오는 '그러므로'(therefor)라는 단어를 주

목해야 합니다. 왜냐하면 8장 1-2절은 7장의 결론이면서 동시에 1-7장의 결론에 해당한다고 볼 수 있기 때문입니다. 또 '그러므로'는 특별히 7장 6절과 7장 21-25절의 말씀과 직접적인 관계가 있습니다. 바울은 "우리가 얽매였던 율법에서 벗어나서 영의 새로운 것으로 섬긴다"고 말합니다(7:6). 또 7장 21-25절에서 '하나님의 법', '내 마음의 법', '죄의 법'이라는 용어를 사용합니다.

바울은 이러한 죄의 법과 하나님의 법 사이에서 "오호라 나는 곤고한 사람이로다 이 사망의 몸에서 누가 나를 건져내랴"(7:24)라고 탄식합니다. 이 말 속에는 바울 자신이 죄에 대하여 갖는 자책감, 정죄 의식, 절망감이 들어 있지만 그것이 지속되지는 않습니다. 바울은 그 속에서 뒹굴며 절망 속에 갇혀 있지 않습니다. 그리스도 예수 안에서는 결코 정죄함이 없기 때문입니다. 그리스도 예수 안에 있는 생명의 성령의 법이 죄와 사망의 법에서 바울을 해방하였기 때문입니다(8:1-2).

할아버지 집에 방문한 어린 소년 쟈니는 새총 놀이를 하다가 실수로 할머니가 아끼는 애완용 오리를 죽이고 말았습니다. 두려운 마음에 쟈니는 죽은 오리를 장작더미 속에 감추었는데, 뒤를 돌아보니 여동생 샐리가 그 행동을 지켜보고 있었습니다. 할머니가 샐리에게 설거지를 도와달라고 부탁하자 샐리는 쟈니에게 작은 소리로 속삭입니다. "죽은 오리를 기억하지?" 쟈니는 할 수 없이 샐리 대신 설거지를 했습니다. 그렇게 샐리는 쟈니에게 무언가를 원할 때마다 "죽은 오리를 기억하지?"라고 속삭였습니다. 쟈니는 며칠 동안 샐리의 조종을 당하면서 힘든 시간들을 보내다가 더 이상 견딜 수가 없어서 할머니에게 자신의 잘못을 솔직히 이야기했습니다. 그러자 할머니가 말했습니다. "쟈니야, 다 알고 있었단다. 너를 용서하마. 나는 단지 샐리가 너를 노예로 삼는 것을 네가 얼마나 견딜 수 있는지 지켜보았을 뿐이야."

이 이야기는 우리에게 중요한 교훈을 줍니다. 율법은 죄의 대가를 반드시 받아야 한다고 외칩니다. 그런데 하나님께서는 죄의 대가로 예수 그리스도를 심판의 자리에 내어 주셨습니다. 그러므로 예수 그리스도 안에 있는 우리는 죄와 사망의 법에서 해방되었습니다. 율법은 죄를 따지고 정죄하지만, 우리가 예수 그리스도 안에 머물러 있기만 하면 죄와 실수와 허물로 인한 죄책감에 시달리면서 살 필요가 없습니다. 때로는 자신의 실수와 잘못으로 인해 자책감에 빠질 수 있고, 죄책감을 안고 살아갈 수 있습니다. "네가 죽인 오리를 기억하지?"라면서 과거에 저질렀던 실수와 잘못들을 가지고 마귀는 계속해서 괴롭히고 정죄할 수 있습니다. 그러나 우리는 예수 그리스도 안에서 누리는 '생명을 주는 성령의 법' 안에서 자유를 누릴 수 있습니다. 그래서 바울은 생명을 주시는 성령님의 법이 죄의 포로가 된 나를 완전히 해방시켜 준다고 말합니다.

특별히 바울은 8장 2절에서 율법을 "죄와 사망의 법"이라고 표현합니다. 그런데 어떤 이들은 이러한 바울의 말을 잘못 이해합니다.[15] 이 말을 오해한 일부 신앙인들은 성경에서 '행하라'라고 말한 것들이 율법이고, 그 율법이 사망의 법이라고 생각하는 경향이 있습니다. 그러면서 이러한 율법 아래 있는 신자들은 저주 아래 있기 때문에, '행하라'는 율법을 지키려고 하는 것은 자기 의를 내세우는 교만과 은혜를 부정하는 또 다른 불신앙적 행위라고 주장합니다. 이런 가르침과 생각들은 명백하게 바울의

15) 율법과 "죄와 사망의 법"(8:2)의 연관성에 대한 대표적인 해석들은 다음과 같습니다(Hultgren, *Romans*, 297; cf. Schreiner, *Romans*, 400). 첫째, 하나님의 율법 가운데서도 특별히 십계명을 가리킨다는 해석이 있습니다. 둘째, 율법이 진짜 죄와 사망의 법은 아니기 때문에 비유적인 의미로 우리의 옛 사람(육신)이라고 보는 해석도 있습니다. 셋째, '죄와 사망의 법'을 '죄책감'이라고 말하는 분들도 있습니다. 하지만 이러한 해석들은 모두 본문의 의미로 적절하지 않습니다.

가르침을 오해한 데서 비롯된 것입니다. 물론 바울은 본문과 갈라디아서에서 율법은 사망의 법이고, 율법 아래 있는 자는 저주 아래 있는 자라고 말합니다(8:2; 갈 3:10).

그러나 바울이 왜 그런 말을 했는지 문맥을 따라서 제대로 이해해야 합니다. 바울이 율법을 '사망의 법'이라고 한 것은 율법이 우리의 죄를 정죄하고, 그 결과 우리는 사망에 이르게 되기 때문입니다. 다시 말해서 율법을 통하여 구원에 이를 수 없고 율법 그 자체가 하나님의 뜻을 행할 수 있는 능력을 주지 못하기에, 이런 차원에서 '성령의 법'이라는 말과 대조해서 '사망의 법'이라고 말한 것입니다. 그래서 바울은 예수님을 믿고 성령님을 받으면 생명의 성령님의 법 안에 머물러 살기 때문에 율법의 요구가 이루어진다고 말합니다.

마찬가지로 바울이 "율법 아래 있는 자는 저주 아래 있다"고 말한 이유는 갈라디아 교회 안에 '예수님도 믿어야 하지만 율법도 잘 지켜야 구원을 받는다'라며 이단적인 가르침을 전파하던 율법주의자들이 있었기 때문입니다. 그래서 갈라디아서 1장(6-9절)을 시작하면서, "이런 잘못된 복음을 전하는 자는 천사라도 저주를 받아야 마땅하다" 곧 율법으로 구원을 얻고자 율법 아래 있는 자는 저주 아래 있다고 말한 것입니다. 다시 말해서 '행하라는 율법이 필요없다'라는 뜻이 아니라, 율법을 통해서 구원에 이를 수 없다는 말을 하고 있습니다.

구원의 문제와 관련해서 율법은 예수 그리스도를 통해서 구원에 이르도록 인도해 주는 안내자(surpervision, NIV)와 같다고 바울은 말합니다(갈 3:23-25). 그러고 나서 '하나님을 사랑하고 이웃을 사랑하는 것이 율법의 완성'이라고 하며, 이를 위해서 '성령을 따라 행함으로써 성령의 열매를 맺으라'라고 바울은 말합니다(갈 5:14, 16, 22-25).

이것이 성령님의 은혜를 통해서 이루어져 가는 성화의 삶입니다. 이것이 구원받은 신자의 삶입니다. 그러므로 우리는 성령님의 도우심과 은혜를 따라 죄와 싸우면서 거룩함과 완전함을 향하여 나아갑니다(8:5-8). 신자는 그리스도의 생명이 그 안에 있는 사람입니다. 그래서 바울은 그리스도의 영이 없으면 그리스도의 사람이 아니라고 말합니다(8:9). 신자의 영적 생명은 그 생명의 힘이 아무리 작아도 드러나게 되어 있습니다. 그 영혼이 살아 있기 때문에 시련의 파도가 쳐도 세상 속으로 쉽게 휩쓸려 가지 않습니다. 고난의 파도가 찾아와도 성령님의 인도하심을 받으면서 예수 그리스도 앞으로 더 가까이 갑니다(8:10-11). 그러므로 우리가 성령님의 인도하심을 받는 삶을 하루하루 살아가느냐 그렇지 못하느냐가 중요합니다.

성령님의 인도하심과 관련해서 짚고 넘어갈 것이 있습니다. 오늘날 성령님의 역사를 강조했던 오순절주의자들보다 훨씬 더 신비한 체험과 능력을 강조하는 일종의 신사도 운동에 속하는 이들이 있습니다. 그들의 집회에서 나타나는 특징을 보면 쓰러짐, 비틀거림, 발작적인 웃음, 방언, 방언 찬양이라고 말하는 이상한 소리들, 동물의 소리와 행동, 심한 몸 떨림, 극도의 황홀경 등의 체험이 일어납니다. 물론 저도 혼자 기도하는 중에 방언이나 방언 찬양을 하기도 했고, 강한 진동으로 인한 심한 몸 떨림을 경험하기도 했습니다. 그런 영적(신비적)인 현상들을 무조건 다 잘못되었다고 부정해서는 안 됩니다.

문제는 일부 성령 은사자들이 영적인 신비 체험들을 지나치게 과장해서 선전하고, 때로는 다른 사람들에게 그런 체험을 전수해 주어야 한다는 사명감을 가지고 집회를 한다는 사실입니다. 게다가 성령 집회나 은사 집회에서 일어나는 여러 가지 영적 체험이나 초자연적인 현상들이 모두 성령의 역사로 나타나는 것이라고 확신할 수 없습니다. 따라서 영적 분별력이 필요합니다. 이 점을 바로 깨닫지 못하면, 영적인 신비 체험들이 모두 성령님의 인도라고 믿고 쉽게 미혹의 영을 따라갈 수 있기 때문입니다.

또한 '성령 체험이 하나님과의 관계에서 어떤 의미를 갖게 하는가'라는 점이 더 중요하지만, 그 점에 있어서 바른 이해를 하지 못하는 경우가 많습니다. 그래서 모든 종류의 영적 신비 체험들을 '하나님께서 나를 사랑하신다'라는 하나의 증거로 해석하고 그러한 체험을 무작정 따라가는 경우들이 있습니다. 그러므로 우리가 기억해야 할 분명한 원칙은 '체험은 어디까지나 체험일 뿐, 체험이 진리(하나님의 말씀)를 대치할 수 없다'는 것입니다. 한마디로 말해서, 신앙생활은 주관적인 영적 체험을 따라가는 것이 아니라 객관적인 진리의 말씀을 따라가는 것입니다.

영적 체험과 관련된 혼란은 성령님이 누구이신지를 바로 알지 못하기 때문에 일어납니다. 성령님은 완전한 뜻과 감정과 지성을 가지신 인격적인 하나님이십니다(8:26-27; 요 14:26; 16:7-11; 행 5:3; 7:5; 고전 2:10-11 등). 여호와의 증인 사도 바울이 말하듯이 성령님은 어떤 힘이나 능력이 아닙니다. 성령님은 하나님의 영이요 그리스도의 영입니다. 8장 9절은 이렇습니다. "만일 너희 속에 하나님의 영이 거하시면 너희가 육신에 있지 아니하고 영에 있나니 누구든지 그리스도의 영이 없으면 그리스도의 사람이 아니라." 이 말씀은 성령님을 하나님의 영, 그리고 그리스도의 영이라고 표현합니다. 성령님은 하나님과 같은 인격을 가지신 분이요, 동시에 예수님과 같은 인격을 가지신 분입니다. 그래서 세 인격을 가지고 있지만 본질에 있어서 동일하신 성부 성자 성령 하나님이라고 믿는 것이 바로 기독교의 삼위일체(Trinity) 교리입니다.

바울은 성령 하나님의 특징을 8장에서 몇 가지로 말합니다. 첫째, 8장 2절에서 "생명의 성령"이라고 말합니다. 성령님은 생명을 주시고 생명을 살리는 영이십니다. 그래서 바울은 "예수님을 죽은 자 가운데서 살리신 이의 영"(8:11)이라고 말합니다. 죽은 영혼을 살리시는 분이 바로 성령 하나님이십니다. 우리가 예수님을 처음 믿을 때 우리의 영혼을 살리시고, 우리가 하나님의 자녀가 되게 하신 분이 바로 성령 하나님이십니다. 둘째, 성령 하나님은 거룩한 영이십니다(cf. 1:14). 한글 성경에는 없지만 헬라어 성경을 보면, 8장 13절과 14절 맨 처음에 '왜냐하면'이라는 단어가 두 번 반복됩니다. 그래서 성령님의 인도하심을 받는 하나님의 자녀들은 죄짓는 몸의 행실을 죽이면서 살아가는 거룩한 성화의 삶을 살아가야 함을 바울은 말합니다(8:10–14).

여기에 두 가지 중요한 점이 있습니다. 첫째, 나의 노력과 나의 의지로 죄를 이길 수 있다는 것이 아니라 성령님의 은혜와 성령님의 능력으로 죄를 이길 수 있다는 점입니다. 그러므로 신자는 성령님의 인도하심을 받으면서 살아가야 합니다. 우리가 이 점을 놓치게 되면 기독교는 은혜의 종교가 아닌 수행과 고행의 종교로 전락해 버리고, 하나의 율법적인 종교로 다시 돌아갈 수 밖에 없습니다. 둘째, 우리의 영적 싸움은 날마다 계속된다는 것입니다. 그래서 "영으로써 몸의 행실을 죽이면 살리니"(8:13; cf. 8:26–7)라고 바울은 말합니다. 바울은 여기서 현재 시제를 사용함으로써, 성령님의 도우심을 따라서 몸의 악한 행실을 죽이는 일이 현재도 계속되어야 함을 말합니다. 그러므로 우리는 성령님의 인도하심을 따라서 죄의 정욕을 따라가는 몸의 행실을 날마다 죽이는 거룩한 성화의 삶을 살아야 합니다. 이것은 어떤 특별한 한 번의 성령 체험이나 성령님의 기름부음으로 해결되는 것이 아닙니다. 이것은 우리가 날마다 성령님을 의지하면서 성령님의 도우심으로 자신의 정욕을 십자가에 못 박을 때 해결됩니다.

이렇게 성령님의 인도하심을 받는 삶을 위해서 우리가 기억해야 할 가장 기본적인 사실은 우리가 '하나님의 자녀'라는 점입니다. 우리가 아무리 연약하고 부족해도 우리는 하나님의 자녀입니다. 우리가 그 사실을 매일 새롭게 인식하면서 성령님을 의지하여 살아갈 때 우리의 삶은 실제적으로 성령님의 인도하심을 받으며 살아갈 수 있습니다. 그럴 때 우리는 하나님 아버지의 자녀다운 생각과 사고방식을 갖게 되고, 우리의 행동은 하나님 아버지를 조금씩 닮아가게 됩니다. 때로는 하나님께서 우리를 책망하시고 징계하시고 고난도 받게 하시지만, 그 가운데 우리를 향하신 하나님의 선하신 뜻과 세밀하신 손길을 경험하게 됩니다.

그렇다면 우리가 실제로 성령님의 인도하심을 받고 있는지 어떻게 알 수 있을까요? 첫째, 성령님의 인도하심을 받는 사람은 자신이 영원한 본향을 향해서 순례의 길을 가고 있다는 사실을 분명히 압니다. 다시 말해서 이 세상은 잠시 지나가는 나그네 길에 불과하고 장차 가게 될 천국에 대한 소망을 안고 살아갑니다(cf. 딛 2:12-13). 둘째, 성령님의 인도하심을 받고 있다는 증거는 하나님의 영광을 위해 살고 싶어 하는 마음과 예수 그리스도를 더 깊이 알아가기를 원하는 마음에 있습니다(빌 2:13). 그래서 성령님의 인도하심을 받으면 하나님 아버지와 예수 그리스도를 더 깊이 알아가는 진리 가운데로 나아가게 됩니다(요 14:17, 26). 셋째, 성령님의 인도하심을 받으면 자신의 정욕과 죄의 행실을 죽이는 삶을 살아갑니다. 그래서 바울은 다음과 같이 말합니다. "그러므로 형제들아 우리가 빚진 자로되 육신에게 져서 육신대로 살 것이 아니니라 너희가 육신대로 살면 반드시 죽을 것이로되 영으로써 몸의 행실을 죽이면 살리니 무릇 하나님의 영으로 인도함을 받는 사람은 곧 하나님의 아들이라"(8:12-14).

다시 말해서 성령님의 인도하심을 받으며 살아갈 때 우리는 죄와 정욕을 이기며 살아갈 수 있습니다. 그래서 "하나님께서 그의 신기한 능력으로 우리의 생명과 우리의 경건 생활에 필요한 모든 것을 우리에게 주셨다"라고 베드로는 말합니다(벧후 1:3). 여기서 '신기한 능력'은 '신적인 능력'(divine power; 헬. θείας δυνάμεως)을 뜻합니다. 이 말씀은 '그의 신적인 능력으로' 혹은 '성령님의 능력으로' 우리의 생명과 우리의 경건 생활에 필요한 모든 것을 우리에게 주셨다는 의미입니다.

그러므로 신자들이 육신이 연약해서 죄 가운데 살아갈 수밖에 없다고 변명하거나, 모든 책임을 하나님께 돌리면서 불평하거나 원망할 수 없습니다. 하나님께서는 우리의 신앙생활에 있어서 영적 승리를 위한 경건의 비밀과 경건의 능력을 성령님을 통하여 끊임없이 공급해 주시기 때문입니다. 그렇다고 해서 신적인 능력이나 성령님의 인도하심을 받는 것이 마치 어떤 특별한 환상이나 예언이나 꿈과 같은 초자연적인 현상에 속한 것이라고 생각해서는 안 됩니다. 특별한 경우를 제외한 많은 경우, 이러한 현상들은 미혹의 영들에 의해서 더 많이 나타나기 때문입니다. 그러므로 중요한 것은 우리가 기도와 말씀을 통하여 우리 안에 계신 성령님의 내적인 음성과 진리의 말씀에 비추어 하나님의 뜻을 분별하면서 성령님의 은혜와 성령님의 인도하심을 받는 삶을 살아가는 것입니다. 그럴 때 세상 유혹과 죄와 정욕을 이기는 진정한 영적 승리를 경험하게 됩니다. 이렇게 바울은 신자의 현재적(실존적) 삶의 자리에서 이야기를 시작하고 나서, 신자의 현재와 영원한 미래를 하나의 연장선에 두고 다음과 같이 말합니다.

15너희는 다시 무서워하는 종의 영을 받지 아니하고 양자의 영을 받았으
므로 우리가 아빠 아버지라고 부르짖느니라 16성령이 친히 우리의 영과
더불어 우리가 하나님의 자녀인 것을 증언하시나니 17자녀이면 또한 상
속자 곧 하나님의 상속자요 그리스도와 함께 한 상속자니 우리가 그와
함께 영광을 받기 위하여 고난도 함께 받아야 할 것이니라 18생각하건대
현재의 고난은 장차 우리에게 나타날 영광과 비교할 수 없도다 19피조물
이 고대하는 바는 하나님의 아들들이 나타나는 것이니 20피조물이 허무
한 데 굴복하는 것은 자기 뜻이 아니요 오직 굴복하게 하시는 이로 말미
암음이라 21그 바라는 것은 피조물도 썩어짐의 종 노릇 한 데서 해방되어
하나님의 자녀들의 영광의 자유에 이르는 것이니라 22피조물이 다 이제
까지 함께 탄식하며 함께 고통을 겪고 있는 것을 우리가 아느니라 23그뿐
아니라 또한 우리 곧 성령의 처음 익은 열매를 받은 우리까지도 속으로
탄식하여 양자 될 것 곧 우리 몸의 속량을 기다리느니라 24우리가 소망
으로 구원을 얻었으매 보이는 소망이 소망이 아니니 보는 것을 누가 바
라리요 25만일 우리가 보지 못하는 것을 바라면 참음으로 기다릴지니라
(8:15-25).

먼저 우리가 생각해 볼 것은 앞에서 언급한 것처럼, 바울이 8장에서 성령님의 본질적 특성에 대하여 다양한 표현을 사용한다는 점입니다. 8장 2절은 "생명의 성령", 즉 '생명을 주시는 영'(8:11)이라고 말합니다. 8장 9절과 14절은 "하나님의 영" 또는 "그리스도의 영"이라고 말하고, 15절은 "양자의 영"(the Spirit of adoption)이라고 표현합니다. 특별히 바울은 15절에서 우리가 "무서워하는 종의 영"을 받지 않고, 아빠 아버지라고 부를 수 있는 "양자의 영"을 받았다고 말합니다(cf. 갈 4:6). 여기서 '무서워하는 종

의 영'이란 죄의 종이 되어 하나님의 심판을 두려워하며 살아가는 인간의 영을 말합니다. 이렇게 바울은 죄의 종이 된 상태와 하나님의 아들이 된 상태를 대조적으로 표현하면서, 죄인이 하나님의 아들이 되게 하시는 성령님의 역할을 '양자의 영'으로 표현합니다. 우리가 '양자의 영'을 받았다는 사실을 우리 안에 계신 성령님이 증언하신다고 바울은 말합니다(8:16). 따라서 우리는 심판의 하나님에 대한 두려운 마음이 아니라, 아버지 하나님을 향한 깊은 신뢰로 하나님의 보좌 앞에 나아갈 수 있게 되었습니다(히 4:16).

뿐만 아니라 "자녀이면 또한 상속자 곧 하나님의 상속자요 그리스도와 함께 한 상속자니"(8:17)라고 바울은 말합니다. 이 내용은 바울이 4장에서 말한 '믿음으로 상속자가 된 아브라함의 이야기'에서 더욱 발전된 형태로서, 아브라함과 같이 믿음의 상속자가 된 하나님의 자녀들이 장차 누리게 될 종말론적 차원의 영원한 복을 말합니다(cf. 4:13-17; 8:18-23; Gregory Beale, *A New Testament Biblical Theology*, 761-762). 이러한 영적 신분을 가지고 살아가면서 고난을 받는다면 그것도 복이라고 바울은 말합니다. 왜냐하면 현재의 고난은 장차 우리에게 나타날 영광과 감히 비교할 수 없기 때문입니다(8:17-18; cf. 엡 1:11-14).

바울은 하나님의 자녀들이 세상 사람들과 같은 고난을 겪으면서 살아가는 존재들임을 전제로 이 말씀을 합니다. 더 나아가서 신자와 불신자를 포함한 모든 사람뿐만 아니라 하나님의 모든 피조물(창조물)도 고난을 당하고 있다고 말합니다(8:22). 그렇다면 왜 모든 피조물이 다 함께 고통을 당해야 합니까? 그 이유는 '소망 안에서' 피조물이 허무한 데 굴복한 결과요, 이것은 하나님께서 정하신 것이라고 바울은 말합니다(8:20).

다음으로 우리가 8장 20-21절에서 놓쳐서는 안 될 두 가지 중요한 특징이 있습니다. 첫째, 20절 마지막 부분에 있는 헬라어 '에프 헬피디'(εφ ελπίδι)입니다. 이 말은 '소망 안에서'라는 뜻인데, 한글 성경에는 '소망'이라는 단어가 없습니다. 하지만 헬라어 성경에는 '에프 헬피디', 즉 '소망 안에서'라는 구절이 있고, 열 개의 다른 영어 번역 성경들을 비교해서 확인해 보아도 모두 'in hope'이라는 단어로 번역되어 있습니다. 둘째, 한글 성경에서 20-21절은 두 개의 독립된 문장으로 나뉘어져 있지만 헬라어 원문에는 하나의 문장으로 구성되어 있다는 점입니다. 이러한 사실은 우리가 20-21절의 문장의 의미를 보다 정확하게 이해하는 데 도움을 줍니다.

특히 하나님께서 인간과 자연 만물이 '소망 안에서 고통을 당하도록 정하셨다'라는 말은 창세기 3장을 통하여 이해해야 합니다. 인간의 타락과 함께 인간이 누리며 살아갈 땅이 저주를 받고 자연 만물이 함께 고통과 불행을 겪게 되었습니다. 그 결과 하나님께서 만드신 모든 생명체가 아무리 아름답고 신비롭게 느껴져도 허무함 속에서 사라져 갑니다. 이것이 바로 '피조물이 허무한 데 굴복한다'는 말입니다. 들판에 피는 꽃이나 하늘에 나는 새도, 높은 산 위에서 힘 있게 달리는 사자도 병들고 늙어서 한줌의 흙이 될 수밖에 없습니다. 이것이 '썩어짐의 종 노릇을 한다'는 말입니다. 이처럼 세상의 모든 피조물은 인간의 죄와 인간의 타락으로 인해서 인간과 함께 좌절과 허무함 속에서 신음하고 고통받다가 사라지게 되어 있습니다. 그래서 바울은 하나님의 자녀들뿐만 아니라 모든 피조물이 이러한 고통과 썩어짐의 종 노릇 하는 것으로부터 해방되기를 간절히 소망한다고 말합니다.

그렇다면 이러한 고통에서 해방될 때는 언제일까요? 먼저 8장 19절의 말씀처럼 "하나님의 아들들이 나타나는" 때입니다. 또 8장 21절의 말씀처럼 "하나님의 자녀들의 영광의 자유에 이르는" 때입니다. 다시 말해서 예수 그리스도께서 다시 오셔서 하나님의 자녀들이 영광스러운 몸으로 변화될 때 모든 피조물은 썩어짐의 종 노릇에서 해방될 것입니다. 그러므로 예수 그리스도의 십자가의 구속의 은총은 인간의 구원에만 한정된 것이 아닙니다. 이 세상 만물의 회복이 바로 예수 그리스도의 십자가의 죽음과 부활과 다시 오심 안에 계획되어 있습니다. 이것이 예수 그리스도께서 이 세상에 다시 오실 때 완성될 구원과 회복의 영광입니다. 그리고 이것이 바로 고난의 인생을 살아가는 모든 신자들의 참된 소망입니다.

그러므로 성령님의 처음 익은 열매를 받은 우리가 마지막 날에 맺게 될 열매들이 기다리고 있습니다. 그것은 "양자 될 것"과 "우리 몸의 속량" 입니다(8:23). 이것이 우리의 소망이요 우리에게 주실 마지막 열매입니다. 그래서 바울은 "우리가 소망으로 구원을 얻었으매"라고 말하며 소망의 중요성을 강조합니다(8:24). 다시 말해서 진짜 구원받은 하나님의 자녀라면 이 소망을 가지고 살아간다는 것입니다. 그래서 소망 안에서 참고 인내하면서 기다리라고 바울은 말합니다(8:25). 그리고 이 마지막 열매를 맺게 될 때까지 성령님의 도우심이 함께할 것을 바울은 다음과 같이 말합니다.

> 26이와 같이 성령도 우리의 연약함을 도우시나니 우리는 마땅히 기도할
> 바를 알지 못하나 오직 성령이 말할 수 없는 탄식으로 우리를 위하여 친
> 히 간구하시느니라 27마음을 살피시는 이가 성령의 생각을 아시나니 이
> 는 성령이 하나님의 뜻대로 성도를 위하여 간구하심이니라 28우리가 알
> 거니와 하나님을 사랑하는 자 곧 그의 뜻대로 부르심을 입은 자들에게는
> 모든 것이 합력하여 선을 이루느니라 29하나님이 미리 아신 자들을 또한

> 그 아들의 형상을 본받게 하기 위하여 미리 정하셨으니 이는 그로 많은 형제 중에서 맏아들이 되게 하려 하심이니라 [30]또 미리 정하신 그들을 또한 부르시고 부르신 그들을 또한 의롭다 하시고 의롭다 하신 그들을 또한 영화롭게 하셨느니라(8:26-30).

바울은 성령님이 말할 수 없는 탄식으로 우리를 위하여 친히 간구하심으로써 우리의 연약함을 도우신다고 말합니다(8:26). 성령님은 이처럼 연약한 우리를 도우시는 분이라고 말합니다. 여기서 '연약함'이라는 단어는 헬라어로 '아스데네이아'(ἀσθενείᾳ)입니다. 그 뜻은 '정신적인 나약함'이나 '육체적인 연약함', 혹은 '그로 인한 질병'을 모두 포함합니다. 그래서 '연약함'이란 단어는 죄로 인하여 인간이 타락한 이후에 겪는 인간의 모든 연약함을 말합니다. 우리는 하나님의 자녀가 된 후에도 여전히 이러한 연약함 가운데 살아갑니다. 그래서 우리에게는 성령님의 도우심이 필요합니다.

특별히 26절은 신자의 영적 연약함에 대해서 다루고 있는데 "성령이 말할 수 없는 탄식으로 우리를 위하여 친히 간구하시느니라"라고 바울은 말합니다. 여기서 '탄식'으로 번역된 단어들(8:22, 23, 26)을 헬라어로 보면 '스테나조'(στενάζω)로 '신음하다'라는 뜻입니다. 곧 고통에 의한 신음을 의미합니다. 또 "이와 같이"(8:26)는 22절과 23절의 말씀과 관련이 있는데, 모든 피조물과 하나님의 자녀들이 이 세상의 고통과 썩어짐의 종 노릇에서 해방되어 하나님의 영광을 누릴 그날을 바라보면서 신음하고 있는 상태를 가리켜서 '이와 같이'라고 바울은 말합니다. 다시 말하면 성령님은 연약한 상태에 있는 하나님의 자녀들을 위해서 친히 고통을 느끼면서 신음하며 기도하신다는 표현입니다.

그렇다고 해서 우리는 가만히 있어도 성령님이 알아서 도와주신다고 생각해서는 안 됩니다. 여기서 '도우시나니'(συναντιλαμβανεται)라는 헬라어 단어는 두 개의 접두어(συν+αντι)가 붙어서 '함께 들어 올린다' 혹은 '맞은 편에서 들어 올린다'는 뜻입니다. 즉 성령님이 우리의 짐을 함께 들어 주신다는 의미입니다. 우리가 하나님의 뜻을 따라 살고자 할 때, 우리의 마음을 살피시는 이께서 우리의 연약함을 함께 도우십니다(8:27). 특별히 "마음을 살피시는 이"(8:27)는 곧 성부 하나님을 가리킵니다(cf. 삼상 16:7; 왕상 8:39; 시 44:21; 139:1-2, 23; 잠 15:11). 또 성자 예수님도 우리를 위해서 기도하신다고 8장 34절에서 말합니다(cf. 히 7:25; 요일 2:1). 이와 같이 우리를 도우시는 삼위일체 하나님의 사역을 바울은 우리에게 말합니다.

삼위일체 하나님의 도우심은 합력하여 선을 이루는 것입니다(8:28). 그러나 모든 것이 합력하여 선을 이룬다고 해서 모든 일이 형통할 것이라고 오해하면 안 됩니다. 여기서 말하는 '모든 것'은 고통과 좌절뿐만 아니라, 실패와 죽음까지도 포함한다는 사실을 8장의 흐름에서 놓쳐서는 안 됩니다. 8장 35절을 보면 "누가 우리를 그리스도의 사랑에서 끊으리요 환난이나 곤고나 박해나 기근이나 적신이나 위험이나 칼이랴"라는 말이 나옵니다. 그리고 28절에서 말한 '모든 것'이라는 의미 속에 환난과 박해와 위험이 다 포함되어 있다는 것을 여기서 보여 줍니다. 이어서 38-39절을 보면, 28절에서 말한 '모든 것'에 죽음도 포함되어 있음을 알 수 있습니다. 그래서 하나님을 사랑하는 자, 즉 하나님의 부르심을 받은 자는 어떠한 고난과 고통과 죽음이 찾아와도 하나님의 사랑에서 끊을 수 없다고 바울은 선언합니다.

그런데 '하나님께서 모든 일을 합력해서 선을 이루신다'(8:28)는 말 속에서 '선'(善, good)은 무엇일까요? 여기서 말하는 '선'은 '하나님의 뜻을 이루는 것'을 의미합니다. '선을 이룬다'는 말은 우리가 세상적으로 어떤 좋은 결과만을 얻게 된다는 의미가 아니라, 하나님의 거룩한 형상을 본받아 살아가도록 이끌어 가시고, 그 결과 장차 하나님의 영광을 누리도록 하시는 것을 의미합니다. 그래서 바울은 하나님께서 우리를 선택하여 부르신 목적이 "그 아들의 형상을 본받게 하여 장차 영화롭게 하기 위해서"라고 말합니다(8:29–30). 헬라어 성경은 이러한 문맥의 의미를 잘 보여 줍니다. 헬라어 성경을 보면, 8장 28–30절의 문장은 각 절마다 접속사로 연결되어 있습니다(cf. 28절 'δε', 29절 'ότι', 30절 'δε'). 8장 29절을 예로 들면, 한글 성경에는 29절에 '왜냐하면'이라는 단어가 없으나, 헬라어 성경은 '왜냐하면'(호티, ότι)이라는 접속사로 시작하고, 마찬가지로 모든 영어 성경들도 'for'(왜냐하면)이라는 접속사로 시작합니다.

그러므로 28절에서 '하나님께서 모든 일을 합력해서 선을 이루신다'는 말은 이 땅에서 우리가 예수 그리스도의 형상을 본받고 우리가 장차 하나님과 함께 영원한 영광을 누리도록 하나님께서 모든 사건들 가운데 일하신다는 것입니다. 신자들이 겪는 모든 사건은 이러한 목적을 향해서 가도록 하나님께서 일하신다는 것입니다. 그러므로 하나님의 부르심을 받은 자, 즉 하나님을 사랑하는 신자들에게는 이 땅의 성공과 실패, 슬픔과 기쁨, 그 모든 것이 의미가 있습니다. 하나님께서는 그것들을 통하여 예수 그리스도의 마음과 인격을 닮아가는 거룩한 성도의 삶을 살게 하시고, 하나님의 뜻을 이루어 가는 하나님의 일꾼으로 만들어 가시고, 장차 하나님과 함께 영화를 누리게 하는 선한 도구로 사용하시기 때문입니다.

강영우 박사의 고백을 읽어 본 적이 있습니다. 그는 모태 교인으로 태어나 13살 때 아버지를 여의고, 14살 때 눈에 축구공을 맞아 장님이 되었습니다. 그리고 그 이야기를 들은 그의 어머니는 8시간 만에 뇌졸중으로 세상을 떠났습니다. 생계를 책임지던 누나는 과로로 죽고, 동생들을 보살펴야 했던 강영우 박사는 하나님께서 눈을 고쳐 주셔서 동생들과 같이 살 수 있게 해 달라고 기도를 했지만 이루어지지 않았습니다. 결국 삼 형제는 모두 헤어져 살았습니다. 그런데 많은 세월이 지나서 생각해 보니, 그 당시에 하나님께서 눈을 안 고쳐 주신 것이 자신에게는 가장 큰 복이었다고 합니다. 만약 하나님께서 눈을 고쳐 주셨다면 자신도 누나와 같이 공장에서 일하다 인생을 마쳤을 것이라고 했습니다.

그러나 장님이 된 이후 오직 공부에만 전념해서 대학교를 들어가고 유학을 가서 결국 미국의 대통령 보좌관의 자리에 있게 되었다고 했습니다. 후에는 동생들을 초청하여 미국에서 함께 살게 되었을 뿐만 아니라, 아내는 자신 때문에 장애 교육을 공부해서 그 분야의 전문가가 되었습니다. 큰 아들은 자신의 눈을 고쳐 주기 위해 안과 의사가 되었고, 작은 아들은 자신의 연설문 쓰는 것을 도와주다가 글을 잘 쓰게 되었고 긍휼을 배우게 되었다고 합니다. 이런 가운데 강영우 박사의 가족들은 모두 다 하나님을 최우선으로 섬기는 믿음의 가정으로 세워져 간 것입니다.

하나님께서는 우리의 삶 속에 일어나는 모든 사건들을 통하여 우리를 단련하시고 만들어 가십니다. 하나님의 자녀들에게 슬픔, 외로움, 육체적인 고통, 정신적인 고통, 물질적인 어려움, 인간관계의 괴로움, 자식들의 문제, 남편과 아내의 문제, 직장이나 사업의 문제, 뜻하지 않은 사고, 그리고 죽음까지도 의미 없는 사건은 없습니다. 다만 우리가 하나님의 뜻을 이해할 수 없을 뿐, 그 모든 사건들 속에 하나님의 주권과 하나님의 뜻과 하나님의 섭리가 있습니다. 이러한 사실을 바울은 잘 알고 있었고, 로마 교회의 성도들도 알고 있었습니다. 그래서 바울은 "우리는 알거니와"라는 말로 시작하면서 모든 것이 합력하여 선을 이룬다고 말합니다(8:28).

뿐만 아니라 바울은 8장 30절에서 구원의 과정과 목적을 다섯 단계로 설명합니다. 그 다섯 단계는 하나님께서 우리를 미리 아시고(예지), 미리 정하시고(예정), 부르시고(효과적 부르심), 의롭다 하시고(칭의), 영화롭게 하신다는 것입니다. 바울은 특별히 '하나님께서 부르셨다'는 말을 세 번에 걸쳐서 사용합니다(28-30절). 이 하나님의 부르심에는 실수가 없고 실패가 없는 하나님의 '유효한 부르심'(효과적 부르심)입니다. 하나님의 부르심에는 하나님의 능력이 함께하기 때문입니다.

예를 들어, 저의 둘째 아들 노엘이가 집에서 큰 아들 노아를 부릅니다. "형아, 형아." 그런데 노아가 몇 번씩 불러도 듣는 체도 안하고 아무런 반응을 안 할 때가 종종 있습니다. 이것은 유효하지 않은 것입니다. 효과적이지 않은 것입니다. 하지만 하나님께서 부르시면 하나님의 능력이 함께 작용하기 때문에 반드시 유효한(효과적) 부름이 될 수밖에 없습니다. 마치 "빛이 있으라"라고 부르셨을 때 빛이 창조되고, 죽어 무덤에 장사된 나사로를 부르셨을 때 나사로가 무덤에서 걸어 나오는 것과 같습니다. 이처럼 하나님의 부르심에는 실수가 없고 실패가 없습니다. 반드시 그 부르심의 목적대로 이루어지게 되어 있습니다.

이러한 하나님의 부르심이 있기 전, "하나님께서 미리 아시고 미리 정하셨다"라고 바울은 말합니다(8:29). 여기서 '하나님께서 미리 아셨다'는 말은 단순히 지식적으로 안다는 뜻이 아닙니다. 헬라어 사전에서 '안다'라는 단어는 여러 가지(최소한 일곱 가지) 뜻이 있습니다. 특별히 호세아 13장 5절을 보면, 하나님께서 이스라엘 백성에게 "내가 광야 마른 땅에서 너를 알았거늘"이라고 말씀하십니다. 여기서 '너를 알았다'는 말은 이스라엘 백성이 사막의 광야에서 고생하고 어려움 당할 때 하나님께서 그들을 사랑으로 보살펴 주셨다는 말입니다. 또 아모스 3장 2절을 보면, "내가 땅의 모든 족속 가운데 너희만을 알았나니 그러므로 내가 너희 모든 죄악을 너희에게 보응하리라 하셨나니"라고 말씀하십니다. 여기서 '내가 너희만 알았다'는 말은 하나님께서 이스라엘 백성을 특별히 선택하여 사랑하셨다는 말입니다. 그럼에도 불구하고 '그들이 나(하나님)를 떠나 죄악 가운데 살고 있으니 내가 반드시 그들을 심판하겠다'는 말입니다. 그런데 11장 2절을 보면, "하나님이 그 미리 아신 자기 백성을 버리지 아니하셨나니 너희가 성경이 엘리야를 가리켜 말한 것을 알지 못하느냐"라고 바울은 말합니다. 여기서도 '미리 아신 자기 백성'이라는 말이 나오는데 이것은 이스라엘 백성들을 특별히 사랑하여 그들을 부르셨다는 점을 강조하는 표현입니다. 다시 말해서 하나님께서는 한 번 택하여 부르신 이스라엘 백성들을 영원히 포기하거나 내버려 두지 않으신다는 말입니다. 하나님께서는 그들을 예수 그리스도를 믿는 믿음을 통하여 다시 구원의 길로 인도하실 것입니다.

따라서 8장 29절에서 '하나님께서 미리 아신 자들'이란 말은 단순히 안다는 말이 아니라 하나님의 주권적인 사랑을 나타내고 구별된 하나님의 사랑을 나타냅니다. 하나님께서 그의 자녀들을 '미리 아신다'는 말은 하나님의 특별한 관심과 사랑으로 돌보신다는 의미입니다. 이렇게 하나님께서 미리 아시고 선택하여 부르셨다면 그 구원이 실패할 수 있겠습니까? 하나님께서 세우신 계획과 그 목적이 실패할 수 있겠습니까? 아닙니다. 결코 실패할 수 없습니다. 그러므로 구원의 부르심을 받은 하나님의 자녀들에게는 모든 것이 합력하여 선을 이룰 것입니다.

그러면 이렇게 부르신 목적이 무엇입니까? 우리가 그 아들(맏아들이신 예수 그리스도)의 형상을 본받아(29절) 거룩하고 흠이 없게 하시고, 그 하나님의 은혜와 영광을 찬송하게 하시기 위해서입니다(엡 1:4-6; 살전 4:7-8;

cf. 딤후 1:9).[16] 또 예수님과 같이 우리의 몸과 영혼이 거룩하고 흠이 없는 영화로운 구원을 얻게 하시기 위해서입니다(8:30). 그러므로 하나님의 부르심은 구원의 출발점이요, 거룩한 삶의 출발점이 됩니다. 이러한 하나님의 부르심에는 후회가 없습니다. 그래서 11장 29절에서 바울은 "하나님의 은사와 부르심에는 후회하심이 없느니라"라고 말합니다. 이러한 구원의 비밀을 깨달았던 바울은 8장 31-39절에 다음과 같이 말합니다.

> 31그런즉 이 일에 대하여 우리가 무슨 말 하리요 만일 하나님이 우리를 위
> 하시면 누가 우리를 대적하리요 32자기 아들을 아끼지 아니하시고 우리
> 모든 사람을 위하여 내주신 이가 어찌 그 아들과 함께 모든 것을 우리에
> 게 주시지 아니하겠느냐 33누가 능히 하나님께서 택하신 자들을 고발하
> 리요 의롭다 하신 이는 하나님이시니 34누가 정죄하리요 죽으실 뿐 아니
> 라 다시 살아나신 이는 그리스도 예수시니 그는 하나님 우편에 계신 자
> 요 우리를 위하여 간구하시는 자시니라 35누가 우리를 그리스도의 사랑
> 에서 끊으리요 환난이나 곤고나 박해나 기근이나 적신이나 위험이나 칼
> 이랴 36기록된 바 우리가 종일 주를 위하여 죽임을 당하게 되며 도살 당할
> 양 같이 여김을 받았나이다 함과 같으니라 37그러나 이 모든 일에 우리를
> 사랑하시는 이로 말미암아 우리가 넉넉히 이기느니라 38내가 확신하노니
> 사망이나 생명이나 천사들이나 권세자들이나 현재 일이나 장래 일이나
> 능력이나 39높음이나 깊음이나 다른 어떤 피조물이라도 우리를 우리 주
> 그리스도 예수 안에 있는 하나님의 사랑에서 끊을 수 없으리라(8:31-39).

---

16) 바울이 "그로 많은 형제 중에서 맏아들이 되게 하려 하심이니라"(8:29)라고 한 말은 "예수님이 많은 형제들 가운데서 맏아들이 되신다"라는 말입니다. 다시 말해서, 여기서 말하는 '맏아들'은 첫째 되는 위치를 말하고, 그래서 교회의 머리요, 모든 왕 중의 왕이신 예수님의 영광을 혈통적인 의미로 표현한 것입니다(Hultgren, *Romans*, 329; Schreiner, *Romans*, 454).

바울은 여기서 "하나님께서 우리를 영화로운 구원에 이르게 하실 것이고, 그렇게 되기까지 우리의 삶 속에 일어나는 모든 일들을 간섭하셔서 선을 이루게 하실 터인데, 우리가 무슨 말을 더 하겠느냐"라고 감격적인 고백을 합니다(cf. 시 118:6-7). 물론 이 세상을 살아가는 동안 기쁘고 즐거운 날들도 있지만 슬픔과 고난을 당할 때도 있습니다. 그러나 우리들은 삶의 모든 과정을 통하여 영화로운 구원의 자리에 서도록 작정되었습니다. 그래서 바울은 하나님께서 우리 편임을 이야기하면서 "자기 아들을 아끼지 않고 내주신 하나님께서 그 아들 되신 예수 그리스도와 함께 모든 것을 우리에게 주시지 아니하겠느냐"라고 말합니다(8:31-32).

여기에서 말하는 "모든 것"(8:32)은 종말론적인 의미에서 모든 것을 말합니다. 다시 말해서, 장차 우리가 하나님과 함께 누리게 될 모든 것을 말합니다. 또한 예수 그리스도께서 이 땅에 다시 오실 때, 하나님의 자녀들이 이 세상 만물의 상속자가 된다는 의미에서 모든 것을 말합니다(8:17). 한마디로 말하면, 새 하늘과 새 땅의 무한한 영광을 누리게 된다는 종말론적인 약속입니다. 종말을 향해 가는 이 세상에서 하나님께서는 당신의 자녀들을 돌보시며 필요한 모든 것을 공급해 주십니다(cf. 마 6:33; 빌 4:19). 그래서 우리가 원하는 모든 것이 아니라 합력하여 하나님의 뜻을 이루고 선을 이루게 하는 모든 것을 가리킵니다.

이처럼 하나님께서 우리를 위하시는데 우리가 무엇을 두려워하고 누구를 두려워하겠습니까?(시 27:1) 누가 우리를 송사하고 누가 우리를 감히 정죄할 수 있겠습니까?(8:33) 그래서 바울은 말합니다. "누가 우리를 그리스도의 사랑에서 끊으리요 환난이나 곤고나 박해나 기근이나 적신이나 위험이나 칼이랴"(8:35). 바울은 우리가 환난과 곤고와 박해와 기근과 생명의 위협을 받는 것이 하나도 이상한 일이 아니라고 하면서, 그것이 우리를 그리스도의 사랑에서 끊을 수 없다고 말합니다.

우리가 즐겨 부르는 찬송가 중에 "예수로 나의 구주 삼고", "나의 갈 길 다가도록", "오 놀라운 구세주 예수 내 주", "나의 영원하신 기업"이 있습니다. 이 찬송가의 가사들은 모두 화니 크로스비(Fanny Crosby)가 썼습니다. 그녀는 태어난 지 6주 만에 의사가 실수로 약물을 눈에 잘못 넣어서 시력을 잃게 되어 평생을 시각장애인으로 살았습니다. 가난한 집에서 태어난 그녀는 할머니 손에서 자라면서 할머니를 통하여 신앙을 갖게 되었고, 나중에는 인기 있는 시인이며 찬송가 작사자가 되었습니다. 한 번은 부흥 집회에서 한 목사님이 화니 크로스비에게 이런 말을 했습니다. "창조주 하나님께서 당신에게 많은 선물을 주셨는데 세상을 볼 수 있는 시력을 선물로 주시지 않은 것은 참으로 유감스러운 일입니다." 그때 화니 크로스비가 대답했습니다. "목사님, 제가 태어날 때 하나님께 기도할 수 있었다면 저를 맹인으로 태어나게 해 달라고 기도를 했을 것입니다." 그 이유를 묻자 화니 크로스비는 이렇게 대답했습니다. "왜냐하면 내가 천국에 이르렀을 때 내 눈이 제일 먼저 보고 좋아할 수 있는 얼굴이 나의 주님의 얼굴이기 때문입니다." 그녀는 1915년 2월 12일 금요일 아침에 95세의 나이로 조용히 하나님의 부르심을 받았습니다. 우리는 화니 크로스비의 고백에서 예수 그리스도를 향한 깊은 사랑을 발견하게 됩니다.

하나님께서 택하여 부르신 하나님의 자녀들에게는 이 세상의 가난이나 질병이나 고난이나 세상의 그 어떤 것이라도 그들을 그리스도의 사랑에서 끊을 수 없습니다. 그런데 오늘날 기독교에는 '예수님 믿으면 형통하고 복 받는다'라는 생각이 지나치게 유행하고 있습니다. 예수님 믿으면 형통하고 복 받는다는 말이 마치 신앙의 정답인 것처럼 가르치는 기복신앙이 교회 안에 유행하고 있습니다. 그러다 보니, 문제를 당하면 믿음으로 인내하고 그 고난의 시간들을 통하여 하나님의 뜻을 발견하고 하나님의 뜻을 이루어 가려는 믿음의 자세를 갖기가 쉽지 않습니다. 고난이 찾아오면 단번에 해결하고, 병이 들면 단번에 고치고, 고통을 당하면 기도로 즉시 벗어나는 것이 큰 믿음인 것처럼 오해합니다. 뿐만 아니라 고난의 과정을 통하여 더욱 하나님의 거룩한 성품으로 변화되어 가려는 성화의 노력이 부족합니다. 물론 기도로 문제가 해결되고 병도 낫고 축복과 능력을 경험하는 것이 나쁜 것은 아닙니다. 그러나 그것이 우리가 붙잡아야 할 신앙의 본질은 아닙니다.

우리가 받은 구원이 얼마나 크고 위대한 것인가를 바로 깨닫지 못하면, 너무나 쉽게 이 세상의 성공과 이 세상의 안락함을 추구하는 현세적 축복(기복) 신앙으로 빠져들 수 있습니다. 우리가 예수님을 잘 믿어도, 질병으로 어려움을 당할 수 있고 고난을 겪으며 힘든 나날을 보낼 수 있습니다. 서양 음악사를 대표하는 1685년에 태어난 독일의 작곡가 요한 세바스찬 바흐(Johann Sebastian Bach)는 27년간 교회음악가로 지내면서 140곡이 넘는 칸타타와 많은 교회음악을 작곡했습니다. 그러나 그의 삶을 돌아보면 결코 평탄하지 않았습니다. 그는 아홉 살 때 어머니를 잃었고, 열 살 때는 거리의 악사였던 아버지도 세상을 떠나서, 큰형 집에 살면서 오르간 연주를 배우기 시작했고 교회 합창단원으로 활동하였습니다. 바흐는 나중에 결혼해서 7명의 자녀를 낳고 궁정 예배당의 오르간 연주자로 활동하기 시작했지만, 35세의 나이에 아내가 사망했습니다. 그 후 바흐는 재혼을 했는데 20명의 자녀 가운데 10명이 먼저 세상을 떠났고, 살아남은 10명 중 한 명은 정신지체아였다고 합니다. 그는 인생 말년에 시력을 잃고 시각장애인으로 살다가 뇌일혈로 반신불수가 되기도 했습니다. 그러나 그는 언제나 곡을 시작할 때 첫 머리에 "예수의 이름으로"라고 적었고, 곡을 마칠 때는 “오직 하나님께 영광”이라고 적었다고 합니다. 이처럼 바흐는 인생의 굴곡 속에서도 하나님을 바라보고 하나님을 찬양했습니다.

지금도 많은 기독교 신자들이 신앙을 지키기 위해서 고난과 박해를 당하고 있습니다. 기독교인들의 박해를 감시하는 미국 국제 기독선교단체인 오픈 도어스 선교회(Open Doors)에서는 매년 기독교 박해 국가들의 순위를 발표하고 있는데, 북한은 11년 연속 최악의 기독교 박해 국가로 선정되었습니다. 이러한 심각한 박해에도 불구하고 북한에는 약 40만여 명의 숨은 지하 교회 기독교인들이 있다고 합니다. 지난 2013년 3월, 아프리카 나이지리아의 한 마을인 카노(Kono)에서는 이슬람교도가 기독교인들을 대상으로 한 버스 폭탄 테러가 발생했습니다. 2009년도 파키스탄에서는 125명의 기독교인들이 신성모독죄로 고발당했고, 그 중에 수십 명이 사형 집행을 당했다고 전해졌습니다. 지금은 시리아를 중심으로 중동 여러 지역에서 수많은 기독교인들이 박해를 받고 죽임을 당하기도 합니다.

바울은 “이 모든 일에 우리를 사랑하시는 이로 말미암아 우리가 넉넉히 이기느니라”(8:37)라고 말합니다. 여기서 ‘넉넉히 이긴다’는 헬라어로 ‘휘펠니코멘’(υπερνικωμεν)인데, ‘뛰어 넘는다’(υπερ)와 ‘승리한다’(νικάω)라는 두 단어가 합해져서 ‘엄청난 승리를 거두다’ 혹은 ‘이기고도 남는다’는 뜻을 가지고 있습니다. 그렇다면 이 모든 일을 넉넉히 이긴다는 말이 무엇일까요? 이 말은 세상으로부터 오는 모든 시련과 고난을 이기는 힘이 하나님의 사랑에서 나온다는 말입니다. 바꾸어 말하면, 하나님의 초자연적인 능력으로 고난이 없는 삶을 사는 것이 아니라, 하나님께 받은 사랑의 힘으로 고난을 이기고, 죽음을 이기고, 모든 것을 이긴다는 것입니다.

그래서 바울은 이 세상에 속한 생명과 죽음도, 또한 초자연적인 세계에 속한 천사들이나 마귀도, 그리고 현재 일이나 장래 일이나 그 어떤 일들도 우리를 하나님의 사랑에서 끊을 수 없다고 고백합니다(8:38-39). 그 하나님의 사랑은 창세 전에 미리 아시고 택하여 부르신 사랑입니다. 그 사랑은 예수 그리스도를 내어 주셔서 우리의 죄를 씻어 주시고 의롭다고 인정해 주신 사랑입니다. 그 사랑은 우리 삶의 모든 사건을 통하여 예수님을 닮아가게 하시고 믿음으로 승리하도록 붙드시는 사랑입니다. 그 사랑은 우리가 하나님의 나라에서 영화로운 구원을 누리며 이 세상 만물을 상속받도록 허락하신 사랑입니다.

*더 깊은 이해를 위한 글 10: "성령님과 성화, 성령님과 교회" p. 189를 함께 보세요.

더 깊은 이해를 위한 글 9

바울의 기독론

로마서를 중심으로 바울의 기독론을 '하나님의 의'와 '그리스도와 연합'이라는 두 주제로 나누어 잠깐 살펴보겠습니다. 바울은 다메섹 도상에서 예수 그리스도를 만난 이후, 예수 그리스도를 따르는 근본적인 삶의 전환을 경험했으며, 이러한 그의 회심을 시작으로 당시의 유대교 사상과 헬라 철학에 혼합되지 않은 예수 그리스도의 복음을 전파했습니다(채위, 106-107). 레만(『성경신학 Ⅱ』, 412)이 지적한 대로, 특별히 바울은 예수 그리스도의 구속을 통하여 하나님께 의롭다고 인정받는 '하나님의 의'(칭의)를 강조하는데, 이것은 하나님의 법정적 선언일 뿐만 아니라 하나님의 행위임을 말합니다(3:25-26, 30; 4:5; 8:30, 33; 갈 3:8).

바울에게 예수님의 나타나심(성육신)은 하나님의 사랑과 하나님의 구원의 한 행동입니다. 다시 말해서, 하나님께서 자기 아들을 사람들과 같은 육신의 모양으로 보내셨고(8:3; 갈 4:4-5; cf. 요 1:14; 빌 2:6-8), 그 결과 복음에 '하나님의 의'가 나타났습니다(1:17; 3:21-22). 또한 레만(『성경신학 Ⅱ』, 420)이 말한 대로, 이러한 칭의를 통해 인간과 하나님의 관계가 회복된 것에 대하여 바울은 '화평'과 '화목'이라는 단어를 사용합니다(5:1-11; 엡 2:12-18; 골 1:20-22).

이러한 바울의 구원론은 성부 하나님의 측면에서 나타난 구원의 행동과 성자 예수 그리스도의 측면에서 나타난 대속의 죽음과 부활이라는 양면성을 보여 줍니다. 그 결과 죄인을 구원하시는 하나님의 사랑은 예수 그리스도께서 죄인들을 대신하여 대속의 피를 흘리신 십자가 위에서 절정을 이루었고(5:8; 8:39; cf. 요일 4:9), 예수 그리스도의 부활을 인하여 신자와 그리스도의 영적 연합이 가능하게 되었으며, 그 결과 구원받은 신자는 그리스도와의 신비한 영적 연합 가운데 새 생명의 길을 걷게 됩니다(6:1-11). 바울은 이러한 사실을 특별히 '그리스도 안에서'(헬. 엔 크리스토)라는 말로 표현합니다(레만, 『성경신학Ⅱ』, 452). 한마디로 말하면, 신자의 구원과 성화가 '그리스도 안에서 일어난다'라고 요약할 수 있습니다(6:11, 23; 8:1; 엡 1:3; 2:6-3:11; 딤후 1:13; 3:12; 살전 2:14; 4:16; 5:18 등).

또한 바울은 로마서에서 예수 그리스도의 인격과 사역에 관하여 유대교적 전통에 따른 독특한 표현들을 사용합니다. 예를 들어, 예수가 육으로는 다윗의 자손(1:3; 15:12; cf. 딤후 2:8), 제2의 아담(5:14), 율법의 완성자(10:4; cf. 13:10), 유대인의 종(15:8)과 같은 표현들입니다(정승우, 143).

다시 말해서 바울은 예수님의 인성을 다윗의 자손으로 오신 메시아로 소개하고, 그리스도의 오심은 구약 율법의 마침이 되신다고 소개합니다. 또한 창세기 1-3장에 나오는 아담의 죄와 대조하여 예수님을 그의 인성을 바탕으로 구원자 되신 제2의 아담으로 소개합니다(5:15-19; 고전 15:21-22). 뿐만 아니라, 바울은 예수님이 할례 받은 유대인의 종으로서 유대인을 섬기러 오셨다고 소개합니다.

이렇게 바울은 그리스도와의 인격적인 만남을 통하여 예수 그리스도의 부활에 대한 확고한 사상을 전파했고, 자신이 그리스도의 십자가와 부활의 사건에 함께 연합된 자가 되었음을 강조합니다(6:3-5; cf. 빌 3:10-11; 갈 2:20). 신자의 구원과 성화는 예수 그리스도와의 신비한 연합을 통하여 가능하게 되었으며, 바울의 표현을 빌려 이는 '엔 크리스토'(그리스도 안에서)로 집약됩니다(cf. 요 15장).

○ 더 깊은 이해를 위한 추천 자료

1. 고든 D. 피, 「바울의 기독론: 목회적 감각의 해석학적-신학적 연구」(*Pauline Christology: And Exegetical-Theological Study*), 홍인규 외 공역, 서울: 기독교문서선교회, 2009.
2. 오우성, "로마서 3:21-23에 나타난 바울의 기독론", 「한국신약학회 신약논단」 제1권.
3. 정승우, "최근의 로마서 기독론 연구 동향", 「신학논단」, 61-66.
4. 채위, "바울의 기독 체험과 역사적 예수", 「신학논단」(1995), 69-90.
5. 체스터 K. 레만, 「성경신학 II: 신약」(*Biblical Theology Vol. II Old Testament*), 김인환 역, 파주: 크리스챤다이제스트, 1994.
6. Gary W. Burnett, "Individual and Collective Aspects of Pauline: Soteriology in Romans 3," *IBS* 20 Oct(1998), 159-188.
7. Jarvis Williams, "Violent Atonement in Romans: The Foundation of Paul's Soteriology," *JETS* 53/3(September 2010), 579-99.
8. R. Scroggs, *Christology in Paul and John*, Philadelphia: Fortress Press, 1988.
9. Thomas. R. Schreiner, *New Testament Theology: Magnifying God in Christ*, Grand Rapids: Baker Academic, 2008.

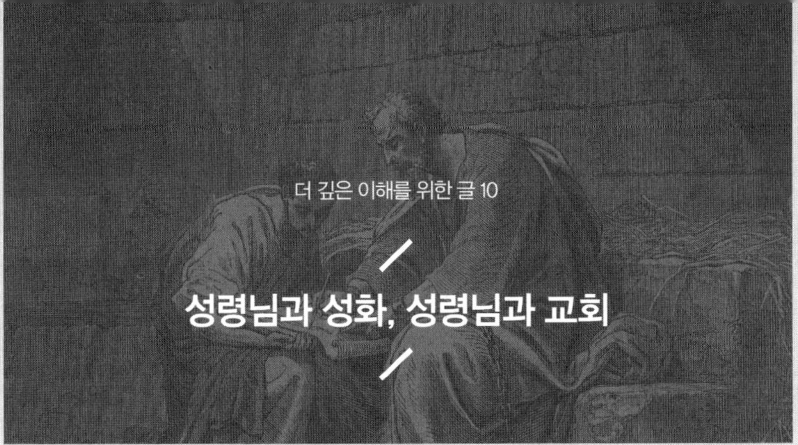

더 깊은 이해를 위한 글 10

성령님과 성화, 성령님과 교회

바울은 그의 서신에서 성령님을 주의 영(고후 3:18), 예수 그리스도의 성령(빌 1:19), 그의 아들의 영(갈 4:6), 성결의 영(1:4), 그리스도의 영(8:9), 영(8:11), 양자의 영(8:15), 하나님의 영(15:19)과 같이 다양하게 표현합니다(조갑진, 283; cf. Gilley, 12–14). 이러한 바울의 성령님에 대한 이해를 '성령님의 인격성과 신성', '성령님과 신자의 성화', 그리고 '성령님과 교회의 관계'를 통하여 간략히 소개합니다.

성령님의 인격성과 신성

바울이 말하는 성령님의 인격성과 신성에 대하여 다음과 같이 요약할 수 있습니다. 성령님은 하나님의 진리를 전달하는 대행자시며, 사람들로 하여금 진리를 받아들일 준비를 시키는 인격자시요, 사람들로 하여금 진리를 알게 하고 이해하도록 마음을 밝히시는 하나님의 중보자이십니다. 또한 하나님의 사랑을 깨달아 알게 하시고 하나님의 자녀가 되도록 인도하시는 분입니다.

성령 하나님은 하나님의 깊은 뜻을 알게 하시며(고전 2:10–13), 행한 것을 지시하시며(행 13:2–3; 16:6–7), 성도를 위하여 간구하시며, 우리가 하나님의 자녀됨을 친히 증거하십니다(8:26–27; 갈 4:6). 바울은 그의 서신에서 성령님을 모든 믿는 자 안에서 역사하시는 하나님의 영이요, 동시에 그리스도의 영이신 삼위일체 하나님의 한 속성으로 소개합니다(8:9; 고전 6:17; 고후 1:21–22; 13:13; 갈 6:8; 엡 4:4–6, 30).

성령님과 신자의 성화

바울의 성령론은 근본적으로 구원론적인 성령론입니다(고전 12:3). 특별히 8장 23절에 나오는 성령님의 처음 익은 열매는 구약의 이스라엘 제사 제도에서 나온 개념과 관계가 있습니다. 그 제도에 의하면 처음 익은 열매는 하나님께 드려졌고, 이러한 행위는 모든 열매가 하나님의 은총임을 고백하는 신앙적 행위이며 동시에 장차 누리게 될 풍성한 수확(full harvest)에 대한 신앙적 기대의 표현이었습니다.

이러한 내용을 배경으로 바울은 성령님을 하나님께서 그의 자녀들에게 주실 처음 익은 열매로 묘사합니다. 그러므로 성령님의 처음 익은 열매가 우리에게 주어졌다는 것은 미래에 완성될 하나님 나라가 현재 이미 도래했다는 의미이며, 동시에 완성될 미래적 하나님 나라를 유업으로 받게 될 것을 성령님으로 보증받았다는 의미입니다(엡 1:13–14).

이러한 구원의 보증으로 주어진 성령님은 신자의 삶을 구원의 완성으로 이끌어 가는 성화의 원동력이 됩니다. 따라서 바울은 8장 3–4절을 통하여 육신의 연약함으로 지킬 수 없는 율법의 요구를 구원받은 신자들은 성령님을 따라 지킬 수 있게 되었다고 말합니다.

그러므로 성화의 삶이야말로 성령님을 받은 구원받은 신자가 보여 주는 실제적인 증거이자 열매이며 하나님의 목적이라고 말할 수 있습니다.

그러나 이러한 성화의 삶은 성령님의 도우심과 인도하심이 없이는 불가능하며, 자신의 의지와 노력으로 도달하려는 자들은 교만과 자기 의와 또 다른 율법주의에 빠질 수밖에 없습니다.

성령님과 교회

바울이 성령님과 신자들의 관계에 대해서 이야기할 때에 특별히 강조하는 사실은 성령님이 교회를 세우고 교회를 완성해 가는 교회의 주체이시라는 점입니다. 즉 교회 안에는 다양한 성령님의 은사들이 주어졌지만 신자들은 한 성령으로 세례를 받아서 한 몸이 되었습니다(고전 12:13). 여기서 '성령으로 세례를 받았다'는 말은 그리스도의 몸(교회)과 연합이 이루어졌다는 의미이며, 따라서 신자가 된다는 의미는 곧 그리스도의 몸인 교회의 지체가 된다는 것입니다.

따라서 바울은 교회 공동체를 세우기 위하여 서로가 어떻게 섬기며 권면하며 사랑하며 교제를 해야 하는지 그의 서신서에서 자주 강조합니다(14:1-15:7; 빌 2:1-4 등). 바울은 신자들 간에 성령님 안에서 참된 교제를 하기를 권면하면서 "평안의 매는 줄로 성령이 하나 되게 하신 것을 힘써 지키라"(엡 4:3)라고 말하고, 또한 "오직 사랑으로 서로 종 노릇 하라"(갈 5:13)고 말하면서 이것이 율법을 완성하는 것이라고 말합니다(13:10).

마찬가지로 바울이 말한 '성령님의 은사'와 '성령님의 열매'를 교회론적 차원에서 이해하는 것은 대단히 중요합니다. 다시 말해서, 바울이 말하는 성령님의 은사와 능력(고전 12:4-31; cf. 12:3-13; 15:14-21), 그리고 성령님의 열매들(갈 5:22-26)은 복음 전파와 함께 신자의 개인적 유익(성화)을 위해서 주어진 것일 뿐만 아니라, 교회를 세우고 교회 공동체가 하나가 되게 하려고 주시는 것들입니다. 따라서 성령님의 충만함(지배)을 받은 가장 분명한 증거는 교회 공동체에 유익을 끼치는 사랑의 열매로 나타납니다.

○ 더 깊은 이해를 위한 추천 자료

1. "개혁주의 성령론", 캘빈아카데미, http://www.calvinacademy.net/generator/brief.php?menu=2&id=18.
2. 김수연, "죄와 사망의 법에서 생명의 성령의 법으로", 「성경마당」(2008), 156-174.
3. 김현진, "성령 코이노니아의 신학적 고찰", 「한국개혁신학」 42권(2014), 72-99.
4. 조갑진, "로마서에 나타난 성령 이해", 「신학과 선교」, 255-286.
5. 체스터 K. 레만, 「성경신학 II: 신약」(*Biblical Theology Vol. II Old Testament*), 김인환 역, 파주: 크리스찬다이제스트, 1994.
6. E. C. Bragg, *Pauline Theology*, http://www.trinitycollege.edu/academics/ecbragg/pauline-theology-book.
7. Finny Philip, "Apostle to the Gentiles the Origins of Pauline Pneumatology", Dunham University, Dunham E-Thesis, http://etheses.dur.ac.uk/3706/1/3706_1267.pdf.
8. Gary E. Gilley, *Pneumatology: A Study of the Holy Spirit*, http://www.svchapel.org/downloads/TheologyLessons/pneumatology.pdf
9. Richard B. Gaffin Jr., "Life-Giving Spirit": Probing the Center of Paul's Pneumatology, *JETS* 41/4(December 1998), 573-589.

적 용 과　토 론 을　위 한　질 문

4장 율법과 믿음, 그리고 성화의 길(7–8장)

1 로마서 7장에서 바울은 율법에 대하여 결혼의 비유를 들어서 설명하고 있습니다. 이러한 비유로 율법을 설명하는 이유가 무엇이라고 생각합니까?(7:1–6 참조) 또한 바울이 로마서 7장에서 말하고 있는 율법의 부정적 측면과 긍정적 측면은 무엇입니까?(7:7–14 참조) 이러한 두 측면이 율법의 세 가지 근본적 기능(혹은 목적)과 어떤 관계가 있는지 다시 정리해 보고 함께 나누어 봅시다.

2 로마서 7장에서 죄의 법과 하나님의 법 사이에서 갈등하는 '나'에 대하여 우리는 어떻게 이해해야 할까요?(7:14–25 참조) 또, 여기에 대한 신학자들의 주요 견해는 무엇일까요? 그리고 실제로 나의 모습은 어떠한지 묵상해 보고 고백해 봅시다.

3 로마서 8장에서 바울은 성령과 율법의 관계를 '생명의 성령의 법'과 '죄와 사망의 법'이라고 대조적으로 표현하고 있습니다. 그렇다면, 율법과 성령은 어떤 관계가 있습니까?(8:2–4 참조)

4 로마서 8장 18–25절의 내용과 8장 28–30절의 내용을 비교해서 묵상해 봅시다. 이 두 본문에서 바울은 구원에 대하여 어떻게 말하고 있습니까? 두 본문의 차이점과 공통점을 생각해 보고 구원에 대하여 함께 나누어 봅시다.

2부

언약에 대한 하나님의 신실함(9-11장)

들어가는 글

바울은 자신의 서신 13권 가운데 9–11장에서 구약성경을 가장 많이 인용합니다. 인용 구절이 전체의 39퍼센트에 이릅니다(Toews, 239). 이렇게 많은 구약성경의 인용과 난해한 일부 성경 구절들로 인하여 9–11장은 많은 사람들이 여전히 오해합니다. 하나는 9–11장에서 바울이 언급한 '이스라엘의 구원'이 영적 이스라엘(새 이스라엘 혹은 교회)을 의미한다는 것이고, 또 하나는 '이스라엘의 구원'이 이스라엘 민족 전체를 의미한다는 것입니다. 이러한 해석과 설명들은 9–11장을 바르게 이해하지 못해서 생겨난 것입니다.

이 점에 있어서 조병수 교수는 "9장은 이스라엘이 하나님께서 선택하신 백성임을 말하고, 10장은 이스라엘이 하나님을 거절한 백성임을 말하며, 11장은 이스라엘은 하나님께서 회복하실 백성임을 말한다"라고 간결하게 설명합니다.

또한 곽선희 목사는 9–11장에 대하여 말하기를, 바울의 큰 고민은 (1) 이스라엘이 하나님께 돌아오지 않는 문제, (2) 그들이 예수님을 믿지 않을 뿐 아니라 기독교를 박해하기까지 하는 문제, (3) 왜 이런 일이 있어야 하는가에 대한 신학적인 고민에 있다고 말합니다(곽선희, 「로마서 강해 하」, 20).

그러나 여기서 말하는 '이스라엘'이 이스라엘 민족 전체를 의미하는 것이 아니라, 이스라엘 민족 가운데서도 특별히 하나님의 선택을 받은 일부 이스라엘 사람들을 가리켜서 말하고 있다는 점을 우리는 주의해야 합니다.

뿐만 아니라, 9–11장은 상당히 많은 신앙적 주제들을 함축하고 있습니다. 예컨대 하나님의 주권과 선택이라는 중요한 주제가 9장의 중심을 이루고 있습니다. 결론적으로 바울은 9–11장에서 하나님께서 맺으신 언약에 대한 신실함을 바탕으로, '이스라엘 백성이라고 해서 모두가 하나님의 선택을 받은 것이 아니다'라는 사실과 '한 번 선택받은 이스라엘 백성은 결코 버림받지 않는다'는 점을 강조합니다. 더 나아가서, 하나님의 구원의 섭리 아래서 인간의 구원을 이루시는 하나님의 계획이 유대인과 이방인의 관계를 통하여 어떻게 나타나고 있는지, 하나님의 일하심과 지혜, 그리고 구원의 신비를 이야기합니다. 한마디로 이 모든 주제는 '하나님의 신실하심'이라는 하나의 주제로 요약할 수 있습니다.

1장
이스라엘의 선택과 하나님의 언약(9장)

하나님의 주권적인 선택(9:1-24)

8장에서 구원의 확신과 소망과 감격에 찼던 바울은 9장에 와서 자신의 동족인 유대인들을 생각하면서 느끼는 슬픔과 영혼의 고통을 다음과 같이 고백합니다.

> 1-2내가 그리스도 안에서 참말을 하고 거짓말을 아니하노라 나에게 큰 근
> 심이 있는 것과 마음에 그치지 않는 고통이 있는 것을 내 양심이 성령 안
> 에서 나와 더불어 증언하노니 3나의 형제 곧 골육의 친척을 위하여 내 자
> 신이 저주를 받아 그리스도에게서 끊어질지라도 원하는 바로라(9:1-3).

먼저 바울은 예수님을 믿지 않는 자신의 친척과 많은 이스라엘 사람들로 인한 자신의 고통에 대해 고백합니다. 그러면서 자신의 형제와 친척과 민족이 예수님을 믿고 구원받을 수만 있다면 자신은 저주를 받아 예수 그리스도의 생명으로부터 끊어져도 상관없다는 충격적인 고백을 합니다. 여기서 바울은 '그리스도 안에서'라는 표현을 사용함으로써 진지한 고백임을 강조합니다. 또 "내 양심이 성령 안에서 나로 더불어 증언하노

니"라고 말하면서, 깨끗한 양심으로 참된 고백을 하고 있다고 강조합니다. 이러한 고백은 바로 구원의 은혜가 얼마나 크고 위대한지를 진실로 깨닫고 누리는 자가 하게 되는 고백입니다. 또한 하나님의 길이 참으심과 하나님의 자비를 멸시하는 자들이 받게 될 영원한 형벌이 얼마나 무서운가를 깨닫는 자만이 할 수 있는 충격적인 고백입니다.

바울처럼 자신이 저주를 받고 어떤 희생의 대가를 치러서라도 그들을 구원하고 싶은 마음까지는 아닐지라도, 적어도 그들의 영혼을 위해서 기도하는 부담감을 우리는 가져야 합니다. 그것이 진정으로 구원의 은혜를 깨닫고 누리는 하나님의 자녀들의 모습이기 때문입니다. 그러므로 우리 안에 영혼을 바라보는 눈이 없고 영혼을 향한 마음의 안타까움이 없다면, 영혼을 불쌍히 여기셨던 주님의 마음을 부어 달라고 기도해야 합니다. 바울에게 뜨거운 영혼 사랑의 마음을 부어 주신 성령님이 우리에게도 그 마음을 부어 주시도록 기도해야 합니다.

제가 전도사로 처음 섬겼던 감리교회에서 만난 남자 권사님이 어떻게 자신이 예수님을 믿게 되었는지 이야기해 주셨던 적이 있습니다. 그 남자 권사님은 아내를 두고도 다른 여자와 동거를 하였는데, 그 여자 친구를 집에 데려오면, 아내는 아무 말 없이 남편의 여자 친구까지 함께 식사 대접을 해 주고 보냈다고 합니다. 그런데도 아내가 얼마나 미웠는지 온갖 구박을 했고, 심지어는 아내의 음식 속에 독약을 타서 죽일 마음까지 품은 적도 있었다고 고백했습니다. 그런데 어느 날 밤늦게 집에 아내가 없어서 보니 교회 부흥회에 참석 중이었다고 합니다. 그래서 교회당 안에서 아내 머리채를 잡고 끌어내어서 단단히 망신을 줘야겠다고 마음먹고 교회로 들어갔는데, 교회 안에 들어서자 자신도 모르는 힘에 압도되어 그 자리에 서서 하나님의 말씀을 듣다가 죄를 회개하고 예수님을 믿게 되었다고 했습니다.

그 권사님의 부인이 온갖 핍박을 받으면서도 남편의 여자에 대한 질투와 미움을 내려놓고 오히려 남편을 공경했다면, 그렇게 되기까지 남편을 위해서 얼마나 기도했겠습니까? 실제로 저는 그 부인 권사님을 뵐 때마다 그분의 영혼이 어린아이 같이 순수함을 느꼈습니다. 영혼 구원은 기도에서 시작됩니다. 중요한 것은 영혼을 사랑하는 마음입니다. 바울은 이방 민족의 사도로 이방 선교를 위해서 특별히 부름을 받았지만, 그보다 먼저 자신의 친척과 이스라엘 백성들의 구원 문제 때문에 괴로워했습니다.

현대어 성경을 보면 “나는 여러분들 때문에 밤낮 마음이 무겁고 슬픔으로 가슴이 찢어지는 것 같습니다”라고 번역하여 바울의 마음이 더욱 분명하게 드러납니다. 그럴 때 우리가 제일 먼저 하게 되는 것이 기도입니다. 전도는 내 능력이나 내 재주가 아니라 성령님이 하시는 일이기 때문입니다. 그래서 전도는 자랑거리가 아니라 하나님이 하시는 일이요, 복음을 믿고 누리는 신자가 당연히 해야 할 일입니다.

어거스틴은 어머니 모니카의 기도로 하나님께 돌아온 대표적인 인물입니다. 어거스틴은 회개하고 나서 쓴 「고백록」에서 이렇게 고백합니다. “나의 어머니는 세상의 어머니들이 죽은 자식을 위해 우는 것보다 더 슬피 울면서 기도했다.” 어머니의 이러한 기도가 열매를 맺어서, 어거스틴은 32세에 예수님을 만났고, 그 후 교회의 감독이 되어서 76세에 죽기까지 44년간을 하나님께 쓰임받았습니다. 이처럼 전도는 영혼을 사랑하는 마음과 기도를 통해서 이루어집니다.

바울은 비록 자신의 형제들이 세상에서 부귀영화를 누리고, 명예와 권세를 누리면서 살아가고 있을지라도 그들 앞에 영원한 형벌이 다가오고 있다는 사실을 알고 근심과 고통을 느낄 수밖에 없었습니다. 그래서 자신의 형제와 민족을 구원할 수만 있다면 자신은 저주를 받아 그리스도에게서 끊어져도 좋다고 고백했습니다. 바울의 이 고백은 모세가 이스라엘 백성의 구원을 위해서 하나님께 기도했던 내용과도 같습니다. 모세는 이스라엘 백성이 하나님을 떠나서 송아지 우상을 숭배했을 때 이스라엘 백성의 죄를 용서해 주실 수 없다면 주께서 기록하신 책에서 자신의 이름을 지워 달라고 간청했습니다(출 32:31–32; cf. 시 69:28; 계 20:15). 이렇게 자신의 생명을 대신해서 자기 민족이 구원받기를 기도했던 모세와 같이, 바울은 자신의 영혼을 대신해서 이스라엘 백성의 영혼을 구원할 수 있기를 간절히 원한다고 고백합니다(cf. 10:1).

다음으로 바울은 이스라엘 백성이 어떤 특권을 누린 사람들이었는지를 다음과 같이 말합니다.

> 4그들은 이스라엘 사람이라 그들에게는 양자 됨과 영광과 언약들과 율법을 세우신 것과 예배와 약속들이 있고 5조상들도 그들의 것이요 육신으로 하면 그리스도가 그들에게서 나셨으니 그는 만물 위에 계셔서 세세에 찬양을 받으실 하나님이시니라 아멘(9:4–5).

바울은 여기에서 이스라엘 사람들이 누렸던 복들을 언급합니다. 첫째, 양자로 입양되어 하나님의 백성이 된 것입니다. 로마 시대의 '양자' 개념은 우리 문화에서 이해하는 '양자'의 개념과는 많이 다릅니다. 우리나라에서 '양자'는 '친자'보다 못한 열등한 자녀로 인식되지만, 로마 사회에서 양자가 되는 것은 특별히 선택되었다는 자부심을 느낄 수 있는 자리였습니다. 그래서 어떤 귀족들은 자기 친자식들이 있어도 특출한 인물을 양자로 입양했습니다. 또 양자라고 해도 아버지의 대를 이어서 황제의 자리에 오르는 데 문제가 없었습니다. 이처럼 양자는 친자식과 다를 바 없었을 뿐만 아니라, 때로는 그보다 더한 '선택의 특권'을 받기도 합니다. 둘째, 이스라엘 민족의 특권은 하나님의 영광을 경험한 것입니다. 이스라엘 백성은 하나님께서 친히 찾아오셔서 함께하시는 하나님의 임재를 경험했습니다(출애굽기 내용 참조). 솔로몬이 성전을 지어 하나님께 드릴 때에도 그곳에 하나님의 영광이 가득했습니다. 이처럼 하나님의 살아 계심을 생생하게 체험한 민족은 이스라엘밖에 없었습니다. 셋째, 이스라엘의 특권은 하나님의 율법을 받은 것이고, 넷째로 이스라엘 민족이 누린 특권은 하나님을 예배하는 삶을 산 것입니다.

마지막 다섯째는 언약들과 약속들입니다. 하나님께서는 아브라함과 언약을 맺으셨고 아브라함의 후손인 이스라엘 백성과 언약을 맺으셨습니다. 그러면서 축복의 약속들을 주셨습니다. 이러한 언약들과 약속들은 이스라엘 민족만을 위해서 주신 것이 아니라 모든 이방나라가 이스라엘 민족을 통해서 하나님의 언약과 약속 안에 참여하도록 먼저 주신 것입니다. 이스라엘 백성은 아브라함과 이삭과 야곱과 같은 언약의 조상들 아래서 태어나는 특권을 가졌습니다. 사실 이러한 약속들과 언약들은 한편으로는 무조건적이며 또 한편으로는 조건적입니다. 다시 말해서, 하나님께서 결정하시고 행동하신다는 측면에서 무조건적인 은혜이지만, 인간이 믿고 순종해야 한다는 측면에서는 조건적입니다. 이렇게 하나님께서 이스라엘 백성을 선택하신 일과 그러한 하나님의 부르심에 대한 이스라엘 백성의 반응은 무조건적 언약과 조건적 언약 사이에서 긴장감을 유지합니다.

그러나 하나님의 특별한 선택을 받아 복을 누린 이스라엘 백성이 지금은 하나님께 버림을 받고 영원한 형벌과 저주 아래 있는 현실을 바라보면서, 바울은 말할 수 없는 근심과 마음의 고통을 느꼈습니다. 하나님께서 이스라엘을 선택하여 양자로 삼으시고 이러한 특권들을 주셨다면, 어떻게 이제 와서 그 백성을 버릴 수가 있는가 하는 깊은 고민을 하지 않을 수 없었습니다. 이것은 곧 "하나님께서는 자신의 약속을 반드시 이루시는 신실하신 하나님인가?"라는 고민이기도 했습니다. 하나님의 신실함은 모든 하나님의 자녀들이 한 번쯤 갖게 되는 신앙적인 질문입니다. 그래서 바울은 로마 교회의 성도들에게 이 편지를 쓰면서 이스라엘 민족의 구원 문제를 자세히 다룹니다. 그러고 나서 바울은 11장 1절에서, "그럴 수 없느니라 나도 이스라엘인이고 아브라함의 씨에서 난 자요 베냐민 지파라"라고 선언합니다.

바울은 구원에 관한 주제를 다루면서, 9장에서 하나님 편에서의 이스라엘의 선택에 관하여 다룬 후에 10장에 가서는 인간의 편에서 믿어야 할 책임에 대해서 이야기합니다. 마찬가지로 성경은 구원의 문제에 관해서 하나님께서 우리를 택하여 부르셨다고 말하지만, 동시에 그 구원을 받아들이는 인간의 믿음과 순종이 요구됨을 말합니다. 그래서 신자들은 행위로 구원받을 수 없지만, 그 행위가 하나님의 자녀라는 산 증거가 되는 것입니다. 믿음으로 살아가는 신자의 삶과 그 삶의 열매는 하나님의 자녀인지를 보여 주는 거울입니다.

바울은 9장 4절에서 "그들은 이스라엘 사람이라"라고 말합니다. 다시 말해서, 바울은 유대인이라는 표현 대신 이스라엘 사람이라는 표현을 사용해서 그들이 하나님과 특별한 언약 관계 속에 있는 백성이라는 점을 상기시킵니다. 그렇다면 '유대인'과 '이스라엘' 사람은 무엇이 다를까요? '이스라엘'은 본래 야곱이 밤새도록 하나님과 씨름하면서 기도했을 때 하나님께서 주신 이름입니다(창 32:27-32). 그리고 '유다'는 야곱의 열두 아들 가운데 한 명의 이름이고, 그 유다의 후손이라는 뜻에서 '유대인'이라는 말이 생겼습니다(창 29:35). 그래서 한편으로는 이스라엘과 유다는 기본적으로 같은 한 민족입니다. 하지만 다른 한편으로는 이스라엘과 유다는 다릅니다.

특별히 이스라엘 역사를 보면, 솔로몬 왕이 죽은 후에 이스라엘은 2명의 통치자가 다스리는 2개의 나라로 쪼개졌습니다. 이때부터 북쪽 지방에 있던 열 지파는 '이스라엘'(북이스라엘)이라고 불렀고, 남쪽 지방에 있던 유다와 베냐민 지파는 예루살렘을 중심으로 '유다'(남유다)라고 불렀습니다. 유다와 이스라엘은 마치 남북으로 나뉜 우리나라와 같이 한 민족이지만 두 나라를 구분할 때 가리키는 말로 사용되기도 했습니다.

하지만 북이스라엘과 남유다의 구분이 사라진 신약 시대의 이스라엘 나라는 로마의 속국이었습니다. 그리고 이 당시부터 주로 유대인이란 말이 사용되었습니다. 다시 말해서, 유대인이라는 의미는 주로 유대 종교를 가진 사람 혹은 유대인의 혈통을 가진 사람이라는 뜻으로 사용되었습니다. 하지만 유대인이 자신을 '이스라엘 사람'이라고 말할 때는, 조상 야곱이 하나님의 특별한 선택을 받은 것과 같이, 자신들이 하나님과 특별한 언약 관계 속에 있는 선택받은 백성이라는 의미가 강했습니다(G. Kittel & G. Friedrich, "Israel", *Theological Dictionary of the New Testament Vol. IX*, 359-369).

이러한 차원에서 바울은 다음과 같이 말합니다.

> 6그러나 하나님의 말씀이 폐하여진 것 같지 않도다 이스라엘에게서 난 그들이 다 이스라엘이 아니요(9:6).

이 짧은 구절은 9–11장 전체를 이해하는 데 있어서 중요한 문장입니다. 성경학자들은 '이스라엘'(Ισραήλ)이라는 단어를 세 가지 의미로 해석합니다. 첫째는 문자 그대로 '야곱의 자손 이스라엘'이라는 해석, 둘째는 하나님께서 택하신 백성으로서 야곱의 자손인 '이스라엘 민족'이라는 해석, 그리고 셋째는 교회(새 이스라엘)를 의미하는 '영적 이스라엘'이라는 해석입니다. 그러나 바울은 여기서 하나님께 택함 받은 야곱과 그의 후손들인 이스라엘을 가리키고 있습니다. 다시 말해서, 바울은 9장 6절에서 진정한 이스라엘(true Israel)은 '오직 택함 받은 이스라엘'(ethnic Jews)이라는 사실을 말합니다.[17] 그러므로 "이스라엘에게서 난 그들이 다 이스라엘이 아니요"(9:6)라는 말씀은 이스라엘 민족 전체가 하나님의 선택을 받은 것이 아니라, 그 가운데 특별히 선택받은 이스라엘 사람들이 있다는 의미입니다.

아무튼 바울은 "그러나 하나님의 말씀이 폐하여진 것 같지 않도다"라고 말한 후에, "이스라엘에게서 난 그들이 다 이스라엘이 아니요"라고 말합니다. 다시 말해서, 바울이 앞에서 언급한 '하나님께서 이스라엘 백성들에게 주신 약속의 말씀들은 폐하여지지 않았다'(9:4–5)는 말을 다시 합니다. 따라서 하나님께서는 이스라엘 백성을 버리지 않으셨다는 말이요,

---

17) 신약학자 슈라이너는 그의 로마서 주석에서 '이스라엘 중의 이스라엘'(9:6)이 '선택받은 이스라엘'(ethnic Jews)이라는 점에 동의합니다. 반면에, 그의 책 「신약신학」에서는 '참 이스라엘'(true Israel)이라는 용어를 '유대인과 이방인을 포함한 교회'(영적 이스라엘)를 의미하는 용어로 사용합니다. 이와 같이 이직까지도 개혁주의 노선의 신학자들은 '참 이스라엘'과 '영적 이스라엘'(교회)에 대한 올바른 개념 정리를 하는 데 혼돈과 어려움을 느끼고 있습니다. 그러므로 이러한 혼란을 방지하는 중요한 신학적 원리가 있는데, 그것은 '유대인과 이방인이 서로 구별되지만 서로 차별은 존재하지 않는다'는 것입니다.
Schreiner, *New Testament Theology*, 860; Schreiner, *Romas: BECNT*, 494; Edwards, *Romans: NIBC*, 231, 235; Donald Robinson, "Biblical Understanding of Israel—The Geographical Entity", 183–184.

하나님의 말씀은 실패하지 않고, 하나님의 약속은 반드시 이루어진다는 말입니다. 이 말씀은 "하나님께서 이스라엘 백성을 택하여 불렀다가 지금은 버리셨다면, 어떻게 그런 하나님을 믿을 수 있겠는가?"라는 질문에 대한 답변이기도 합니다. 이와 관련해서, 바울은 "아브라함의 후손으로 태어났다고 해서 그들이 다 진짜 이스라엘 백성이 아니라면, 누가 진짜 선택받은 이스라엘이냐?"라는 문제를 다음과 같은 예를 들어가면서 설명합니다.

> 7또한 아브라함의 씨가 다 그의 자녀가 아니라 오직 이삭으로부터 난 자
> 라야 네 씨라 불리리라 하셨으니 8곧 육신의 자녀가 하나님의 자녀가 아
> 니요 오직 약속의 자녀가 씨로 여기심을 받느니라 9약속의 말씀은 이것
> 이니 명년 이 때에 내가 이르리니 사라에게 아들이 있으리라 하심이라 10
> 그뿐 아니라 또한 리브가가 우리 조상 이삭 한 사람으로 말미암아 임신
> 하였는데 11그 자식들이 아직 나지도 아니하고 무슨 선이나 악을 행하지
> 아니한 때에 택하심을 따라 되는 하나님의 뜻이 행위로 말미암지 않고
> 오직 부르시는 이로 말미암아 서게 하려 하사 12리브가에게 이르시되 큰
> 자가 어린 자를 섬기리라 하셨나니 13기록된 바 내가 야곱은 사랑하고 에
> 서는 미워하였다 하심과 같으니라 14그런즉 우리가 무슨 말을 하리요 하
> 나님께 불의가 있느냐 그럴 수 없느니라 15모세에게 이르시되 내가 긍휼
> 히 여길 자를 긍휼히 여기고 불쌍히 여길 자를 불쌍히 여기리라 하셨으
> 니 16그런즉 원하는 자로 말미암음도 아니요 달음박질하는 자로 말미암
> 음도 아니요 오직 긍휼히 여기시는 하나님으로 말미암음이니라 17성경이
> 바로에게 이르시되 내가 이 일을 위하여 너를 세웠으니 곧 너로 말미암
> 아 내 능력을 보이고 내 이름이 온 땅에 전파되게 하려 함이라 하셨으니

[18]그런즉 하나님께서 하고자 하시는 자를 긍휼히 여기시고 하고자 하시
는 자를 완악하게 하시느니라(9:7-18).

먼저 바울은 이스라엘 사람이라고 해서 다 하나님께 선택받은 참 이스라엘 사람이 아니라고 말합니다(9:6). 그러고 나서, 바울은 이 사실을 이스라엘의 조상인 이삭의 선택과 야곱의 선택이라는 두 가지 이야기를 예를 들어 설명합니다. 첫째, 이삭과 이스마엘은 둘 다 아브라함의 피를 이어받은 아브라함의 자식들입니다(9:7-9). 그런데 근본적으로 다른 점이 있습니다. 이스마엘은 아브라함의 여종 하갈을 통하여 자연적인 방법으로 태어난 자식이지만, 이삭은 사라가 임신할 수 없는 늙은 나이에 초자연적인 하나님의 능력으로 태어난 아들이라는 것입니다. 즉 이삭은 하나님의 약속과 선택에 의하여 하나님의 방법으로 태어난 자식이라는 것입니다. 그래서 하나님의 약속의 성취는 하나님의 뜻과 하나님의 선택의 행위로 말미암아 된다는 사실을 보여 줍니다(갈 4:22-23). 아브라함에게는 이삭 외에도 여러 자녀가 있었습니다. 하갈을 통해서 낳은 이스마엘이 있었고, 그 외에도 후처 그두라를 통해서 낳은 시므란, 욕산, 므단, 미디안, 이스박, 수아도 있었습니다(창 25:1). 육신적으로 따지면 그들도 아브라함의 후손들이었지만, 그럼에도 불구하고 그들은 하나님께 선택받은 백성이 아니었습니다. 그래서 바울은 이스라엘의 조상인 이삭의 예를 들어서 구원받는 하나님의 자녀가 되는 것이 하나님의 약속에 의해서, 하나님의 은혜로 되어진다고 말합니다(갈 4:24-31).

둘째, 바울은 야곱과 에서의 이야기를 예를 들어 하나님의 주권과 선택에 관하여 말합니다. 이삭과 이스마엘의 경우 아버지는 같지만 어머니는 달랐습니다. 그러나 야곱과 에서의 경우는 아버지도 같고 어머니도

같습니다. 게다가 쌍둥이였습니다. 그런데 쌍둥이 형제인 야곱과 에서가 태어나기도 전에, 그래서 그들이 어떤 선이나 악을 행하기도 전에, 하나님께서는 야곱을 택하여 언약의 후손인 하나님의 백성으로 삼으셨습니다(창 25:21–23). 다시 말해서, 한 사람은 하나님의 약속의 자녀가 되고, 한 사람은 하나님의 자녀가 되지 못하는데, 거기에는 어떠한 인간적인 조건이 없이 오직 하나님의 주권적 선택을 통해서만 이루어진다는 것을 대표적으로 보여 줍니다. 그래서 바울은 "내가 야곱은 사랑하고 에서는 미워하였다"라는 말라기 1장 2–3절의 말씀을 인용합니다. 물론 여기서 에서는 미워했다는 말이 실제로 증오한다는 의미는 아닙니다. 이 말은 하나님의 주권적 선택을 말하기 위해서, '사랑'과 '미움'이라는 강한 대조를 이루는 히브리적 관용어를 사용한 것입니다(Fink, 1140).

여기에 한 가지 더 고려할 것은 바울이 말하는 에서와 야곱은 개인적인 차원의 이야기냐 아니면 민족적인 차원의 이야기냐 하는 점입니다. 다시 말해서, 바울이 이 두 사람을 이스라엘 민족과 에돔 민족을 대표한다는 측면에서 말하고 있는지, 아니면 문자 그대로 야곱과 에서의 개인적 선택을 말하고 있는가입니다. 이에 대해서 많은 신학자들이 상반된 견해를 갖습니다. 하지만 사실상 이 둘(개인과 전체)의 관계를 분리해서 보는 것보다 분리될 수 없는 관계로 이해하는 것이 9–11장의 전체적인 흐름으로 볼 때 더 타당합니다.[18)]

---

18) 9장 7–9절에 나오는 이삭과 이스마엘의 이야기를 일부 성경학자들은 민족적인 개념으로 봅니다(Cranfield, *A Critical and Exegetical Commentary on the Epistle to the Romans*, Morris, *Romans*, 356; Beasle–Murray, "The Righteousness of God in the history of Israel and the the Nations: Romans 9–11" 439; Edwards, 234). 그래서 이동원 목사는 그의 "로마서 강해"에서 9장이 민족적 차원의 선택과 구원을 말하고 있기 때문에 개인의 구원과 관련된 예정과 선택 교리는 본문에 대한 오해라고 설명합니다.
하지만 다른 성경신학자들은 개인적 차원으로 이해합니다(Moo, 252; Stott, *Romans: God's*

야곱과 에서에 관한 이 구절을 가지고 두 신학자가 토론을 했다고 합니다. 그러다가 한 신학자가 "나는 어떻게 태어나기 전부터 하나님께서 에서를 미워할 수가 있는지 도저히 이해할 수 없다"라고 말했습니다. 그랬더니 다른 신학자가 "당신은 그 점을 이해하지 못하지만, 나는 하나님께서 야곱을 사랑했다는 그 다음 부분의 말을 이해할 수가 없다"라고 대답했습니다. 사실 하나님의 선택과 예정은 인간의 이해를 넘어선 것임을 잘 보여 주는 이야기가 아닐 수 없습니다.

아무튼 바울은 야곱과 에서의 이야기를 통하여 이스라엘 백성(유대인)을 택하여 부르신 하나님께서는 후회가 없고 변함이 없으시며, 하나님의 구원의 약속은 반드시 이루어진다는 사실을 이야기합니다. 그래서 이 말씀은 "또 미리 정하신 그들을 또한 부르시고 부르신 그들을 또한 의롭다 하시고 의롭다 하신 그들을 또한 영화롭게 하셨느니라"(8:30)라는 말씀에 대한 하나의 증거가 됩니다. 이처럼 하나님의 선택은 하나님의 주권과 하나님의 은혜에 근거한 것입니다(엡 1:4-5; 2:8-9).

이렇게 바울은 혈통적 이스라엘 자손으로 태어났다고 해서 그들이 다 진짜 선택받은 하나님의 자녀는 아니라는 사실을 증명합니다.

더 나아가서, 바울은 이스라엘 백성들에게 주신 하나님의 언약의 약속이 실패하거나 취소되지 않고 지금도 이루어지고 있다는 점을 말합니다. 그래서 바울은 이스라엘에게서 난 자가 다 이스라엘이 아니라고 말합니다. 바울은 계속해서 이스라엘 사람들 중에서도 특별히 남은 자들이 있는데 그들이 바로 하나님의 선택받은 참 이스라엘 사람들이라고 말합

Good News for the World, 268, Schreiner, *NTT*, 497-502). 이 점에 있어서 우리는 9장에서 말하는 이삭과 이스라엘의 선택은 개인과 민족이 뗄 수 없는 불가분의 관계에 있기 때문에 서로 관련이 있다고 보는 것이 타당합니다(Schreiner, ibid, 498). 그러므로 이삭과 이스마엘에 관한 이야기가 개인의 선택이 아닌 이스라엘 전체(민족)의 선택만을 의미한다는 주장은 설득력이 부족합니다.

니다(9:27; 11:1–5). 여기서 우리는 하나님의 주권과 언약에 대한 하나님의 신실함을 보게 됩니다. 또 하나님의 선택과 하나님의 약속과 관련해서 하나님의 목적이 실패할 수 없다는 사실을 생각하게 됩니다. 이처럼 하나님께서 우리를 선택하셨기 때문에 우리의 일생은 하나님의 뜻 가운데 있고, 우리의 삶 속에서 만나는 모든 일을 통하여 하나님의 거룩한 자녀가 되어 가도록 이끄시기 때문에 우리는 신실하신 하나님을 찬양할 수밖에 없습니다.

바울은 계속해서 하나님의 주권과 은혜에 대하여 설명합니다. "하나님께서 어떤 사람에게는 구원의 은혜를 베풀어 주시고, 또 다른 사람에게는 그런 은혜을 베풀어 주시지 않기 때문에 불공평하다고 말할 수 있는가?"라는 질문에 대해서 "하나님께 불의가 없다"라고 말합니다(9:14). 이 사실을 증명하기 위해서 바울은 출애굽기 33장의 말씀을 인용합니다(9:15–16). 출애굽기 33장 18절에서 모세는 하나님께 "주의 영광을 내게 보이소서"라고 기도합니다. 그때 하나님께서 모세에게 이렇게 말씀하십니다. "여호와께서 이르시되 내가 내 모든 선한 것을 네 앞으로 지나가게 하고 여호와의 이름을 네 앞에 선포하리라 나는 은혜 베풀 자에게 은혜를 베풀고 긍휼히 여길 자에게 긍휼을 베푸느니라"(출 33:19).

하나님께서 친히 "은혜 베풀 자에게 은혜를 베풀고 긍휼히 여길 자에게 긍휼을 베푸느니라"라고 하신 말씀은 세 가지 측면으로 이해할 수 있습니다. 첫째, 하나님께서 전적인 자유를 가지신 분임을 보여 줍니다. 다시 말해서, 하나님께서는 자신의 주권적인 뜻에 따라 자신이 기뻐하시는 방법대로 은혜를 주시는 절대적인 자유와 권한을 가지신 분입니다. 둘째, 언약의 회복을 암시합니다(Dunnam, 370; Enns, 582). 이 사실은 출애굽기 34장 1–7절을 통해서 알 수 있습니다. 여기서 하나님께서는 깨뜨려진 첫 번째 돌판 대신에 하나님의 계명이 쓰여진 두 번째 돌판을 모세에게 수여하시면서, 자신을 "자비롭고 은혜롭고 노하기를 더디하고 인자와 진실이 많은 하나님이라"라고 친히 선포하십니다. 이것은 이스라엘 백성들의 금송아지 우상 숭배(출 32장)로 인해 깨어진 하나님과의 언약이 회복됨을 암시합니다. 셋째, 하나님의 사랑과 자비의 성품을 보여 줍니다. 하나님께서 이스라엘 민족을 택하여 부르신 것은 다른 민족보다 뛰어난 점이 있다거나 어떤 자격이 될 만한 조건 때문이 아니었습니다. 하나님의 사랑과 자비에서 비롯된 아무 조건 없는 하나님의 은혜의 선택이었을 뿐입니다.

그러므로 하나님께서 불공평한 분이시라고 말하거나 하나님께서 불의하시다고 말할 수 없습니다. 구원은 오직 하나님의 은혜일 뿐입니다. 그러나 구원의 은혜에 있어서 인간의 반응이 요구되고 믿음이 요구되는 측면이 있습니다. 그래서 바울은 9장에서 하나님의 주권을 강조하지만, 10장에서는 믿음을 강조합니다. 즉 믿음은 인간의 순종과 그에 따르는 책임을 포함합니다(cf. 10:9-10). 성경은 많은 곳에서 구원의 문제와 관련해서 하나님의 예정(선택)과 인간의 책임 사이에 긴장 관계가 있음을 보여 줍니다. 아무튼 바울이 강조하는 예정은 하나님의 주권과 은혜를 보여 주고 하나님의 무한한 사랑을 보여 줍니다.

우리의 신앙생활도 마찬가지입니다. 내가 하나님을 알지 못했을 때 하나님께서는 나를 선택하여 부르셨고, 내가 하나님을 위해서 한 것이 아무 것도 없을 때 하나님께서는 나를 구원하셨습니다. 그래서 구원받을 자격이 없는데 구원받은 것이 은혜입니다. 그러므로 하나님의 자녀들은 그 은혜가 감사해서 나를 구원하신 예수 그리스도를 위해서 살겠다고 다짐을 하면서 살아갑니다. 이러한 하나님의 충만한 사랑과 은혜를 진정으로 깨닫게 되면 삶에 변화가 일어나고 믿음이 성숙해지고 하나님께 영광을 돌리는 삶을 살아갈 수밖에 없습니다.

다음으로 바울은 애굽의 바로를 예로 들어 설명합니다(9:17–18). 바울은 출애굽기의 말씀을 인용하면서, 하나님께서는 자신의 뜻대로 긍휼히 여기시기도 하고 완악하게도 하신다고 말합니다. 또 하나님께서 자신의 능력과 영광을 드러내시기 위해 바로의 마음을 완악하게 하셨다고 말합니다. 그래서 우리는 "하나님께서 바로의 마음을 강퍅하게 하셨다면 하나님께 책임이 있는 것이 아니냐?"라고 질문할 수 있습니다. 인간이 완악해지고 죄를 짓는 것도 하나님께서 그렇게 하셨기 때문에 하나님께 책임이 있는 것이 아니냐고 질문할 수 있습니다.

그러나 바울이 하나님의 주권을 강조하기 위해서 이 말을 하고 있다는 점을 우리는 기억해야 합니다. 특별히 출애굽기를 잘 살펴보면 하나님께서 바로의 마음을 완악하게 하셨다(출 4:21; 7:3; 9:12; 10:20; 11:10; 14:4)는 말들이 나오지만, 동시에 바로가 자신의 마음을 스스로 강퍅하게 하였다(출 5:2–4; 7:13–14; 8:15, 19, 32; 9:7, 35; 11:10)는 말들도 반복해서 나옵니다. 다시 말해서, 전반부에서는 '바로가 자신의 마음을 강퍅케 하였다'라는 내용이 두드러지게 나타나는 반면에, 후반부에는 '하나님께서 바로의 마음을 강퍅케 하셨다'라는 표현이 강조됩니다. 그래서 '하나님께서 자신의 영광을 세상에 드러내시고자 바로의 마음을 강퍅하게 하셨다'는 말은 바로가 자신의 마음을 스스로 강퍅하케 한 것에 대한 하나님의 확정적인 심판을 보여 주는 말씀으로 이해해야 합니다(Durham, 97; Propp, 348; Moo, 595–600).

그런데 종종 어떤 분들은 하나님의 선택을 강조하면서 지나치게 유기(하나님께서 버리고자 선택하심)를 강조합니다. 하지만 그들이 확신하며 인용하는 성경 구절들이 잘못된 경우도 있습니다. 그러한 실수를 하는 대표적인 예가 예수님이 인용하시고 바울도 인용한 이사야 6장 10절로 "이 백성의 마음을 둔하게 하며 그들의 귀가 막히고 그들의 눈이 감기게 하라 염려하건대 그들이 눈으로 보고 귀로 듣고 마음으로 깨닫고 다시 돌아와 고침을 받을까 하노라 하시기로"입니다. 예수님은 천국 비유에서, 바울은 유대인 선교를 하는 과정에서 이 말씀을 인용합니다(마 13:14, 15; 행 28:26-27; cf. 사 6:9-13). 그래서 이 표현들은 마치 '하나님께서 고의적으로 이스라엘 백성의 마음과 귀를 닫으셔서 그들을 버리신 후에 심판하신다'라고 하며 하나님의 유기(버림)를 말씀하신 것처럼 오해하기 쉽습니다.

그러나 이사야 6장 9-10절은 이사야서 전체와 이사야 6장 9-13절의 문맥 안에서 살펴보아야 하고, 그럴 때 본문의 두 가지 의미가 분명하게 드러납니다. 첫째, 우상을 섬기고 범죄하는 유대인들에게 가서 "너희들의 죄를 회개하고 하나님께 돌아오라"라고 전하면 전할수록 듣는 사람들의 마음이 더 강퍅해진다는 의미입니다. 둘째, 지금까지 회개하고 돌아오라고 수없이 기회를 주었지만 끝내 듣지 않고 돌아오지 않았기 때문에 이제는 더 이상 심판을 보류할 수 없다는 '확정적 심판의 선언'입니다.

그래서 이사야 선지자가 "주여 어느 때까지입니까?"라고 묻자, "성읍들은 더 이상 주민들이 살지 않고 집과 토지는 완전히 황폐하게 되고 그루터기만 남을 때까지, 그래서 남은 자로 불리는 거룩한 씨가 남을 때까지 완전히 심판하겠다"라고 하나님께서 이사야 선지자에게 대답하십니다(사 9:11-13). 그리고 이 심판의 예언대로 유다 백성들은 바벨론 나라의 침략을 받고, 70년간 포로 생활을 한 후에 살아남은 자들(그루터기=거룩한 씨)이 이스라엘로 다시 돌아왔습니다. 마찬가지로 이러한 이사야 선지자의 말을 인용한 예수님과 바울도 하나님의 말씀을 들어도 받아들이지 않는

'강퍅한 마음과 불순종'에 대한 확정적 심판을 말씀하고 있는 것입니다.

이것은 이스라엘 백성들만의 문제가 아니라, 하나님의 말씀에 귀를 막고 스스로 마음을 강퍅케 하는 모든 사람들의 공통적인 특징입니다. 그래서 바울은 "그들이 마음에 하나님 두기를 싫어하매 하나님께서 그들을 그 상실한 마음대로 내버려 두사 합당하지 못한 일을 하게 하셨다"라고 말합니다(1:24, 28). 또한 같은 의미에서, "네 고집과 회개하지 않는 마음을 따라서 하나님의 의로우신 심판이 임한다"라고 2장 5절에서 말한 것입니다. 이와 같이 바울이 앞에서 말한 내용들을 고려할 때, 9장의 말씀을 '하나님께서 모세는 택했고 바로의 마음은 고의적으로 강퍅하게 해서 심판했다'는 이중예정의 논리로 생각하는 것은 곤란합니다. 왜냐하면 바로의 경우는 그 마음의 강퍅함이 원인이라는 점과 그로 인한 하나님의 확정적인 심판이라는 점을 의미하기 때문입니다.

이런 차원에서 예정 교리는 천국 갈 사람과 지옥 갈 사람이 결정되어 있다는 단순한 운명론(결정론)이나 인간의 책임을 무시하는 교리가 아닙니다. 성경이 말하는 예정은 하나님의 주권과 은혜를 강조하고 하늘에 속한 신령한 구원의 복을 하나님의 자녀들에게 주시는 하나님의 무한한 사랑과 은혜를 드러냅니다(엡 1:3). 그러므로 우리는 하나님의 주권과 은혜의 관점에서 예정을 생각하면서 인간의 책임과 대립되지 않는다는 구원의 신비에 속한 성경의 진리를 붙잡아야 합니다. 그래서 바울은 9장에서 하나님의 주권을, 그리고 10장에서 인간의 믿음을 강조하며 하나님의 주권과 인간의 믿음 사이의 균형을 보여 줍니다(cf. John Piper, 「로마서 강해」).

또한 하나님의 선택과 예정 교리는 자신의 신앙의 유익을 위해서 필요한 것이지 다른 사람을 판단하는 근거나 도구가 될 수 없습니다. 그래서 나 같은 죄인도 사랑하시고 부르셨다면, 다른 사람도 사랑하시고 택하여 부르실 것이라는 사랑을 품게 하는 것이 예정 교리입니다. 여기에 인간의 이성으로 다 이해할 수 없는 하나님의 지혜가 있고 하나님의 구원의 신비가 있습니다(11:25). 그래서 바울은 9-11장의 최종 결론으로 인간이 다 이해할 수 없는 구원의 섭리, 다 측량할 수 없는 하나님의 신비를 찬양합니다(11:33).

하나님께서는 영원 전부터 영원까지 스스로 계시고, 모든 일을 행하심에 있어서 그분의 놀라운 지혜로 행하시며, 그분의 자비와 공의를 따라서 모든 일을 스스로 결정하십니다. 이러한 차원에서 하나님께서는 은혜 베풀 자에게 은혜를 베푸시고 긍휼을 베풀 자에게 긍휼을 베푸시는 분입니다. 한마디로 말해서, 하나님께서는 우리가 다 알 수 없는 하나님의 선하신 계획과 선하신 지혜로 행하시는 공평하고 정의로운 분이십니다. 그래서 바울은 9장 19-21절에서 다음과 같이 확신하며 말합니다.

> 19혹 네가 내게 말하기를 그러면 하나님이 어찌하여 허물하시느냐 누가
> 그 뜻을 대적하느냐 하리니 20이 사람아 네가 누구이기에 감히 하나님께
> 반문하느냐 지음을 받은 물건이 지은 자에게 어찌 나를 이같이 만들었느
> 냐 말하겠느냐 21토기장이가 진흙 한 덩이로 하나는 귀히 쓸 그릇을, 하
> 나는 천히 쓸 그릇을 만들 권한이 없느냐(9:19-21).

이 말씀은 "선택이 하나님의 의지에 근거한다면 악인에 대한 하나님의 심판이 정당한가?"라며 반대 주장을 하는 유대인들에게 쐐기를 박는 바울의 대답입니다. 하나님의 주권적인 선택에 대해 인간이 불평하거나 반론할 수 없다는 것입니다. 토기장이가 진흙 한 덩어리로 귀한 그릇이나 천한 그릇을 만들 권한이 있듯이, 하나님께서는 사람의 구원에 대해 주

권적으로 결정하실 수 있는 분이라는 것입니다.

바울은 계속해서 이렇게 말합니다.

> 22만일 하나님이 그의 진노를 보이시고 그의 능력을 알게 하고자 하사 멸
> 하기로 준비된 진노의 그릇을 오래 참으심으로 관용하시고 23또한 영광
> 받기로 예비하신 바 긍휼의 그릇에 대하여 그 영광의 풍성함을 알게 하
> 고자 하셨을지라도 무슨 말을 하리요 24이 그릇은 우리니 곧 유대인 중에
> 서뿐 아니라 이방인 중에서도 부르신 자니라(9:22–24).[19)]

바울은 여기서 "멸하기로 준비된 진노의 그릇"과 "영광 받기로 예비하신 바 긍휼의 그릇"에 대해서 말합니다. 다시 말해서, 토기장이가 자신의 목적대로 그릇을 만드는 것처럼, 하나님께서 자신의 뜻과 목적에 따라서 멸하기로 준비된 진노의 그릇이 있고, 반대로 은혜를 베풀어 주시기 위해서 준비된 긍휼의 그릇이 있다고 말합니다. 그래서 이 말씀은 하나님의 선택에 의해서 구원받게 될 사람과 버림받게 될 사람이 미리 정해져 있다는 이중예정의 근거가 되기도 합니다.

칼빈과 슈라이너는 애굽의 바로와 토기장이 비유, 멸하기로 준비된 그릇 등의 표현이 분명하게 이중예정(선택과 유기)을 말한다고 주장합니다(Calvin, 269–270; Schreiner, *Romans*, 514–522). 그러나 리델보스(Herman

---

19) 9장 23절에는 '영광'(히. 카보드; 헬. 독사)이라는 단어가 두 번 나옵니다. '하나님의 영광'은 세 가지 의미가 있습니다. 첫째, '하나님의 영광'은 하나님 자신의 본질적인 속성으로서 하나님 자신을 가리킵니다(3장 해설 참조; 출 33:18–22; cf. 3:23). 둘째, '하나님의 영광'은 하나님의 거룩한 성품과 내적인 탁월함이 밖으로 나타나는 것을 말합니다(모세가 불타는 나무 가운데 임하신 하나님을 만난 경험이나 바울이 다메섹으로 가는 길에서 빛 가운데 임하신 예수님을 만난 경험 등). 셋째, '하나님의 영광'은 인간을 통하여 하나님께서 받으시는 모든 영예와 찬송을 의미합니다. 9장 23절은 세 번째 의미로 사용하고 있습니다.

Ridderbos)나 더글라스 무(Douglas J. Moo)는 바울이 이중예정에 대해서 말하는 것이 아니라고 주장합니다(Ridderbos, 345–346; Moo, 604–609). 물론 이 내용을 이중예정의 근거로 볼 수도 있지만, 앞서 설명한 대로 바울이 의도적으로 이중예정(선택과 유기)을 말하고 있지는 않습니다. 다시 말해서 바울이 "멸하기로 준비된 진노의 그릇"과 "영광 받기로 예비하신 바 긍휼의 그릇"이라는 대조적인 표현을 사용한 것은 앞에서 보여 준 강퍅한 애굽의 바로와 하나님의 선택을 받은 모세와 같이 하나님의 주권적 섭리를 강조하고 종말론적 심판을 말하기 위함입니다.[20] 한마디로, 인간의 구원과 관계된 하나님의 예정은 하나님의 주권적 사랑이라는 측면에서 이해해야 하며, 인간의 이성과 논리로 다 설명할 수 없는 하나님의 지혜와 구원의 신비에 속한 영역임을 인정해야 합니다(11:33–36).

이러한 차원에서, 바울은 하나님께서 구원의 은혜(즉, 영광의 풍성함)를 베푸셨는데, 그것은 유대인들에게만 한정된 것이 아니라 부르심을 받은 모든 이방인들에게도 해당된다고 말합니다(9:23–24). 그리고 예수님

---

20) 존 칼빈은 그의 신학에서 이중예정 교리를 부인하지 않았으나 동시에 특별히 강조하지도 않았습니다. 그런데 종교개혁 이후 16세기에 나온 개혁주의 신앙고백에서는 하나님의 예정에 관하여 간략하게 말하고 있는 데 비해서, 도르트 교회회의(1618년)에서 결정한 도르트 신조에는 8개 항에 걸쳐서 이중예정에 대하여 자세히 서술합니다. 종교개혁 이후에 이중예정이 강조된 이유는 당시의 시대적 요구 때문이었습니다. 신학과 신앙이 인간의 자유의지와 이성을 강조하는 시대적 흐름 속에서 강화된 것입니다.
지금도 개혁주의 전통은 이중예정을 인정하고 있으나, '어떻게'(how) 이해하는가에 대해서는 두 가지 다른 관점이 있습니다. 첫째, 하나님께서 영원 전부터 선택과 유기를 동등한 차원에서 직접 이끌어 가신다고 보는 견해입니다(하이퍼 칼빈주의). 그러나 이러한 이중예정에 대한 설명은 정통 개혁주의가 말하는 이중예정과 9장에서 말하는 이중예정과는 다릅니다. 개혁주의와 성경이 말하는 이중예정은 멸망 가운데 하나님께서 은혜로 부르신 택자들이 있지만, 그 나머지 사람들은 자신의 강퍅함을 따라 자신의 죄로 인하여 스스로 심판의 길을 가도록 내버려 두시는 하나님의 구원과 심판의 양면성을 말합니다(1:24–25; 계 22:11; Sproul, 327–330). 따라서 우리는 이중예정 교리를 부정할 필요는 없으나, 강조하거나 이러한 주제에 매달릴 필요는 없습니다. 그보다는 하나님의 주권과 은혜의 관점에서 예정을 생각하고, 이 예정이 인간의 책임과 대립되지 않는다는 성경의 진리를 균형 있게 붙잡아야 합니다.

은 "천국은 마치 품꾼을 얻어 포도원에 들여보내려고 이른 아침에 나간 집주인과 같으니"(마 20:1)라고 비유를 들어서 말씀하셨습니다. 그 내용을 보면 이렇습니다. 아침부터 하루 종일 일한 일꾼들은 늦게 온 일꾼들이 한 데나리온의 일당을 받는 것을 보고 '우리는 저 사람보다 훨씬 많은 일당을 받겠구나'라고 기대했지만 주인은 똑같이 한 데나리온의 품삯을 주었습니다. 그래서 하루 종일 일한 일꾼들은 그 주인(고용주)에게 불평과 원망을 했습니다.

그러자 포도원 주인은 "한 데나리온을 계약했고, 그 약속한 대로 주었는데 왜 불평하느냐?"라고 대답합니다(마 20:13-15). 실제로 주인은 약속한 한 데나리온을 주었기 때문에 누구도 불공평하다고 말할 수 없습니다. 다만, 일한 것도 없이 하루 품삯을 받은 사람만 주인에게 은혜를 받은 것입니다. 그래서 예수님이 들려주신 이 비유의 핵심은 하나님의 주권과 은혜 그리고 하나님의 공평성입니다. 바꾸어 말하면, 하나님의 절대적인 주권에 의한 하나님의 구원의 은혜를 불공평하다고 생각하지 말라는 것입니다(France, 751-752; Hultgren, *The Parable of Jesus*, 39-42).

그래서 바울은 말합니다. "그런즉 우리가 무슨 말을 하리요 하나님께 불의가 있느냐 그럴 수 없느니라"(9:14). 사실상 하나님께서 오래 참으시고 자비와 긍휼을 베풀어 주지 않으신다면, 이 세상은 이미 심판을 받고도 남았을 것입니다. 또 하나님께서 모든 사람을 무조건 구원하신다면 하나님께서는 공의로우신 분이 될 수 없습니다. 그래서 하나님의 공의와 사랑을 동시에 만족시킬 수 있는 길은 어디 있습니까? 하나님의 은혜밖에 없습니다. 그 은혜란 예수 그리스도를 믿는 믿음을 통한 구원의 은혜를 말합니다. 그래서 바울은 하나님의 주권적인 선택의 은혜에 대해서 따질 수 없다고 설명합니다. 그리고 이러한 하나님의 구원의 은혜를 받는 것은 일찍 하나님의 선택을 받은 유대인들에게만 한정된 것이 아니라 부르심을 받은 모든 이방인에게도 해당된다고 바울은 말합니다(9:24).

*더 깊은 이해를 위한 글 11: "바울의 삶과 사상" p. 228을 함께 보세요.

하나님의 언약과 남은 자들(9:25-33)

바울은 9장의 전반부에서 '이스라엘 중의 이스라엘'이 이스라엘 민족 가운데서도 특별히 선택된 이스라엘 사람들을 가리킨다는 점을 그들의 조상인 '이삭과 야곱의 선택'을 통해서 이야기했습니다. 바울은 계속해서 이스라엘 민족의 역사를 통해서 하나님의 선택의 은혜와 하나님의 언약이 남은 자들을 통하여 어떻게 성취되어 가는지를 설명합니다. 그리고 하나님의 주권적인 선택을 통한 구원의 은혜는 이스라엘 사람들뿐만 아니라 모든 이방 민족의 사람들에게도 해당된다는 점을 '남은 자 신학'을 통하여 말합니다. 하나님의 주권적 선택의 은혜라는 주제와 관련해서, 바울은 호세아 선지자의 글과 이사야 선지자의 글을 다음과 같이 인용합니다.

> 25호세아의 글에도 이르기를 내가 내 백성 아닌 자를 내 백성이라, 사랑
> 하지 아니한 자를 사랑한 자라 부르리라 26너희는 내 백성이 아니라 한
> 그 곳에서 그들이 살아 계신 하나님의 아들이라 일컬음을 받으리라 함과
> 같으니라 27또 이사야가 이스라엘에 관하여 외치되 이스라엘 자손들의
> 수가 비록 바다의 모래 같을지라도 남은 자만 구원을 받으리니 28주께서
> 땅 위에서 그 말씀을 이루고 속히 시행하시리라 하셨느니라 29또한 이사
> 야가 미리 말한 바 만일 만군의 주께서 우리에게 씨를 남겨 두지 아니하

셨더라면 우리가 소돔과 같이 되고 고모라와 같았으리로다 함과 같으니라(9:25-29).

이 내용은 솔로몬 왕이 죽은 이후에 이스라엘이 남쪽 유다 왕국과 북쪽 이스라엘 왕국으로 나뉘어진 상황을 배경으로 합니다. 북이스라엘과 남유다 왕국이 하나님의 심판을 받아 앗수르와 바벨론에 의해서 멸망하기 전 북이스라엘의 선지자인 호세아와 남유다의 선지자인 이사야가 외쳤던 예언을 바울은 인용합니다. 먼저 바울은 "내가 내 백성 아닌 자를 내 백성이라, 사랑하지 아니한 자를 사랑한 자라 부르리라"(9:25)라고 외친 호세아 선지자의 말씀을 인용하고(cf. 호 2:23), 이어서 "너희는 내 백성이 아니라 한 그 곳에서 그들이 살아 계신 하나님의 아들이라 일컬음을 받으리라"(cf. 호 1:10)라는 말씀을 인용하는데, 여기서 '너희'는 북이스라엘 백성을 가리킵니다. 다시 말해서, '내 백성 아닌 자'라는 말은 얼핏 보기에 이방인을 가리키는 것 같지만, 사실은 하나님께 버림받은 북이스라엘 백성을 가리킵니다.

호세아서의 배경을 보면 이러한 사실을 더욱 쉽게 이해할 수 있습니다. 북이스라엘이 하나님을 떠나 우상을 숭배하고 도덕적으로 끝없이 타락하게 되자, 하나님께서는 호세아 선지자를 통해서 하나님의 심판이 곧 임하게 될 것을 말씀하셨습니다. 그리고 "백성 아닌 자를 내 백성이라, 사랑하지 아니한 자를 사랑한 자라 부르리라"라고 말씀하셨는데 이 말씀은 하나님께서 그들을 영원히 심판하신다는 것이 아니라, 다시 회복하실 것이라는 의미입니다. 그리고 이 말씀대로 북이스라엘은 앗수르(앗시리아)에 의해서 멸망되지만 포로 생활을 거친 후 남은 자들이 다시 돌아오게 됩니다.

그러나 호세아서의 문맥을 보면 로마서 9장 25-26절이 이스라엘 민족에게 초점을 둔 것 같지만, 앞에서 언급한 9장 24절(유대인과 이방인의 구원)을 고려해 보면, 바울은 이방인을 포함해서 이 이야기를 하고 있습니다(Edwards, 242; Schreiner, *Romans*, 527; Hultgren, *Romans*, 369). 다시 말해서, 북이스라엘 백성이 우상 숭배를 하고 하나님을 떠나서 죄 가운데 살아가고 있음에도 불구하고 하나님의 은혜를 입은 것처럼, 우상을 섬기면서 죄 가운데 살아가는 이방인들도 하나님의 구원의 은혜를 입게 될 것을 포함해서 바울이 이 말을 한다는 것입니다. 그럼에도 바울은 9-11장의 전체적인 흐름 안에서 여전히 이스라엘 사람들의 구원에 더 많은 비중을 두고 있으며, 9장의 내용 또한 '이스라엘 중의 이스라엘'(9:6)로 불리는 선택받은 이스라엘 사람들(남은 자들)에게 초점을 두고 이야기합니다.

다음으로 바울은 북이스라엘에 대한 이야기에 이어서 남유다에 대한 이사야의 예언을 인용합니다(9:27-29). 그래서 남과 북으로 분열된 이스라엘의 두 왕국의 역사를 통해서 이스라엘 민족에 대한 하나님의 언약을 다시 상기하게 합니다. 이사야 선지자는 "유대인들이 바다의 모래와 같이 그 숫자가 많을지라도 남은 자만 구원을 받을 것이라"고 말합니다(사 10:22). 무슨 뜻일까요? 한마디로 말하면, 많은 유대인들 가운데 적은 숫자만 구원을 받게 된다는 의미입니다. 그래서 29절을 보면, 하나님께서 우리에게 씨(자손 혹은 생존자)를 남겨 두지 아니하셨더라면 우리가 소돔과 같이 되고 고모라와 같이 되었을 것이라고 바울은 이사야서를 인용하며 말합니다(사 1:9).

이 말씀은 소돔과 고모라 성이 멸망한 것처럼 남유다가 완전히 멸망되지 않은 것이 오직 하나님의 은혜임을 의미합니다. 특별히 여기서 '씨'라는 말은 헬라어로 '휘오스'(υἱός)인데, '아들', '자녀', '자손' 등의 뜻이 있습니다. 본문에서는 '후손' 혹은 '생존자'를 의미하고, 더 구체적으로 말하면, '적은 숫자의 생존자'를 말합니다. 그래서 영어 번역 성경들은 '약간의 후손'(TEV), '적은 수의 생존자들'(NJB, NIV)로 번역하기도 합니다.

아무튼, 이사야 선지자의 예언대로 남유다는 바벨론의 침략으로 완전히 멸망되고, 살아 남은 생존자들은 바벨론에 잡혀가서 그곳에서 포로 생활을 했습니다. 70년 후 그들 가운데 일부가 이스라엘 땅으로 돌아왔고, 그들은 무너진 예루살렘을 재건하고 성전을 건축하고 하나님을 섬기게 되었습니다. 이처럼 이사야서에 나오는 '남은 자', '씨', '그루터기' 표현들은 하나님께서 이스라엘을 역사적으로 심판하시는 사건 가운데서도 하나님의 은혜로 살아남은 생존자들을 가리킵니다.

이처럼 바울은 북이스라엘의 호세아 선지자와 남유다의 이사야 선지자를 통해서 이스라엘 남북 왕국 전체의 역사 가운데 나타난 하나님의 심판, 그리고 동시에 하나님의 심판 속에서도 아브라함과 맺은 언약을 지키시고 다시 회복시키시는 하나님의 은혜와 긍휼에 관하여 이야기합니다. 이러한 하나님의 은혜와 긍휼을 따라 '남은 자들'(생존자들)이 있었으며, 바울은 '남은 자'에 대해 하나님의 구원의 섭리 속에서 이야기합니다. 구원사적인 관점에서 이스라엘의 역사를 보면, 남은 자들은 장차 오실 메시아를 위해 남겨졌습니다. 그리고 바울은 구원사적인 측면에서 하나님의 선택의 은혜로 예수 그리스도를 믿고 구원받은 하나님의 자녀들이 진정한 의미의 '남은 자'(씨, 그루터기)임을 말합니다. 그러므로 바울이 "하나님의 말씀이 폐하여진 것 같지 않도다 이스라엘에게서 난 그들이 다 이스라엘이 아니요"라고 선언했던 9장 6절의 말씀은 하나님의 은혜와 긍휼을 따라 남은 생존자들을 통해서 증명됩니다. 여기서 우리는 두 가지 사실을 생각할 수 있습니다. 첫째, 바울은 '이스라엘 중의 이스라엘'을 하나님의 은혜와 하나님의 주권이라는 측면에서 말합니다. 둘째, 바울은 하나님의 주권과 은혜가 언약에 대한 하나님의 신실함에 근거한다는 점을 보여 줍니다.

하나님께서는 아브라함을 선택하셨고 그의 후손인 이스라엘 민족을 선택하여 부르셨습니다. 하나님께서 아브라함을 선택하여 부르신 것은 모든 민족이 아브라함을 통해서 구원의 복을 받도록 하기 위함이었습니다(창 12:3). 또 아브라함의 후손인 이스라엘 민족을 선택하신 것은 모든 이방 민족들에게 '하나님을 알리는 거룩한 제사장 나라'가 되도록 하기 위해서였습니다(출 19:6). 그런데 이스라엘 민족은 이러한 사명을 깨닫지 못하고 가나안 땅의 이방 문화에 물들어 갔고, 이방신들을 섬겼으며, 영적인 타락과 함께 도덕적인 타락의 길을 걸어갔습니다.

그 결과 북이스라엘과 남유다는 앗수르와 바벨론의 침략에 의해서 멸망되었습니다. 살아남은 생존자들은 끌려가서 포로 생활을 하였습니다. 그렇게 비참한 포로 생활을 한 지 70년의 세월이 흘러서 선지자들이 예언한 대로 포로 생활을 하고 있던 유대인들은 이스라엘 땅으로 다시 돌아왔습니다. 그래서 이스라엘의 역사는 하나님께서 택하여 부르신 백성은 끝까지 버리지 않으신다는 사실을 보여 주는 하나님의 신실함에 대한 실제적인 증거가 됩니다.

이렇게 하나님의 주권적인 선택과 구원의 은혜를 설명한 바울은 다음과 같이 결론을 내립니다.

> 30그런즉 우리가 무슨 말을 하리요 의를 따르지 아니한 이방인들이 의를
> 얻었으니 곧 믿음에서 난 의요 31의의 법을 따라간 이스라엘은 율법에 이
> 르지 못하였으니 32어찌 그러하냐 이는 그들이 믿음을 의지하지 않고 행

위를 의지함이라 부딪칠 돌에 부딪쳤느니라 33기록된 바 보라 내가 걸림
돌과 거치는 바위를 시온에 두노니 그를 믿는 자는 부끄러움을 당하지
아니하리라 함과 같으니라(9:30-33).

여기서 바울은 자신이 앞에서 언급한 이야기를 결론짓기 위해 '그런즉'(헬. ουν; then)이란 단어를 사용합니다. 특별히 바울은 이방인들이 하나님의 은혜로 "의를 얻었으니 곧 믿음에서 난 의"(9:30)라고 말합니다. 다시 말해서, 이방인들이 하나님께 의롭다고 인정을 받게 된 것은 그들의 선행이나 노력의 결과가 아니라 '예수 그리스도를 믿는 믿음의 결과'라는 구절입니다. 반대로 "의의 법을 따라간 이스라엘은 율법에 이르지 못하였으니"(9:31)라고 바울은 말합니다. 즉 유대인들은 율법을 잘 지키면 하나님께 의롭다고 인정을 받고 그 결과로 구원을 얻게 될 줄로 믿었지만, 그것은 율법을 근본적으로 오해한 것이었습니다(9:32). 이에 대하여 예수님은 "너희가 성경에서 영생을 얻는 줄 생각하고 성경을 연구하거니와 이 성경이 곧 내게 대하여 증언하는 것이니라"(요 5:39)고 말씀하셨습니다.

이처럼 9장 30-33절은 마치 1-4장의 요약과 같습니다. 바울은 "복음에 하나님의 의가 나타나서 모든 믿는 자에게 구원을 주는데, 먼저는 유대인에게요 그리고 헬라인(이방인)에게"라고 1장 16-17절에서 말했습니다. 또 "하나님께서는 유대인과 이방인의 하나님이 되신다"라고 말했습니다(3:29). 그 후 4장에서 아브라함이 이방인으로 있을 때 부름받았기 때문에 아브라함은 유대인과 이방인 모두의 조상에 해당된다고 바울은 말했습니다. 그렇다면, 바울이 왜 유대인과 이방인을 구분해서 구원에 관한 이야기를 반복할까요?

그것은 유대인들이 자기 민족만 하나님의 선택받은 백성이라고 생각

했고, 자신들만 하나님 앞에서 의롭다고 인정받을 수 있는 자들이라고 생각하면서 교만해졌기 때문입니다. 예컨대 요나 선지자는 니느웨 백성이 회개하고 하나님께 돌아왔음에도 불구하고, 그들이 멸망받지 않은 것에 대해서 하나님께 불만을 토로했습니다. 이처럼 유대인들은 이방인들을 구원받지 못할 백성들로 취급하고 그들을 멸시했습니다. 하지만 바울은 할례자(유대인)이든 무할례자(이방인)이든 간에 하나님께 의롭다고 인정을 받고 구원에 이르는 길은 오직 믿음뿐임을 말합니다.

그래서 바울은 "이방인들이 의를 얻었으니 곧 믿음에서 난 의요"(9:30)라고 말합니다. 여기서 '의'(righteousness)는 구원을 얻게 하는 '하나님의 의'를 말합니다. 하나님께서 죄인을 의롭다고 선언하시는 의요, 그 결과 구원받는 '의'입니다. 그러나 우리는 '믿음으로 구원받는다'라는 말의 의미를 오해하면 안 됩니다. 믿음은 관계성을 내포합니다. 다시 말해서 믿음은 성령으로 거듭난 신자들이 예수님과의 인격적인 만남과 교제의 관계 속으로 들어가는 것입니다. 그래서 믿음은 예수 그리스도를 우리의 주인으로 고백하고 우리의 주권을 내어 드리는 결단을 의미하며, 그 결과 우리는 예수님과 인격적으로 교제하게 되며, 예수님과의 지속적인 신뢰 속에서 살게 됩니다. 믿음은 순종의 행위가 따르고, 그래서 믿음은 행위와 분리될 수 없는 동전의 양면과 같습니다(cf. 약 2:24-26). 그러므로 인간의 의로운 행위로 구원받을 수는 없지만, 예수 그리스도와 인격적인 관계를 맺는 참 믿음을 갖게 되면, 믿음의 결과로서 순종의 행위가 따라온다는 사실을 늘 기억해야 합니다.

하지만 바울은 본문에서 유대인들이 믿음을 의지하지 않고 율법을 지키는 행위를 의지하여 구원을 받으려고 했기 때문에 결국 부딪칠 돌에 부딪쳤다고 말합니다(9:32). 이 내용과 관련해서 바울은 이사야 8장 14절과

28장 16절을 함께 연결해서 인용합니다(9:33). 유대인들에게 있어서 예수 그리스도는 걸려 넘어지는 돌, 즉 '거침돌'에 불과했습니다. 그들은 예수 그리스도를 믿기만 하면 하나님께 의롭다고 인정을 받고, 그 결과 구원에 이르게 된다는 복음을 받아들일 수 없었기 때문입니다. 왜 그렇습니까? 자신들이 조상 대대로 지켜 왔던 율법주의가 뿌리 깊게 자리 잡고 있었기 때문입니다.

그 한 예가 사도행전 15장에 나옵니다. 유대교를 믿다가 예수님을 믿은 유대인 신자들이 이방인으로 살다가 예수님을 믿게 된 이방인 신자들에게 자신들이 지키는 율법적인 의식들을 지켜야만 구원을 받는다고 가르쳤기 때문에 예루살렘 총회에서 많은 토론을 하게 되었고, 그 결론으로 베드로는 "우리 조상과 우리도 능히 메지 못한 율법의 멍에를 그들의 목에 걸어서 그들의 믿음을 넘어지게 하지 말라"라고 권면합니다. 그러면서 "오직 주 예수의 은혜로 구원받은 줄을 우리가 안다"고 선포합니다(행 15:5–11). 이렇게 일부 유대인들은 여전히 유대주의를 벗어나지 못해서 예수님을 믿고 나서도 과거에 그들이 지켜 왔던 율법주의를 따라가려고 했습니다(cf. 갈 5:2–4; 빌 3:2–3). 그래서 율법주의에 빠진 유대인들에게 있어서 예수님은 그들의 걸림돌이 될 수밖에 없었습니다.

그러나 하나님께서는 먼저 택한 이스라엘을 버리지 않으셨고, '이스라엘 중의 이스라엘', 즉 '남은 자들'을 통해서 하나님의 구원 계획을 이루어 가셨습니다. 바울은 이러한 사실을 11장에 가서 다시 언급하면서, 하나님의 구원의 은혜가 예수 그리스도를 믿음으로 받아들인 이방인들에게까지 이르렀다고 말합니다. 그 결과 하나님께서 저와 여러분을 택하여 부르시고, 예수 그리스도를 믿는 믿음을 통하여 구원받은 하나님의 자녀가 되게 하셨습니다. 죄와 허물이 있음에도 불구하고 하나님의 은혜와 자비는 함께하시고, 우리의 연약함과 실수에도 불구하고 하나님께서는 우리를 붙드시고 인도해 가십니다. 그렇게 우리의 삶 속에 일어나는 모든 일들을 통하여 하나님의 거룩한 자녀가 되도록 만들어 가십니다. 택한 백성을 끝까지 포기하지 않으시는 하나님의 신실하심과 그 하나님의 은혜와 사랑을 고백하면서 복음의 은혜를 누리며 살아갈 수 있기를 바랍니다.

*더 깊은 이해를 위한 글 12: "로마서 한눈에 보기 1(전체개요)" p. 232를 함께 보세요.

더 깊은 이해를 위한 글 11

바울의 삶과 사상

신약 13권의 서신을 기록한 저자이며, 죄와 율법에 대하여 그리고 믿음에 대하여 그 누구보다 깊은 진리를 설파했던 바울의 생애와 사상에 대하여 간략히 살펴보겠습니다.

바울의 출생과 교육 배경

바울은 주후 1년경 길리기아 다소(Tarsus)에서 태어났습니다. 그는 태어난 지 팔 일 만에 할례를 받은 베냐민 지파의 정통 유대인이자 가말리엘의 문하에서 율법을 배운 정통 율법학자였습니다(행 22:3; 빌 3:5). 바울이 태어난 다소는 당시 대륙과 해상의 교통을 연결하는 동서 교통의 요충지였습니다. 다소는 무역이 활발하였던 곳이며, 또한 학문의 도시였습니다. 바울은 이러한 풍토 속에서 유대주의나 율법에 국한된 사고를 벗어나 헬라 사상과 유대교의 사상을 함께 이해하는 기회를 갖게 되었습니다.

한편, 바울이 다소에서 얻은 로마 시민권은 어느 나라든지 통과할 수 있는 하나의 통행증과 같았기에 그의 선교 여행에서 큰 역할을 했습니다. 바울은 반대자들에 의하여 빌립보 감옥에 투옥되었을 때 로마 시민권자였기에 석방될 수 있었고(행 22:24-30), 예루살렘에서 유대인의 난동으로 구금되었을 때는 억울함을 황제에게 호소하여 정당한 재판을 받고자 로마로 갈 수 있었습니다(행 25:9–12).

바울의 성격과 사회적 배경

바울은 정통 유대 가정에서 자라면서 구약성경을 배웠을 뿐만 아니라 천막 만드는 기술을 배웠습니다(행 18:3; 살후 3:8). 또한 바울은 가말리엘 문하에서 율법을 배우고 연구했습니다. 그래서 바울은 스스로 율법으로는 흠이 없는 성별된 유대인으로서 자신이 선택받은 이스라엘 민족의 한 사람이라는 사실에 자부심을 가지고 있었습니다(행 22:3; 빌 3:5–6; 갈 1:14; cf. 갈 1:15; 11:1).

그의 성격은 강직하고 열정적이었기에 회심 전에는 이런 성격이 기독교인을 박해하는 데 열심을 내게 하였고, 회심 후에는 베드로를 책망하고(행 8:1; 갈 2:12), 복음의 진리를 반대하는 자들을 향해서 담대히 진리를 외치게 했습니다(고후 11:4, 13–15; 갈 1:8; 빌 3:2). 뿐만 아니라 그의 강직한 성격은 그가 받은 선교의 사명과 함께 전도 여행 시 겪었던 많은 박해와 환난을 이기는 데 많은 힘이 되었을 것입니다(고후 4:8–10). 동시에 바울은 그리스도의 온유함과 겸손함과 사랑을 소유하고 있었습니다.

바울의 회심과 선교적 부르심

유대교의 지도자 바울은 복음을 전하다가 돌에 맞아 죽어 가는 스데반의 죽음이 마땅하다고 생각했습니다(행 7:55–58; 8:1). 더 나아가서 그는 다메섹에 흩어져 있는 신자들을 잡아서 감옥에 넣기 위해 산헤드린에서 발급한 정식 공문을 가지고 다메섹으로 갔습니다. 하지만 그는 다메섹으로 가는 도중 큰 변화를 경험하게 되었습니다. 이때 바울은 "사울아 사울아 네가 왜 나를 핍박하느냐"라는 주님의 음성을 친히 들었고(행 9:6-9), 그 후 아나니아를 만나서 세례를 받으면서 예수 그리스도를 전하는 하나님의 증인으로 확실히 부름받았습니다(행 9:15-16; 22:14-15).

바울의 회심 사건은 사도행전에 3번 걸쳐서 기록되었습니다(행 9:3-19; 22:6-21; 26:14-18; 고전 15:8). 회심의 경험과 함께 이방인에게 복음을 전파할 사도로 부르심을 받은 바울은 아라비아로 가서 3년간 복음을 전했고, 이후에 그의 생애 동안 3차에 걸친 선교 여행을 통하여 하나님께서 주신 복음 전파의 사명을 온전히 감당했습니다(행 22:21; 고전 15:8-10; 엡 3:7; 갈 1:1; 엡 1:1; 딤후 1:1).

그리스도 중심의 삶과 사상

바울은 다메섹 도상에서 예수 그리스도를 직접 만남으로써 예수 그리스도의 부활에 대한 확고한 사상을 전파할 수 있었습니다(고전 15:4-8). 따라서 바울은 "그리스도의 부활이 없으면 너희의 믿음도 헛되고 너희가 여전히 죄 가운데 있을 것이요, 우리가 더욱 불쌍한 자"라고 말합니다. 그리고 "그리스도께서 죽은 자 가운데서 다시 살아나셔서 잠자는 자들의 첫 열매가 되셨다"고 선언합니다(고전 15:17-21).

동시에 바울은 자신이 그리스도의 십자가와 부활의 사건과 함께 예수 그리스도와 연합된 자가 되었음을 세례의 비유로 표현하고, "예수 그리스도의 부활의 권능과 그의 고난에 참여하기를 원한다"라고 고백합니다(6:3-5; 빌 3:10-11; 갈 2:20).

그는 선교사요 신학자였을 뿐만 아니라, 복음 전파의 열매로 예수님을 믿게 된 영혼들을 위해서 말씀을 가르치면서 모든 겸손과 눈물로 주님을 섬겼던 열정적인 목회자였습니다(최종상, 32–33). 이러한 그의 선교적 소명과 신학적 통찰력과 교회를 향한 뜨거운 열정과 사랑으로 인하여 27권의 신약성경 가운데 13권의 서신서를 남기게 되었습니다.

○ 더 깊은 이해를 위한 추천 자료

1. F. F. 브루스, 「바울과 예수」(*Jesus and Paul*), 이길상 역, 서울: 아가페출판사, 1988.
2. 안드레아스 린데만, 「바울 신학의 이해」, 김충현 외 공역, 서울: 대한기독교서회, 2009.
3. 윌리엄 바클레이, 「바울신학 개론」(*The Mind of St. Paul*), 박문재 역, 파주: 크리스챤다이제스트, 1995.
3. 최종상, "바울의 삶과 사역에 나타난 개혁주의 생명 신학: 그 원리와 21세기 적용", 「생명과 말씀」 제6권(2012), 17–56.
5. 헤르만 리델보스, 「바울과 예수」(*Paul and Jesus*), 이한수 역, 서울: 한국로고스연구원, 1993.
6. E. L. Davis, "The Apostle Paul", Good New Ministries, http://www.biblestudycourses.net/Apostle%20Paul%20.pdf.
7. J. Paul Tanner, "Pauline Chronology: A Chronology of the Apostle Paul", http://www.paultanner.org/English%20Docs/SpecialArt/Pauline%20Chronology.pdf.
8. Mark Harding, *All Things to All Cultures: Paul Among Jews, Greeks, and Romans*, Grand Rapids: Wm. B. Eerdmans Publishing Company, 2013.
9. Peter Walker, *In the Steps of Saint Paul: An Illustrated Guide to Paul's Journeys*, Oxford: Lion Hudson, 2008.

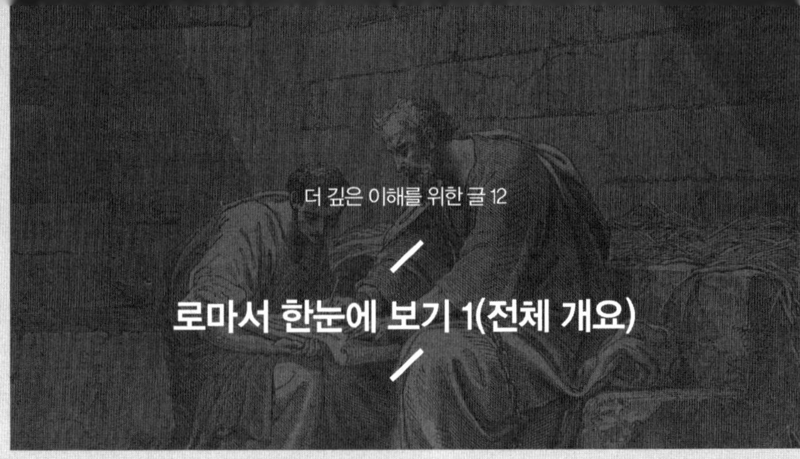

더 깊은 이해를 위한 글 12

로마서 한눈에 보기 1(전체 개요)

로마서 저작 동기

Ⅰ. 저자: 바울

Ⅱ. 기록 시기: 주후 55–58년(혹은 57–58년 추정).

Ⅲ. 기록 목적

1. 목회적 동기: 복음의 은혜(은사)를 통하여 로마 교회 성도들을 견고히 하고, 유대인 신자들과 이방인 신자들 간의 갈등 문제에 대한 해결책을 제시하기 위해서입니다.
2. 선교적 동기: 로마 교회가 예루살렘 교회를 돕는 데 동참할 뿐만 아니라, 이를 계기로 유대인 교회와 이방인 교회가 하나되어 선교의 동역이 이루어져서 복음이 널리 서바나(스페인)까지 전해지기를 원했기 때문입니다.

Ⅳ. 기록 장소: 바울이 제3차 선교 여행을 하는 동안 고린도에서 기록했습니다(cf. 행 20:1–3). 이 서신이 고린도에서 기록되었다는 사실은 가이오(16:23; 고전 1:14)와 에라스도(16:23; 딤후 4:20)에 대한 언급과 고린도의 동쪽 항구인 겐그레아의 교회에서 봉사를 한 뵈뵈에 대한 추천(16:1) 등으로 알 수 있습니다.

로마서의 전체 개요

Ⅰ. 서론(1:1–15)

1. 복음에 대한 서론과 긴 인사(1:1–7)
2. 복음을 전하기 위한 바울의 로마 방문 계획(1:8–15)

Ⅱ. 죄와 구원, 그리고 복음(1:16–11:36)

1. 믿음으로 말미암는 의의 교리(1:16–5:21)
   1) 믿음으로 말미암는 의(1:16–17)
   2) 인간의 죄와 '하나님의 의'의 필요성(1:18–3:20)
2. 믿음, 죄와 율법, 그리고 성화(4:1–8:39)
   1) 믿음으로 '하나님의 의'를 얻은 다윗과 아브라함(4:1–25)
   2) 의의 소망, 그리고 죄와 구원에 관한 '아담–그리스도' 대표 원리(5:1–21)
   3) 그리스도와의 영적 연합, 그리고 죄의 힘과 은혜의 힘 대조(6:1–23)
   4) 율법과 죄 사이에 있는 육신의 갈등(7:1–25)
   5) 성령으로 말미암는 성화의 길(8:1–39)
3. 이스라엘의 선택과 구원의 섭리(9:1–11:36)
   1) 9–11장 서론, 그리고 '이스라엘 중의 이스라엘'의 의미(9:1–13)
   2) 이스라엘의 불신앙, 그리고 믿음으로 구원얻는 원리(9:14–10:21)
   3) 유대인과 이방인을 향한 구원의 섭리와 이스라엘의 회복(11:1–11:36)

Ⅲ. 복음을 누리는 신자의 삶(12:1–15:13)

1. 예배자의 삶과 교회 공동체 생활(12:1–8)
2. 신자의 삶에 있어서 사람들과의 관계(12:9–21)
3. 국가의 의무, 그리고 율법을 완성하는 길(13:1–14)
4. 강한 자와 약한 자 사이의 교회적 갈등과 상호 관용(14:1–15:13)

Ⅳ. 결론(15:14–16:27)

1. 바울의 예루살렘 교회 후원 요청과 로마 교회 방문 및 선교 계획 (15:14–33)
2. 신실한 하나님의 사람들을 향한 칭찬과 격려의 인사(16:1–16)
3. 거짓 교사들에 대한 경고(16:17–20)
4. 바울의 동료들과 대필자의 인사, 그리고 송영(16:21–27)

○ 더 깊은 이해를 위한 추천 자료

1. F. F. 브루스, 「틴델 신약주석 시리즈 6: 로마서」(*Epistle of Paul to the Romans*), 권성수 역, 서울: 기독교문서선교회, 2007.
2. 권연경, 「로마서 산책」, 서울: 복있는사람, 2010.
3. 김도현, 「나의 사랑하는 책 로마서」, 서울: 성서유니온, 2014.
4. 더글라스 J. 무, 「NICNT: 로마서」(*The Epistle to the Romans*), 손주철 역, 서울: 솔로몬, 2011.
5. 이한수, 「복음은 구원을 주시는 하나님의 능력: 로마서 주석」, 서울: 이레서원, 2008.
6. 최갑종, 「로마서 듣기: 온 세상을 향한 기독교 복음의 진수」, 서울: 대서, 2009.
7. Arland J. Hultgren, *Paul's Letter to the Romans*, Grands Rapids: Wm. B. Eerdmans Publishing Company, 2011.
8. Taylor Gene, "A Study of Romans", http://www.padfield.com/acrobat/taylor/romans.pdf.
9. Thomas R. Schreiner, *Baker Exegetical Commentary on The New Testament: Romans*, Grand Rapids: Baker Academic, 1998.

적 용 과 토 론 을 위 한 질 문

1장 이스라엘의 선택과 하나님의 언약(9장)

1 바울이 로마서 9–11장의 내용을 쓰게 된 근본적인 동기는 무엇일까요? 로마서 9장 1–3절과 11장 1–5절을 묵상한 후 함께 나누어 봅시다.

2 바울이 이삭과 이스마엘, 그리고 야곱과 에서를 예로 들어서 설명하고자 하는 근본 취지는 무엇일까요?(9:6–13 참조)

3 바울이 애굽의 바로와 토기장이 비유를 말하는 근본적인 이유는 무엇일까요?(9:14–24 참조)

4 바울이 호세아 선지자와 이사야 선지자의 글을 인용하면서 설명하고자 하는 취지는 무엇일까요?(9:25–29 참조)

2장
유대인과 이방인의 믿음(10장)

로마서를 읽어 내려가는 독자들은 9장과 10장이 서로 관계가 없이 동떨어진 내용으로 이해하기 쉽습니다. 그러나 바울은 9-11장을 아주 논리적인 흐름을 따라서 말합니다. 9장과 10장을 통해서, 바울은 이스라엘 민족(많은 유대인들)이 왜 예수님을 믿지 않는가에 대해서 두 가지로 이야기합니다. 첫째, 인간의 구원은 하나님의 주권적인 선택에 달려 있다는 것입니다. 바로, 9장에서 이 점을 강조합니다. 9장에서 바울은 이스라엘 백성들이 아브라함의 혈통에서 태어나기만 하면 자동적으로 하나님의 자녀가 되는 것이 아니라는 사실을 이야기하고 나서, 하나님의 주권적인 선택에 관하여 이야기합니다.

둘째, 인간의 구원 문제는 인간의 순종과 그 순종에 따른 책임과 관련이 있다는 것입니다. 이것은 9장에서 말한 구약의 남은 자 사상의 배경이 되기도 합니다. 왜냐하면 이스라엘 민족이 하나님의 심판을 받은 것은 단순히 하나님의 선택을 받지 못해서가 아니라 그들이 끝까지 하나님의 경고를 무시하고 우상 숭배와 윤리 도덕적 타락에서 돌이키지 않았기 때문입니다. 그러나 그 가운데서도 신실한 하나님의 사람들은 있었고, 그 사실을 잘 보여 주는 것이 바울이 말한 남은 자들이었습니다.

바울이 유대인들에게 복음을 전하던 당시에도 마찬가지였습니다. 그들이 예수 그리스도를 믿지 않고 거부한 것은 한편에서는 하나님의 선택과 관련이 있습니다. 그러나 다른 한편으로 그들이 예수님을 믿지 않고 거부한 것이 자신의 책임이라는 점을 바울은 10장에서 말합니다. 그러므로 구원 문제는 하나님의 선택과 예정의 문제이지만, 동시에 인간의 순종과 그에 따른 책임을 포함한다고 성경은 지속적으로 언급합니다. 여기에 하나님의 주권에 따른 예정과 인간의 책임 사이에 역설적인 긴장 관계가 있습니다. 물론 논리적인 순서로 따지면 하나님의 주권에 따른 예정이 먼저이겠지만, 성경은 예정과 인간의 책임이 서로 상반되거나 한쪽을 배제하지 않는 균형을 보여 줍니다. 이것이 인간의 이성과 논리로 풀 수 없는 구원의 신비입니다(cf. 11:33).

먼저 바울은 10장 1–8절에서 다음과 같이 말합니다.

> 1형제들아 내 마음에 원하는 바와 하나님께 구하는 바는 이스라엘을 위
> 함이니 곧 그들로 구원을 받게 함이라 2내가 증언하노니 그들이 하나님
> 께 열심이 있으나 올바른 지식을 따른 것이 아니니라 3하나님의 의를 모
> 르고 자기 의를 세우려고 힘써 하나님의 의에 복종하지 아니하였느니라
> 4그리스도는 모든 믿는 자에게 의를 이루기 위하여 율법의 마침이 되시
> 니라 5모세가 기록하되 율법으로 말미암는 의를 행하는 사람은 그 의로
> 살리라 하였거니와 6믿음으로 말미암는 의는 이같이 말하되 네 마음에
> 누가 하늘에 올라가겠느냐 하지 말라 하니 올라가겠느냐 함은 그리스도
> 를 모셔 내리려는 것이요 7혹은 누가 무저갱에 내려가겠느냐 하지 말라
> 하니 내려가겠느냐 함은 그리스도를 죽은 자 가운데서 모셔 올리려는 것
> 이라 8그러면 무엇을 말하느냐 말씀이 네게 가까워 네 입에 있으며 네 마
> 음에 있다 하였으니 곧 우리가 전파하는 믿음의 말씀이라(10:1–8).

우리는 여기서 바울이 9–11장을 쓴 동기가 무엇인지를 다시금 엿볼 수 있습니다. 그것은 9장의 서론에서 바울이 이미 고백한 것과 같이 이스라엘 백성의 구원에 대한 관심입니다(10:1; cf. 9:1–3). 바울은 많은 유대인들이 예수님을 믿지 않는다는 사실 때문에 마음에 큰 근심과 고통이 있었고, 그래서 자신이 비록 저주를 받더라도 그의 형제요 친족인 유대인들이 구원받았으면 좋겠다고 고백했습니다. 이렇게 바울은 이스라엘 민족의 구원 문제로 고민하면서 하나님의 주권과 예정을 이야기하고 있습니다.

바울은 유대인들이 예수님을 믿지 못하는 이유가 "하나님의 의를 모르고 자기 의를 세우려고 하였기 때문"이라고 말합니다(10:2–3). 유대인들은 율법을 지키고자 하는 종교적인 열심이 있었으나 율법의 문자적인 의미에 치중했고, 그 결과 율법주의 신앙과 형식주의 신앙에 빠지게 되었습니다. 예를 들어, '안식일에는 아무 일도 하지 말라'라는 율법을 지키기 위해서 '안식일에 전기 스위치를 켜는 것도 안 된다'는 식으로 수많은 안식일 규칙들을 만들었습니다. 그리고 이렇게 자신들이 만든 규칙과 전통을 얼마나 잘 지키느냐에 따라서 자신들의 의로움과 거룩함의 기준으로 삼았습니다. 그 결과 유대인들은 하나님께서 주신 율법의 본래 의미를 바르게 깨닫지 못하고, 율법을 주신 그 의도와 목적에서 벗어나게 되었습니다. 그래서 예수님은 "모세가 너희에게 율법을 주지 아니하였느냐 너희 중에 율법을 지키는 자가 없도다"(요 7:19), 그리고 "율법의 더 중한 바 정의와 긍휼과 믿음은 버렸도다 그러나 이것도 행하고 저것도 버리지 말아야 할지니라"(마 23:23)라고 말씀하셨습니다. 또 "너희가 만든 전통과 규칙으로 하나님의 계명을 범하고 하나님의 말씀을 어기는 일을 많이 행한다"라고 복음서에서 여러 번 지적하십니다(마 15:3; 막 7:13; 요 7:23; cf. 마 5:17–18).

하나님께서는 유대인들이 죄를 깨닫고 믿음으로 하나님의 은혜를 의지하여 구원에 이르도록 율법을 주셨지만, 그들은 율법을 통하여 죄를 깨닫고 하나님의 은혜를 구하기보다는 그 율법을 자신의 의로움을 내세우는 수단으로 삼았습니다. 그러면서 한편으로 엄격한 율법주의자가 되어 갔고, 다른 한편으로는 형식에 치우치는 외식주의자가 되어 갔습니다. 그래서 예수님은 "사람의 계명으로 교훈을 삼아 가르치니 나를 헛되이 경배하는도다 하였느니라 너희가 하나님의 계명은 버리고 사람의 전통을 지키느니라"(막 7:7-8)라고 유대 종교 지도자들(바리새인과 서기관들)을 책망하셨습니다(cf. 마 23:23).

그렇다면 이스라엘 백성이 율법의 근본 정신은 잃어버리고 종교적인 의식과 형식에 치우친 신앙생활을 하게 된 이유가 무엇일까요? 그것은 호세아 선지자가 말했듯이 하나님을 아는 바른 지식이 없었기 때문입니다(호 4:6). 그래서 바울은 "그들이 하나님께 열심이 있으나 올바른 지식을 따른 것이 아니니라"(10:2)라고 말합니다. 다시 말해서, 그들은 하나님께서 주신 율법의 참 의미를 바르게 알지 못하고 단지 그 율법의 행위들만 잘 지키면 된다는 생각으로 열심을 내었고, 그 결과 자신의 의로움으로 하나님께 의롭다고 인정을 받아 구원에 이를 수 있다고 믿었다는 것입니다. 그래서 바울은 유대인들이 "하나님의 의를 모르고 자기 의를 세우려고 힘써 하나님의 의에 복종하지 아니하였느니라"(10:3)라고 말합니다. 이렇게 유대인들은 자신의 의로움과 종교적인 열심과 율법을 지키는 노력으로 하나님의 의에 이르고자 했고, 그 결과 예수 그리스도를 통해서만 하나님의 의에 이를 수 있다는 구원의 진리를 받아들이지 못했습니다.

우리의 신앙생활도 마찬가지입니다. 신앙생활에는 하나님의 뜻을 행하려는 열심과 하나님을 아는 바른 지식이 둘 다 필요합니다. 그래서 하나님의 말씀에 대한 바른 지식 없이 열심만 내는 신앙생활은 종종 문제가 됩니다. 그 대표적인 예가 바로 극단적인 종말론을 외쳤던 다미선교회 사건입니다. 약 20년 전에 많은 교인들이 다미선교회의 종말론 집회에 참석하면서 "1992년 10월 28일에 예수님이 오신다"라는 말을 믿었습니다. 그리고 적지 않은 신도들이 재산을 가져다 바치고, 학교와 직장을 그만두고, 집을 나가고, 가정들이 파탄나는 등 사회적인 물의를 일으켰습니다. 그런데 그 예정된 날짜에 예수님이 재림하시지 않자, 신도 중 한 사람이 이런 말을 했습니다. "우리가 죄가 있다면 예수님을 열심히 믿은 것밖에 없다." 물론 예수님을 열심히 믿는 것은 잘못이 아닙니다. 그러나 예수님을 잘못 믿은 것은 큰 잘못입니다. 예수님을 잘못 믿어 인생이 망가진다고 해서 하나님을 원망하거나 하나님께 책임을 물을 수는 없습니다. 그래서 신앙생활을 하는 데 있어서 올바른 진리를 아는 것과 거짓된 진리를 잘 분별하는 일은 대단히 중요합니다.

바울은 유대인들이 하나님의 말씀을 지키려는 열심의 동기가 '자신의 의'를 이루기 위해서라고 말하면서, 하나님께 의롭다고 인정을 받고 율법을 이루어 가는 길은 오직 예수 그리스도를 통해서만 가능하다고 말합니다. 그래서 "그리스도는 모든 믿는 자에게 의를 이루기 위하여 율법의 마침이 되시니라"(10:4)라고 바울은 말합니다. 율법의 요구를 다 이루어서 하나님 앞에 설 수 있는 분은 예수 그리스도 외에는 아무도 없습니다. 예수 그리스도께서 율법의 모든 요구를 완성하셨고 율법을 마치셨습니다. 그 예수 그리스도를 통하여 구원을 받은 우리는 성령 안에서 내적 거룩함을 이루어 가면서 율법을 완성해 갑니다. 그러므로 우리가 은혜 아래 있다고 해서 율법의 표준이 더 낮아질 수는 없습니다. 오히려 우리는 성령의 은혜로 하나님께서 말씀하신 명령들을 지키고 그 하나님의 말씀(율법)을 따라 살아가게 됩니다.

계속해서 바울은 10장 5–8절에서 모세의 글을 인용합니다(레 18:5; 신 30:11–14). 바울은 온 마음을 다해서 하나님을 사랑하고, 온 율법을 다 지킨다면 살 것이라고 말합니다(레 18:5). 또 바울은 하나님의 말씀을 받아서 지키기 위해 하늘로 올라갈 필요가 없고 바다를 건너갈 필요가 없이, 하나님의 말씀이 가장 가까운 네 입에 있고 네 마음에 있으니 네가 이것을 실천하라고 말합니다(신 30:11–4). 유대인들이 마음을 다해서 율법을 지키고 하나님을 경외할 때, 이 땅에서 하나님께서 함께하시는 복을 누리는 삶을 살 수 있었습니다. 그러나 율법으로 구원받을 수 있는 것은 아닙니다. 율법은 구원받은 백성이 하나님의 뜻에 순종하기 위해서 지키는 것이지, 구원받기 위해서 지키는 법이 아니기 때문입니다. 그래서 바울은 4장에서 아브라함과 다윗의 예를 들어서 구약 시대에도 믿음으로 구원을 얻는다는 원리가 동일하게 적용된다는 점을 보여 주었습니다.

그렇다면 본문에서 "율법을 지키면 살고, 그 율법을 지키는 것이 어렵지 않다"라는 구약성경의 말씀을 바울이 왜 인용하고 있을까요? 바울은 이러한 구약성경 말씀을 배경으로 하여, 10장 5절과 6절에서, '율법으로 말미암는 의'와 '믿음으로 말미암는 의'를 대조적으로 이야기합니다. 그러면서 바울은 신명기 30장 11절부터 14절을 예수 그리스도께 적용합니다. 바울은 '믿음으로 말미암는 하나님의 의'를 얻기 위해서 하늘에 올라가는 수고를 할 필요가 없고, 또 반대로 무저갱에 내려가는 수고를 할 필요가 없다고 본문에서 말합니다(10:6–7). 여기서 '무저갱'(헬. ἄβυσσος; 음부, 개역한글)은 문자적인 의미로 '끝없이 깊은 곳'(the deep 또는 depthless)을 의미하며, 신약성경에서는 지옥을 의미하는 은유적인 표현으로 주로 사용됩니다.

여기서 해석상 논란이 되는 것은 10장 5절에 나오는 '율법의 의'(5절)와

10장 6절에 나오는 '믿음의 의'(6절) 사이의 접속사 '데'(δε)를 '그리고'(and)라는 의미로 볼 것이냐, 아니면 '그러나'(but)라는 의미로 볼 것이냐 하는 문제입니다. 헬라어 '데'에는 두 가지 의미가 있기 때문입니다. 여기서 접속사 '데'를 '그리고'라는 의미로 이해하는 해석자들은 '그로 인하여 살리라'(레 18:5)는 10장 5절의 말씀과 '이것을 지키는 것이 불가능한 것이 아니다'(신 30:11-14)라는 10장 6절의 말씀을 '율법의 순종으로 영생에 이르게 된다'는 의미로 이해합니다.

그러나 바울이 말하고자 하는 것은 '율법을 지키는 그 의로 말미암아 살리라'라고 구약에 기록되어 있지만(레 18:5), '그러나'(δε) 사실은 '믿음으로 얻는 의로 말미암아 사는 것이다'라는 의미입니다.

한마디로 말해서, 율법을 지킴으로써 하나님의 의를 얻어 구원에 이르는 것이 아니라 믿음을 통하여 하나님의 의를 받음으로 구원에 이르게 됨을 이야기합니다. 이러한 의미는 10장 3-10절의 문맥 흐름을 통해 더욱 분명하게 파악할 수 있습니다.

이처럼 바울은 '율법으로 얻는 의'와 '믿음으로 얻는 의'를 대조(반대)하여 설명합니다(Edwards, 252-254; Hultgren, *Romans*, 386-389; Schreiner, *Romans*, 551-558). 물론 하나님께서 율법을 주신 목적은 믿음으로 말미암는 구원의 길을 가르쳐 주고, 동시에 하나님의 선택을 받아서 구원받은 백성들이 하나님의 올바른 뜻에 따라 살도록 하기 위해서입니다. 그러나 바울은 본문에서 구약의 말씀들을 예수님이 이 땅에 오심과 죽으심, 그리고 부활의 사건에 적용하면서 율법을 지키는 행위를 통해서가 아니라, 예수 그리스도를 믿는 믿음을 통해서 '하나님의 의'를 얻을 수 있다고 말합니다.

그렇다면 믿음으로 말미암는 '하나님의 의'와 '구원'이 같은 의미일까요? 좁은 의미에서 '구원'은 죄와 영원한 사망으로부터의 해방을 의미합니다. 그래서 '구원을 받았다'는 말은 예수 그리스도를 믿음으로써 죄의 결과로 받게 될 하나님의 영원한 형벌에서 벗어났다는 뜻입니다. 반면에, '하나님의 의'란 하나님께서 주시는 의로움을 말하고 그로 인해 하나님과 올바른 관계를 맺는 것과 관련이 있습니다(1:17의 '하나님의 의' 해설, 1부 1장 참조). 그래서 소극적인 의미에서 '구원'은 죄에서 건짐을 받았다는 뜻이지만, 적극적인 의미에서는 하나님의 의로움을 얻어서 하나님과 올바른(화목한) 관계를 맺는 것을 말합니다. 이러한 의미에서 우리는 '칭의'라는 말을 사용합니다. 이렇게 죄인이 죄와 영원한 형벌에서 벗어나 하나님과 바른 관계 속으로 들어가는 것(칭의)이 예수님을 믿음으로 구원을 얻는 것입니다.

그래서 논리적으로 구원의 서정(순서와 과정)을 설명할 때 '과거-현재-미래'의 사건, 즉 '칭의(과거), 성화(현재), 영화(미래)'로 도식화해서 설명하기도 합니다. 물론 이러한 설명이 구원의 의미를 단순하고 쉽게 이해하는 데 효과적일 수 있지만, 칭의와 성화가 동시적인 사건이라는 점을 설명하지 못하고 있으며, 칭의가 성화와 함께 지속된다는 점을 설명하지 못하는 아쉬움이 있습니다.[21] 이런 측면에서, 믿음의 본질은 하나님과의

---

21) 일반적으로 구원의 서정을 말함에 있어서 칭의는 과거의 사건으로, 성화는 현재의 사건으로, 그리고 영화는 미래의 사건으로 이해하는 경향이 있습니다. 하지만 이러한 구원의 서정(과거-현재-미래)에 대한 일반화된 도식(설명)의 문제점을 이진섭 교수는 그의 글에서 자세히 다룹니다(이진섭, 145-166).
더 나아가서 존 칼빈의 칭의론에 의하면, 칭의와 성화는 상호 구별되나 분리될 수 없는 동시적인 것이며(칼빈, 「기독교강요」, Ⅲ.x.vi.1), 칭의는 성화와 함께 지속된다고 나용화 교수는 설명합니다. 다시 말해서, 칭의가 법정적 선언이라는 점에서는 단회적이지만, 하나님의 의가 회복되는 데 한 평생이 필요하며, 칭의는 믿음을 통한 그리스도와의 연합을 통해서 성화와 함께 가는 평생의 과정이며 종말론적인 사건입니다(나용화, 110-112; 바빙크, 480-481; cf. 「기독교강요」, Ⅲ.iii.9). 뿐만 아니라 레만의 진술에 의하면, 칭의의 두 가지 측면과 같이 성화 또한 두 가지 측면에서 이해할 수 있습니다. 그 하나는 한 시점에서 이루어지는 일회적인 측면이고, 다른 하나는 계속 혹은 반복적인 행동을 나타내는 지속적인 측면입니다(체스터 K. 레만(Chester K. Lehman), 「성경신학 II」, 457-461). 이러한 칭의와 성화의 과정을 지나서 마지막 날에 영원한 구원을 누리는 영화의 단계에 이르게 됩니다.

인격적인 관계성에 있습니다. 그래서 믿음의 삶이란 내가 하나님과 올바른 관계 속에 있으면서 하나님의 말씀에 순종하는 삶을 동반합니다. 다시 말해서 하나님과 인격적인 관계를 맺고 하나님의 말씀을 따라 영적인 삶을 살아가지 않으면서, 입으로만 '주여, 주여' 하거나 아무리 '믿습니다'를 외쳐도, 그것은 성경이 말하는 믿음과는 아무 상관이 없습니다.

바울이 말한 것처럼 사람이 구원을 얻기 위해서 예수님을 믿는 것은 하늘에 올라가거나 깊은 곳에 내려가서 예수 그리스도를 모셔 와야 하는 등의 어려운 일이 아닙니다. 우리의 구원을 위해서 예수님이 이 땅으로 내려오셔서 십자가에 죽으신 후 음부에 내려가셨고, 부활하심으로 모든 것을 이루어 놓으셨기 때문입니다. 따라서 구원을 얻기 원한다면 예수 그리스도의 이름을 부르기만 하면 됩니다.

그래서 바울은 10장 8절에서 "말씀이 네게 가까워 네 입에 있으며 네 마음에 있다 하였으니 곧 우리가 전파하는 믿음의 말씀이라"라고 설명합니다. 전파되는 하나님의 말씀, 즉 구원의 복음은 믿고 마음으로 받아들이기에 쉽도록 아주 가까이 와 있다는 것입니다.

그러면서 바울은 10장 9-10절에서 다음과 같이 말합니다.

> 9네가 만일 네 입으로 예수를 주로 시인하며 또 하나님께서 그를 죽은 자 가운데서 살리신 것을 네 마음에 믿으면 구원을 받으리라 10사람이 마음으로 믿어 의에 이르고 입으로 시인하여 구원에 이르느니라(10:9-10).

먼저 9절을 보면, 바울은 "네가 만일 네 입으로 예수를 주로 시인하고 또 하나님께서 그를 죽은 자 가운데서 살리신 것을 네 마음에 믿으면 구원을 받으리라"라고 말합니다. 신명기에서 모세는 말씀이 우리와 가까운 곳, 즉 우리의 입과 마음에 있다고 말합니다(신 30:14). 하지만 바울은 모세가 기록한 말씀을 바로 자신이 전하는 믿음의 말씀, 즉 복음이라는 의미로 바꾸어 인용합니다. 다시 말해서, 바울은 하나님의 말씀이 '마음과 입에 있다'는 말을 '구원의 길이 멀리 있는 것이 아니라 가까이 있다'는 의미로 바꾸어 말합니다. 이렇게 바울은 복음을 들었을 때 마음으로 믿고 예수님을 주로 고백하면 구원해 주시겠다고 약속한 사실을 상기시키면서 구약의 말씀을 인용합니다.

그렇다면 예수님을 주님으로 고백한다는 것은 무엇을 의미할까요? 이 말은 예수님이 '하나님'이심을 고백하는 것이고, 그분이 나의 주인이심을 고백하는 것입니다. '주'(Lord)라는 말은 헬라어로 '퀴리오스'(κύριος) 인데, '주인'(lord, master)을 의미합니다. 바울은 로마서에서 이 '주'라는 말을 44번이나 사용하는데, 그 중에 33번은 예수님을, 8번은 하나님을, 3번은 하나님과 예수 그리스도를 동시에 '주'라고 부릅니다. 그러므로 '예수님이 주님'이라고 고백하는 것은 예수 그리스도께서 나의 구주가 되시고 내 삶의 주인이 되신다는 의미입니다. 더 나아가서는 예수님이 교회와 온 세상을 다스리시는 만왕의 왕이시라는 고백입니다.

하지만 바울 당시의 세상 사람들은 로마 황제를 '주'라고 불렀습니다. 따라서 당시의 신자들이 예수 그리스도를 주님을 받아들인다는 것은 세상의 주권자는 로마 황제가 아니라 예수 그리스도라고 고백하는 것이었습니다. 바울 당시의 신자들은 예수님이 나의 주님이라는 진지한 신앙고백을 했고, 자신의 신앙을 지키기 위해 온갖 핍박과 조롱을 받기도 했습니다. 때로는 원형 경기장 안에서 짐승의 밥이 되기도 했고, 나무에 매달려서 화형을 당하기도 했습니다. 지금도 북한 지하 교회에서 신앙생활을 하는 신자들이나 중동과 아프리카 지역에서 핍박 가운데 신앙생활을 하는 이들이 이와 같은 신앙고백을 하고 있습니다. 그렇게 생명을 내건 결단과 진지한 마음으로 예수님을 믿는다고 입으로 시인하는데 구원받지 못할 사람이 어디 있겠습니까?(박용규, 69–105)

이런 의미에서 바울은 "사람이 마음으로 믿어 의에 이르고 입으로 시인하여 구원에 이르느니라"(10:10)라고 말합니다. 특별히 여기서 말하는 '마음'은 헬라어로 '칼디아'(καρδία)입니다. 이 단어는 인간의 지식과 의지와 감정을 포함한 인간의 가장 깊은 내면, 즉 인격의 중심을 말합니다. 그리고 이 마음은 성령님이 일하시는 신비한 장소입니다. 그러므로 '마음으로 믿는다'라는 말은 정말 진지하게, 그리고 전 인격으로 예수 그리스도를 받아들이는 것을 의미합니다. 이처럼 믿음의 열쇠는 마음에 있고, 그래서 우리의 구원은 우리의 전 인격을 동반한 마음에 달려 있습니다. 이렇게 온전한 마음으로, 예수님이 나의 구세주요, 내 삶의 주인이요, 온 우주 만물을 다스리시는 하나님이라고 고백하고 시인하는 사람은 틀림없이 구원을 받습니다.

또 '시인하며'(호몰로게오, ομολογεω)라는 단어는 '공적으로 고백한다'는 뜻입니다(10:10). 즉 예수님만이 나의 유일한 구세주이시며 나의 유일한 신앙의 대상이 되신다는 사실을 공적으로 선포하는 것입니다. 이것은 교회 앞에서 공적으로 고백한다는 의미가 될 수도 있고, 세상 사람들 앞에서 공적으로 선포한다는 것을 의미할 수도 있습니다. 그래서 예수님은 "누구든지 사람 앞에서 나를 시인하면 나도 하늘에 계신 내 아버지 앞에서 그를 시인할 것이요 누구든지 사람 앞에서 나를 부인하면 나도 하늘에 계신 내 아버지 앞에서 그를 부인하리라"(마 10:32–33)라고 말씀하셨습니다. 그러므로 우리는 교회 안에서뿐만 아니라 세상 속에서 그리고 우리의 삶 속에서 예수 그리스도를 주님으로 인정하고 고백하면서 살아가야 합니다. 주님을 증거하는 믿음의 삶을 살아야 합니다.

그런데 이 시대에는 "예수님 믿으면 구원을 받는다"는 말이 너무 값싸게 느껴집니다. "예수님 믿으면 천국간다"는 말을 너무나 가볍고 쉽게 생각합니다. "예수님 믿어서 손해 볼 것은 없으니 한번 믿어나 보자"라며 교회에 다니는 사람들도 적지 않습니다. 물론 그렇게 교회를 다니다가 정말 예수님을 인격적으로 만나고 성령으로 거듭나서 신앙생활을 잘하는 경우도 있습니다. 그러나 문제는 처음부터 잘못된 마음가짐으로 오랫동안 교회 생활을 하면서 종교 생활에만 익숙해진 사람들이 적지 않게 있다는 것입니다. 안타까운 것은 교회에서 직분을 받고 교회 안에 있는 사람들에게 인정을 받으면, 자신이 정말로 구원받은 하나님의 자녀가 되었다는 착각 속에서 살아가기 쉽다는 것입니다. 바울이 지적한 유대인들의 모습이 이와 같았습니다. 그들은 종교 생활을 잘 하고 있었기 때문에 하나님께서 의롭다고 인정해 주실 것이고 틀림없이 선택받은 하나님의 자녀라고 믿었습니다. 그래서 예수 그리스도께서 이 땅에 오셔서 "내가 죄인을 부르러 왔다"라고 말씀하셨을 때 그들은 스스로 죄인임을 깨닫지 못했고 예수님을 거부했습니다.

바울은 유대인들이 이러한 종교적 확신 속에 살아가면서 구원받지 못한 상태로 있게 된 근본적인 이유를 9-10장에서 설명합니다. 그것은 한편으로 볼 때 하나님의 선택을 받지 못했기 때문이지만, 또 다른 면에서 볼 때 그들이 예수 그리스도를 마음으로 믿고 입으로 시인하지 않았기 때문입니다. 그래서 바울은 9장에서 하나님의 선택을 말한 후에, 10장에서 인간의 순종과 책임을 강조합니다. 이 점은 '모든 사람'(12절에 두 번 반복), '누구든지'(11절과 13절)라는 단어 사용에서도 잘 나타납니다.

이런 측면에서 하나님의 선택과 예정을 지나치게 강조함으로써 인간의 순종과 인간의 책임을 지나치게 약화시키는 복음이 되어서는 안 됩니다. 그와 반대로 인간의 순종과 책임을 지나치게 강조해서 하나님의 주권 안에 있는 선택과 예정을 지나치게 무시해서도 안 됩니다. 만약 하나님의 주권과 예정을 생각지 않으면, 너무 쉽게 '내가 언제든지 마음만 먹으면 예수님을 믿고 천국에 갈 수 있다'라는 착각에 빠질 수도 있습니다. 이것 또한 구원의 문제를 굉장히 오해하는 것입니다.

성경은 "영접하는 자 곧 그 이름을 믿는 자들에게는 하나님의 자녀가 되는 권세를 주셨으니 이는 혈통으로나 육정으로나 사람의 뜻으로 나지 아니하고 오직 하나님께로부터 난 자들"(요 1:12–13)이라고 말합니다. 다시 말해서, 예수 그리스도를 영접하는 자는 하나님의 자녀가 되지만, 동시에 그것은 하나님께로부터 나오는 것입니다(성령으로 거듭남; cf. 요 3:5). 따라서 이 본문 역시 인간의 책임(to receive, to believe)과 하나님의 주권(born of God)이 서로 균형을 이룹니다(Köstenberger, 38). 마찬가지로 9장과 10장도 이러한 균형을 잘 보여 줍니다. 그러므로 우리는 구원의 문제에 있어서 하나님의 주권적인 선택과 인간의 책임 둘 모두를 기억해야 합니다.

바울은 계속해서 다음과 같이 말합니다.

> 11성경에 이르되 누구든지 그를 믿는 자는 부끄러움을 당하지 아니하리라 하니 12유대인이나 헬라인이나 차별이 없음이라 한 분이신 주께서 모든 사람의 주가 되사 그를 부르는 모든 사람에게 부요하시도다 13누구든지 주의 이름을 부르는 자는 구원을 받으리라(10:11–13).

"그를 믿는 자는 누구든지 부끄러움을 당하지 않는다"라는 말은 바울이 이사야 28장 16절을 인용한 것입니다. 이 말씀의 배경이 되는 이사야

28-29장을 보면, 북이스라엘이 앗수르에 의해서 먼저 멸망을 당하게 됩니다. 그러자 위기 의식을 느낀 남유다 지도자들은 애굽(이집트)을 의지해서 국가적으로 어려운 위기를 극복하려고 애굽과 동맹 조약을 맺습니다. 한마디로, 하나님의 약속의 말씀을 의지하고 신뢰하면서 위기를 극복하려 한 것이 아니라, 애굽(이집트)을 의지해서 위기를 극복하려고 한 것입니다. 그때 하나님께서는 이사야 선지자를 통해서 "내가 한 돌을 시온에 두어 기초를 삼았으니 이 돌이 귀하고 견고한 기촛돌이요 그것을 믿는 사람은 다급하게 되지 않게 될 것이다"라고 말씀합니다(사 28:16). 다시 말해서, 하나님께서 세운 귀하고 견고한 기초 돌을 믿는 사람은 넘어지지 않고 낙심하지 않고 부끄러움을 당하게 않을 것이라는 약속의 말씀을 하십니다.

그렇다면 이사야 선지자가 말한 '귀하고 견고한 기촛돌'은 무엇일까요? 여기에는 첫째 성전의 기초 돌, 둘째 하나님의 율법, 셋째 신실한 믿음의 사람들을 의미한다는 해석들이 있습니다. 하지만 문맥의 배경을 살펴보면, 견고한 기초 돌은 애굽(이집트)을 의지하는 것과 대조되는 것입니다. 따라서 '견고한 기촛돌'은 하나님(그리고 하나님의 약속의 말씀)을 가리키는 말로 이해하는 것이 가장 알맞습니다(Oswalt, 518; Smith, 487-488). 그리고 이 '기촛돌'은 예수 그리스도를 가리키는 예언의 말씀으로 인용되고 있습니다(9:33; 10:11; 벧전 2:4-8; 딤전 1:16; cf. 시 118:22-23).

또 '다급하지 않는다'는 말은 '낙심하지 않는다' 혹은 '두려워하지 않는다'라는 의미입니다(never be stricken with panic, NIV). 그러나 신약을 보면 베드로와 바울은 이 단어를 '부끄러움을 당하지 않는다'라는 표현으로 바꾸어 사용합니다(9:33; 10:11; 벧전 2:6). 즉 '세상에서 부끄러움을 당하지 않는다'는 뜻이 아니라, '하나님의 심판대 앞에서 부끄러움을 당하지 않는다'는 의미입니다. 그래서 바울은 누구든지 예수 그리스도를 믿는 자는 마지막 날에 하나님의 심판대 앞에서 부끄러움을 당하지 않을 것이며, 여기에는 유대인이나 헬라인이나 차별이 없다고 말합니다(10:11-12).

다음으로 바울은 10장 13절에서 "누구든지 여호와의 이름을 부르는 자는 구원을 얻으리니"(욜 2:32)라고 한 요엘 선지자의 말을 인용합니다. 요엘 선지자는 '주'라는 말을 여호와 하나님을 가리키는 말로 사용하고 있지만, 바울은 그 주님을 예수 그리스도를 가리키는 말로 사용합니다. 그래서 예수 그리스도를 주님이라고 부를 때 그분은 나의 구세주요 그분이 곧 나의 하나님이라는 의미입니다. 또 '주의 이름을 부른다'는 말은 구약 시대에 하나님에 대한 참된 믿음의 고백과 경배의 행위를 표현하기 위해 사용되었습니다. 뿐만 아니라, 어떤 생명의 위기에서 벗어나 구원을 얻기 위해 하나님을 간절히 찾는 믿음의 행위를 말하기도 합니다. 바꾸어 말하면, '주의 이름을 부른다'는 말은 죽음에서 벗어나기 위해서 자신이 할 수 있는 것이 아무 것도 없다는 사실을 철저히 깨닫고, 오직 하나님의 구원을 간절히 바라는 부르짖음을 의미합니다. 그렇게 주의 이름을 부르는 자는 누구든지 구원을 얻는다고 바울은 말합니다.

바울은 계속해서 다음과 같이 말합니다.

> 14그런즉 그들이 믿지 아니하는 이를 어찌 부르리요 듣지도 못한 이를 어찌 믿으리요 전파하는 자가 없이 어찌 들으리요 15보내심을 받지 아니하였으면 어찌 전파하리요 기록된 바 아름답도다 좋은 소식을 전하는 자들의 발이여 함과 같으니라(10:14-15).

"예수 그리스도를 알지 못하는데 어떻게 예수 그리스도의 이름을 부를 수 있겠느냐"라고 바울은 말합니다. "전하는 자가 없다면 어떻게 복음을 듣고 예수 그리스도를 믿을 수 있겠느냐"라고 말합니다. "보내심을 받지 않으면 어떻게 전파할 수 있겠느냐"라고 말합니다. 그러나 우리가 신자라면 '나는 보내심을 받지 않았기 때문에 복음을 전할 사명이 없다'라고 오해해서는 안 됩니다. 구원받은 모든 신자는 복음을 전파할 사명이 있기 때문입니다.

어느 의사가 개인 병원을 운영하면서 모든 직원이 퇴근한 늦은 밤에 금고 앞에 앉아 그날 번 돈을 계산했습니다. 그러다가 책상 위에 쌓인 돈을 보면서 자신이 돈을 위해서 살아가고 있다는 생각이 드는 동시에 이런 생각도 들었습니다. '내가 하나님 앞에 가면 무엇이라 말할 것인가? 환자들 고치고 돈만 세다가 왔다고 하면 하나님께서 기뻐하실까?' 그런 생각이 드니까 너무나 부끄러워졌습니다. 그러면서 환자들의 영혼을 구원하는 일이 가장 중요하다는 사실을 깨달았습니다. 그 후부터는 환자들이 오면 정성을 다하여 치료하고 전도를 했습니다. 밤이 되면 전도 대상자 명단을 놓고 기도했습니다. 그 일이 있은 후부터 그는 병원 일에 보람을 느꼈고 인생의 참 만족을 느끼며 살아간다고 간증을 했습니다.

이처럼 복음을 전하는 발이 아름답습니다. 10장 15절을 보면, "기록된 것처럼 좋은 소식을 전하는 자들의 발이 아름답다"라고 바울은 말합니다. 이 말씀은 이사야 52장 7절을 인용한 것입니다. 이 말씀의 배경을 보면, 이사야 선지자는 이스라엘이 바벨론 포로 생활에서 해방될 것을 예언합니다. 포로가 된 사람들에게 가장 좋은 소식이 무엇일까요? "이제 해방되었으니 고향으로 가라!"는 말입니다. 마찬가지로 영원한 형벌에서 해방되고 구원받을 수 있는 소식만큼 죄인들에게 기쁜 소식이 어디 있겠습니까? 그래서 예수 그리스도를 믿는 자마다 죄와 죽음, 그리고 억눌림에서 해방되어 참 자유와 영원한 생명을 얻게 된다는 이 사실이 가장 기쁜 소식이요, 이것이 복음입니다.

그런데 바울은 10장 16–17절에서 다음과 같이 말합니다.

> 16그러나 그들이 다 복음을 순종하지 아니하였도다 이사야가 이르되 주
> 여 우리가 전한 것을 누가 믿었나이까 하였으니 17그러므로 믿음은 들음
> 에서 나며 들음은 그리스도의 말씀으로 말미암았느니라(10:16–17).

여기서 우리는 '그러나'(αλλ')라는 단어를 놓치면 안 됩니다. 왜냐하면 바울이 11–15절에서 '예수님을 믿으면 구원받는다'라고 설명하면서 복음을 전하는 사람의 발이 가장 아름답다고 말했기 때문입니다. 그런데 바울은 16절에서 "그러나 그들이 다 복음을 순종하지 아니하였도다"라고 말합니다. 여기서 '순종하지 않았다'는 말은 복음을 받아들이지 않았다는 말이요, 복음을 거부했다는 말입니다. 누가 순종하지 않았습니까? '그들'입니다. 그들이 누구입니까? 유대인들을 말합니다. 왜냐하면 바울은 이스라엘의 불신앙에 초점을 맞추어 구체적인 근거를 들면서 이야기할 뿐만 아니라, 이방인들은 복음을 받아들였다는 긍정적인 측면을 강조하고 있기 때문입니다.

이렇게 유대인들은 복음의 기쁜 소식을 분명히 들었지만 그 복음을 받아들이지 않았습니다. 예수님이 친히 천국 복음을 전파하시고, 예수님의 제자들이 구원의 복음을 전파했지만 유대인들은 그 복음을 거부했습니다. 왜 복음을 듣고도 거부했습니까? 그들의 종교적 열심 안에 자리 잡고 있는 강퍅함과 교만함 때문이었습니다. 이것이 구원의 진리를 보는 눈을 가리고 말았습니다. 이처럼 잘못된 종교적 열심은 인간을 더 교만하게 만들 수 있습니다. 잘못된 종교적 열심이 자신의 의로움을 드러내는 교

만의 도구로 전락할 수 있습니다.

자신이 죄인이라는 사실을 깨닫지 못하고 살아가는 사람들은 예수 그리스도를 찾을 필요성을 느끼지 못합니다. 이것이 유대인들이 추구했던 자기 의였습니다. 그래서 그들은 복음을 들었어도 끝내 거부했습니다. 이런 이유 때문에 바울은 "주여 우리가 전한 것을 누가 믿었나이까"라고 이사야 53장 1절의 말씀을 인용합니다(10:16). 그러면서 바울은 "믿음은 들음에서 나며 들음은 그리스도의 말씀으로 말미암는다"라고 말합니다(10:17). 이와 같이 복음을 들어도 믿지 않는 사람들이 있습니다. 그럼에도 복음은 전해져야 합니다. 구원에 이르는 믿음은 오직 복음을 들음으로써 얻을 수 있기 때문입니다.

얼마 전 흥미로운 기사를 읽었습니다. 그 기사에 따르면, 호주 멜버른의 사립 요양원에 입주한 한 장애인이 자신뿐만 아니라 다른 장애 입주자들이 간병인들에 의해서 성적 학대를 받았다는 사실을 폭로했지만 받아들여지지 않았습니다. 그래서 그 장애인은 요양원 경영진과 맞서 싸우다가 지쳐서 바다에 몸을 던져 자살하려고 했습니다. 그때 한 낚시꾼이 자신이 잡은 물고기를 주면서 "God bless you"(하나님께서 당신을 사랑하고 축복한다)라고 말하며 갔다고 합니다. 그런데 놀랍게도 그 장애인은 나중에 한 인터뷰에서 "그 낚시꾼의 세 마디의 말이 나를 살렸다"라고 고백했습니다. 그 장애인은 "God bless you"라는 단 세 마디의 말에 용기를 얻어 자살을 포기하고 지금은 요양원을 변화시켜 나가고 있다고 합니다.

하나님의 말씀이 들려질 때 변화가 일어납니다. 때를 얻든지 못 얻든지 복음은 전해져야 합니다(딤후 4:2). 복음을 전하는 자의 발이 가장 아름답습니다. 더 나아가서 우리의 말들이 다른 영혼에게 유익이 되어야 합니다. 그래서 바울은 골로새 교회의 교인들에게 이렇게 권면했습니다.

"그리스도의 말씀이 너희 속에 풍성히 거하여 모든 지혜로 피차 가르치며 권면하고 시와 찬송과 신령한 노래를 부르며 감사하는 마음으로 하나님을 찬양하고 또 무엇을 하든지 말에나 일에나 다 주 예수의 이름으로 하고 그를 힘입어 하나님 아버지께 감사하라"(골 3:16-17). 신자들은 용기를 주는 말, 위로의 말, 축복의 말, 특별히 하나님의 말씀으로 서로를 권면하는 말들을 하도록 힘써야 합니다.

다음으로 바울은 이렇게 말합니다.

> 18그러나 내가 말하노니 그들이 듣지 아니하였느냐 그렇지 아니하니 그
> 소리가 온 땅에 퍼졌고 그 말씀이 땅 끝까지 이르렀도다 하였느니라 19그
> 러나 내가 말하노니 이스라엘이 알지 못하였느냐 먼저 모세가 이르되 내
> 가 백성 아닌 자로써 너희를 시기하게 하며 미련한 백성으로써 너희를
> 노엽게 하리라 하였고 20이사야는 매우 담대하여 내가 나를 찾지 아니한
> 자들에게 찾은 바 되고 내게 묻지 아니한 자들에게 나타났노라 말하였고
> 21이스라엘에 대하여 이르되 순종하지 아니하고 거슬러 말하는 백성에게
> 내가 종일 내 손을 벌렸노라 하였느니라(10:18-21).

18절 말씀은 바울이 시편 19편 1, 4절을 인용한 것입니다. 바울은 복음이 이스라엘 나라에 제한되지 않고 전 세계로 전파될 것을 말합니다. 시편 기자는 시편 19편에서 '우주에 계시된 하나님'(시 19:1-6)과 '말씀으로 계시된 하나님'(시 19:7-14)을 동시에 말합니다. 따라서 바울은 하나님의 말씀(특별 계시)이 이스라엘 땅에 전파되었고, 더 나아가 온 땅에 전파되어 가고 있다는 의미로 시편을 인용한다고 볼 수 있습니다(Hultgren, *Romans*, 391; Schreiner, *Romans*, 570-572).

다음으로 바울은 '이스라엘 백성이 복음을 들었으나 거절하였다'는 사실을 분명하게 말합니다(10:19-21). 이 점을 증명하고자 19절에서는 신명기 32장 21절을 인용하고, 20-21절에서는 이사야 65장 1-2절을 인용합니다. 이사야 65장 1-3절을 살펴보면, 다음과 같이 기록하고 있습니다. "나는 나를 구하지 아니하던 자에게 물음을 받았으며 나를 찾지 아니하던 자에게 찾아냄이 되었으며 내 이름을 부르지 아니하던 나라에 내가 여기 있노라 내가 여기 있노라 하였노라 내가 종일 손을 펴서 자기 생각을 따라 옳지 않은 길을 걸어가는 패역한 백성들을 불렀나니 곧 동산에서 제사하며 벽돌 위에서 분향하여 내 앞에서 항상 내 노를 일으키는 백성이라." 여기서 "나는 나를 구하지 아니하던 자"라는 말과 "내 이름을 부르지 아니하던 나라"라는 표현은 '이방 나라를 가리킨다'는 해석과 '이스라엘 백성을 가리킨다'는 두 가지 다른 해석이 있습니다만, 문맥상 이스라엘 민족을 가리킨다고 보는 것이 타당합니다(VanGemeren, 506-507; Hindson, 834-835; Schreiner, *Romans*, 574; Hultgren, *Romans*, 391).

이처럼 이스라엘 백성의 타락과 반역에도 불구하고 하나님께서는 끊임없이 그들이 돌아오기를 기다리고 계신다는 사실을 바울은 10장 20-21절에서 말합니다. 그래서 바울은 유대인들에게 "하나님께서 종일 손을 펴서 하나님을 떠난 백성들을 불렀다"라고 이사야 65장 2절을 인용하여 말합니다. 하나님께서 '온종일 손을 펴고 불렀다'라는 말이 무슨 뜻일까요? 이것은 하나님의 오래 참으심과 하나님의 끈질긴 사랑을 보여주는 표현입니다. 집을 나간 탕자가 돌아오기를 간절히 기다리시는 아버지의 심정과 같이, 하나님께서는 두 팔을 벌리고 하나님을 떠난 백성들이 돌아오기를 간절히 기다리고 계십니다.

아담이 범죄한 후에 하나님께서는 아담을 부르십니다. "여호와 하나님이 아담을 부르시며 그에게 이르시되 네가 어디 있느냐"(창 3:9). 물론 하나님께서 아담이 어디 있는지 모르셔서 물으신 것이 아닙니다. 네(아담)가 지금 어떤 상태에 있느냐고 자신의 모습을 깨닫도록 물으시는 것입니다. 달리 말하면, 회개하고 내(하나님)게 돌아오라는 말씀입니다. 예레미야 3장 12절은 "여호와께서 이르시되 배역한 이스라엘아 돌아오라 나의 노한 얼굴을 너희에게로 향하지 아니하리라 나는 긍휼이 있는 자라 노를 한없이 품지 아니하느니라"라고 말합니다. 또 스가랴 1장 3절은 이렇게 말합니다. "만군의 여호와께서 이처럼 이르시되 너희는 내게로 돌아오라 만군의 여호와의 말이니라 그리하면 내가 너희에게로 돌아가리라 만군의 여호와의 말이니라." 예수님은 이러한 하나님 아버지의 마음을 탕자의 비유를 통해서 말씀하셨습니다(눅 15:11–24).

이처럼 하나님께서는 죄 가운데 있는 영혼들이 돌아오기를 간절히 기다리고 계십니다. 하나님께서는 우리의 죄를 대신하여 당신의 유일한 아들이신 예수 그리스도를 이 땅에 보내 주심으로써 자신의 사랑을 보여 주셨고, 지금도 모든 죄인이 예수 그리스도를 믿고 구원받기를 간절히 기다리고 계십니다. 그러나 하나님께서는 언제까지 참고 기다리시지 않습니다. 하나님의 공의를 따라서 때가 되면 은혜의 문은 닫히고 영원한 심판의 날이 찾아올 것입니다. 그러므로 복음은 전파되어야 하고 잃어버린 영혼들을 찾아 나서서 기다리시는 하나님의 사랑을 전해야 합니다. 그 은혜와 사랑의 복음을 전하는 아름다운 삶의 발걸음, 복된 삶의 발걸음들이 되시기를 바랍니다.

*더 깊은 이해를 위한 글 13: "로마서 한눈에 보기2 (본문 핵심 요약–바울의 입장에서)" p. 258을 함께 보세요.

더 깊은 이해를 위한 글 13

로마서 한눈에 보기 2(본문 핵심 요약-바울의 입장에서)

인사(1:1-15)

나는 로마에 있는 신자들에게 문안하고, 여러분의 신앙을 보며 하나님께 감사합니다. 나는 여러분을 위해 지속적으로 기도하고 있습니다. 그리고 나는 여러분을 대면하여 복음을 전할 수 있는 기회를 얻기를 원합니다.

하나님의 구원의 섭리(1:16-11:36)

a. 하나님께서는 복음의 능력을 통하여 인간을 구원하시기 때문에, 나는 복음을 부끄러워하지 않습니다. 유대인이나 이방인이나 모든 인간은 하나님의 심판 아래 있으며 자신의 행위(義)나 공로에 근거하여 하나님 앞에서 의롭다고 인정받을 수 없기에 하나님의 심판 아래 있습니다(1-3장).

b. 우리는 예수 그리스도를 믿음으로 의롭다고 인정을 받고 구원에 이르게 되며, 이것은 곧 하나님의 공의와 사랑의 실현입니다. 이렇게 하나님의 의를 얻는 것은 아브라함이 하나님을 믿었을 때 그것을 의로 여기신 사건이나 죄를 지은 다윗이 하나님의 은혜로 죄 용서를 받은 사건 속에 잘 나타나 있습니다. 하나님의 의라는 선물을 받고 평화와 기쁨과 영광

의 소망을 가졌을 때 우리는 고난을 기쁘게 참을 수 있습니다(4–5장).

c. 우리가 과거에는 죄와 사망의 길에 서 있었지만, 이제는 그리스도 안에서 의와 생명의 길로 들어섰습니다. 그래서 이제는 죄가 더 이상 우리를 주장하지 못합니다. 율법도 마찬가지입니다. 율법에 매여 살면서 율법을 지킬 수 없었던 연약한 사람도 생명을 주시는 성령님의 은혜와 도우심으로 하나님의 법(율법)을 지킬 수 있습니다. 그래서 성령님은 우리가 하나님의 자녀다운 영광스런 삶을 살도록 도우시고, 이러한 하나님의 부르심과 목적은 실패할 수 없으며, 어떤 것도 하나님의 사랑으로부터 우리를 끊을 수 없습니다(6–8장).

d. 내 동족 유대인들이 복음을 거절한 것은 너무나 슬픈 일이지만, 그렇다고 모든 이스라엘 사람들이 복음을 거절한 것은 아닙니다. 왜냐하면 하나님의 은혜 가운데 선택받은 남은 자들이 있기 때문입니다. 뿐만 아니라, 이방인들이 복음의 축복을 누림으로써 나의 동족들이 자극을 받게 될 것이며, 장차 선택받은 온 이스라엘 사람들은 구원에 이르게 될 것입니다. 이렇게 하나님의 목적은 이스라엘과 이방인 모두가 차별 없는 구원의 복을 누리는 것입니다. 이 얼마나 놀랍고 신비로운 하나님의 구원의 섭리입니까! 그분에게 영광과 찬송을 돌릴지어다!(9–11장)

복음적인 삶에 관하여(12:1–15:13)

a. 하나님께서 베푸신 놀라운 구속의 은혜를 생각할 때 여러분은 마땅히 자신의 삶을 하나님께 드리는 예배자가 되어야 하며, 그리스도의 한 몸 된 각 지체로서 역할을 감당해야 합니다. 또 사람들과의 관계에서 그리스도의 용서와 사랑의 정신을 실천하고, 정부 당국자에게 합당한 복종

을 하면서 신자답게 살아가야 합니다(12–13장).

b. 뿐만 아니라 같은 신자로 부름받은 형제들 가운데 믿음이 약한 자들(그래서 절기와 음식 문제 등에 있어서 의견이 다른 이들)을 비판하지 말고, 그들을 관용의 정신으로 받아 주며, 그들의 약함을 대신 감당해 주어야 합니다. 믿음 안에서 누리는 자유도 좋은 것이지만 내 자유만 주장해서는 안 됩니다. 그러므로 그리스도를 본받아서 남의 유익을 먼저 생각하십시오(14:1–15:13).

선교 계획과 긴 인사(15:14–16:27)

나는 이방인의 사도가 된 것을 영광스럽게 생각하면서 일루리곤까지 복음 전파의 사명을 감당했습니다. 앞으로는 여러분과 유익한 교제의 시간을 갖고 스페인에 가서 복음 전파의 사명을 감당하기를 원합니다. 그 전에 먼저 이방인 교회들이 예루살렘 교회를 위해 모은 헌금을 전달하러 예루살렘으로 갈 것이니 이런 계획들을 위해 기도를 요청합니다(15:14–33).

부디 내 편지를 들고 가는 뵈뵈를 잘 맞이하고, 여러분과 함께 있는 이들에게 안부를 전해 주십시오. 마지막으로 당부하건대 그릇된 가르침을 전하는 사람들을 주의하십시오. 여기 있는 나의 친구들도 여러분에게 문안하며, 그리스도의 은혜가 함께하기를 기원합니다(16:1–27).

1. F. F. 브루스, 「틴델 신약주석 시리즈 6: 로마서」(*Epistle of Paul to the Romans*), 권성수 역, 서울: 기독교문서선교회, 2007.
2. 권연경, 「로마서 산책」, 서울: 복있는사람, 2010.
3. 김도현, 「나의 사랑하는 책 로마서」, 서울: 성서유니온, 2014.
4. 더글라스 J. 무, 「NICNT: 로마서」(*The Epistle to the Romans*), 손주철 역, 서울: 솔로몬, 2011.
5. 이한수, 「복음은 구원을 주시는 하나님의 능력: 로마서 주석」, 서울: 이레서원, 2008.
6. 최갑종, 「로마서 듣기」, 서울: 대서, 2009.
7. Arland J. Hultgren, *Paul's Letter to the Romans*, Grands Rapids: Wm. B. Eerdmans Publishing Company, 2011.
8. Taylor Gene, "A Study of Romans", http://www.padfield.com/acrobat/taylor/romans.pdf.
9. Thomas R. Schreiner, *Baker Exegetical Commentary on The New Testament, Romans*, Grand Rapids: Baker Academic, 1998.

적 용 과 토 론 을 위 한 질 문

2장 유대인과 이방인의 믿음(10장)

1 바울이 율법의 의와 믿음의 의를 대조적으로 설명하고 있는 이유는 무엇일까요?(10:1–10 참조)

2 '입으로 시인하여 구원에 이르게 된다'(10:10)는 말씀과 '주의 이름을 부르는 자는 구원을 얻는다'(10:13)는 말씀은 어떻게 이해해야 합니까? 이 말씀의 의미와 성경에서 말하는 '구원론'을 함께 생각해 보고 나누어 봅시다.

3 로마서 10장에서 바울은 복음 전파에 대해서 어떻게 이야기하고 있습니까?(10:14–21 참조) 바울이 이 말씀을 하고 있는 이유가 무엇인지 한 번 생각해 보고, 우리들의 신앙생활에 적용해서 함께 나누어 봅시다.

4 로마서 9장과 10장은 서로 다른 주제의 이야기를 하고 있는 것처럼 보입니다. 그러나 바울은 '구원'이라는 하나의 큰 주제를 가지고 이야기를 전개하고 있습니다. 그렇다면, 9장의 내용과 10장의 내용에서 보여 주는 대조점들(차이점들)은 무엇이며, 그것이 어떻게 구원이라는 큰 주제 안에서 연결될 수 있을까요?

3장
구원의 신비와 하나님의 신실함(11장)

어떤 사람이 세 장에 걸쳐 긴 사연의 편지를 써서 보냈는데, 수신자가 한 장만 읽고 성급한 결론을 내리거나, 두 장까지만 읽은 후 결론을 내리고 덮어 버린다면 어떻게 될까요? 결국 편지의 내용을 제대로 파악하지 못하고 그 내용을 오해할 수도 있습니다. 그런데 오늘날 성경을 읽는 많은 독자들이 이런 실수를 종종 합니다. 특별히 9–11장은 더욱 그렇습니다. 바울은 9장에서 시작한 이스라엘의 구원과 이와 관계된 이방인의 구원에 대해서 9–10장에서 언급한 이후, 11장에서 결론을 내립니다.

바울은 "이스라엘 사람, 즉 유대인들이 정말 하나님께 버림받았는가?"라고 질문하면서, 모든 이스라엘 사람이 다 버림받은 것이 아니라 그 가운데 하나님께서 선택한 진짜 이스라엘 사람들이 있다고 말했습니다(9장). 이어서, 많은 유대인들은 예수님을 받아들이지 않고 있다고 설명하면서 누구든지 예수님을 믿기만 하면 구원받는다고 말했습니다(10장). 이제 바울은 11장에서 '이스라엘 사람들은 하나님의 구원 계획 가운데 있지 않은 정말 버림받은 사람인가, 그렇지 않다면 그들의 미래는 어떻게 될 것인가?'라는 구원의 문제를 '유대인과 이방인의 관계'라는 큰 주제 안에서 다룹니다.

먼저 바울은 다음과 같이 말합니다.

1그러므로 내가 말하노니 하나님이 자기 백성을 버리셨느냐 그럴 수 없느
니라 나도 이스라엘인이요 아브라함의 씨에서 난 자요 베냐민 지파라 2
하나님이 그 미리 아신 자기 백성을 버리지 아니하셨나니 너희가 성경이
엘리야를 가리켜 말한 것을 알지 못하느냐 그가 이스라엘을 하나님께 고
발하되 3주여 그들이 주의 선지자들을 죽였으며 주의 제단들을 헐어 버
렸고 나만 남았는데 내 목숨도 찾나이다 하니 4그에게 하신 대답이 무엇
이냐 내가 나를 위하여 바알에게 무릎을 꿇지 아니한 사람 칠천 명을 남
겨 두었다 하셨으니 5그런즉 이와 같이 지금도 은혜로 택하심을 따라 남
은 자가 있느니라 6만일 은혜로 된 것이면 행위로 말미암지 않음이니 그
렇지 않으면 은혜가 은혜 되지 못하느니라 7그런즉 어떠하냐 이스라엘이
구하는 그것을 얻지 못하고 오직 택하심을 입은 자가 얻었고 그 남은 자
들은 우둔하여졌느니라 8기록된 바 하나님이 오늘까지 그들에게 혼미한
심령과 보지 못할 눈과 듣지 못할 귀를 주셨다 함과 같으니라 9또 다윗이
이르되 그들의 밥상이 올무와 덫과 거치는 것과 보응이 되게 하시옵고 10
그들의 눈은 흐려 보지 못하고 그들의 등은 항상 굽게 하옵소서 하였느니
라 11그러므로 내가 말하노니 그들이 넘어지기까지 실족하였느냐 그럴 수
없느니라 그들이 넘어짐으로 구원이 이방인에게 이르러 이스라엘로 시
기나게 함이니라 12그들의 넘어짐이 세상의 풍성함이 되며 그들의 실패가
이방인의 풍성함이 되거든 하물며 그들의 충만함이리요(11:1-12).

여기서 바울은 자신을 예로 들면서 "하나님께서 선택한 자기 백성(이스라엘)을 버리지 않으셨다"라고 분명하게 말합니다(11:1). 그러면서 "하나님께서 그 미리 아신 자기 백성을 버리지 아니하셨나니"(11:2)라고 덧붙여 설명합니다. '하나님께서 그 미리 아신 자기 백성'이라는 표현을 11장 5절

에서는 '택하심을 따라 남은 자'라는 표현으로 바꾸어 표현합니다. 이처럼 '미리 아신 자' 그리고 '택하심'이란 표현들은, 9장에서 보여 주는 것처럼 하나님의 주권적인 선택을 나타냅니다.

바울은 '하나님께서 이스라엘을 버리시지 않으셨다'는 점을 두 가지로 말합니다. 첫째, 예수님을 핍박하던 자신이 예수님을 믿게 된 것입니다. 바울(사울)은 예수님을 알지 못했을 때, 예수님 믿는 신자들을 핍박하는 일에 앞장섰습니다(행 7장). 그가 신자들을 핍박하기 위해서 다메섹으로 가고 있을 때, 빛 가운데 찾아오신 예수님은 "사울아 사울아 네가 어찌하여 나를 박해하느냐"(행 9:4)라고 말씀하셨습니다. 이 사건을 계기로 바울(사울)은 예수님을 믿고 남은 일생을 복음 전파를 위해서 살아가게 되었습니다.[22] 그래서 바울은 "나도 이스라엘인이고 아브라함의 후손"이라고 말합니다(11:1). 그러면서 예수님을 핍박하던 유대인 중의 유대인이었던 자신이 하나님의 은혜로 예수님을 믿게 된 것을 보면, 하나님께서는 택한 이스라엘을 버리시지 않았다는 사실이 분명하다고 말합니다.

둘째, 이 이야기는 이스라엘 역사에 나오는 '남은 자들'입니다. 바울은 여기서 엘리야를 소개합니다. 열왕기상 18장을 보면, 엘리야는 갈멜산에서 바알과 아세라 신을 섬기는 850명의 선지자들과 대결합니다. 그때 엘리야는 물을 번제물과 나무 위에 쏟아 붓게 하고 하나님께서 불을 내려

22) 예수님을 믿은 후에 '사울'(큰 자를 뜻함)이 '바울'(작은 자를 뜻함)로 바뀌었다고 하는 일반적인 이야기는 성경적 근거가 없습니다. 이 점에 대한 근거는 다음과 같습니다. 첫째 '사울'이라는 이름의 뜻은 '큰 자'라는 뜻이 아니라 (하나님께) '간구하다' 또는 '묻다'라는 뜻입니다. 둘째, 바울(사울)은 이스라엘인(히브리인)이었지만, 동시에 로마 시민권을 가진 로마인이었습니다(cf. 행 16:37). 셋째, 사울이 예수님을 만나고 변화되는 사건이 사도행전 9장에 나오지만, 그 후 11–13장을 보면 계속해서 사울이라는 이름을 사용하고 있습니다(cf. 13:9, "바울이라고 하는 사울"). 그러므로 이방 나라에서 본격적으로 선교 활동을 하면서 바울이라는 로마식 이름을 사용했던 것으로 이해하는 것이 가장 타당합니다.

제물을 태우심으로써 하나님께서 살아 계심을 보여 주시도록 자신의 생명을 담보로 기도했습니다. 그때 여호와의 불이 내려서 번제물과 나무와 돌과 흙을 태우고 또 도랑의 물을 핥았습니다(왕상 18:37). 그 결과 모든 백성들이 하나님께서 살아 계심을 고백했고, 엘리야는 이방 선지자들을 기손 시냇가에서 죽입니다. 한마디로 엘리야의 완전한 승리였습니다.

하지만 19장으로 넘어가면 상황은 완전히 바뀝니다. 바알과 아세라 신을 섬기던 이세벨 왕비가 당장 엘리야를 잡아 죽이겠다고 나섰기 때문입니다. 그러자 엘리야는 살기 위해 광야로 도망쳤고 호렙산에 도착하여 하나님께 기도합니다. 그때 하나님께서는 엘리야에게 "내가 이스라엘 가운데에 칠천 명을 남겨 두었는데, 바알 신에게 무릎을 꿇지 아니하고 바알 신에게 입맞추지 아니한 자라"라고 말씀하셨습니다(왕상 19:18). 하나님을 경외하는 신실한 믿음의 사람들, 그래서 하나님의 은혜로 남은 자들이 7천 명이나 있다고 하나님께서 엘리야에게 말씀하셨습니다.

그 한 예로, 아합 왕의 신하 오바댜는 하나님의 선지자들을 백 명씩 오십 명씩 몰래 숨겨 주고 그들에게 음식을 공급해 주었습니다(왕상 18:3-4). 하나님께서는 이렇게 신실하게 남은 자들을 통해서 하나님의 구원의 계획을 이루어 가셨습니다. 그래서 바울은 "지금도 은혜로 택하심을 받은 남은 자가 있으며, 그렇지 않으면 은혜가 은혜되지 못한다"라고 말합니다(11:5-6). 여기서 '지금도'라는 말은 당연히 바울 당시를 말합니다. 그러므로 바울은 엘리야 시대와 자신의 시대를 비교하면서, "나는 이스라엘 사람이고 하나님의 은혜로 구원받은 자가 나 혼자만은 아니다"라고 말하는 것입니다.

이 점에 있어서 바울은 "이스라엘 자손들의 수가 바다의 모래와 같이 많을지라도 남은 자만 구원을 받을 것이라"고 이미 말했습니다(9:27-29).

이렇게 바울은 하나님께서 이스라엘과 맺은 언약에 기초해서 끝까지 이스라엘을 버리지 않으신다는 하나님의 은혜와 하나님의 신실함을 보여 주기 위해 구약 시대의 '남은 자들'을 9장과 11장에서 이야기하고 있습니다. 그러면서 바울은 이러한 '남은 자' 사상을 자신이 살던 시대의 이스라엘 사람들 가운데 예수님을 믿고 구원받은 유대인에게 적용합니다. 이것이 바울이 11장 5절에서 언급한 "은혜로 택하심을 따라 남은 자"에 대한 설명입니다.

'남은 자'는 영어로 '렘넌트'(remnant)입니다. 바울 당시에 이 '남은 자'들은 예수 그리스도를 믿는 모든 유대인들을 말하지만, 지금 우리 시대에 적용한다면 '구원받은 이방인들', 즉 '모든 신자들'이 이 시대의 남은 자들입니다.

그런데 '렘넌트'를 신자들 가운데서 특별히 구별된 신자들을 의미하는 것으로 이해하고 사용하는 분들이 있습니다. 다시 말해서, 어떤 특정한 젊은 세대나, 특정한 단체나 교회, 혹은 자신들이 속한 특정한 부류의 사람들을 렘넌트라고 부르는 경우가 있는데, 이것은 본문의 의미를 잘못 이해하고 잘못 적용한 것입니다. 이러한 잘못된 남은 자 사상은 영적 우월주의에 빠지게 할 수 있습니다. 또 자신들의 모임이나 자신들만의 단체만 '남은 자'라는 특별한 동질 의식과 단체 의식을 심어 주면서 맹신적인 추종자를 만들어 낼 수도 있습니다. 그러므로 신약 시대에 바울이 말한 '남은 자'는 예수님을 믿는 사람들 전부를 가리킨다고 바르게 이해해야 합니다. 그러면서 바울은 이러한 구원의 은혜가 행위로 말미암은 것이 아니며, 만일 우리의 구원이 행위로 말미암은 것이라면 은혜가 은혜되지 못한다고 말합니다(11:6).

다음으로 바울은 유대인과 이방인을 향한 하나님의 구속사적 경륜을 말합니다. “그런즉 어떠하냐 이스라엘이 구하는 그것을 얻지 못하고 오직 택하심을 입은 자가 얻었고 그 남은 자들은 우둔하여 졌느니라 기록된 바 하나님이 오늘까지 그들에게 혼미한 심령과 보지 못할 눈과 듣지 못할 귀를 주셨다 함과 같으니라”(11:7–8).

바울은 여기에서 이스라엘의 구원 문제가 이방인의 구원 문제와 깊은 관계가 있음을 말합니다. 지푸라기로 새끼줄을 꼴 때, 여러 개의 지푸라기를 모아서 크게 두 가닥으로 만든 후에, 그 두 가닥을 손으로 비벼서 엮어 갑니다. 그렇게 해서 튼튼한 새끼줄이 됩니다. 하나님의 구원의 섭리가 이와 같습니다. 다시 말해서 이스라엘의 구원과 이방인의 구원은 서로 별개의 문제가 아니라 새끼를 꼬아서 하나의 새끼줄을 만들어 가듯이, 이스라엘과 이방 민족이 서로 연결되어 하나님의 구원의 역사가 이루어져 간다는 것입니다.

그래서 바울은 “이스라엘이 구하는 것을 얻지 못하고 오직 택하심을 입은 자가 얻었다”라고 말합니다(11:7). 이스라엘 백성들은 하나님을 향한 믿음의 근본은 잃어버리고, 그 대신에 율법을 지키고 자신의 선행과 노력으로 구원의 길을 찾았지만 결국 구원의 길을 찾지 못했습니다. 그 대신에 오직 하나님의 택하심을 받은 자들만 구원을 받았습니다. 그래서 11장 7절 마지막 부분에 “그 남은 자들은 우둔하여졌느니라”라는 말은, 택함받은 이스라엘 백성들을 제외한 그 남은 자들은 우둔하여졌다는 의미입니다.

여기서 ‘우둔하여졌다’는 말이 무슨 말입니까? NIV 영어 성경은 이 말을 “the others were hardened”(다른 사람들은 완악해졌다)라고 번역합니다. 하나님의 은혜로 선택받지 못한 그 나머지 유대인들의 ‘마음이 강퍅해졌다’는 말입니다. 여기서도 구원의 문제에 있어서 하나님의 선택의 은혜가 필수적이라는 사실을 바울은 말합니다. 그래서 바울은 하나님의 선택을 받아서 구원받은 적은 수의 이스라엘 백성과 구원받지 못한 그 나머지의 많은 이스라엘 백성들을 대조하며 말합니다.

그러면서 바울은 "그들에게 혼미한 심령과 보지 못할 눈과 듣지 못할 귀를 주셨다"라는 신명기와 이사야서의 말씀을 인용합니다(11:8). 먼저 신명기를 보면, "그러나 깨닫는 마음과 보는 눈과 듣는 귀는 오늘까지 여호와께서 너희에게 주지 아니하셨느니라"라고 모세는 말합니다(신 29:4). 또, "대저 여호와께서 깊이 잠들게 하는 영을 너희에게 부어 주사 너희의 눈을 감기셨음이니 그가 선지자들과 너희의 지도자인 선견자들을 덮으셨음이라"라고 이사야 선지자는 말합니다(사 29:10).[23)]

여기서 '혼미한 심령', '보지 못할 눈'과 '듣지 못할 귀'라는 표현들은 하나님의 심판을 받을 수밖에 없는 유대인들의 불신앙과 마음의 강퍅함, 그리고 그들의 어두워진 영적인 상태를 나타냅니다. 이러한 말씀은 불순종과 강퍅함의 결과로 하나님의 심판이 임할 것이라는 '하나님 심판의 확정적 선언'이지, 하나님께서 고의적으로 벌을 내리시기 위해서 마음의 눈을 어둡게 만들고 인간의 마음을 강퍅하게 만드셨다는 의미가 아닙니다.

이 부분에 있어서 슈라이너는 "하나님께서 그들을 강퍅하게(완악하게) 하셨다"라며 문자 그대로 설명합니다(Schreiner, *Romans*, 587). 그러나 이미 설명한 대로, 하나님께서 구원받지 못하도록 의도적으로 유대인들의 영적인 눈을 가리고 혼미한 마음을 주셨다고 하는 것은 구약 전체의 맥락

23) 여기에 인용된 신명기 29장 4절의 주석에서, 신명기 주석학자 블락은 해석상의 어려움을 인정하고 자세한 언급을 하지 않습니다(Daniel I. Block, 676). 반면에, 여기에 인용된 이사야 29장 10절의 주석에서, 이사야 주석학자 스미스는 이사야 29장 10절 원문의 의미를 '네 자신의 눈을 감아라 그러면 어둡게 될 것이다'(blind yourself and consequently you will be blind)라고 해석합니다. 그래서 이 내용은 이스라엘 백성들이 하나님의 뜻을 알고 행하는 데 있어서 어두워지고 타락의 길을 왜 가게 되었는지 잘 보여 주는 구절이라고 설명합니다(Smith, 499).

과 1장의 내용과도 배치됩니다(cf. 1:18-32 및 9장 내용 참조). 바울은 이러한 구약의 말씀을 인용하면서 '오늘까지'라는 말을 덧붙입니다. 과거에 이스라엘 백성이 불순종하고 강퍅해서 하나님께 버림받았는데, 그러한 상태가 지금도 계속되고 있다는 것입니다. 그래서 한편으로는 구원받은 남은 자들이 있지만, 다른 한편으로는 구원받지 못한 많은 유대인들이 있다고 말합니다.

그러고 나서, 바울은 "그들의 밥상이 올무와 덫이 되고 그들의 눈은 흐려 보지 못하고 그들의 등은 항상 굽게 해달라"는 다윗의 시편 기도를 인용합니다(11:9-10; 시 69:22-23). 이 말씀은 다윗이 하나님께 드리는 기도로서 자신의 원수를 저주하는 내용입니다. 시편을 보면 이러한 기도들이 종종 나옵니다. 이러한 저주의 시들은 인간의 감정을 가식 없이 그리고 거짓 없이 솔직하게 표현합니다. 마찬가지로 우리 안에 치밀어 오르는 감정을 억누르고 참는 것만이 믿음은 아닙니다. 오히려 마치 어린 자녀가 아무런 거리낌 없이 부모에게 다가가듯이, 마음의 울분을 가지고, 슬픔과 근심을 가지고 하나님 앞에 나아가서 고백하는 것, 그것이 기도요, 그것이 믿음의 표현입니다. 이와 같이 다윗은 자신을 괴롭히는 강퍅하고 완고한 자신의 원수들이 하나님의 심판을 받기를 솔직하게 기도합니다. 그리고 바울은 악인들에게 심판이 있기를 기도하는 다윗의 시를 인용하면서, 유대인들이 하나님의 심판을 받을 수밖에 없는 완악하고 강퍅한 상태에 있음을 표현합니다.

동시에 바울은 유대인들의 강퍅한 상태는 일시적인 것이고, 이것 또한 하나님의 구원의 섭리 가운데 있다고 말합니다. 그것은 "그들이 완전히 넘어지기까지 실족한 것이 아니라, 그들이 넘어짐으로 구원이 이방인에게 이르러 이스라엘로 시기나게 하기 위한 하나님의 섭리"라고 설명합니다(11:11). 여기서 '그들이 넘어지기까지 실족하였느냐'라는 말은 '그들이 회복될 수 없을 만큼 장애물에 걸려서 넘어졌느냐'라는 문학적인 질문입니다(Did they stumble so as to fall beyond recovery, NIV). 그러고 나서, 바울은 "그렇지 않다!"라고 대답합니다. 다시 말해서, 이스라엘이 불신앙으로 넘어져 있지만 다시 일어설 것이라는 말입니다. 오히려 이스라엘 민족이 예수 그리스도를 통한 구원의 길에 들어서지 못하고 넘어짐으로써 구원이 이방인에게 미쳤다는 것입니다. 여기에 하나님의 섭리가 있다는 것입니다.

실제로 바울이 유대인들에게 예수 그리스도를 증언할 때 그들이 대적하고 비방하자, "너희 피가 너희 머리로 돌아갈 것이요 나는 깨끗하니라 이후에는 이방인에게로 가리라"라고 바울은 말했습니다(행 18:5-6). 다시 말해서, 유대인들이 복음을 받아들이지 않고 거부함으로 결국 구원이 이방인에게 넘어가게 되었지만, 이것까지도 하나님의 구원의 섭리 속에 있는 일이었다고 바울은 말합니다. 이처럼 하나님께서는 이방인과 이스라엘 모두에게 복음이 전파되도록 바울을 부르셨습니다(cf. 행 9:15). 그리고 이러한 하나님의 구원의 계획과 섭리 속에서 유대인과 이방인들이 함께 구원의 문으로 들어서게 되었습니다. 그래서 바울은 "이방인의 구원이 이스라엘로 하여금 시기나게 하려는 하나님의 뜻이 있었다"라고 설명합니다(11:11). 유대인들이 복음에 대해 거절한 것은 복음이 이방인을 향하도록 하였고, 그 결과 다시 유대인들이 자극을 받아서 하나님께 돌아오게 하시려는 하나님의 구원의 섭리 안에서 일어난 일입니다. 마치 두 가닥의 지푸라기를 꼬아서 새끼줄을 만들어 가듯이 하나님의 구원의 계획은 유대인과 이방인들이 함께 엮이면서 이루어지고 있습니다. 그래서 "유대인들이 넘어짐으로 세상에 구원의 풍성함을 가져다 주었다면, 그들이 구원에 이를 때는 얼마나 더 풍성한 구원의 은혜가 임하리요"라고 바울은 말합니다(11:12). 다시 말해서, 유대인들이 버림받은 상태에 있음으로 인하여 이방인들이 구원의 은혜를 누리게 되었다면, 유대인들이 돌아올 때는 얼마나 더 구원의 은혜가 충만해지겠느냐는 말입니다.

이러한 하나님의 구원의 섭리 가운데 본래 이방인이었던 우리는 예수님을 믿고 구원받은 하나님의 자녀가 되었습니다. 구원은 하나님의 선택의 은혜로 되어졌고 예수 그리스도를 믿음으로 이루어졌습니다. 그리고 이 구원은 종말에 이루어질 구원의 완성을 향해서 가고 있습니다. 신자의 삶은 이 땅에서 성령님의 인도하심과 도우심을 따라서 거룩한 믿음의 경주를 하는 것입니다.

다음으로 유대인의 시기심과 구원이 어떤 관계에 있는지를 바울은 말합니다.

> 13내가 이방인인 너희에게 말하노라 내가 이방인의 사도인 만큼 내 직분을 영광스럽게 여기노니 14이는 혹 내 골육을 아무쪼록 시기하게 하여 그들 중에서 얼마를 구원하려 함이라(11:13–14).

바울은 '이방인 신자들에게' 이 말을 한다고 11장 13절에서 분명하게 밝힙니다(cf. 행 28:25–28). 여기서 말하는 이방인들은 로마 교회에 속해 있는 이방인 신자들을 말합니다. 바울은 "나는 이방인의 사도이고, 이러한 나의 사도 직분을 영광스럽게 여긴다"라고 말합니다. 그리고 이렇게 바울이 이방인의 사도라는 직분을 영광스럽게 여기는 이유는 "내 골육(유대인들)을 시기나게 해서 그들 중에서 얼마를 구원하기 위함이라"라고 말합니다(11:14).

이처럼 바울은 시기(질투)라는 단어를 두 번이나 반복해서 사용합니다(11:11, 14). 이 '시기'라는 단어에 해당하는 헬라어 '파라젤로오'(παραζηλοω)는 '질투를 일으키다', '시기나게 하다'라는 의미입니다. 그래서 NKJV 영어 성경은 '질투'(jealousy)로, NIV 영어 성경은 '부러움'(envy)으로 번역합니다. 인간의 마음 속에 존재하는 이러한 시기와 질투는 본능적인 것이고, 때로는 무서운 결과를 가져 오기도 하는데, 가정이 깨지거나 인간 관계가 깨지거나 공동체가 파괴되는 결과를 가져오기도 합니다.

예를 들어 요셉의 이복 형제들이 요셉을 시기해서 종으로 팔아 버린 사건이 있습니다(창 37장). 또한 다윗이 블레셋의 용장 골리앗을 물리치고 돌아올 때 백성들이 사울 왕보다 다윗을 더 높이자, 그때부터 사울 왕이 다윗을 시기하고 죽이려고 했던 사건이 있습니다(삼상 18장). 이러한 시기와 질투의 감정을 우리가 어떻게 다스리느냐에 따라서 악을 행할 수도 있고 자기 성숙과 자기 발전의 토대로 삼을 수도 있습니다.

그런데 흥미롭게도 본문에서 말하는 '시기심'은 부정적으로 쓰이지 않았습니다. 그래서 NIV 성경은 질투라는 단어 대신에 부러움(envy)이라는 단어로 의역을 합니다. 우리의 신앙생활도 마찬가지입니다. 우리는 기회가 있는 대로 복음을 전하고 전도해야 합니다. 동시에 우리의 삶의 모습으로 도전을 줄 수 있어야 합니다. 그래서 믿지 않는 사람들이 우리를 바라볼 때 부러움과 시기심을 느끼고 도전을 받아야 합니다. 예수님 믿는 우리가 예수님을 믿지 않는 다른 사람들에게 질투의 대상이 될 만한 무언가가 있어야 합니다. 그것은 돈이나 명예나 세상적인 능력이 아닙니다. "네 모습을 보니까 네가 믿는 예수님이 뭔가 다른 것 같다. 뭔가 있는 것 같다. 나도 한번 믿어 보자"라고 말할 수 있는 무언가가 있어야 합니다.

한 자매가 돈 많은 부자와 결혼하여 살았는데, 손아래 동서가 오면 자신의 좋은 옷과 악세서리들을 자랑하곤 했습니다. 그런 자랑의 말을 듣던 가난한 동서는 "좋으네요"라고 웃으면서 대답했습니다. 그러면서 시골 친정에서 가져온 감, 고춧가루 등을 가져다 주곤 했습니다. 몇 번이나 그런 동서의 모습을 보면서 그 자매는 이런 생각이 들었습니다. '동서는 가난한 집에 살면서도 마음은 넉넉한데 나는 부자로 살면서도 자랑만 하고 베풀어 준 것이 없구나. 또 보통 사람 같으면 내가 비싼 옷을 입었다고 부러워할 텐데 전혀 그런 내색 없이 늘 기쁜 표정이란 말이야.' 이런 생각이 들자 동서에게 전화를 해서 물었습니다. "동서, 동서는 가진 것이 없는데도 어쩌면 그렇게 넉넉한 마음을 가지고 살지?" 그러자 동서가 대답합니다. "형님, 저는 형님처럼 가진 것은 없지만 제 안에 예수님이 계셔요. 그래서 사는 집은 작아도 마음의 집은 크고, 먹는 음식은 초라해도 마음의 양식은 넉넉합니다. 형님도 예수님 믿으세요." 그 말을 듣자 자매는 "동서를 보니 나도 예수님 믿어야겠네"라고 대답했다고 합니다.

세상에서는 우리가 변화된 모습을 보여 주지 않으면 전도의 열매를 맺기가 쉽지 않습니다. 예수님 믿고 변화된 이방인들의 모습을 보고 질투심을 느낀 유대인들이 예수님께 다시 돌아오게 되는 것처럼, 변화된 우리의 모습을 보고 믿지 않는 형제와 이웃들이 주님의 품으로 돌아오는 일들이 일어나도록 기도해야 합니다.

다음으로 바울은 이렇게 말합니다.

> 15그들을 버리는 것이 세상의 화목이 되거든 그 받아들이는 것이 죽은 자 가운데서 살아나는 것이 아니면 무엇이리요 16제사하는 처음 익은 곡식 가루가 거룩한즉 떡덩이도 그러하고 뿌리가 거룩한즉 가지도 그러하니라(11:15-16).

본문에서 '그들을 버리는 것'이라는 말은 문맥의 의미상 '그들의 거절'(their rejection, NIV)이라는 말로 보는 것이 타당합니다(cf. their being cast away, NKJV). 이 점에 대해 슈라이너와 같은 일부 성경학자들은 '그들을 버리는 것'이라는 표현을 '하나님에 의한 거절'로 해석합니다. 그런데 헬라어 어구(η αποβολή αυτών)를 보면, '복음에 대한 그들의 거절'(주격 소유격)과 '하나님에 의한 거절'(목적격 소유격)이라는 두 가지 해석이 모두 가능합니다. 마찬가지로 이와 대조되는 표현도 '복음에 대한 그들의 받아들임'과 '하나님에 의한 받아들임'이라는 두 가지 해석이 가능합니다.

그럼에도 11장의 앞뒤 문맥을 살펴볼 때 '유대인들이 복음을 거절했다'라는 의미가 더 적절합니다. 마찬가지로 '그들의 받아들임'도 유대인들이 복음을 받아들이는 것을 의미합니다. 그 이유는 11장 1-2절에서 '이스라엘이 버림받지 않았다'라고 선언하기 때문입니다. 또 평행 구절인 11장 11-12절에서도 '그들이 넘어짐'(주격 소유격)으로 인해서 복음이 이방인에게까지 미쳤다고 이야기하기 때문입니다(Hultgren, *Romans*, 408). 그래서 NIV 성경은 '그들의 거절'이라고 번역합니다.

다시 말해서 하나님께서 그들(유대인들)을 버리신 것(거절하신 것)이 아니라, 그들(유대인들)이 스스로 하나님을 거절했다는 의미입니다.[24] 그래서 11장 15절은 유대인들이 복음을 거절한 것이 세상의 화목이 되었다면, 유대인들이 복음을 받아들이는 것은 '죽은 자 가운데서 살아나는 것과 같다'라는 뜻입니다. 그럼 '세상의 화목이 되었다'는 말은 무슨 뜻일까요?

---

24) 11장 15절에 나오는 '그들을 버리는 것'이라는 어구에 대해서 NIV 영어 성경은 '그들의 거절'(their rejection)이라고 번역했으나, KJV 영어 성경은 '그들을 버리는 것'(the casting away of them)이라고 번역했습니다. 그런데 개정된 NKJV 성경을 보면, '그들이 버림 받은 상태'(their being cast away)로 고쳐서 번역을 했습니다. 마찬가지로 '그 받아들이는 것'이라는 말도 '그들의 받아들임'(their acceptance)이라는 뜻입니다. 대부분의 영어 성경들도 '그들의 받아들임'(their acceptance)으로 번역했습니다(RSV, NKJV, NASB, NIV 등).

유대인들이 복음을 거절해서 복음이 다른 이방 나라에 퍼지게 되었고, 그 결과 예수 그리스도를 믿게 된 이방 사람들이 하나님과 화목하게 되었다는 말입니다. 이방인들이 예수 그리스도를 통하여 죄 용서를 받고 의롭다고 인정을 받아서 하나님과 화목하게 되었다는 사실을 강조하는 말입니다(cf. 5:10).

바울은 11장 16절에서 "제사하는 처음 익은 곡식 가루가 거룩하면 그것으로 만든 떡덩이도 거룩하고, 뿌리가 거룩하면 그 뿌리에서 뻗어 나온 가지도 거룩하다"라고 말합니다. 여기서 '제사하는 처음 익은 곡식 가루'란 하나님의 성전에 제물로 바쳐진 처음 곡식을 의미합니다. 바울이 인용한 이 내용은 레위기 23장, 민수기 15장과 관계가 있습니다(레 23:20; 민 15:18–21; cf. 느 10:39; 겔 44:30). 그런데 뿌리와 가지의 비유는 성경적 근거가 분명하지 않기에 다양한 추측들이 있을 뿐입니다. 그러나 중요한 것은 바울이 이 두 가지 비유를 통하여 하나의 공통점을 이야기한다는 점입니다.

이 점에 있어서, 어떤 학자들은 '첫 곡식 가루'와 '뿌리'가 아브라함과 같이 믿음의 뿌리가 되는 이스라엘의 조상을 가리킨다고 주장하고, 다른 학자들은 '첫 곡식 가루'와 '뿌리'가 예수 그리스도를 의미한다고 주장합니다. 특별히 슈라이너는 '첫 곡식 가루'와 '뿌리'를 선택받은 이스라엘 조상으로 설명하고, '떡덩이'와 '가지'는 그와 같이 선택받아 예수님을 믿은 유대인들을 의미한다고 주장합니다(Schreiner, *Romans*, 1998, 600–601). 한편 헐트그렌(Arland J. Hultgren)은 '첫 곡식 가루'와 '뿌리'를 예수님을 받아들인 유대인들로 설명하고, '떡덩이'와 '가지'는 그와 같이 예수님을 받아들인 이방인들을 의미한다고 해석합니다(Hultgren, *Romans*, 409).

문맥의 흐름을 생각해 볼 때, 헐트그렌의 해석과 같이 '첫 곡식 가루'와 '뿌리'는 유대인 신자들이고, '떡덩이'와 '가지'는 나중에 예수님을 믿게 된 이방인 신자들로 해석하는 것이 타당합니다. 이 점과 관련하여 바울이 "내가 이방인인 너희에게 말하노라"(11:13)라고 말하면서, 11장 32절에 이르기까지 이야기를 계속 진행하고 있다는 점을 놓쳐서는 안 됩니다. 그래서 우리는 바울이 유대인과 이방인의 관계를 '처음 익은 곡식 가루와 떡덩이' 그리고 '뿌리와 가지'로 비유하고 있다고 이해할 수 있습니다. 그러고 나서, 바울은 '감람나무 가지의 꺾임과 접붙임'이라는 비유를 들어서, 이스라엘과 이방인에 대한 하나님의 구원의 섭리를 다음과 같이 말합니다.

> 17또한 가지 얼마가 꺾이었는데 돌감람나무인 네가 그들 중에 접붙임이
> 되어 참감람나무 뿌리의 진액을 함께 받는 자가 되었은즉 18그 가지들을
> 향하여 자랑하지 말라 자랑할지라도 네가 뿌리를 보전하는 것이 아니요
> 뿌리가 너를 보전하는 것이니라 19그러면 네 말이 가지들이 꺾인 것은 나
> 로 접붙임을 받게 하려 함이라 하리니 20옳도다 그들은 믿지 아니하므로
> 꺾이고 너는 믿으므로 섰느니라 높은 마음을 품지 말고 도리어 두려워하
> 라 21하나님이 원 가지들도 아끼지 아니하셨은즉 너도 아끼지 아니하시리
> 라 22그러므로 하나님의 인자하심과 준엄하심을 보라 넘어지는 자들에게
> 는 준엄하심이 있으니 너희가 만일 하나님의 인자하심에 머물러 있으면
> 그 인자가 너희에게 있으리라 그렇지 않으면 너도 찍히는 바 되리라 23그
> 들도 믿지 아니하는 데 머무르지 아니하면 접붙임을 받으리니 이는 그들
> 을 접붙이실 능력이 하나님께 있음이라 24네가 원 돌감람나무에서 찍힘
> 을 받고 본성을 거슬러 좋은 감람나무에 접붙임을 받았으니 원 가지인 이
> 사람들이야 얼마나 더 자기 감람나무에 접붙이심을 받으랴(11:17-24).

먼저 바울은 "참감람나무에 붙어 있던 나뭇가지들(유대인들) 가운데 일

부가 꺾이고, 대신 돌감람나무에 붙어 있었던 가지들(이방인들)이 접붙여져서 뿌리의 진액을 함께 받게 되었다(구원을 받게 되었다)고 해서, 이방인 신자들인 너희들이 그 가지들(유대인들)을 향해서 자랑하지 말라"라고 말합니다(11:17-18). 여기서 참감람나무로 번역된 헬라어 '엘라이아'(ἐλαια)는 정상적인 감람나무를 가리킵니다. 반면에 돌감람나무로 번역된 헬라어 '아그리엘라이오스'(αγριέλαιος)는 '야생 올리브나무'(a wild olive tree)를 가리킵니다. 다만, NIV 성경은 더 정확하게 표현하고자 '야생 올리브의 어린 가지'(a wild olive shoot)라고 의역합니다.

그러면서 바울은 "네(이방인 신자의) 말이 가지들이 꺾인 것은 나로 접붙임을 받게 하려 함이라 하리니 옳도다 그들(유대인들)은 믿지 아니하므로 꺾이고 너(이방인 신자)는 믿음으로 섰느니라"라고 말합니다(11:19). 그러고 나서, "그들(유대인들)이 예수님을 믿지 않아서 꺾이고, 반대로 너희들(이방인 신자들)은 예수님을 믿음으로써 꺾이지 않았다고 교만한 마음을 품지 말고 오히려 하나님을 두려워하라"라고 바울은 경고합니다(11:20). 왜냐하면 "원 가지들(유대인들)도 버림받았다면, 너희(이방인)들도 얼마든지 버림받을 수 있기 때문"이라고 말합니다(11:21).

접붙임을 하는 이유는 나무 밑동은 건강하지만 그 열매가 달지 않을 경우에 열매가 단 나무의 가지를 접붙여서 단 열매를 얻기 위함입니다. 그러나 이 비유에서는 밑동이 참감람나무이고 접붙인 가지가 돌감람나무이기 때문에 상식에 벗어난 비유로 여겨질 수밖에 없습니다. 하지만 바울은 접붙임의 원리와 방법을 따라 말하는 것이 아니라, '불신앙에 빠진 이스라엘이 잘려 나간 자리에 예수님을 믿은 이방인들이 접붙여졌다'는 이 한 가지를 강조하고자 접붙임의 비유를 사용하고 있습니다. 그래서 원 가지들인 이스라엘 백성, 즉 유대인들을 하나님께서 꺾으셨다면 이방인인 너희들도 꺾으실 수 있으니 하나님을 두려워하는 마음으로 겸손하게 신앙생활을 하라고 경고합니다.

특별히 11장 23절에서 "그들을 접붙이실 능력이 하나님께 있음이라"는 말은 구원의 능력이 하나님께 있다는 말입니다. 그래서 하나님께는 얼마든지 유대인들을 구원하실 수 있는 능력이 있습니다. 이 점을 우리는 복음서를 통해 확인할 수 있습니다. 한 젊은 관리가 예수님께 와서 "선한 선생님이여 내가 무엇을 하여야 영생을 얻으리이까"라고 물었을 때 예수님은 "가진 것을 다 팔아서 가난한 자들에게 주고 나를 따라오라"(마 5:17-20; 막 10:17; 눅 10:25-28)고 말씀하셨습니다. 이 이야기는 '구원이 인간의 노력과 방법으로는 불가능하다'는 점을 깨우쳐 주는 동시에 '예수님을 따르는 제자도의 길이 어렵다'는 사실을 깨우쳐 줍니다(cf. France, 732-733; Stein, 475; Bock, 1482-1483). 그 후 예수님은 "부자가 하나님의 나라에 들어가는 것이 낙타가 바늘귀로 들어가는 것보다 어렵다"라고 말씀하셨고, 그 말씀을 듣고 있던 예수님의 제자들은 "그러면 누가 구원을 얻을 수 있습니까?"라고 물었습니다. 그때 예수님은 "사람이 할 수 없는 것을 하나님께서는 하실 수 있다"라고 말씀하셨습니다. 이 말씀은 "접붙이실 능력이 하나님께 있음이라"(11:23)라는 말씀과 같은 의미입니다. 이처럼 구원은 하나님의 은혜와 하나님의 약속에 달려 있습니다.

계속해서 바울은 다음과 같이 말합니다.

> 25형제들아 너희가 스스로 지혜 있다 하면서 이 신비를 너희가 모르기를
> 내가 원하지 아니하노니 이 신비는 이방인의 충만한 수가 들어오기까지
> 이스라엘의 더러는 우둔하게 된 것이라 26그리하여 온 이스라엘이 구원
> 을 받으리라 기록된 바 구원자가 시온에서 오사 야곱에게서 경건하지 않

은 것을 돌이키시겠고 27내가 그들의 죄를 없이 할 때에 그들에게 이루어 질 내 언약이 이것이라 함과 같으니라(11:25-27).

본문은 9-11장의 핵심입니다. 따라서 이 본문에 대한 보다 자세한 해석 및 이와 관련된 신학적 배경들은 다음 장에서 자세히 다루겠습니다. 여기서 바울은 "구원의 신비 가운데 하나가 이방인의 충만한 수가 구원의 자리에 들어오기까지 이스라엘의 일부는 우둔하게 된 것이라"고 말합니다. 특별히 바울이 말하는 '신비'(뮈스테리온, μυστήριον)는 '이스라엘의 부분적인 완악함', '이방인의 충만한 수가 차는 것', 그리고 모든 이스라엘의 구원'을 말합니다(Merkle, 715; Toews, 281-282; Schreiner, *Romans*, 614). 그러므로 이 신비는 '이스라엘의 강퍅해짐'과 '모든 이스라엘의 구원'이라는 11장 25-32절 전체 메시지와 관계가 있으며, 9-11장의 결론에 해당하는 핵심 단어입니다(Moo, 712; Hultgren, *Romans*, 416-417). 다시 말해서, 이 신비는 많은 이방 나라 사람들이 예수님을 믿고 나면 그 후에 많은 유대인들도 예수님을 믿고 구원을 얻게 될 것이라는 하나님의 구원의 비밀을 의미합니다. 그래서 바울은 이 말씀을 통하여 이방인 신자들이 가지고 있는 영적 자만심을 지적하는 동시에, 하나님의 크고 놀라운 구원의 신비와 구원의 섭리를 이야기합니다.

우리는 "형제들아 너희가 스스로 지혜 있다 하면서"(11:25)라는 말씀을 주목해야 합니다. 이 구절은 헬라어로 '형제들아 너희 자신의 자만심으로 현명해지지 않도록'(Ου γάρ θέλω)이라는 의미입니다. NIV 성경은 문맥에 맞게 "너희가 자만해지지 않도록"이라고 의역하지만, NKJV 성경은 "너희 자신의 생각(opinion) 안에서 현명해지지 않도록"이라고 직역합니다. 다시 말해서 '스스로 지혜 있다'라고 생각하는 것은 자만심(교만)을 의미하고, 바울은 이 말을 이방인 신자들에게 하고 있습니다. 우리는 이 사실을 바울이 11장 13절에서 "내가 이방인인 너희에게 말하노라"하고 언급한 후, 구원의 문제와 관련해서 유대인과 이방인의 관계를 계속하여 이야기하는 문맥을 통해 알 수 있습니다. 다시 말해서 바울은 이방인 신자들을 향해서 "자랑하지 말라"라고 한 후에(11:17), "높은 마음을 품지 말라"라고 말합니다(11:20). 또 "만약 자만하고 교만하면 너희도 유대인들처럼 버림받을 수 있다"라고 경고합니다(11:21). 그러고 나서, 24절에서는 '너희'(이방인 신자들)와 '이 사람들'(유대인들)을 대조하고, 25절에서 "형제들아"라고 이방인 신자들을 향하여 말합니다(cf. 11:13–24).

이렇게 바울이 이방인 신자들에게 '형제'라고 부르면서 충고하는 이유는 무엇일까요? 그것은 그들이 잘나서 구원받은 것이 아니라, 하나님의 은혜로 구원받았다는 사실을 잊지 않도록 하기 위해서입니다. 또한 유대인들이 버림받은 민족이라는 편견을 갖지 말라는 것이기도 합니다. 특별히 교회 안에 있는 유대인 신자들에게 편견을 가지고 대하거나 그들을 멸시하지 말라는 경고이기도 합니다. 그래서 바울은 "스스로 지혜 있다고 생각하면서 자만하지 말라"고 말합니다. 우리의 신앙생활도 마찬가지입니다. 교회 안의 신자들 간에 이러한 자만심과 교만이 자라면 마음의 분열이 일어나고, 그리스도의 몸인 교회는 보이지 않게 분열되기 시작합니다. 그러므로 교회 공동체 안에서 우리는 같은 마음을 품고, 사랑으로 허리를 동이며, 나보다 남을 낫게 여기는 겸손의 자세를 가져야 합니다(빌 2:2–4; 벧전 5:5).

특별히 "온 이스라엘이 구원을 받으리라"(11:26)라는 말씀에 대해서 다양한 해석이 있습니다. 이 가운데 널리 받아들여지고 있는 해석은 세 가지입니다. 첫째, '유대인이든 이방인이든 예수님을 믿는 모든 사람이 구원받는다'라는 해석입니다. 특별히 종교개혁가인 존 칼빈은 '온 이스라엘'이 '유대인의 충만한 수'(11:12)와 '이방인의 충만한 수'(11:25)를 포함한다고 해석하였으며, 개혁주의 전통의 많은 교회들은 이 해석을 받아들였습니다. 그러나 바울은 9-11장에서 실제적인 이스라엘(유대인)의 구원 문제를 다루고 있으며, 더 나아가서 로마서 안에서 '이스라엘'이라는 단어를 비유적으로 혹은 영적인 의미로 말한 적이 없습니다.

둘째, '말세가 가까우면 대다수의 유대인들이 기적적으로 그리고 집단적으로 회심해서 구원받을 것이라는 해석입니다(예, 존 맥아더, 세대주의). 이러한 주장을 하는 사람들은 나라를 잃은 이스라엘 민족이 이천 년 동안 방랑하다가 1948년 5월에 기적적으로 나라를 다시 세운 것처럼, 앞으로도 기적적으로 예수님을 믿는 집단적 회심이 일어날 것이라고 말합니다. 그러나 이러한 해석도 바울이 말하고자 하는 의도와 차이가 있습니다.

셋째, '온 이스라엘'이 '선택받은 모든 유대인'을 의미하지만, 이 말은 예수님을 믿고 구원받게 될 유대인 개개인을 의미한다는 해석입니다. 오늘날 대부분의 성경학자들은 이 해석을 지지합니다. 다시 말해서, 이스라엘 민족 전체가 구원받는다거나 어느 한 시점에 대다수의 유대인이 집단적인 회심을 하는 것이 아니라, 유대인 개개인이 예수 그리스도를 인격적으로 받아들이는 자연스러운 회심을 통해 구원이 이루어져 간다는 것입니다. 그래서 본문의 '온 이스라엘'은 이스라엘 사람들(ethnic Jews) 가운데 하나님의 택하심을 받아 예수 그리스도를 받아들이는 모든 유대인을 의미한다고 말할 수 있습니다.

이와 관련하여 바울은 11장 26-27절에서 이사야서의 말씀들을 인용합니다. 바울은 11장 26절에서 "구속자가 시온에 임하며 야곱의 자손 가운데에서 죄과를 떠나는 자에게 임하리라"라는 이사야 59장의 내용(사

59:20-21)을 인용하고, 27절에서는 "야곱의 불의가 속함을 얻으며 그의 죄 없이함을 받을 결과는 이로 말미암나니"라는 이사야 27장의 내용(사 27:9)을 인용합니다. 쉽게 말해, 구원자가 시온에서 오면 택하신 백성들(유대인들)의 죄를 용서하시고 구원하실 것이라는 언약이 이루어질 것입니다.

그런데 여기서 특별히 주의해야 할 점이 있습니다. 그것은 이사야 선지자가 시온(Zion)에 사는 백성들의 죄를 제거하기 위해서 구원자(하나님)가 시온에 임하신다고 말했지만(사 59:20), 바울은 "시온을 위해서"(ἕνεκεν Σιων, LXX)라는 구절을 사용하지 않고 "시온으로부터"(εκ Ζιων)라는 구절을 사용한다는 것입니다. 다시 말해서, 바울은 '예수 그리스도가 현재 계신 하늘의 처소'를 시온으로 말하고 있습니다(Morris, *Romans*, 421-422; Craig Cooper, 93; Moo, 727; Osborne, *Romans*, 307). 그러다 보니, 어떤 신자들은 "온 이스라엘이 구원을 받으리라"라는 말씀이나 "구원자가 시온에서 오사"라는 말씀을 오해해서, 그릇된 이스라엘 회복 사상을 주장합니다.

이러한 생각을 가진 신자들과 선교 단체들은 우리가 복음을 들고 다시 예루살렘에 가서 중동과 이스라엘을 복음화시켜야 예수님이 재림하시고 세상의 종말이 온다고 믿습니다. 이러한 주장의 성경적인 근거 가운데 하나가 "온 이스라엘이 구원을 받으리라 기록된 바 구원자가 시온에서 오사"(11:26)라고 한 말씀입니다. 그러면서 시온은 예루살렘의 언덕을 말하고 구원자는 예수 그리스도이기 때문에, 이 세상 마지막 때가 되면 예수님이 예루살렘에 재림하신다고 해석합니다. 이와 같이 성경을 이해하거나, 혹은 예루살렘을 숭배하듯 이스라엘 선교를 신앙의 최종 목표로 여기는 생각은 문제가 있습니다.

다른 한편으로, 이스라엘 민족은 예수 그리스도를 믿지 않고 거부해서 하나님께 버림받은 민족이라는 생각이 기독교 역사 속에서 오랫동안 기독교인들의 생각에 자리를 잡고 있습니다. 이것은 성경에서 말하는 이스라엘을 영적 이스라엘(혹은 새 이스라엘)로 대체해서 해석하는 '대체신학'(supersessionism)의 영향 때문입니다. 이러한 편견으로 인해서 기독교 국가였던 서구 유럽에서는 한때 반유대주의(anti-semitism)가 유행하기도 했고, 히틀러의 유대인 학살이 이러한 반유대주의와 맞물려 있다고 비판을 받기도 했습니다(Ruether, 111-116; Casey, 223). 이와 같이 이스라엘 선교에 종말론적 의미를 부여하는 것이나 유대인들은 버림받았다는 일부 기독교인들의 생각은 둘 다 성경적으로 건전하지 못합니다.

계속해서 바울은 이방인 신자들을 향하여 다음과 같이 말합니다.

> 28복음으로 하면 그들이 너희로 말미암아 원수 된 자요 택하심으로 하면
> 조상들로 말미암아 사랑을 입은 자라 29하나님의 은사와 부르심에는 후
> 회하심이 없느니라 30너희가 전에는 하나님께 순종하지 아니하더니 이
> 스라엘이 순종하지 아니함으로 이제 긍휼을 입었는지라 31이와 같이 이
> 사람들이 순종하지 아니하니 이는 너희에게 베푸시는 긍휼로 이제 그들
> 도 긍휼을 얻게 하려 하심이라 32하나님이 모든 사람을 순종하지 아니
> 하는 가운데 가두어 두심은 모든 사람에게 긍휼을 베풀려 하심이로다
> (11:28-32).

여기서 바울은 너희(이방인) 때문에 지금 이스라엘(유대인)은 예수 그리스도를 받아들이지 않고 하나님과 원수 된 자리에 있다고 말합니다(11:28). 다시 말해서, 하나님께서 이방인들을 구원하시고자 이스라엘을 잠시 내버려 두심으로써 이스라엘이 하나님과 원수지간이 되었다는 말입니다. 또 이스라엘이 먼저 택하심을 받은 것을 보면 이스라엘 조상들

로 말미암아 그들이 사랑을 입은 자라고 바울은 말합니다. 즉 이스라엘은 지금도 하나님의 언약 아래서 하나님의 사랑을 받고 있다는 말입니다. 유대인들은 혈통적으로 아브라함의 자손들이고, 하나님께서는 아브라함의 후손을 통해 메시아를 보내실 것을 계획하셨고, 그 계획대로 성취하셨습니다.

그리고 지금은 이스라엘이 예수님을 거부하였기에 버림받은 민족으로 보이겠지만, 사실은 여전히 하나님의 사랑을 입고 있기 때문에(28절) "하나님의 은사와 부르심에는 후회하심이 없느니라"(11:29)라고 바울은 말합니다. 여기서 '은사'(카리스마, χαρίσμα)라는 단어는 헬라어로 '선물', '은사', '은혜'라는 의미입니다. 앞에서 살펴본 대로, "어떤 신령한 은사(χαρίσμα)를 너희에게 나누어 주어"(1:11)라는 말씀은 '신령한 은혜를 너희에게 주어'라는 말과 같은 의미입니다(cf. 5장 15–21절 해설 참조). 마찬가지로 11장 29절에서 말하는 '은사'(카리스마)는 '구원의 은혜'를 의미합니다. 그래서 '하나님의 은사와 부르심에 후회가 없다'는 말은 '하나님께서는 한 번 부르신 이스라엘 백성들을 버리지 않고 구원하시는 언약에 신실하신 분이다'라는 의미입니다.

그러면서 바울은 하나님의 원대한 구원 계획이 유대인과 이방인 모두에게 동일하게 적용되고 있음을 대조적으로 설명합니다(11:30–32). 이전에 하나님을 몰라서 하나님께 순종하지 않았던 '너희'(이방인 신자들)가 이스라엘의 불순종으로 인하여 하나님의 긍휼을 입고 구원의 은혜를 누리게 되었다고 말합니다(11:30; cf. 행 13:46). 반면에 "너희(이방인)에게 베푸시는 긍휼로 이제 그들(유대인들)도 긍휼을 얻게 하려 하심이라"(11:31)라고 바울은 말합니다. 하나님께서 이방인 신자들에게 구원의 은혜를 베풀어 주신 것처럼, 이스라엘 사람들, 즉 유대인들에게도 구원의 은혜를 베풀어 주실 것이라고 바울은 말합니다.

또 하나님께서 모든 사람이 순종하지 않은 가운데 있도록 내버려 두신 것은 모든 사람에게 긍휼을 베풀고자 하시는 하나님의 구원의 섭리가 있었기 때문이라고 바울은 말합니다(11:32).

이렇게 바울은 하나님의 긍휼을 반복해서 말합니다. 11장 30절에서 말하는 '긍휼'은 이방인에게 베푸신 구원의 은혜를 말하고, 31절에서 말하는 '긍휼'은 유대인들에게 베풀어 주실 구원의 은혜를 말합니다. 그리고 32절에 나오는 '긍휼'은 이방인과 유대인 모두를 포함한 예수 그리스도를 믿는 사람들에게 베풀어 주실 구원의 은혜를 말합니다. 한마디로 말해서, 하나님께서 우리 인간들을 불순종 가운데 내버려 두신 것까지도, 예수 그리스도를 통하여 긍휼을 베풀어 주시고자 하는 하나님의 구원의 섭리입니다.

이처럼 바울은 이방인과 유대인의 관계를 생각하면서 이 말을 하고 있습니다. 다시 말해서 유대인 신자들은 이방인들에 대한 하나님의 구원 계획을 알아야 했고, 이방인 신자들도 유대인들에 대한 하나님의 구원 계획을 알아야 했습니다. 따라서 바울은 하나님의 구원의 섭리 속에서 이방인의 구원과 유대인의 구원이 어떻게 성취되어 가고 있는지를 이야기합니다(Read, 120–122). 하나님의 구원의 계획은 누구도 바꿀 수 없고 그 어떤 이유에서도 취소될 수 없습니다(cf. 민 23:19; 사 55:11).

그래서 바울은 놀라운 하나님의 구원의 섭리를 보며 하나님을 찬양하면서 마지막으로 다음과 같이 고백합니다.

> 33깊도다 하나님의 지혜와 지식의 풍성함이여, 그의 판단은 헤아리지 못
> 할 것이며 그의 길은 찾지 못할 것이로다 34누가 주의 마음을 알았느냐 35

누가 그의 모사가 되었느냐 누가 주께 먼저 드려서 갚으심을 받겠느냐 36 이는 만물이 주에게서 나오고 주로 말미암고 주에게로 돌아감이라 그에게 영광이 세세에 있을지어다 아멘(11:33-36).

여기서 말하는 '지혜와 지식'은 하나님의 구원 계획과 그 구원을 이루시는 하나님의 지혜와 지식입니다. 다시 말해서 인간의 구원과 관계된 하나님의 지혜와 지식, 그리고 하나님의 판단은 인간이 다 헤아릴 수 없음을 말합니다. 인간이 하나님의 구원의 신비를 다 헤아릴 수 없고 다 측량할 수 없다는 말입니다. 여기에 하나님의 주권과 예정의 신비와 인간의 순종과 책임이 모순되지 않는 하나님의 지혜와 지식이 숨겨져 있습니다. 이것은 인간의 이성으로 다 판단할 수 없고 다 이해할 수 없습니다.

그래서 바울은 "누가 주의 마음을 알았고, 누가 그의 모사가 되었으며, 누가 주께 먼저 드려서 갚으심을 받겠느냐"고 말합니다(11:34-35). 바울은 여기서 구약성경 이사야서와 욥기를 인용합니다(사 40:13; 욥 35:7; 41:11). 특별히 이사야서는 이렇게 기록합니다. "누가 여호와의 영을 지도하였으며 그의 모사가 되어 그를 가르쳤으랴 그가 누구와 더불어 의논하셨으며 누가 그를 교훈하였으며 그에게 정의의 길로 가르쳤으며 지식을 가르쳤으며 통달의 도를 보여 주었느냐"(사 40:13-14; cf. 고전 2:16에서 재인용).

이 말씀의 배경이 되는 이사야 40장은 이스라엘 백성이 포로생활에서 돌아올 것에 대한 예언입니다. 이사야 선지자는 하나님의 구원의 계획에 있어서 하나님의 지혜의 위대함을 찬양합니다. 바울은 이 말씀을 인용하면서 장차 유대인들과 이방인들, 즉 예수님을 믿는 모든 민족이 구원받게 되는 하나님의 놀라운 구원 계획을 찬양합니다. 그래서 바울은 인간의 구원을 위한 하나님의 지혜와 지식뿐만 아니라 하나님의 자비, 언약에 대한 신실함에 압도되어, "만물이 주에게서 나오고 주로 말미암고 주에게로 돌아가기에 그에게 영광이 세세에 있을지어다"라는 송영으로 9–11장을 마칩니다(11:36; cf. 고전 8:6).

이 세상의 모든 것은 하나님께로부터 왔습니다. 모든 것이 하나님의 자비와 은혜로 말미암아 이루어지고, 모든 것은 결국 하나님께로 돌아갑니다. 만물이 주님의 것이요, 교회도 주님의 것입니다. 가정도 주님의 것이고, 사업장도 주님의 것입니다. 모든 것이 주님께로부터 왔으니 모든 것이 주님의 영광을 위해서 쓰여져야 합니다. 그리고 결국 모든 것은 주님께 돌아가게 되어 있습니다. 그러므로 우리에게 주어진 모든 것이 하나님의 영광을 위해서 존재한다는 사실을 기억하며 살아가야 합니다.

이렇게 하나님께서 택하여 부르신 당신의 자녀들을 향한 하나님의 자비와 사랑은 변함이 없습니다. 이스라엘 민족에게 약속하신 그 구원의 약속에 대해서 변함이 없으신 것처럼, 우리를 향한 구원의 약속도 변함이 없습니다. 그리고 그 하나님의 부르심에는 후회하심이 없습니다. 때로는 뜻하지 않은 어려움들이 있을 수 있지만, 그럼에도 불구하고 신자들은 하나님의 자비와 은혜의 손길을 경험하면서 살아갑니다. 하나님의 영광을 위하여 거룩한 삶을 살아가도록 우리를 부르셨기에, 우리의 모든 사건과 환경 가운데서 하나님의 뜻을 향해 나아가도록 인도하시는 신실하신 하나님은 세세토록 영광을 받으시기에 합당하신 분입니다.

*더 깊은 이해를 위한 글 14: "바울의 선교 여행" p. 289를 함께 보세요.

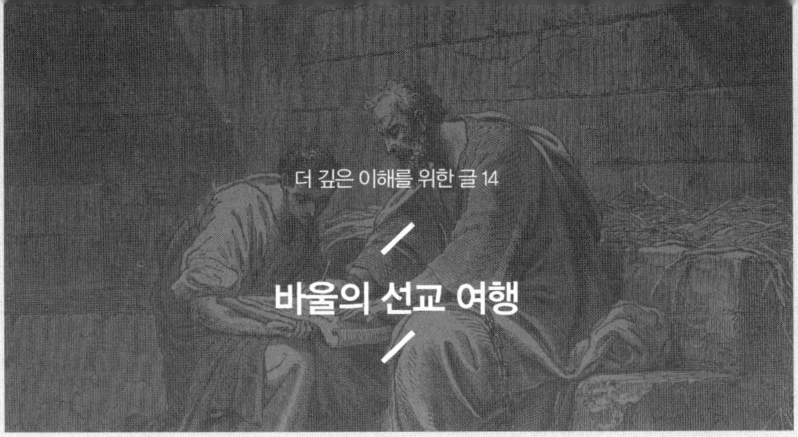

더 깊은 이해를 위한 글 14

바울의 선교 여행

선교사 바울

다메섹 도상에서 예수 그리스도를 만난 바울은 아라비아의 나바테 왕국으로 떠났고, 그곳에서 3년간 복음을 전했습니다(카슨, 「신약개론」, 255). 하지만 이 기간에 대해 바울의 구체적인 언급이 없는 것을 보면, 바울은 그의 초기 선교 사역에서 특별한 성과를 거둔 것 같지는 않습니다(고후 11:32; cf. 행 9:23-24). 그러나 바울은 안디옥에서 바나바와 함께 사역을 시작하면서 선교의 큰 변화를 보여 줍니다.

당시 바울이 복음을 전하러 방문하던 여러 도시에는 철학이나 구원의 길을 전하는 유랑 연설가들이 있었습니다. 그들은 대중으로부터 격리된 삶의 방식을 유지하면서 금욕주의적인 태도를 취하였고, 가족 없이 혼자 지내거나 무소유로 지내면서 다른 사람들의 대접을 받거나 경제적 지원을 받으며 살았습니다. 그들은 웅변(수사학)에 능했기에 연설을 통하여 군중들을 사로잡기도 했습니다. 그러나 바울은 이러한 연설가들과는 달리 인간적인 겸손과 연약함을 솔직하게 드러냈습니다(고전 2:3; 갈 4:13-14; 살전 2:7-8).

바울은 다른 선교사들이 활동하지 않은 곳에 가서 그리스도를 전하였고(15:20), 안락한 삶을 포기하고 예수 그리스도의 종이 되어 헌신하였습니다(고후 11:23-29). 바울은 선교 사역을 통하여 세워진 이방인 교회들로부터 모금한 구제금을 어려움을 겪는 예루살렘 교회의 유대인 신자들에게 전달하고자 예루살렘으로 갔습니다. 바울은 거기에서 적대적인 유대인들의 고소를 받아 체포된 이후에 오랫동안 방문하기를 원하였던 로마로 이송되어 가면서 복음을 전했습니다. 그리고 로마에 가서 복음을 전한 후에 순교하였습니다. 하지만 그가 멀리 스페인까지 복음을 전하게 되었는지에 대해서는 아직까지 분명하게 밝혀지지 않습니다.

바울의 전도 여행 경로

a. 1차 전도 여행(행 13:1-14:28): 바울과 바나바는 마가를 데리고 안디옥에서 가까운 구브로(Cyprus) 섬의 살라미와 바보에서, 그리고 비시디아 안디옥과 이고니온과 루스드라와 더베에서 복음을 전파하였습니다.

경로: 수리아 안디옥-실루기아-살라미-바보-버가-비시디아 안디옥-이고니온-루스드라-더베-루스드라-이고니온-비시디아 안디옥-버가-앗달리아-수리아 안디옥

b. 2차 전도 여행(행 15:36-18:23): 바울은 바나바와 갈라져서 단독으로 수행하였고, 마게도냐(Macedonia)로 건너가 빌립보와 데살로니가와 베뢰아에서 선교하였습니다. 그리고 아덴을 거쳐 고린도로 내려와 거기서 체류하며 복음을 전하였고, 그 후에 예루살렘을 방문하였습니다.

경로: 수리아 안디옥-더베-루스드라-갈라디아-드로아-네압볼리-빌립보-데살로니가-베뢰아-아덴-고린도-겐그레아-에베소-가이사

랴–예루살렘–수리아 안디옥

c. 3차 전도 여행(행 18:23–21:16): 바울은 3차 전도 여행 중에 아시아에서 가장 큰 도시 중 하나인 에베소에서 약 3년 동안 선교를 했습니다. 이 기간 동안 바울은 회당에서 석 달 동안 강론하고 두란노 서원에서 2년간 성경을 가르쳤습니다. 그러나 아데미 신상을 만들어 팔던 은장색 데메드리오가 그의 추종자들을 부추겨 소동을 일으킴으로 말미암아 바울 일행은 에베소를 떠나야만 했습니다.

경로: 수리아 안디옥–다소–갈라디아–브루기아–에베소–드로아–네압볼리–빌립보–암비볼리–데살로니가–베뢰아–아덴–고린도–베뢰아–데살로니가–암비볼리–빌립보–네압볼리–앗소–밀레도–고스–로도–바다라–두로–돌레마이–가이사랴–예루살렘

그 후 가이사랴에 도착한 바울 일행은 전도자 빌립의 집에서 머물렀는데, 빌립의 네 딸은 바울이 유대인들에게 결박당하고 이방인의 손에 넘겨질 것을 예언하였습니다. 그러나 바울은 주 예수의 이름으로 결박받음과 예루살렘에서 죽을 것을 각오하였다고 고백하며 예루살렘으로 향했습니다. 그리고 예루살렘에 도착한 바울은 예루살렘 교회에서 이방 선교에 대한 선교 보고를 하였습니다.

하지만 바울이 예루살렘에 도착했다는 소식을 들은 유대인들이 백성들을 선동하자 로마 군사들이 출동하여 바울을 체포하였고, 바울은 이 사건을 계기로 로마 황제에게 재판받을 것을 호소하여 로마로 가게 되었습니다. 바울은 로마에서 가택연금 상태로 2년간 복음을 전하다가 석방되었는데, 머지않아 그는 다시 감금되었고 순교를 당했습니다.

ㅇ 더 깊은 이해를 위한 추천 자료

1. D. A. 카슨, 더글라스 J. 무, 레온 모리스 공저, 「신약개론」(*An Introduction to the New Testament*), 노진준 역, 서울: 은성, 1994.
2. 김동채, "사도바울의 생애와 사역", http://peter153.com/zbxe/?document_srl=1136.
3. 유상현, "이고니온과 루스드라의 사도들", 「신학논단」, 117-156.
4. ______, "바울 선교의 시작", 「현대와 신학」 22권(1997), 77-91.
5. ______, "빌립보의 바울 석방", 「신학논단」, 127-157.
6. David G. Peterson, *The Pillar New Testament Commentary: The Acts of the Apostles*, Grand Rapids: Wm. B. Eerdmans Publishing Company, 2009.
7. P. T. O'Brien, *Gospel and Mission in the Writings of Paul, An Exegetical and Theological Analysis*, Grands Rapids: Paternoster Press, 1995.
8. Robert L. Plummer, "The Role of Suffering in the Mission of Paul and the Mission of the Church", *SBJT* 17.4(2013), 6-19.

적 용 과 토 론 을 위 한 질 문

3장 구원의 신비와 하나님의 신실함(11장)

1 바울이 말하는 '남은 자'는 무슨 뜻입니까?(9:27-29과 11:1-5 참조). 그렇다면, 이 시대의 남은 자는 누구를 의미할까요?

2 바울은 유대인과 이방인의 관계를 비유를 통하여 말하고 있습니다. 그렇다면, 유대인 신자들과 이방인 신자들 중 어느 쪽을 주 대상으로 이러한 이야기를 하고 있을까요?(11:13-24 참조) 그 근거가 되는 구체적인 표현들과 성경 구절들을 찾아보고 함께 나누어 봅시다. 그리고 왜 이러한 이야기를 바울이 하고 있는지 생각해 보고 함께 나누어 봅시다.

3 바울이 말하는 '이스라엘의 구원'을 어떻게 이해해야 할까요? 바울은 이스라엘과 이방인의 구원이 하나님의 섭리 가운데 어떻게 이루어져 가고 있다고 말하고 있습니까?

4 '하나님의 은사와 부르심에는 후회하심이 없다'고 11장 29절은 말합니다. 이 말씀의 의미는 무엇일까요? 이 말씀의 의미를 나의 신앙생활에 적용해 보고 함께 나누어 봅시다.

4장
이스라엘의 구원과 9–11장의 이해

"어떻게 이스라엘이 구원을 받을 것인가?"

바울은 "온 이스라엘이 구원을 받으리라"(11:26)라고 선언합니다. 이 구절은 9–11장을 이해하는 열쇠와 같습니다. 9–11장의 흐름을 보면, 바울은 하나님의 구원의 계획에 있어서 이스라엘(유대인)을 중심으로 이방인의 입장을 다루는데, 11장 25–27절은 종말론적 차원에서 이스라엘(유대인)과 이방인의 구원을 다룹니다. 9–11장의 바른 이해를 위해서 세 가지를 살펴보겠습니다. 첫째, 바울이 말한 '이스라엘의 남은 자'에 대해 살펴보겠습니다. 둘째, 유대인과 이방인의 구원이라는 주제는 대체신학(supersessionism)과 세대주의(dispensationalism)와 관련이 있기에 이 신학적 개념에 대해서 살펴본 후에, 로마 교회의 역사적 상황 안에서 유대인 신자와 이방인 신자의 관계를 어떻게 이해해야 하는지 살펴보겠습니다. 마지막으로 11장 25–27절 본문 주석을 통하여 '온 이스라엘의 구원을 얻으리라'라는 의미를 구체적으로 살펴보겠습니다.

9–11장의 문학적 구성과 남은 자 사상

9–11장의 바른 이해를 위해서, 우리는 바울이 '이방인의 구원에 대한 문제보다 동족 이스라엘의 구원의 문제에 관하여 더 깊은 관심을 두면서

이 이야기를 다루고 있다'는 기본적인 사실에서부터 접근해야 합니다(9:1-5; 10:1; 11:13-14). 그래서 조병수 교수는 "9장은 이스라엘이 하나님께서 선택하신 백성임을 말하고, 10장은 이스라엘이 하나님을 거절한 백성임을 말하며, 11장은 이스라엘이 하나님께서 회복하실 백성임을 말하고 있다"라고 간결하게 설명했습니다. 동시에 9-11장은 하나님의 구원의 계획 안에 있는 이스라엘에 대한 하나님의 신실하심과 자비하심을 말할 뿐만 아니라, 이방인들에 대한 하나님의 신실하심과 자비하심도 말합니다.

9-11장의 전체적인 구조를 간단히 살펴보겠습니다. 먼저, 9장 1-5절이 서론에 해당하고, 9장 6-29절은 인간의 행위나 공로와 무관하게 하나님께서 구원하실 이스라엘과 이방인들을 선택하신다는 점을 보여 줍니다. 다음으로 9장 30절부터 10장 21절을 통해서 복음은 이스라엘과 이방인에게 동일하게 적용되며, 이 점에 있어서 하나님께서는 공평하신 분임을 말합니다. 마지막으로 11장 1-32절에서 이방인들이 믿음 안에 충분히 들어올 때까지 이스라엘(유대인들)은 강퍅한 상태로 있을 것이며, 이 점에 있어서 하나님의 구원의 섭리 안에서 유대인들과 이방인들은 서로 연결되어 있음을 말합니다(Toews, 292).

특히, 9-11장은 1-4장의 중심 주제인 '믿음에 의한 칭의' 교리를 기초로 하고, 1-8장 전체와도 관계가 있습니다(Moo, 551; Toews 238). 다시 말해서, 9장 8절에서 말하는 아브라함의 진정한 후손(참 이스라엘)은 인간의 노력의 행위가 아닌 하나님의 주권적인 선택에 의해 믿음을 통해서만 가능하다는 사실을 보여 줍니다. 그래서 데이비스(John P. Davis)는 "구원의 은혜를 위한 하나님의 자비는 이스라엘 사람들과 이방인들 모두에게 주어지며, 믿음의 참여를 통하여 주어진다(9:30-10:21)는 점에서 하나님은 그의 공평하심을 드러내고 계신다"라고 말합니다(Davis, 159).

그러므로 이스라엘에 대한 아브라함의 언약은 유대인이든 이방인이든 예수 그리스도 안에 있는 모든 신자들에게 해당됩니다(Moo, 549) 이 사실은 율법이 주어지기 전에 아브라함이 믿음으로 하나님께 의롭다고 인정을 받고 하나님의 약속을 받은 사실과도 일치합니다(4:13-15). 다시 말해서, 하나님께서 동일한 믿음의 원리에 의하여 할례받은 유대인과 할례받지 못한 이방인 모두를 의롭다고 선언하신다는 것입니다(3:29; cf. 1:17; 3:21-26; 2:28-29). 이러한 하나님의 뜻과 구원의 섭리 안에서, 하나님께서는 '이방인들의 충만한 수가 차는 것'(the fullness of the Gentiles)과 '유대인들의 부분적인 완악함'(the partial hardening of Jews)이라는 관계 속에서 구원을 성취해 가시고 있다고 바울은 말합니다(11:25-27).

더 나아가서 9-11장의 문학적 구성에 있어서 이스라엘의 '남은 자(a remnant of Israel) 사상'은 중요한 주제입니다. 하나님의 은혜로 남은 자(혹은 생존자)에 대한 이야기는 창세기에서 말라기까지 이어지는 복잡하고도 중요한 주제입니다.[25] 이 가운데 특별히 하나님의 언약과 관련해서 나타나는 '남은 자 사상'은 이사야서에서 볼 수 있습니다.

이사야 당시의 유다 예루살렘에는 도덕적 타락과 종교적 타락이 극심했

---

25) 하나님의 은혜로 남은 자(혹은 생존자)에 대한 성경적 개념은 노아의 홍수, 아브라함, 요셉의 이야기에 이어서, 애굽을 떠나 가나안에 들어간 이스라엘 민족의 이야기를 통하여 엿볼 수 있습니다(창 6-9장; 18:17-33; 19:1-29; 45:7; 신 1:35-39; 4:25-28; 5:2ff, 28; 29:14-15). 그리고 하나님의 언약과 관련해서 더욱 발전된 종교적 형태의 남은 자 개념은 열왕기상 19장 14-18절에 언급된 것처럼, 아합과 이세벨의 통치 아래 있었던 오므리 왕조 시대의 엘리야와 그 외 신실한 남은 자들을 통하여 엿볼 수 있습니다(Hasel, 164).
더 나아가서, 이사야나 아모스 같은 선지자들은 이스라엘 백성들의 사회적 부패와 종교적 타락에 대한 하나님의 심판을 예언하면서, 그 가운데서도 하나님의 은혜로 생존하는 남은 자에 대하여 언급합니다(암 3:2, 12; 4:1-3; 5:3; 6:9; 9:1, 9f). 하나님의 심판은 완전한 파괴가 목적이 아니라 남은 자를 통한 구원과 회복에 그 목적이 있습니다(Blenkinsopp, 224-230). 따라서 구약에 나타난 남은 자 사상은 역사적 개념의 남은 자(생존자)에서 하나님의 언약과 관계된 종말론적 개념의 남은 자(생존자) 사상으로 발전되었음을 보여 줍니다.

기에, 죄의 회개를 위한 선지자들의 경고가 있었지만 이스라엘 백성들은 끝내 돌이키지 않았습니다. 그래서 돌이킬 수 없는 하나님의 심판이 선언되고 확정되었지만, 하나님의 심판은 유다에 있는 악을 제거하시기 위한 것이었고 하나님의 택한 사람들, 즉 남은 자를 보존하시기 위한 것이었습니다. 그래서 이사야서는 거룩한 남은 자들의 보존과 함께 하나님의 구원과 회복의 약속을 보여 줍니다(사 2:4-6; 4:2-6; 6:11-13; 10:20-23; 11:1, 11; 14:8; 28:5, 6 등). 남은 자 신학(the remnant theology)은 이사야 1-39장의 중심이 되고 있으며, 이사야 40-66장 또한 이러한 주제와 관련이 있습니다(Laato, 66).

이사야 선지자의 예언대로 이스라엘은 바벨론의 침략으로 멸망당하였고 일부는 포로로 잡혀갔지만, 시간이 흘러 일부가 이스라엘로 돌아왔습니다. 그들이 하나님의 은혜로 남은 자들입니다. 그래서 이사야서에 기록된 '남은 자', '씨', '그루터기' 등의 표현들은 하나님께서 이스라엘을 역사적으로 심판하신 가운데서도 하나님의 은혜로 살아남은 생존자들을 가리킵니다. 뿐만 아니라 남은 자(씨, 그루터기)는 구속사적인 관점에서 장차 오실 메시아를 위한 후손으로서 남겨진 자들이고, 구원받은 백성으로서 남은 자라는 신학적인 의미가 함축되어 있습니다. 이 점에 있어서 바울은 9장에서 "남은 자만 구원을 받을 것이라"고 말하고, 뿐만 아니라 바울 자신과 엘리야 시대의 예를 들면서 바울 당시에도 은혜를 따라 남은 자들이 있다고 말합니다(9:27-29; 11:1-5).

그래서 바울은 "하나님의 말씀이 폐하여진 것 같지 않도다 이스라엘에게서 난 그들이 다 이스라엘이 아니요"(9:6)라고 선언합니다. 여기서 '하나님의 말씀'이라는 표현은 9장 4-5절에 기록된 과거의 모든 약속들뿐만 아니라 9-11장 안에 있는 하나님의 약속을 포함합니다(Hultgren, *Romans*, 364). 또한 여기서 바울이 첫 번째 언급한 '이스라엘'은 혈통을 따라 태어난 이스라엘을 의미합니다. 하지만 두 번째 언급한 '이스라엘'은 하나님의 약속의 말씀에 의한 이스라엘을 의미하기 때문에 단순히 모압이나 암몬처럼 혈통에 의해 이루어진 민족 개념으로 볼 수 없습니다(Barrett, 168–169).

또한 바울이 여기서 말하는 '이스라엘'은 이스라엘 민족 내에서도 하나님의 주권적인 선택을 받은 일부 유대인들(남은 자들)을 말합니다(Steve, 10). 그래서 바울은 9장 7절에서 아브라함의 자손들 안에 있는 이스라엘 사람들 중에서도 차이가 있음을 설명합니다. 그 하나는 이스마엘이 아닌 이삭이 선택된 것이고, 다른 하나는 쌍둥이임에도 불구하고 첫째 에서가 아닌 둘째 야곱이 선택되어 이스라엘의 후손이 된 것입니다(Morris, *Romans*, 355).

특별히 9장 27절에서 바울은 이사야 10장 22절을 인용하면서 구원의 문제를 직접적으로 남은 자들과 연결해서 다음과 같이 말합니다. "또 이사야가 이스라엘에 관하여 외치되 이스라엘 자손들의 수가 비록 바다의 모래 같을지라도 남은 자만 구원을 받으리니"(9:27). 동시에 바울은 11장 2–4절에서 엘리야 선지자 시대에 하나님을 경외하는 신실한 칠천 명의 남은 자들을 하나님께서 남겨 두셨다는 사실(왕상 19장)을 언급하면서, "그런즉 이와 같이 지금도 은혜로 택하심을 따라 남은 자가 있느니라"라고 11장 5절에서 말합니다. 그래서 바울은 이스라엘 사람들 모두가 참 이스라엘이 아니라고 9장 6절에서 말합니다. 즉 모든 이스라엘 사람들이 참 이스라엘 사람이 아니라 이스라엘 사람들 중에서도 오직 하나님의 선택과 은혜로 남은 자가 참 이스라엘이라고 말하며, 9장 27절과 11장 1–5절에서 이러한 개념을 발전시킵니다(Edwards, 231).

따라서 바울은 11장 1–6절에서 "대부분의 이스라엘(유대인들)이 강퍅해져서 복음에 반응하지 않은 반면에, 하나님께서 선택하신 이스라엘의 남은 자들은 구원을 받게 될 것이라"고 계속해서 말합니다(Schreiner,

Romans, 474). 특별히 마지막 날에는 이방인들의 충만한 수가 찬 후에 강퍅해졌던 이스라엘 사람들(꺾인 참감람나무 가지, 즉 버림받은 유대인들)이 다시 예수 그리스도의 생명에 접붙여지게 될 것입니다(11:17–24).

*더 깊은 이해를 위한 글 15: "바울의 선교 신학(유대인과 이방인)" p. 313을 함께 보세요.

유대인과 이방인의 관계

9–11장을 바로 이해하기 위해서는 유대인과 이방인의 관계를 두 가지 측면에서 생각해야 합니다. (1) 구원의 문제와 관련된 유대인과 이방인의 관계, (2) 로마 교회 안에서의 유대인 신자와 이방인 신자의 관계입니다.

먼저 구원의 문제에 있어서 유대인과 이방인의 관계는 대체신학(supersessionism)과 세대주의(dispensationalism)라는 두 가지 큰 신학적 흐름과도 관련이 있습니다. 그런데 9–11장은 대체신학의 관점과 세대주의의 관점에서 접근하면 곤란합니다. 또 대체신학과 관련해서, 어떤 사람들은 '대체신학'이라는 용어 대신 '성취신학'이라는 용어를 사용해야 한다고 주장합니다. 그러나 '대체신학'이라는 용어에 대한 문제보다는 그 용어를 어떤 의미로 이해하고 사용하고 있느냐 하는 점에 초점을 두어야 합니다.

블라쉬(Michael J. Vlach)는 대체신학이라는 용어를 "신약 교회가 하나님의 계획 안에 있는 이스라엘의 정체성(identity)과 역할을 대체하거나 완성했다"는 의미로 사용합니다(Vlach, 53). 다시 말해서, 대체신학이란 '유대인들(ethnic Jews)이 메시아를 거절하고 십자가에 못 박았기 때문에 하나님께서 이스라엘(ethnic Israel)을 끝내고 대신에 교회가 이스라엘을 대체하여(replaced or superseded) 새 이스라엘 혹은 영적 이스라엘이 되게 하셨다'라는 의미의 용어입니다(Toews, 289–290). 대체신학은 여러 신약성경 구절을 근거로 합니다(2:28, 29; cf. 9:8; 행 13:46; 갈 6:15, 16). 그래서 '영적 이스라엘', '새 이스라엘', 혹은 '교회'라는 용어들을 같은 의미로 혼용해서 사용하기도 합니다.

그러나 바울이 9장 6절(이스라엘에게서 난 그들이 다 이스라엘이 아니요)에서 말한 '참 이스라엘'(true Israel)은 '선택받은 유대인들'을 가리킵니다. 이에 대해 슈라이너는 예수 그리스도의 교회가 '참 이스라엘'이라고 말하지만, 11장 25-26절의 '온 이스라엘'은 '선택받은 유대인'이라고 말합니다(Schreiner, *NT Theology*, 858). 다시 말해서, 슈라이너는 바울이 말한 의미의 '이스라엘 중의 이스라엘', 즉 참 이스라엘(9:6)이라는 의미에 대해서, '교회로 해석하는 것이 무리가 없지만, 그럼에도 불구하고 선택받은 유대인(ethnic Jews)을 의미한다'라며 애매모호하게 해석합니다(Schreiner, *Romans*, 494; *NT Theology*, 860). 따라서 대체신학(혹은 성취신학)이 '참 이스라엘'(true Israel)이라고 사용한 용어는 혼란을 피할 수가 없습니다. 한마디로 슈라이너는 '참 이스라엘'이라는 용어를 동시에 전혀 다른 두 가지 의미로 사용하고 있는 것입니다.

여기에 '참 이스라엘'이라는 용어의 성경적 이해에 대한 혼란이 있습니다. 즉 대체신학(혹은 성취신학)은 참 이스라엘이 아브라함의 후손으로 오신 예수 그리스도를 의미하고, 더 나아가서 예수 그리스도를 믿는 신자들을 가리킨다고 설명합니다. 이러한 설명은 신약 전체의 내용을 하나의 신학적 틀로 이해하기 쉽게 정리해 주는 장점이 있습니다. 하지만 대체신학이 말하는 '참 이스라엘'의 개념이 9-11장에서 말하는 '참 이스라엘'의 개념과 일관성이 없다는 데 문제가 있습니다(Toews, 288).

그러므로 '참 이스라엘'이라는 용어는 성경신학적으로 올바르게 정립되어야 하며, 이 점에 있어서 '유대인과 이방인은 서로 구별되지만 차별은 없다'라고 하는 성경신학적 원리가 필요합니다.

다시 말해서 9–11장에서 말하는 '참 이스라엘'은 예수 그리스도를 믿는 혈통적 유대인(ethnic Jews)을 의미하며, 유대인 신자들과 이방인 신자들을 포함한 영적 이스라엘(혹은 새 이스라엘)을 의미하는 것이 아닙니다. 이 점에 대하여 도널드 로빈슨(Donald Robinson)은 참 이스라엘은 당시 교회의 핵심 구성원이라고 말할 수 있는 유대인 신자들이라고 설명합니다(Robinson, *The Church of God*, 183–184). 마찬가지로 바울은 9장과 11장에서 유대인들을 향한 하나님의 자비는 계속되고 있고, 따라서 이스라엘은 하나님으로부터 완전히 버림받았거나 거절당하지 않았다고 증거합니다. 그래서 바울은 불신앙 가운데 있는 충만한 유대인들이 구원에 이르게 될 것을 11장 12절과 26절에서 언급합니다.

이와 반대로 일부 세대주의자들은 11장이 이스라엘(유대인)의 민족적 회복을 말한다고 주장하기도 합니다. 이러한 면에서 이스라엘(유대인)과 교회(이방인 신자)를 엄밀하게 구분합니다. 그래서 11장 26절의 '온 이스라엘'을 문자 그대로 해석하면서 현재 중동 지방에 있는 이스라엘 국가를 '이스라엘 중의 이스라엘'(9:6), 즉 '참 이스라엘'로 여깁니다. 이것 역시 9–11장을 바로 이해하지 못해서 나온 또 다른 해석의 오류입니다.

물론 9–11장은 분명히 이스라엘과 이방인 신자들(교회)을 구분해서 말합니다. 그러나 이스라엘 민족의 회복이라는 세대주의적 사상을 뒷받침하지는 않습니다. 여기서 말하는 '세대주의'란 말의 의미는 온 우주와 이 세상이 하나님에 의해서 운영되는 하나의 집(household)이라는 차원에서, 하나님의 뜻에 따른 '목적 성취 과정에 있어서 구분 가능한 하나님의 섭리와 역사의 경륜'을 말합니다(Ryrie, 33). 특별히 이러한 세대주의의 출발점이 되었던 고전적 세대주의는 다비(John Nelson Darby, 1800–1882)의 체계적인 가르침에서 스코필드(C. I. Scofield, 1843-1921)의 관주 성경에 이르기까지 대중들에게 널리 알려졌으며, 여기에는 극단적 세대주의 사상부터 온건적 세대주의 사상까지 다양한 흐름이 있습니다. 그리고 세대주의의 공통적인 특징들 가운데 하나는 성경의 시대를 엄밀히 구분하는 데 있습니다.[26] 그러나 "온 이스라엘이 구원을 얻으리라"(11:26)라는 말씀은 이러한 세대주의적 사상을 지지하거나 반대로 대체신학(혹은 성취신학)을 지지하지 않습니다.

그리고 이와 관련하여, 우리는 로마 교회 안에 있었던 유대인 신자와 이방인 신자의 갈등 관계를 역사적 상황 속에서 이해해야 합니다. 당시 로마 교회는 유대인 신자들이 소수의 공동체를 이루고 있는 반면에, 이방인 신자들은 다수의 공동체를 이루고 있었습니다. 다시 말해서 주후 49년에 로마 정부에 의해서 시행된 유대인 추방령은 로마 교회들에게 심각한 영향을 미쳤고, 그 결과 유대인들이 떠나간 로마 교회는 이방인들이 다수를 차지했습니다(Schreiner, *Romans*, 19; Hultgren, *Romans*, 4; Edwards, 8-10). 따라서 바울 자신이 이스라엘(유대인)의 '남은 자'라는 하나의 모범을 제시하면서, 11장 18-21절에서 이방인 신자들을 훈계하는 이유는 유대인 신자들과 이방인 신자들의 연합을 깨뜨리는 문제 때문입니다(Donaldson, 121; Vanlaningham,173). 이 점은 바울이 "내가 이방인인 너희에게 말하노라"라고 11장 13절에서 32절에 이르기까지 "유대인 신자들을

---

26) 세대주의의 가장 큰 특징 중 하나는 성경의 시대적 구분입니다. 예를 들어서, 다비는 성경 전체를 '홍수 이전까지의 족장 시대, 노아 시대, 아브라함 시대, 이스라엘 시대, 이방인 시대, 성령 시대, 천년왕국 시대'라는 7단계로 구별해서 이해했습니다(Ryrie, 78). 그 후에 스코필드는 '무죄 시대, 양심 시대, 인간 통치 시대, 약속 시대, 율법 시대, 은혜 시대(교회 시대), 왕국 시대'라고 7단계로 구분했습니다(Ryrie, 81). 특별히 세대주의는 지상과 천국에 있어서 교회와 이스라엘의 관계를 엄격히 구분합니다(Poythress, 126; Ryrie, 79, 144-166) 뿐만 아니라, 그리스도의 천 년 통치 기간 동안에 땅, 국가의 보좌, 성진의 회복 등과 같이 이스라엘에 관한 언약적 약속들이 문자적으로 이루어져야 한다는 성경 예언의 문자적 해석을 주장합니다.

멸시하거나 그들을 향하여 자만한 마음을 품지 말라"라고 로마의 이방인 신자들에게 말한 것을 보면 알 수 있습니다. 뿐만 아니라 바울은 14장 1절에서 15장 13절에 이르기까지 다시 유대인 신자들과 이방인 신자들의 관계를 전제로 이야기를 계속 이어갑니다(14-15장 해설 참조).

다시 말해서 바울은 로마 교회 안에 있는 다수의 이방인 신자들이 이스라엘(소수의 유대인 신자들)에 대하여 영적 자만심에 빠져 있었기 때문에, 이방인의 구원과 관련해서 이스라엘의 구원의 문제를 다룹니다(11:13, 18, 20, 24). 그래서 바울은 11장 17-24절에서 '감람나무 가지의 꺾임과 접붙임'이라는 비유를 들어 설명하면서, 이스라엘이 영구적으로 하나님께 버림받은 것이 아니라 한정적으로 버림받았으며, 이것은 이방인들의 구원을 위한 하나님의 구속사적인 섭리라고 말합니다.

그래서 바울은 9-11장에서 말하는 '이스라엘의 남은 자'는 믿음으로 아브라함의 언약에 참여한 참 이스라엘이라고 말하고, 그들은 예수 그리스도를 받아들인 혈통적 유대인들이라고 말합니다. 또한 바울은 이스라엘의 일시적 버림받음(rejection)은 종말론적 구원의 문이 이방인들과 이스라엘 사람들 모두에게 열리게 하시려는 하나님의 섭리 가운데 있는 것이라고 말합니다. 그러므로 선택받은 유대인과 이방인은 동일하게 아브라함에게 주신 하나님의 약속에 근거하여 마지막 날에 구원을 받게 될 것입니다.

*더 깊은 이해를 위한 글 16: "세대주의에 관하여" p. 316을 함께 보세요.

이스라엘의 구원과 11장 25-27절 이해

> 25형제들아 너희가 스스로 지혜 있다 하면서 이 신비를 너희가 모르기를
> 내가 원하지 아니하노니 이 신비는 이방인의 충만한 수가 들어오기까지

이스라엘의 더러는 우둔하게 된 것이라 [26]그리하여 온 이스라엘이 구원을 받으리라 기록된 바 구원자가 시온에서 오사 야곱에게서 경건하지 않은 것을 돌이키시겠고 [27]내가 그들의 죄를 없이 할 때에 그들에게 이루어질 내 언약이 이것이라 함과 같으니라(11:25–27).

11장 25–27절은 11장 11–32절의 문맥 안에 있으며, 특별히 25절은 11–12절과 평행구를 이루고 있으며, 26절은 17–24절과 평행구를 이루고 있습니다(Craig Cooper, 93). 11장 11–32절의 문맥의 흐름을 보면, 바울은 하나님의 구원의 계획에서 유대인들이 배제(exclusion)되었다고 생각하는 이방인 신자들의 생각에 반대하면서, 하나님의 지혜와 신비에 속한 인간의 구원에 있어서 이방인의 충만한 수가 차면 이스라엘(ethnic Israel, 유대인들)이 구원의 자리에 들어오게 될 것을 말합니다.

먼저 25절 상반절을 보면, 바울은 그의 독자들에게 "형제들아…너희가 모르기를 내가 원하지 아니하노니"(Ου γάρ θέλω υμάς αγνοείν, αδελφοί)라는 어구를 사용합니다. 바울은 특별한 점을 강조할 때 이러한 표현을 종종 사용합니다(cf. 1:13; 고전 10:1; 12:1, 2; 고후 1:8; 살전 4:13).

바울은 13절에서 "내가 너희 이방인 신자들에게 이야기한다"라고 이야기의 대상을 분명하게 지적합니다. 그러면서 바울은 11장 24절에서 예수님을 믿지 않는 유대인들이 하나님께 돌아오게 될 것을 '감람나무 가지의 재접붙임'이라는 비유로 설명합니다. 그러고 나서 11장 25절에 구원의 신비를 유대인과 이방인의 관계 속에서 계속하여 설명합니다. 특별히 25절 앞부분에 헬라어 '뮈스테리온'(μυστήριον)이라는 단어가 나옵니다. 이 단어는 헬라 문화의 배경에서 고대 종교의식에 사용했던 용어입니다. 하지만 바울 서신에 나오는 '신비'(mystery)라는 단어는 유대적 배경에서 보통 이방인들과 유대인들의 구원을 위한 하나님의 의도와 관계가 있습니다(엡 1:9–10; 3:3–6; 골 1:26–27; 2:2; 4:3). 다시 말해서 이 신비는 하나님의 구원 계획을 완성하고자 하나님에 의해서 계시된 신적 비밀들을 의미하며(Toews, 281), 이스라엘을 향한 하나님의 구원의 활동을 가리킵니다(Mounce, 224).

이와 관련해서 본문에 나오는 '신비'는 세 가지 측면이 있습니다. 첫째, 이스라엘의 부분적인 완악함이요, 둘째, 이방인의 충만한 수가 차는 것이요, 셋째, 모든 이스라엘의 구원입니다(Merkle, 715; Toews, 281–282; Schreiner, *Romans*, 614). 그래서 '뮈스테리온'은 '이스라엘의 강퍅해짐'과 '모든 이스라엘의 구원'이라는 면에서 11장 25b–32절의 메시지와 중요한 관계가 있으며, 동시에 9–11장의 절정에 이르게 합니다(Hultgren, *Romans*, 416–417; Moo, 712).

다음으로 "너희가 스스로 지혜 있다 하면서"(11:25)라는 구절은 '너희가 너희 자신의 자만심으로 현명해지지 않도록'(ἵνα μη ητε εν εαυτοις φρόνιμοι)이라고 번역할 수 있습니다. NIV 성경은 "너희가 자만해지지 않도록"으로, NKJV 성경은 "너희 자신의 생각(opinion) 안에서 현명해지지 않도록"으로 번역합니다. 왜냐하면 헬라어 '프로니모스'(φρόνιμος)는 일반적으로 '사려 깊은', '현명한', '지각 있는'의 의미가 있기 때문입니다(Arndt & Gingrich, 874).

다음으로 25절 뒷부분인 "이스라엘의 더러는 우둔하게 된 것이라"를 헬라어로는 "부분적으로 강퍅하게 되는 일이 이스라엘에게 일어났다"라고 번역할 수 있습니다. NIV 성경은 "이스라엘은 부분적으로 강퍅해짐을 경험하고 있다"라고 번역하며, NKJV 성경은 "부분적인 어두워짐이 이스라엘에게 일어났다"라고 번역합니다. 여기서 '더러는'에 해당하는 헬라어 '아포 메로스'(ἀπὸ μέρους)는 '일부분'(in part)을 의미하며, 따라서 11장 7절에 나오는 "그 남은 자들은 우둔하여졌느니라"라는 내용과 관련이 있습니다. 또 '우둔하게 된 것'에 해당하는 '포로시스'(πώρωσις)는 이스라엘의 '강퍅함'(hardening)을 의미합니다.[27] 따라서 11장 25절의 "더러는 우둔하게 된 것이라"(hardening in part)는 말은 11장 1–6절의 문맥을 고려해 볼 때 선택받은 남은 자의 무리에 속하지 않았던 이스라엘(유대인들)이 강퍅해졌음을 의미합니다.

또 "이방인의 충만한 수가 들어오기까지"(11:25)라는 구절에서 '충만한 수'에 해당하는 헬라어는 '플레로마'(πλήρωμα)이며, 이 단어는 '충만한 숫자', '완전함', '풍부함', '많은 무리' 등을 의미합니다(Arndt & Gingrich, 678). 이러한 단어의 의미는 본문의 내용(text)과 상황(context) 속에서 결정됩니다. 이렇게 볼 때 '충만함'(Murray, 93; Morris, 420) 또는 '충만한 숫자'(Moo, 719; Schreiner, 615)로 해석이 가능합니다. 그래서 일부 영어 성경은 '충만함'(KJV, ESV)으로, 또 다른 성경은 '충만한 숫자'(NIV, RSV)로 번역합니다. 그런데 25절에 나오는 '이방인의 충만함'(또는 충만한 숫자)은 12절에 나오는 '그들의 충만함'(이스라엘의 충만함)과 대조됩니다. 그러므로 11장 25절은 종말의 때가 가까워질 때에 많은 수의 이방인들이 하나님의 백성으로 들어온 후에, 마찬가지로 많은 유대인들이 구원의 자리로 나오게 될 것을 의미합니다.

이러한 내용과 연결해서 11장 26절은 접속사 '갈'(γὰρ)로 시작합니다. 접속사 '갈'(for)은 '그리고', '그런데, '왜냐하면'이라는 뜻을 가진 연결 접

27) 11장 25절에 나오는 헬라어 '포로시스'(πώρωσις)는 부러진 뼈를 다시 붙일 때 느끼는 무감각이나 몸의 사지가 마비될 때 느끼는 과정에서 유래되어 점차 은유적인 표현으로 '무감각', '완고함'이라는 의미로 사용되었습니다(Dunn, *Romans 9–16*, 679; Craig Cooper, 87; Robinson & House, 308). 신약성경에서는 이러한 단어가 본문에서 한 번, 그리고 다른 곳에서 두 번 사용되었습니다(막 3:5; 엡 4:18).

속사입니다. 그러나 한글 개역개정과 일부 영어 성경들(cf. NIV나 RSV)은 이 접속사를 생략했지만, NKJV 성경은 'for'(왜냐하면)이라는 접속사를 사용했습니다. 특별히 바울은 11장 26절에서, 이스라엘(ethnic Israel)의 미래에 대하여 "그리고 이러한 방식으로 온 이스라엘이 구원을 받으리라"라고 말합니다. 여기서 개역개정 성경은 헬라어 '후토스'(οὑτως)라는 지시대명사(이것, 이 사람, 이것과 같은 것)를 번역하지 않지만, 그 단어는 이 문장 안에서 중요한 역할을 합니다. 왜냐하면 본문에서 '후토스'는 '이런 방식으로' 혹은 '이렇게'(in this manner 또는 so)라는 의미로 사용되어 17-25절에서 언급하는 신비에 속한 이스라엘의 구원방식을 가리키기 때문입니다. 그래서 '카이 후토스'(και οὑτως)를 NIV 성경은 '그리고 이러한 방식으로'(and in this way)라고 번역하고, 다른 영어 성경들(NKJV, RSV)은 '그리고 이렇게'(and so)로 번역합니다.

다시 말해서 이스라엘 백성들은 원 가지(the natural branches)에서 꺾였고, 하나님께서는 그들의 불신앙을 이방인들의 유익을 위해 사용하셨습니다(Craig Cooper, 91). 그래서 유대인들이 불신앙에 머무르지 않는다면, 그들이 다시 원 가지에 접붙여지게 될 것이라고 바울은 11장 23-24절에서 말합니다. "네가(이방인들이) 돌감람나무에서 좋은 감람나무로 접붙임을 받았다면, 이 사람들(유대인들)이야 얼마나 더 접붙임을 잘 받겠느냐"라고 바울은 이방인 신자들에게 말합니다. 그러므로 바울이 "내가 이방인인 너희에게 말하노라"(11:13)라고 말한 후에, 계속되는 11장 32절까지 이방인 신자들에게 초점을 맞추고 있다는 문맥의 흐름을 놓쳐서는 안 됩니다. 그래서 바울은 유대인들의 강퍅함이 이방인들의 구원을 가져왔다는 구원의 신비를 언급하면서, '이러한 방식으로'(οὑτως, in this way) 온 이스라엘이 구원을 받을 것이라고 말합니다.

조칼리(Christopher Zoccali)는 "온 이스라엘이 구원을 얻으리라"는 구절에 대해서 다섯 가지 대표적인 견해들을 소개합니다. (1) '종말론적 기적'을 의미한다는 해석. (2) '교회론적'으로 영적 이스라엘을 의미한다는 해석. (3) '로마 선교'를 말한다는 해석. (4) 구원에 있어서 두 다른 길을 제시한다는 '두 언약 해석'. (5) '전체 이스라엘 민족의 선택'(total national elect)을 의미한다는 해석. 예를 들어서 미국의 강해 설교자 존 맥아더는 그의 로마서 11장 강해에서 '온 이스라엘의 구원'이 '종말론적 기적'(eschatological miracle)을 의미한다고 해석합니다. 즉 종말이 가까워질 때 많은 유대인들이 기적적으로 집단적인 회심을 한다는 것입니다. 이는 어느 정도 세대주의적 해석과 가깝습니다. 그리고 이보다 더 극단적인 세대주의 사상의 흐름에 있는 일부 해석자들은 '온 이스라엘의 구원'이 이스라엘 민족 전체의 회심을 통한 이스라엘의 회복을 의미한다고 주장합니다.

이와 다르게 종교개혁가 칼빈은 유대인과 이방인을 포함한 영적 이스라엘로 해석합니다(Calvin, 330-331). 그 결과 칼빈의 해석을 따르는 많은 해석자들이 이스라엘을 유대인과 이방인을 포함한 영적 이스라엘이라는 의미로 이해합니다. 그러나 9-11장뿐만 아니라 로마서 전체에서 '이스라엘'이란 용어가 한 번도 '영적 이스라엘'이라는 의미로 사용되지 않았습니다. 뿐만 아니라 11장의 문맥을 따라서 이해할 때, 오늘날 대부분의 성경학자들이 주장하고 있는 바와 같이 11장 25-26절에 나오는 '이스라엘'(Ισραήλ)은 바울이 이방인과 대조해서 설명하고 있는 '이스라엘'(ethnic Israel), 즉 혈통적 유대인들(ethnic Jews)입니다.

그러나 11장 26절에 나오는 '온 이스라엘'(πας Ἰσραήλ)은 이스라엘 민족 전체를 의미하는 것도, '영적 이스라엘'(교회, 새 이스라엘)을 의미하는 것도 아닙니다. 아브라함에게 하신 하나님의 약속은 결코 아브라함의 모든 육적 자손들에게 적용되지 않으며(9:6-8), 동시에 하나님께서는 유대인 모두를 거절하지 않으셨습니다(11:1-5). 이 점에 있어서, 미국의 신학자요 강해설교자인 존 파이퍼를 포함한 많은 성경신학자들은 "온 이스라엘(all Israel)이 구원을 얻으리라"는 말의 의미가 '예수님을 믿고 구원을 받게 될 하나님의 은혜로 선택받은 유대인 전체(total national elect)를 의미한다'는 견해에 일치를 보이고 있습니다. 이것이 본문의 의미에 가장 합당합니다.[28)]

다음으로 11장 26절 뒷부분에 "기록된 바 구원자가 시온에서 오사 야곱에게서 경건하지 않은 것을 돌이키시겠고"라는 구절은 이사야 59장 20절 일부와 27장 9절 일부를 함께 인용한 것입니다. 이사야서 본문의 배경을 보면, 시온(Σιων, Zion)은 예루살렘에 있는 한 언덕의 이름이며, 하나님께서 택한 백성의 도성으로 묘사되기도 합니다. 그래서 이사야 선지자는 이 시온에 사는 백성들의 죄를 제거하시기 위해서 구원자(하나님)가 시온에 임하신다고 말합니다(Morris, *Romans*, 421-422; Craig Cooper, 93).

그런데 바울은 본문에서 인용한 시온을 예수 그리스도가 현재 계신 하늘의 처소로 적용하여 말합니다(Moo, 727; Osborne, *Romans*, 307; Schreiner, *Romans*, 619). 그래서 바울은 이사야 59장 20절에 있는 '시온을 위해서'(ἕνεκεν Σιων, LXX)라는 구절을 구약 본문의 표현 그대로 사용하지 않고, '시온으로부터'(ἐκ Σιὼν)라는 표현을 사용했습니다.

그리고 바울은 '그 구원자'(ὁ ρυομενος, the Redeemer)가 '시온으로부터' 와서 야곱의 불경건(ασέβειας)을 돌이키게 할 것이라고 11장 26절 뒷부분에서 말합니다. 이 말씀의 배경이 되는 이사야 59장 15-21절에 의하면, 여

28) 11장 26절에 나오는 '온 이스라엘'이 '선택받은 유대인 전체'를 의미한다고 말한 성경학자들은 대략 다음과 같습니다. Christopher Zoccali, 303-306; Craig Cooper, 91, Dunn, *Romans 9-16*, 681; Morris, *Ramans*, 420; Stuhlmacher, 172; Toews, 282; Schreiner, *NT Theology*, 621-622; Hultgren, *Ramans*, 420; 조병수, "그 말씀".

호와께서는 경건한 자들(남은 자들)을 구원하시고 악한 자들을 심판하시기 위해서 오시는 용사로 묘사됩니다(VanGemeren, 511; Hindson, 851). 다시 말해서 이사야 59장 20절에서 '구원자'는 하나님을 가리키지만, 바울은 그 구원자를 메시아이신 예수 그리스도에게 적용해서, 역사의 종말에 있게 될 이스라엘(야곱)의 구원에 대하여 이야기합니다(Hultgren, *Romans*, 423).

그래서 바울은 27절에서 "그리고 내가 그들의 죄를 없이 할 때에 그들에게 이루어질 내 언약이 이것이라 함과 같으니라"라고 말합니다. 헬라어 성경은 27절 앞에 '카이'(και, 그리고)라는 접속사가 있어서 26절의 내용과 연결되어 있음을 잘 보여 줍니다. 개역개정과 일부 영어 성경(NASB)은 '카이'라는 접속사를 생략했으나, NKJV 성경은 '왜냐하면'(for)으로, NIV, RSV, ESV 등의 성경은 '그리고'(and)라는 접속사로 번역합니다.

특별히 바울은 여기서 '그들의 죄를 없이 할 때 이루어질 죄의 용서와 관계된 언약'이라는 점에 주의를 기울이고 있습니다(cf. 렘 31:34). 즉 바울은 죄 용서의 언약이 예수 그리스도의 오심과 십자가의 죽음으로 완성(cf. 3:21-26)되었고, 유대인들과 이방인들을 하나님의 백성이 되도록 하는 언약(4장; 갈 3장)이라는 점을 말하고자 이 구절을 인용하고 있습니다(Moo, 729). 이러한 측면에서 11장 26b-27절에서 바울이 말하는 언약의 완성은 예수 그리스도 안에 있는 죄의 용서와 관계가 있으며, 또한 장차 예수 그리스도께서 다시 오실 때에 이루어질 구원의 완성과 관계가 있습니다. 바울은 영광 가운데 다시 오실 예수 그리스도에 의한 구원을 이방인 신자들이 가졌던 것만큼, 이스라엘 사람들에게 있어서도 소망의 한 부분임을 피력하고 있는 것입니다(최갑종, 13).

그러므로 바울은 예수님을 믿는 이방인들에 대한 구원의 방식과 똑같이 이스라엘(유대인들)이 메시아이신 예수 그리스도를 받아들임으로써,

믿음에 의한 같은 구원 방식에 참여하게 될 것을 말합니다. 한마디로 이스라엘과 맺은 언약에 대한 하나님의 신실함이 25–27절에서 드러납니다(Mounce, 224–225). 뿐만 아니라 바울은 종말론적 구원의 시기에 이방인들의 충만한 수가 차기까지 이스라엘인(유대인들)의 마음은 부분적으로 강퍅해져 있지만, 결국 예수 그리스도를 영접한 모든 유대인은 영광스러운 예수 그리스도의 재림의 때에 구원을 받게 될 것을 소망하고 있습니다.

그런데 '두 언약신학'(two covenant theology)을 주장하는 사람들에 의하면 유대인을 위한 구원은 메시아이신 예수 그리스도와 상관없이 율법을 통해서 가능했다고 설명합니다. 이것은 구약과 신약을 율법과 복음이라는 이중 구도로 이해하는 것으로 성경적으로 심각한 문제점을 안고 있습니다. 왜냐하면 바울이 앞에서 이미 설명한 것처럼 구약 시대 또한 하나님을 믿는 믿음(혹은 예수 그리스도를 바라보는 믿음)을 통하여 구원받았기 때문입니다. 뿐만 아니라 이렇게 유대인과 이방인의 다른 구원 방식은 결국 '유대주의라는 종교 체계 안에 구원이 있다'라는 생각을 따르는 것이고, 그 결과 바울을 여전히 유대주의자로 이해하게 만듭니다. 한마디로 이러한 생각은 유대인이나 이방인이나 모두 믿음에 의하여 구원을 받는다고 한 바울의 가르침과 근본적으로 배치(背馳)됩니다(Toews, 288–289).

*더 깊은 이해를 위한 글 17: "바울의 종말론" p. 321을 함께 보세요.

결론

9–11장에서 바울은 이스라엘의 구원에 대하여 깊은 관심과 염려를 보여 줍니다. 바울은 유대인들(이스라엘) 중에 하나님의 구원의 계획 안에 있는 참 이스라엘(남은 자들)이 여전히 존재하고, 그 참 이스라엘이 바로 예

수 그리스도를 받아들인 유대인 신자들이라고 말합니다. 특별히 예수 그리스도를 믿는 유대인들(ethnic Jews)로 구성된 '온 이스라엘'(all Israel)이 마지막 날에 구원을 받을 때까지 이스라엘은 한시적으로 강팍함(rejection) 가운데 있으며, 이것은 이스라엘과 이방인들 모두에게 종말론적 구원을 얻도록 하기 위한 하나님의 계획과 섭리 안에 있는 것이라고 바울은 말합니다. 그러므로 '어떻게 온 이스라엘이 구원을 받을 것인가?'(11:26)라는 물음에 대해서, 우리는 "종말의 때에 이방인의 충만한 수가 차기까지 부분적인 완악함 가운데 있는 이스라엘을 하나님께서는 버리지 않으셨으며, 따라서 하나님의 구원의 역사는 지금도 계속되고 있다"라고 대답할 수 있습니다. 그리고 이방인들이 예수님을 믿고 돌아오는 방식과 같이 믿음으로 하나님의 언약 안에 들어온 유대인들로 인하여 이스라엘(유대인들)의 구원은 성취될 것입니다.

따라서 바울은 이러한 하나님의 구원 계획이 유대인과 이방인의 관계 속에서 동일하게 적용되고 있음을 그 다음에 이어지는 11장 30-32절을 통해 계속해서 설명합니다. 바울이 이러한 말을 하는 중요한 이유 중 하나는 로마에 거주하는 이방인 신자들과 유대인 신자들의 연합 때문입니다. 그래서 바울은 이러한 하나님의 구원 계획을 깨닫고 서로가 자만해져서 판단하고 정죄하며 교회의 일치를 깨뜨리지 않도록 교훈합니다. 동시에 바울은 놀라운 하나님의 구원의 섭리를 모두가 깨닫기를 바라며 하나님을 찬양합니다. "깊도다 하나님의 지혜와 지식의 풍성함이여, 그의 판단은 헤아리지 못할 것이며 그의 길은 찾지 못할 것이로다"(11:33).

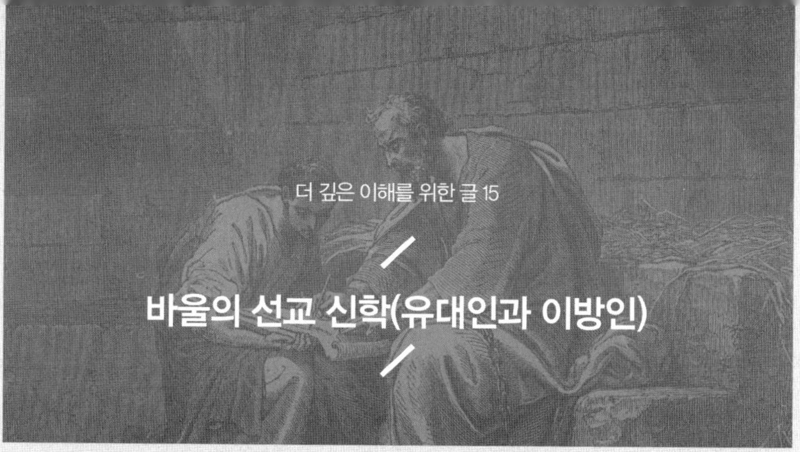

더 깊은 이해를 위한 글 15

바울의 선교 신학(유대인과 이방인)

다메섹 도상에서 예수님을 만난 바울은 유대인과 이방인 모두에게 복음을 전했지만, 특별히 이방인의 사도로서 살았습니다. 그는 "만일 복음을 전하지 않으면 내게 화가 있을 것이로다"(고전 9:16)라는 고백과 함께 복음 전파에 힘을 기울였고, 이 사명을 감당하기 위해서 3차에 걸친 선교 여행을 다녔습니다(빌 1:20; 딤후 4:2; 빌 1:15; 살전 2:8; 골 1:28–29). 그런 가운데 바울은 유대인들과 이방인들에 의해서 많은 핍박을 받았습니다.

한편 바울은 유대인으로서 자신의 동족을 누구보다도 사랑했습니다(11:1; 행 21:39). 그는 이방인의 사도로 이방 지역에서 선교하였지만, 자기 동족의 구원에 대하여 깊은 관심을 가지고 있었습니다. 따라서 이방인 전도와 함께 유대인 전도에 힘쓰고자 회당을 중심으로 모여 사는 자기 동족을 찾아가서 전도했고 이로 인해서 핍박을 받기도 했습니다(행 13:50; 14:5–6, 19; 23:12–13; 고후 11:24–27).

유대인 선교

본래 유대인들은 하나님께 택함받은 민족이었기에 하나님의 복과 보호를 약속받은 민족이었고 특별히 메시아의 조상이 되었습니다(9:4–8; 갈

3:16; cf. 창 22:16–18). 바울은 메시아를 거부한 자기 동족이 이방인보다 먼저 구원받기를 열망했으며, 자기 동족의 구원을 위해서는 자신이 하나님 앞에 저주를 받아 그리스도에게서 끊어질지라도 그렇게 하기를 원한다고 고백했습니다(9:3).

또한 바울은 유대인들의 불신앙으로 인하여 구원이 이방인에게 미치게 되었지만, 때가 이르면 이스라엘이 회개하고 구원에 참여하게 될 것을 믿었습니다. 즉 바울은 많은 이방인들이 하나님의 자녀가 되면 때가 되어 많은 유대인들이 회개하고 하나님께 돌아오게 될 것이라는 하나님의 원대한 구원의 계획을 바라면서 복음 전파의 사명을 감당했습니다(11:7–14, 25–27).

이방인 선교

바울은 길리기아 다소의 한 유대인 가정에서 태어났기에 이방 지역의 형편을 누구보다도 잘 알았습니다. 바울에 의하면, 이방인들은 불신앙과 죄로 말미암아 마음과 생각이 어두워져서 하나님의 존재를 올바로 인식하지 못하고 우상을 섬기는 자들이었으며, 성적 부도덕과 죄악들로 인해 매우 부패한 자들이었습니다(1:18–26, 29–31; cf. 딛 1:10–16).

바울은 유대인과 이방인에게 복음을 전하면서 예수 그리스도를 '주'(the Lord)와 '하나님의 아들'(the Son of God)로 소개합니다. 당시 유대인들이나 이방인들은 그들이 섬기는 신들을 '주'라 불렀기 때문에 그들에게는 익숙한 신적 호칭의 용어들이었습니다. 이렇게 바울은 유대인과 이방인, 즉 모든 민족에게 예수님이 '주' 되신 것과 '하나님의 아들'이심을 선포했습니다.

바울의 복음 전도는 큰 성과를 얻어서 복음이 이방 지역에 널리 전파되었습니다. 반면에 교회 내에 나타난 유대주의적 사상과 이교도적 문화와 습관들이 바른 신앙관과 바른 기독교적 윤리관에 큰 문제들을 야기함에 따라서, 바울은 이에 대한 가르침과 규제들이 필요함을 느끼고 여러 교회에 편지를 보냈습니다(갈 1:6–9; 3:1–10; 골 2:16; cf. 골 2:8; 딤전 6:3–5; 4:1–2).

바울은 누구보다 논리적이고 신학적으로 이신칭의의 복음을 잘 가르쳤던 목회자요 학자였지만, 동시에 선교 현장의 한 가운데서 믿음으로 의롭게 되는 것이 무엇인지 경험하게 해 주는 전도자였습니다(최종상, 38). 한마디로, 바울은 실천적인 신학자요, 교회를 섬기는 목회자요, 구령열에 불타는 전도자로서 선교적 사명을 감당했던 하나님의 사람이었습니다.

○ 더 깊은 이해를 위한 추천 자료

1. D. A. 카슨, 더글라스 J. 무, 레온 모리스 공저, 「신약개론」(*An Introduction to the New Testament*), 노진준 역, 서울: 은성, 1994.
2. 김현진, "성령 코이노니아의 신학적 고찰", 「한국개혁신학」 42권(2014): 72–99.
3. 유상현, "이고니온과 루스드라의 사도들", 「신학논단」, 117–156.
4. 최종상, "바울의 삶과 사역에 나타난 개혁주의 생명 신학: 그 원리와 21세기 적용", 「생명과 말씀」 제6권(2012), 17–56.
5. Dean S. Gilliland, *Pauline Theology and Mission Practice*, Grand Rapids: Baker Book House, 1983.
6. Han Young Chul, *Apostle' Paul's Theology of Mission*, Cleveland: Pathway Press, 1997.
7. John Chung(Kwang Ho Chung), "Paul's Missionary Strategy and Prayer", *Haddington House Journal* (2006), 95–137.
8. P. T. O'Brien, *Gospel and Mission in the Writings of Paul, An Exegetical and Theological Analysis*, Grands Rapids: Paternoster Press, 1995.

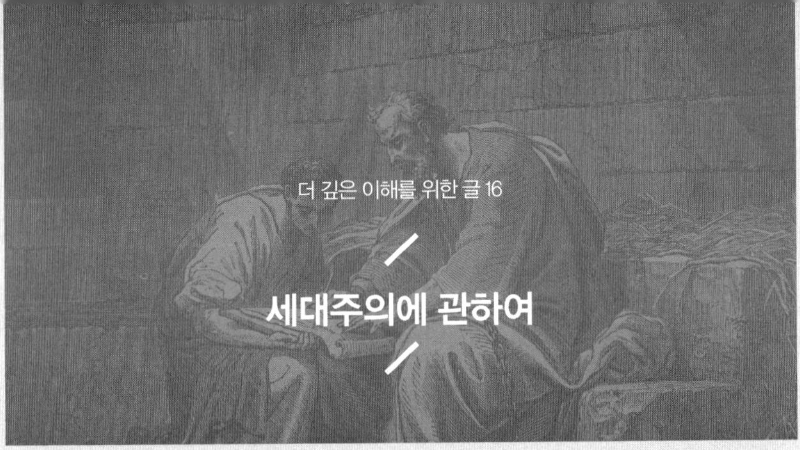

더 깊은 이해를 위한 글 16

세대주의에 관하여

한국 교회는 세대주의의 영향을 받았던 초기 서양 선교사들의 영향을 받아 세대주의가 깊이 뿌리내리고 있습니다. 세대주의는 극단적인 세대주의부터 온건 세대주의까지 다양한 흐름이 있습니다. 따라서 세대주의 자체를 단순히 이단으로 보는 것은 바람직하지 않습니다. 다시 말해서, 세대주의도 계시의 완전성, 점진성 등 성경적으로 건전한 사상을 가지고 있으며, 또한 계속해서 발전하고 있기 때문입니다. 건전한 세대주의를 대표하는 신학교로는 미국의 달라스신학교가 있으며, 잘 알려진 대표적인 인물로는 존 맥아더 목사가 있습니다.

세대주의에 대한 가장 기본적인 이야기를 하자면, 개혁주의가 칼빈의 가르침 위에 세워진 것처럼 세대주의는 다비의 가르침 위에 세워졌습니다. 이 말은 곧 그 후계자들에 의해서 끊임없이 발전되고 체계화되었다는 의미입니다. 다비는 헬라어, 라틴어, 히브리어, 독일어와 여러 학문 분야의 광범위한 지식을 갖추었고 성경의 문자적 해석의 권위를 강조했습니다. 하지만 다비가 번역한 성경은 '오역과 법과 시제와 전치사의 혼동이 많다'고 평가되고 있습니다. 오히려 후계자 스코필드가 쓴 스코필드 주석 성경이 대중적으로 인기를 누렸던 전형적인 세대주의 주석 성경입니다. 이러한 전통적 세대주의의 특징은 다음과 같습니다.

문자적 성경 해석

일반적으로 세대주의자들은 지나치도록 문자적으로 해석했습니다. 점진적 세대주의자들은 문자적 해석을 더욱 건전하게 발전시켜서 기존의 문법적-역사적 해석을 보완하고 있습니다. 그러나 세대주의는 공통적으로 땅에서 이루어질 그리스도의 천 년 통치와 예루살렘 성전의 회복 등과 같이 이스라엘에 관한 언약적 약속들이 문자적으로 이루어져야 한다고 주장합니다.

환난 이전의 휴거와 전천년설(세대주의적 전천년설)

전천년설은 역사적 전천년설과 세대주의적 전천년설로 구분됩니다. 역사적 전천년설은 교회가 7년 환난을 통과한다고 주장하는 반면에, 세대주의적 전천년설은 교회가 7년 환난을 통과하지 않고 휴거된다고 주장합니다. 따라서 환난 이전의 휴거 개념은 세대주의의 출현으로 시작되었습니다. 즉 교회(성도)는 휴거를 통하여 지상에서 들림받고 7년간 어린 양의 혼인 잔치에 참여하는 동안, 땅에서는 휴거되지 못한 자들이 7년 동안 환난을 당합니다.

그 7년 기간 중에서 '전 3년 반' 동안에는 이스라엘이 적그리스도와 언약을 맺으며, 그 기간이 끝나갈 무렵에 적그리스도가 그 언약을 파기한다고 이해합니다. 그리고 '후 3년 반'은 왕국의 복음이 전파되고 이스라엘 지파의 남은 자 144,000명이 환난 기간에 살아 남아 왕국을 이루고 그리스도께서 유다 왕국(예루살렘)으로 재림하신다고 이해합니다.

시대적 구분

세대주의는 하나님께서 각각의 시대(구약과 신약)에 서로 다른 원칙(율법과 복음)으로 인간을 다루셨다고 성경을 이해합니다. 이러한 관점에서 세대주의 창시자 다비는 성경 전체를 7단계로 구획화했습니다. (1) 홍수 이전까지의 족장 시대, (2) 노아 시대, (3) 아브라함 시대, (4) 이스라엘 시대, (5) 이방인 시대, (6) 성령 시대, (7) 천년왕국 시대 등의 7시대로 구분합니다.

후에 다비의 영향을 받은 스코필드는 스코필드 주석 성경(1909)을 출판하면서 7단계 시대를 다음과 같이 구분했습니다. (1) 무죄 시대, (2) 양심 시대, (3) 인간 통치 시대, (4) 약속 시대, (5) 율법 시대, (6) 은혜 시대 혹은 교회 시대, (7) 왕국 시대.

하지만 후에 수정된 점진적 세대주의는 인류의 역사를 네 단계로 구분하고, 마지막 단계를 다시 두 단계로 구분합니다(Ryrie, 195–196). (1) 족장 시대(아담–시내산), (2) 모세 언약 시대(시내산–모세의 승천), (3) 교회 시대 혹은 은혜 시대(예수님의 승천–예수님의 재림), (4) 시온 왕국 시대(a. 천년왕국; b. 영원한 왕국).

그래서 세대주의를 다른 사상과 구분하는 것이 '세대를 나눈다'는 것에 있었으나 세대주의의 다양한 흐름으로 인하여, 세대를 7단계로 구분하는 것만으로는 세대주의를 말하기 어렵습니다. 이 점에 있어서 개정 세대주의자인 찰스 라이리(Charles Calawell Ryrie)는 세대주의가 문자적 해석을 기초로 한 이스라엘과 교회의 구분에 그 핵심을 두고 있으며, 이것은 전천년주의의 환난 전 휴거를 통한 궁극적인 하나님의 영광에 관한 것이라고 설명합니다(Ryrie, 144–149, 171–174).

이러한 세대주의는 초기에 다비에 의해 체계화되었고, 스코필드 주석 성경을 통해 널리 보급되었으며, 체이퍼(Lewis Chaffer)에 의해서 사상이 발전되고 학문적으로 보급되었습니다. 대표적 세대주의자들로는 블레이싱, 대럴 박, 펜테코스트, 라이리, 왈부우드, 에릭 사우어, 화인버그, 아이언사이드 등이 있습니다.

초기 한국 교회는 세대주의 가르침을 받은 초기 선교사들에 의해서 자연스럽게 세대주의를 전수받았습니다. 그런데 한국 교회 안에는 건전한 세대주의가 아닌 극단적 세대주의의 한 형태로 자리잡기 시작했습니다. 그 결과, 유럽 공동체(EC)에서 적그리스도가 나오고, 컴퓨터, 신용카드, 바코드, 베리칩 등을 적그리스도인 666(짐승의 표)이라고 주장하면서, 그것을 받으면 지옥을 간다는 등의 극단적인 종말론에 한때 빠져들어 갔습니다. 이러한 가르침 때문에 사회적으로 큰 물의를 일으켰던 다미선교회가 나타났고, 우리는 지금도 주위에서 이러한 극단적 종말론에 심취된 사람들이 종종 있음을 보게 됩니다.

ㅇ 더 깊은 이해를 위한 추천 자료

1. 김영재, "한국 교회의 종말론", 「신학정론」 11권 1호, 1993.4, 261-287.
2. 문영권, "세대주의 종말론이란 무엇인가?", file:///C:/Users/SOHO/Downloads/세대주의%20ver9.pdf.
3. 장덕영, "한국 교회의 종말론 연구: 건전한 종말론을 모색하며", 장로회신학대학교대학원 석사학위논문, 1998.
4. 코르넬리스 비네마, 「개혁주의 종말론 탐구: 미래에 대한 약속과 기독교 소망」(*The Promise of the Future*), 박승민 역, 부흥과개혁사, 2014.
5. Clarence B. Bass, *Backgrounds to Dispensationalism: Its Historical Genesis and Ecclesiastical Implications*, Wipf & Stock Pub, 2005.
6. Darrell L. Bock et al., *Three Central Issues in Contemporary Dispensationalism: A Comparison of Traditional and Progressive Views*, Grand Rapids: Kragel Academic & Professional, 1999.
7. John H. Gerstner, *Wrongly Dividing the Word of Truth: A Critique of Dispensationalism*, Nicene Council, 2009.
8. Ronald M. Henzel, *Darby, Dualism, and the Decline of Dispensationalism: Reassessing the Nineteenth-Century Roots of a Twentieth-Century Prophetic Movement for the Twenty-First Century*, Fenestra Books, 2003.
9. Thomas D. Ice, "Dispensationalism, Date-Setting and Distortion", file:///C:/Users/SOHO/Downloads/Dispensationalism_Date-Setting_&_Distortion.pdf.

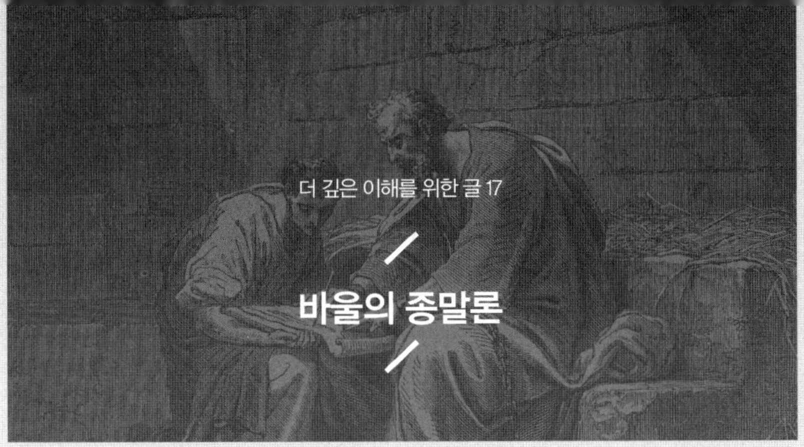

더 깊은 이해를 위한 글 17

바울의 종말론

바울에게 종말론적 구원은 현재적이면서도 아직 완성되지 않은 미래적인 개념을 동시에 가지고 있습니다. 바울은 종말론적 구원의 완성을 말하는 미래적 표현으로 '하나님의 나라'(갈 5:21; 고전 15:50), '그리스도의 재림'(고전 15:23; 살전 2:19 등), '주 예수 그리스도의 나타나심'(고전 1:7; 살후 1:7), '장차 올 영광의 나타남'(8:18), '하나님의 아들의 나타남'(8:19) 등을 사용합니다(장상, 13).

또한 바울의 종말론은 하나님께서 자기 백성과 세계와 역사를 구속하시고 이끌어 가신다는 사실을 기초로 한 기독론의 연장선상에 있습니다(갈 4:4-5; 엡 1:4-5; 2:1-5, 10; 빌 2:13-16; cf. 요 1:10-12; 5:25-29). 그리고 바울은 구약성경의 유대교적 배경과 예수 그리스도의 가르침에 따라 종말의 임박성을 가르치고 있으며(사 26-27장; 슥 14:16-21; cf. 막 9:1; 눅 10:9-11), 이러한 종말의 긴박성을 통하여 신자들의 믿음과 윤리적 삶에 도전을 줍니다(살전 4:14-15; 고전 15:51-52). 실제로 예수 그리스도의 재림의 긴박성을 가지고 살았던 바울에게 현재의 삶은 종말론적이었습니다.

한편 바울의 종말론에 의하면 예수 그리스도의 재림과 함께 신자는 영화로운 몸의 부활을 경험하게 됩니다(8:28-30; 고전 15:42-49; 빌 3:21; 살후 1:11-12; 엡 2:20-22). 바울은 11장에서 예수님의 재림이 있기 전, 먼저 이방인의 완전한 수가 차고, 이스라엘의 구원에 대한 하나님의 약속이 실현된 이후에 미래적 종말이 있음을 말합니다(11:25-27).

뿐만 아니라 예수님의 재림 후에 나타나는 종말은 인간의 죄로 인해 고통받던 모든 피조물이 해방되고(8:19-21; cf. 계 21:3-4), 세상의 모든 권세가 예수님께 굴복하며, 하나님께서 만물을 완전히 통치하시는 하나님 나라가 이루어지는 것입니다(고전 15:27-28; 엡 1:21-22; 4:5-6; cf. 계 21-22장).

그러므로 신자는 예수님의 재림과 함께 완전한 구원이 이루어질 것을 믿고 그것을 소망하며 이 세상에서 주어진 사명을 잘 감당해야 합니다(8:24-25; 빌 3:10-14, 20-21; 딛 2:11-13; 살전 5:23-24; 히 3:13-14; 12:1-2; 고후 4:16-18; 5:1). 하지만 종말의 때는 아무도 알 수 없기에 때와 시기에 대해서 집착해서는 안 되며, 오히려 우리가 오늘 종말을 맞이할지라도 후회와 부끄러움이 없는 최선의 삶을 살아가야 합니다(살전 5:1-4).

바울에 의하면, 신자들은 성령 안에서 예수 그리스도와 연합함으로써 이 세상에서 부활의 삶과 그리스도 안에 있는 삶을 살아갑니다. 하지만 이러한 영적 연합의 경험은 우리의 육신으로는 온전히 느낄 수 없으며, 우리가 육신의 장막을 떠날 때 완전하게 실현될 것입니다. 따라서 신자는 참된 소망을 가지고 하나님의 완전한 구속의 계획이 완성되는 종말을 바라보고 그날을 사모하며 기다립니다.

그래서 바울은 "위에서 부르신 부름의 상을 위하여 달려가노라"(빌 3:14)라고 고백하면서, 종말의 완성을 강조합니다(8:18-25; 고전 15:12-28; 갈 3:20-21). 또한 이러한 "복스러운 소망과 우리의 크신 하나님, 구주 예수 그리스도의 영광이 나타나심을 기다리게 하셨으니"(딛 2:13)라고 바울은 고백합니다.

마찬가지로 12-15장에서 언급하는 교회와 세상을 향한 복음의 실천적 윤리는 이러한 종말론적인 긴박감과 연관이 있습니다. 바울에 의하면, 곧 새로운 세대(the New Age)가 올 것이기 때문에 신자들은 더욱 깨어서 믿음의 삶을 살아가야 합니다(Harris, 387). 그래서 바울은 13장 11절에서 "우리의 구원이 처음 믿을 때보다 가까웠음이라"라고 고백합니다(cf. 12:2; 13:11–14; 16:20).

ㅇ더 깊은 이해를 위한 추천 자료

1. 게할더스 보스, 「바울의 종말론」(*The Pauline Eschatology*), 박규태 역, 서울: 좋은씨앗, 2015.
2. 고병찬, "골로새서와 빌레몬서에 나타난 종말론에 관한 연구", 「성경과 신학」 70권(2014), 95–122.
3. 이진섭, "고린도후서 5:1의 '영원한 집'", 「성경과 교회」 10권(2012), 123–156.
4. 장상, "바울의 종말론", 「신학논단」 제15집(1982).
5. 정훈택, "기독론적 종말론: 신약의 종말론 연구", 「신학지남」 1992년 겨울호(통권 제234호), 49–89.
6. Douglas J. Moo, "Creation and New Creation", *Bulletin for Biblical Research 20.1*(2010), 39 – 60.
7. G. I. Williamson, "A Study of Biblical Eschatology", http://www.reformed.org/eschaton/EschatologyPages.pdf.
8. Geerhardus Vos, "The Pauline Eschatology and Chiliasm", *The Princeton Theological Review 9*(1911), 26–60.
9. Michael J. Vlach, "The Kingdom of God in Paul's Epistles", *MSJ 26/1*(Spring 2015), 59 – 74.
10. Stephen L. Harris, *Exploring the Bible*, Columbus: McGraw–Hill Education, 2014.

적용과 토론을 위한 질문

4장 이스라엘의 구원과 9–11장의 이해

1 바울이 로마서 9–11장에서 말하고 있는 '남은 자 사상'의 구약적인 배경을 생각해 봅시다. 구약성경에서 특별히 이사야서에서 말하는 '남은 자'는 어떤 의미입니까?

2 로마서 11장에서 바울이 언급한 유대인 신자와 이방인 신자의 갈등은 무엇입니까? 또 그 갈등의 해결책이 무엇인지, 11장의 내용을 통하여 찾아보고 함께 나누어 봅시다.

3 "온 이스라엘이 구원을 받으리라"(롬 11:26)는 말씀을 어떻게 해석해야 할까요? 이 말씀의 의미에 대한 가장 타당한 해석이 무엇인지 다시 한 번 생각해 보고 함께 나누어 봅시다.

4 로마서 9–11장에는 '구원'이라는 큰 주제와 함께 다양한 작은 주제들이 있습니다. 그렇다면 나의 신앙생활 및 나의 관심사와 가장 관련이 깊은 내용의 주제는 무엇입니까? 로마서 9–11장 전체의 내용을 통일성과 다양성이라는 관점에서 정리해 보고 가장 흥미와 관심을 가지고 있는 주제에 대해서 함께 나누어 봅시다.

3부

복음 안에 거하는 신실한 삶(12-16장)

들어가는 글

바울은 앞서 모든 사람이 죄 아래 있음을 선언하고, 예수 그리스도를 믿는 믿음을 통하여 '하나님 앞에서 의롭다'라고 인정받게 된다는 사실을 설명했습니다(1–4장). 예수 그리스도를 믿는 신자들은 하나님과 평화를 누리고 하나님의 나라를 상속받게 되었습니다. 그러나 신자들은 날마다 경험하는 죄의 유혹을 이기고, 율법을 따라 하나님의 거룩함을 좇아가는 영적 싸움을 합니다. 이러한 신앙생활 가운데 성령님의 도우심이 함께하기에 모든 상황 가운데 선을 이루시는 신실하신 하나님을 바라보며 우리는 승리할 수 있습니다(5–8장).

특별히 바울은 9–11장을 통하여 자신의 동족인 유대인들의 구원에 대한 깊은 관심과 애정을 보여 주면서, 하나님께서 유대인들을 버리시지 않았다는 사실을 이야기합니다. 바울이 이러한 이야기를 하는 이유는 유대인과 이방인을 향한 하나님의 구원의 계획과 섭리를 깨닫게 함으로써, 인종적 차별이나 영적 자만심으로 인하여 서로를 판단하고 정죄하지 않도록 하기 위함이며, 그 결과 교회의 일치와 연합을 이루기 위해서입니다.

바울은 이제 실제적인 신자의 삶에 관하여 12장부터 다룹니다. 다시 말해서 바울은 복음을 누리며 살아가는 신자의 삶을 개인과 교회 공동체 그리고 사회 공동체적 삶과 국가의 의무라는 폭넓은 삶의 주제들과 관련하여 다룹니다. 따라서 우리는 이제부터 복음을 누리는 신실한 믿음의 삶이 어떤 것인지를 구체적으로 알아 가게 될 것입니다.

1장
삶이 예배입니다(12장)

바울은 12장 1–2절에서 다음과 같이 권면합니다.

> [1]그러므로 형제들아 내가 하나님의 모든 자비하심으로 너희를 권하노니 너희 몸을 하나님이 기뻐하시는 거룩한 산 제물로 드리라 이는 너희가 드릴 영적 예배니라 [2]너희는 이 세대를 본받지 말고 오직 마음을 새롭게 함으로 변화를 받아 하나님의 선하시고 기뻐하시고 온전하신 뜻이 무엇인지 분별하도록 하라(12:1–2).

먼저 바울은 '그러므로'라는 단어를 사용하여 9–11장의 결론을 말하고자 하고, 더 나아가서 1–11장의 결론을 말하고자 합니다. 여기서 바울이 '하나님의 자비하심으로 권한다'는 말은 하나님의 권위에 의존해서 권한다는 의미로 이해할 수 있습니다(Hultgren, *Romans*, 439). 또 '하나님의 모든 자비하심이 복음을 통하여 나타났기에 이 복음 안에서 너희를 권한다'는 의미로 이해할 수도 있습니다(Schreiner, *Romans*,643).

그러면서 바울은 이 하나님의 자비하심을 경험하였다면 "너희 몸을 하나님이 기뻐하시는 거룩한 산 제물로 드리라"라고 말합니다. 여기서 말하는 '몸'(소마, σώμα)은 두 가지 의미가 있습니다. 첫째, 소극적인 의미로서 '죄의 본성을 가진 인간의 몸'을 가리킵니다. 그래서 바울은 6장 12–13절에서, "죄가 너희 죽을 몸을 지배하지 못하게 하여 몸의 사욕에 순종하지 말고, 너희 자신을 하나님께 드리며, 너희 지체를 의의 무기로 하나님께 드리라"라고 말합니다(cf. 1:26–27; 고전 3:16–17). 이러한 면에서 우리는 죄의 정욕이 우리 몸을 지배하지 못하도록 성령님의 도우심과 인도하심 가운데 믿음을 따르는 경건한 삶을 살아가야 합니다(6:12–13; cf. 1:26–27; 고전 3:16–17).

둘째, 본문에서 말하는 '몸'은 적극적인 의미에서 '우리 자신의 존재와 전 인격적인 삶'을 가리킵니다. 그래서 '너희 몸을 드리라'(12:1)는 말은 '너희 자신을 드리라'는 말과 같습니다. 다시 말해서 우리를 영원한 사망에서 구원하신 예수 그리스도의 은혜와 하나님의 자비하심을 경험했다면, 우리의 삶을 온전히 하나님께 드리는 것이 마땅하다는 말입니다. 이와 관련하여 바울은 구약 시대에 하나님께 드렸던 제사가 어떤 의미를 갖는지 잘 알고 있었습니다.

구약 시대의 제사는 흠이 없는 산 짐승을 죽여서 제물로 바치는 것이었습니다. 그래서 죽은 짐승을 가져와서 제물로 바치는 경우는 없었습니다. 마찬가지로 우리가 살아 있을 동안에 우리의 삶이 하나님께 드려져야 합니다. 이것이 바울이 말하는 "하나님이 기뻐하시는 거룩한 산 제물"입니다. '우리 몸을 산 제물로 드린다'는 말은 우리의 삶 전체가 하나님을 기쁘시게 한다는 뜻이요, 하나님께서 우리의 삶의 주인이 되셔야 한다는 말과 같습니다. 이와 같이 하나님의 뜻에 합당한 순종과 헌신의 삶이 산 제물이요, 그것이 곧 '영적 예배'라고 바울은 말합니다(Hultgren, *Romans*, 440).

그러므로 이러한 삶을 살고자 하는 합당한 모습이 없다면, 우리가 함께 모여서 드리는 예배도 하나님께서 보시기에 합당하지 않습니다. 그런데 많은 신자들이 이러한 삶의 예배를 잊어버린 채, 정해진 시간에 모여서 찬양과 기도를 드리고 설교를 듣고 축도로 마치는 것을 예배의 전부로 생각합니다. 어떤 교인들은 골프를 치러 가거나 낚시하러 가는 도중에 차 안에서 라디오나 인터넷을 통하여 “예배를 드렸다”라고 말하기도 합니다. 이러한 모습들은 예배가 무엇인지 모르기 때문에 생겨난 것입니다.

헬라어로 ‘예배’는 두 가지가 있습니다. 첫째, ‘프로스퀴네오’(προσκυνεω)로 ‘존경을 나타내다’, ‘엎드려 절하다’, 혹은 ‘최상의 가치를 돌리다’라는 의미입니다. 그래서 예배란 하나님께 영광을 돌려드리는 것이라고 흔히 말합니다. 둘째, ‘라트레이아’(λατρεία)로, ‘예배’ 혹은 ‘섬김’이라는 의미입니다. 영어로 표현하면 ‘service’라는 단어에 해당됩니다.

종합하면 예배는 먼저 하나님께 최고의 존경과 경외감을 표현하는 행위이며 동시에 신자들 상호 간의 ‘코이노니아’(κοινωνία)를 포함합니다. ‘코이노니아’는 다양한 뜻으로 쓰이는 단어이지만, 일반적으로는 ‘섬김과 교제’를 말하며, 더 구체적으로 정의하면 ‘하나님(복음)을 중심으로 이루어지는 나눔과 친교와 협력’을 의미합니다(Robinson & House, 209; Hawthorne, 18–19; Fee, 81–84). 이러한 예배는 그 자체가 하나님께 대한 순종의 표현이요, 믿음의 표현입니다.

이렇게 하나님을 기쁘시게 하는 순종과 믿음의 표현은 함께 모여서 하나님을 예배하는 행위를 통하여 나타납니다. 또한 하나님께 영광을 돌려드리는 순종과 믿음의 표현은 일상의 생활 속에서 나타납니다. 한마디로 순종과 믿음의 표현이 삶을 통하여 드러나는 것이 살아 있는 예배입니다. 이것이 바로 12장 1절이 의미하는 ‘산 제사요’, ‘영적 예배’입니다. 또 ‘영적 예배’라는 말에서 ‘영적’(로기켄, λογικήν)이라는 단어는 ‘합리적인’ 또는 ‘이성적인’이란 의미입니다.

그러므로 12장 1절에서의 '영적 예배'는 전 인격적인 몸의 희생을 의미합니다. '영적 예배'를 KJV와 NET 성경은 '합당한 예배'(reasonable service)로, NIV 성경은 '영적 행위의 예배'(spiritual act of worship)로, ASV는 '영적 예배'(spiritual service)로 번역합니다. 이러한 예배에서 순종과 믿음의 행위는 기본입니다. 바로 이러한 차원에서, 너희 자신의 삶을 하나님께 산 제물로 드리는 것이 영적 행위의 예배라고 바울은 말합니다(삼상 15:22; 사 1:11-13; 미 6:7-8). 마찬가지로 히브리서 기자는 찬송의 제사를 드리는 것과 선을 행하고 서로 나누는 삶이 바로 하나님께서 기뻐하시는 제사라고 말합니다(히 13:15-16).

그러다 보니, 어떤 신자는 '왜 꼭 모여서 예배를 드려야만 하느냐'며 각자 알아서 예배를 드리면 된다는 식으로 생각하기도 합니다. 하지만 예배란 내 방식대로 드리는 것이 아닙니다. 예배란 기본적으로 하나님의 뜻에 대한 순종과 믿음의 표현이요, 섬김과 헌신의 표현입니다. 이런 차원에서 주일 예배가 우리 삶의 기초가 되어 나머지 6일간을 예배의 정신으로 살아가야 하는 것은 너무나 당연합니다. 구약 시대에 드려진 공동체적 제사는 우리에게 여전히 중요한 예배 원리와 교훈을 줍니다.

병원에서 근무하는 아내의 동료가 제 아내에게 해 준 이야기가 있습니다. 그녀는 아이들이 많아서 이것저것 챙기느라 주일 예배에 자주 늦곤 했습니다. 그러자 하루는 남편이 이렇게 말했다고 합니다. "당신은 아이들을 학교에 보낼 때는 늦지 않으면서 왜 주일 예배에 갈 때는 항상 늦어?" 그 말을 듣고 깨달은 바가 있었는지, 그녀는 제 아내에게 그 이야기를 해 주었고, 제 아내는 저에게 그 이야기를 들려 주었습니다. 이것은 단순히 정해진 예배 시간에 늦지 않는 문제가 아니라 예배에 대한 마음의 자세와 태도에 관한 문제입니다. 어느 누가 자기보다 높은 분을 만나러

가는 자리에 약속 시간보다 늦게 가서 떳떳하게 그분과 대면할 수 있겠습니까? 그런 자세와 태도는 더더욱 용납이 안 됩니다. 그런데 우리는 만왕의 왕이신 하나님을 경배하러 가면서 예배의 약속을 너무나 가볍게 여기고 대수롭지 않게 여기곤 합니다. 이러한 마음가짐에 대해서 우리는 깊이 생각해 보아야 합니다.

주일 하루의 온전한 예배를 통하여 받는 은혜는 6일간의 온전한 예배의 삶으로 이끌어 주는 원동력입니다. 이러한 공동체적 예배와 한 주간 삶 속에서 하나님을 경외하고 예배하는 삶의 예배는 결코 뗄 수 없는 관계에 있습니다. 주일이나 혹은 다른 날에 드리는 공동체적 예배는 삶의 현장에서 하나님을 경외하는 삶을 살아가는 데 필요한 영적 에너지를 제공합니다. 그렇게 함으로써 일상생활 속에서 예배의 정신을 가지고 살아가게 되고, 그러한 우리의 삶은 영적인 예배가 됩니다. 그런 생활 속에서 하나님을 의식하고 경외하면서 정직하고 겸손하게 살아가고, 또 이웃에게 친절과 사랑을 베풀면서 살아가는 것이 진정한 의미의 영적 예배입니다(삼 15:22; 사 1:11–16; 호 6:6; 미 6:6–8). 한마디로 말하면, 우리가 예배의 정신과 마음을 가지고 하나님의 말씀을 따라 믿음과 순종의 삶을 하루하루 살아가는 것이 진정한 영적인 예배입니다.

바울은 하나님의 뜻을 따르는 신자의 믿음과 순종의 삶이 영적인 예배라고 12장 1절에서 먼저 규정한 후에, 이와 관련된 구체적인 신앙생활에 대해서 12장 2절부터 15장까지 말합니다. 바울은 영적 예배자의 삶을 위해서 가장 먼저 필요한 것이 무엇인지를 12장 2절에서 말합니다. 그런데 한글 개역개정 성경에 의하면 12장 2절의 말씀은 세 가지 명령문으로 되어 있습니다. 첫째, '이 세대를 본받지 말라.' 둘째, '마음을 새롭게 함으로 변화를 받아라.' 셋째, '하나님의 선하시고 기뻐하시고 온전하신 뜻이

무엇인지 분별하라.'

하지만 헬라어 성경과 영어 성경을 보면, 12장 2절의 문장은 두 개의 명령문으로 되어 있습니다. 헬라어 성경을 보면, "같은 모양(일치)이 되지 말라"(μη συσχετίζεσθε)는 문장과 "그러나 변화(변형)되라"(αλλά μεταμορφουσθε)는 문장이 전치사 '에이스'(εις)로 연결되어 있습니다. 그래서 NIV 영어 성경을 보면, "너희는 이 세상의 방식을 따르지 말고, 마음을 새롭게 함으로 변화를 받으라. 그러면 선하시고 기쁘시고 온전하신 하나님의 뜻을 분별하게 될 것이다"라고 번역합니다. 그런데 KJV 영어 성경은 "너희가 선하시고 받으실 만한 하나님의 뜻을 분별하기 위해서 이 세상을 따르지 말고 마음을 새롭게 함으로서 변화를 받으라"라고 번역합니다.

이렇게 NIV 성경과 KJV 성경의 번역이 서로 다른 이유는 '~하기 위해서', '~한 결과', '~에 따라서' 등의 의미를 가진 헬라어 '에이스'의 번역 때문입니다. 따라서 12장 2절은 영어 성경의 번역과 같이, '하나님의 뜻을 분별하면서 살아가기 위해 이 세상을 본받지 말고 변화를 받으라'(KJV)라는 의미이거나, '이 세상을 본받지 않고 변화를 받으면 그 결과 하나님의 뜻을 분별할 수 있다'(NIV)라는 의미입니다.

결론적으로 말하면, 12장 2절은 두 가지 명령문으로 되어 있습니다. 첫 번째 명령은 '하지 말라'입니다. 다시 말해서 이 세상 사람들의 세상적인 사고 방식과 세상적인 삶의 방식을 따라가지 말라는 말입니다. 우리가 본받아야 할 것과 본받지 말아야 할 것들을 잘 분별하라는 말입니다. 그래서 바울은 "너희가 지극히 선한 것을 분별해서 의의 열매가 가득하여 하나님의 영광과 찬송이 되기를 원한다"라고 빌립보 교인들에게 말합니다(빌 1:10-11). 또한 사도 요한은 "이 세상에 있는 것들은 육신의 정욕과 안목의 정욕과 이생의 자랑들이며, 이런 것들은 하나님께로부터 온 것이 아니라 세상으로부터 온 것이기에, 이러한 것들을 좇아가는 자들에게는 하나님의 사랑이 그 안에 없다"(요일 2:15-16)라고 말합니다.

다음으로 12장 2절의 두 번째 명령은 '하라'입니다. "마음이 새롭게 변화를 받으라"라고 바울은 말합니다. 우리의 마음은 죄의 본성을 가지고 있기 때문에 성령님의 은혜와 하나님의 말씀으로 끊임없이 변화되지 않으면 안됩니다. 왜냐하면 우리의 영혼이 거듭난 새 사람이 되었다고 해서 죄의 습성과 죄의 욕망이 다 사라지는 것이 아니기 때문입니다. 그러한 죄의 본능과 충동은 여전히 우리 안에 거하고 있습니다. 그래서 이 세상을 좇아가려는 죄의 본성과 하나님의 뜻을 거스르는 인간적인 생각과 싸우는 것이 우리의 영적 싸움입니다(cf. 엡 6:12-17). 이렇게 함으로써 우리의 삶 속에서 이루어지는 영적 예배가 우리의 마음과 생각을 새롭게 변화시켜 주는 진정한 원천이 됩니다.

그래서 바울은 12장 2절에서 "변화를 받으라"라고 말합니다. 물론 이러한 변화는 나의 의지와 노력으로만 되는 것이 아닙니다. 이것은 성령님과 진리로 하나님을 예배할 때 경험하는 변화요, 하나님의 말씀과 십자가의 은혜로 경험하게 되는 변화입니다. 세상 유혹과 욕심을 따라가던 우리의 마음이 새롭게 변화되어 하나님의 성품인 의로움과 진리와 거룩함을 닮아가야 합니다.

어느 목사님이 한 손에는 성경책을, 그리고 다른 한 손에는 3류 잡지를 들고 이런 질문을 했습니다. "내가 어느 책에서 더 많은 영향을 받을까요?" 대부분의 사람들은 목사님이니까 당연히 "성경책이요"라고 대답했습니다. 그러자 목사님은 "정답은 그게 어느 쪽이든 많이 보는 책입니다"라고 대답했습니다. 사람이 무엇을 많이 보고 무엇을 많이 생각하는가에 따라 영향을 받게 된다는 것입니다. 그러므로 잘 분별해서 보고 읽고 생각해야 합니다. 뿐만 아니라 성령 안에서 하나님과 교통하고, 진리의 말씀 안에서 성도와 교제하며, 마음과 생각의 변화 그리고 성품의 변화가 신자에게 나타나야 합니다. 그래서 진정한 복은 자신이 변화되어 가는 삶을 사는 것입니다.

그래서 바울은 "너희는 유혹의 욕심을 따라 썩어져 가는 구습을 따르는 옛 사람을 벗어 버리고 오직 너희의 심령이 새롭게 되어 하나님을 따라 의와 진리의 거룩함으로 지으심을 받은 새 사람을 입으라"(엡 4:22–24)라고 에베소 교인들에게 말합니다. 여기서 바울이 에베소 교인들에게 말하는 '새 사람'은 '예수 그리스도 안에서 선한 일을 위하여 지으심을 받은 자'(엡 2:10)로서, '하나님의 성품을 따라서 의와 진리의 거룩함의 성품으로 만들어져 가는 새 사람'(엡 4:24)을 말합니다(Lincoln, 288–299). 바로 이러한 삶을 살아가도록 바울은 로마에 보내는 편지의 후반부에서 복음의 실천적인 내용들을 다루고 있습니다.

이렇게 12장 1–2절은 12–15장의 서론과 같고, 동시에 3절과 직접적으로 연결됩니다. 헬라어 성경을 보면, 3절은 '갈'(γὰρ, 왜냐하면)이라는 접속사가 있고, 2절은 '카이'(καὶ, 그리고)라는 접속사가 앞에 나와서 1절과 연결된 내용임을 잘 보여 줍니다. 그래서 KJV 영어 성경은 3절 앞에 'for'(왜냐하면)이라는 접속사가 있고, 2절 앞에는 'and'(그리고)라는 접속사가 있습니다.

그러면서 바울은 12장 3절에서 신자들 상호 간의 관계에 대해서 다음과 같이 말합니다.

> 3내게 주신 은혜로 말미암아 너희 각 사람에게 말하노니 마땅히 생각할

> 그 이상의 생각을 품지 말고 오직 하나님께서 각 사람에게 나누어 주신 믿음의 분량대로 지혜롭게 생각하라(12:3).

흥미롭게도 바울은 이 한 절의 헬라에 문장에서 '생각하다'라는 동사를 강조하기 위해 네 번이나 반복해서 사용합니다. 먼저 바울은 "마땅히 생각할 그 이상의 생각을 품지 말라"라고 말합니다. 이 말은 헬라어 성경과 영어 성경을 보면, '자신이 생각할 그 이상으로 너무 높게 평가하지 말라'는 의미입니다(μη υπερφρονειν παρ ό δει προνειν). 또 한글 성경은 '지혜롭게 생각하라'라고 번역하는데, 헬라어의 뜻은 '현명한 생각을 가지라'(to think soberly, KJV), 혹은 '현명한 판단력을 가지라'라는 의미입니다(sober judgement, NIV).[29)]

사람들은 자신에 대해서 종종 너무 높게 평가합니다. 자신의 실제 능력보다 자신을 지나치게 높게 평가하다가 스스로 실패의 길을 자초하기도 합니다. 또 어떤 사람은 많은 지식으로, 어떤 사람은 자신의 돈과 권력 때문에 자신이 대단한 사람인 양 착각하면서 살아가기도 합니다. 이 세상의 방식을 따르는 신자들도 이와 같습니다. 심지어 어떤 교인들은 자신이 유명한 교회를 다닌다거나 혹은 대형 교회를 다니고 있다는 이유로 신앙적 우월감을 드러냅니다. 이런 모습들은 자신을 높게 평가하고 싶은 마음과 그러한 착각 속에 살아가는 세상적이고 인간적인 모습입니다.

로마에 있었던 이방인 신자들도 유대인 신자들을 무시하면서 자신들

29) 12장 3절에서 '지혜롭게 생각하라'라고 번역한 헬라어의 뜻은 '현명한 생각을 가지라', 혹은 '현명한 판단력을 가지라'는 의미입니다(ἀλλὰ φρονεῖν εἰς τὸ σωφρονεῖν). 헬라어 해설: ἀλλὰ(그러나), φρονεῖν('생각하다'의 부정사 현재 능동태), εἰς τὸ(~하기 위하여), σωφρονεῖν('바른 생각을 하다'의 부정사 현재 능동태). 따라서 '현명한 생각을 가지라'(but to think soberly, KJV), 혹은 '현명한 판단력을 가지라'(but rather think of yourself with sober judgment, NIV)는 해석이 알맞습니다.

이 더 우월하다고 생각했습니다. 그래서 바울은 "높은 마음을 품지 말고 도리어 두려워하라"라고 이방인 신자들을 향해서 말했습니다(11:20). 또한 바울은 "마땅히 생각할 그 이상의 생각을 품지 말라"라고 말합니다(12:3). 그러면서 바울은 12장 4-13절에서, 교회라는 공동체 안에서 어떻게 서로를 섬겨야 할지를 이야기한 후에, 다시 "서로 마음을 같이하며 높은 데 마음을 두지 말고 도리어 낮은 데 처하며 스스로 지혜 있는 체하지 말라"라고 말합니다(12:16).

사실 부자나 가난한 자나 많이 배운 자나 못 배운 자나, 다 빈손으로 왔다가 어느 날 빈손으로 가는 것이 인생입니다. 그런데 사람들은 자신이 가진 돈이나 권력 때문에, 혹은 지식이나 자신의 특별한 재주와 능력 때문에 정작 인간 본연의 모습을 잊고 살아갑니다. 그러나 우리가 하나님 앞에서 자신의 진정한 모습을 보게 되면, 우리는 연약한 인생이요 용서받은 죄인에 불과하다는 사실을 깨닫고 겸손해질 수밖에 없습니다.

반면에 어떤 사람들은 '나는 아무것도 아니고, 아무것도 할 수 없다'라고 생각하면서 지나치도록 자신의 무가치함과 열등감 속에서 살아갑니다. 그러나 우리가 예수 그리스도를 통하여 하나님의 사랑을 깨닫게 되면, 하나님 앞에서 우리가 얼마나 귀중한 존재인가를 알게 되고, 그 결과 하나님의 자녀다운 적극적인 믿음의 삶을 살아가게 됩니다. 그러므로 "하나님께서 각 사람에게 나누어 주신 믿음의 분량대로 지혜롭게 생각하라"고 바울은 12장 3절에서 말합니다.

여기서 '분량'을 나타내는 헬라어 '메트론'(μέτρον, measure)은 '분량', '척도', '표준'이라는 의미입니다(Rogers, 236). 그래서 '믿음의 분량'을 '믿음의 기준'이라는 뜻으로 해석하면서, 외적 기준은 말씀(scripture)이고 내적 기준은 성령님의 내적 증거(8:16)로 설명하기도 합니다(Edwards, 286). 또 '믿음의 분량'(the measure of faith)이란 '믿음의 양' 혹은 '믿음의 차이'(cf. 4:1)를 의미합니다(Schreiner, *Romans*, 652–653). 이 점에 있어서 '믿음의 기준'이라는 해석보다 '믿음의 양(차이)'으로 해석하는 것이 문맥에 더 적절해 보입니다. 뿐만 아니라 '분량'이라는 단어의 문자적 의미보다는 12장 2–3절에서 '분별하라'는 문맥의 의미를 따라서, '각자가 가지고 있는 믿음의 분별력(혹은 판단력)'으로 이해하는 것도 타당성이 있습니다(Hultgren, *Romans*, 447). 왜냐하면 믿음의 분량(차이)은 영적 분별력(판단력)과 직접적인 관계가 있기 때문입니다.

우리가 신앙생활을 하는 교회 공동체 안에는 믿음이 아주 연약한 신자도 있고 반대로 믿음이 아주 성숙한 신자도 있습니다. 한마디로 다양한 부류의 신앙인들이 공존합니다. 그러므로 서로를 비교하면서 자신을 과대평가하거나 과소평가하면 신앙생활에 문제가 생길 수 있습니다. 우리는 하나님께서 각자 주신 은혜대로 서로가 섬기고 있다는 점을 기억하면서 지혜롭게 생각하고 행동해야 합니다. 그래서 바울은 12장 3절에서 "내게 주신 은혜대로"라고 말합니다. 사실 복음을 위해서 바울보다 애쓰고 수고한 사람이 어디 있겠습니까? 그러나 바울은 우리에게 "너희들은 왜 나만큼 수고하지 않느냐?"라고 자신과 비교해서 책망한 적이 없습니다. 바울 자신도 받은 은혜대로 복음을 위해서 수고했기 때문입니다. 그렇게 각자의 믿음과 은혜의 분량대로 묵묵히 섬기고 봉사하는 것, 이것이 하나님께서 기뻐하시는 모습이요, 이것이 성숙한 신앙의 모습입니다. 그리고 이것이 바로 영적 예배입니다.

바울은 이렇게 각자 받은 은혜대로, 그리고 믿음의 분량대로, 자신의 달란트를 사용함으로써 건강한 교회 공동체를 이루어 가기를 바라면서, 다음과 같이 말합니다.

[4]우리가 한 몸에 많은 지체를 가졌으나 모든 지체가 같은 기능을 가진 것 이 아니니 [5]이와 같이 우리 많은 사람이 그리스도 안에서 한 몸이 되어 서로 지체가 되었느니라(12:4-5).

많은 종류의 식물들 가운데 특히 꽃들은 저마다의 독특한 모양이 있고 독특한 향기가 있습니다. 그 꽃들은 다른 꽃들과 비교될 수 없는 나름대로의 독특한 아름다움이 있습니다. 하나님의 형상으로 창조된 사람은 두말할 필요가 없습니다. 모든 사람은 서로 다른 고유한 개성과 독특한 모습을 가지고 살아갑니다. 그리고 이렇게 서로 다르기 때문에 하나뿐인 나의 존재가 귀하고, 또 하나뿐인 다른 사람의 존재가 귀합니다. 하나님의 섭리는 서로 다른 개성들이 조화를 이루는 것이지 모두가 똑같아지는 것이 아닙니다. 그럼에도 불구하고 우리는 다양성을 인정하기 싫어합니다. 나와 생각이 다르거나 살아가는 방식이 다르면, 그것을 '다르다'라고 생각하고, 인정하기보다는 그것을 '틀리다'라고 너무 쉽게 단정해 버리는 경우가 많습니다.

교회 안에서도 서로의 은사와 역할이 다름에도 불구하고, 모두가 나와 똑같이 해야만 한다고 주장하는 분들이 종종 있습니다. 그러나 우리 각자는 서로 다른 은사와 서로 다른 영적 기능을 갖고 있습니다. 그래서 "모든 지체가 같은 기능을 가진 것이 아니니"(12:4)라고 바울은 말합니다. 다시 말해서, 모든 신자는 각각 서로 다른 은사들을 가진 지체들로서 각자 받은 재능과 은사대로 감당해야 할 사명이 있습니다. 그래서 모든 신자가 몸의 각 지체의 한 부분이 되어서 자신에게 주어진 일을 잘 감당해 나갈 때 교회 공동체는 건강하게 세워져 갑니다.

바울은 교회가 그리스도의 몸이고 우리는 그 몸된 지체들이라고 말합니다(엡 1:23). 그래서 신자들은 서로가 한 몸으로 연결된 몸의 각 지체와 같습니다. 바울은 이렇게 교회를 몸의 지체로 비유하며 두 가지를 강조합니다. 첫째, 모든 지체가 서로 연결되어 있는 유기적 관계라는 것입니다(고전 12:14-17). 둘째, 몸의 각 부분들이 다양한 고유 기능들, 즉 다양성을 가지고 있다는 것입니다(고전 12:21-25).

실제로 우리 몸은 참으로 신비합니다. 눈의 근육은 24시간 동안 약 십만 번을 움직입니다. 눈 안에 있는 망막에는 모양을 구별하는 간상세포가 1억 2천 6백만 개가 있다고 합니다. 그리고 이런 것들이 다 정상 작동을 해야만 눈이 제 기능을 할 수 있습니다. 또 음식을 먹으면 그 음식물은 몸 안에서 22단계를 거치면서 필요한 영양분을 흡수하고 찌꺼기를 내버린다고 합니다. 또한 우리 몸을 지탱해 주는 뼈의 조직은 끊임없이 죽거나 다른 조직으로 바뀌어 7년마다 한 번씩 뼈 조직이 바뀐다고 합니다. 이처럼 몸의 유기적 통일성과 함께 각 부분의 다양하고 고유한 기능들이 갖고 있는 신비는 말로 다 설명할 수 없습니다.

교회의 신비도 이와 같습니다. 예수 그리스도를 머리로 하고, 한 몸의 각 지체가 된 신자들의 마음속에 성령님이 계시기 때문에, 사실 신자들은 모두 하나님의 자녀로서 성령 안에서 이미 하나입니다. 그럼에도 불구하고 우리는 성령이 하나 되게 하신 것을 힘써 지켜야만 합니다(엡 4:3). 또한 그 과정을 통하여 마음과 인격이 다듬어지고 믿음이 단련되면서 예수 그리스도를 닮아 가는 성숙한 신앙의 사람이 되어 갑니다.

그러므로 우리가 속한 교회 공동체를 바라볼 때, '성령 안에서 한 몸이 되었다'는 진리 안에서 지체 의식을 갖고 신앙생활을 하는 것은 대단히 중요합니다. 그렇다면 지체 의식이 무엇일까요? 지체 의식은 서로가 떨어져 살 수 없다는 공동체 의식이요, 사랑의 핵으로 구성된 가족 의식입니다. 그러한 지체 의식은 다음과 같은 특징이 있습니다. 첫째, 지체 의식을 가지면 쉽게 상대방을 무시하거나 정죄하지 않습니다. 눈의 역할을 하는 신자가 발의 역할을 하는 신자를 보면서 무시하거나 쓸 데 없다고 비난을 하는 것은 사실 지체 의식이 없기 때문입니다. 또 상대방의 필요를 느끼지 못하거나 깨닫지 못하는 것은 그가 쓸모가 없어서가 아니라, 지체 의식의 결여로 인하여 하나님께서 각자에게 주신 위치와 그 기능들을 제대로 깨닫지 못해서입니다. 그래서 바울은 "서로 마음을 같이하며 높은 데 마음을 두지 말고 도리어 낮은 데 처하며 스스로 지혜 있는 체 하지 말라"라고 12장 16절에서 다시 언급합니다.

둘째, 지체 의식이란 기쁨과 슬픔을 함께 나누고 느끼는 것입니다. 가족이 함께 살면서 아내가 남편의 아픔과 기쁨을 공감하지 못하거나 남편이 아내의 기쁨과 아픔을 공감하지 못하고 살아갈 수 있을까요? 그렇게 서로의 마음과 감정을 나누지 못하거나 나누어도 함께 공감하지 못한다면 그 관계는 결코 오래가지 못합니다. 또 부모가 자식의 기쁨과 슬픔을, 혹은 자식이 부모의 기쁨과 슬픔을 공감하지 못하고 살아갈 수 있을까요? 함께 살아가는 진정한 가족이라면 그럴 수 없습니다. 이처럼 지체 의식이란 기쁨과 슬픔을 함께 나누고 느끼는 것입니다. 바울은 교회 공동체가 바로 이와 같은 한 몸의 지체요, 한 가족이라고 말합니다. 그래서 바울은 "즐거워하는 자들과 함께 즐거워하고 우는 자들과 함께 울라"라고 12장 15절에서 다시 언급합니다.

이렇게 몸의 각 지체들이 한 몸을 이루듯이, 교회 각 구성원들이 교회를 섬김으로써 건강한 그리스도의 몸이 되기 위해서는 먼저 서로의 마음이 성령 안에서 하나가 되어야 합니다(고전 12:13; 엡 4:1–4). 사실 함께 공동체 생활을 하다 보면, 서로 부딪치고 감정적인 상처가 생길 수 있으며 부담스러운 마음이 생길 때도 종종 있습니다. 부부가 함께 살아도 맞지 않아서 다투고, 심지어는 죽고 못 살 것 같은 부부 관계도 깨어져서 이혼하는 경우가 있는데, 어찌 교회에서 만나는 신자들끼리 갈등이 없겠습니까? 그러나 이러한 과정을 통하여 모난 성격과 인격이 다듬어져 가고, 서로 인내로 섬기는 가운데 믿음이 단련되어서 성숙한 신앙의 사람이 되어 가는 것입니다. 그 결과 교회는 하나가 되는 복을 경험하게 됩니다. 그러므로 우리가 성령 안에서 한 몸이 되었다는 지체 의식을 갖는 것은 대단히 중요합니다.

실제로 팔이 떨어져 나가면 몸은 생명이 있지만 떨어져 나간 팔은 더 이상 생명이 없습니다. 작은 손톱 하나도 몸에 붙어 있으면 생명이 있고 자라게 되지만, 잘려 나가거나 떨어져 나가면 거기에는 더 이상 생명이 없고 자랄 수 없습니다. 교회 안의 신자들도 마찬가지입니다. 은혜의 모닥불에서 떨어져 나간 한 개의 숯덩이와 같이 혼자 떨어져 신앙생활을 하는 일은 자신의 신앙을 유지하기에 결코 쉽지 않습니다. 이처럼 교회 공동체는 서로의 필요를 채우는 영적 가족 공동체입니다. 이와 같이 그리스도 안에서 한 몸을 이루는 지체가 되었기에, 신자들 각자에게 주신 은혜와 은사를 따라 서로 섬기는 공동체적 삶을 살아가야 합니다.

그래서 바울은 다음과 같이 말합니다.

> 6우리에게 주신 은혜대로 받은 은사가 각각 다르니 혹 예언이면 믿음의 분수대로, 7혹 섬기는 일이면 섬기는 일로, 혹 가르치는 자면 가르치는 일로, 8혹 위로하는 자면 위로하는 일로, 구제하는 자는 성실함으로, 다스리는 자는 부지런함으로, 긍휼을 베푸는 자는 즐거움으로 할 것이니라 (12:6-8).

바울은 "우리에게 주신 은혜를 따라 받은 은사가 각각 다르다"라고 말합니다(12:6). 앞에서 살펴본 대로 '은혜'(카리스, χαρίσ)라는 단어와 '은사'(카리스마, χαρίσμα)라는 단어는 어원이 같기에 문맥에 따라 같은 의미가 될 수도 있고 다른 의미가 될 수도 있습니다(1:11; 5:15–21; 11:29). 또한 이 단어의 특징은 다음과 같이 구분할 수 있습니다. 일반적으로 은혜는 하나님께서 베풀어 주신 구원의 은혜와 그 결과 누리는 영적인 기쁨 등을 의미합니다. 반면에 은사는 구원의 은혜를 받은 신자들이 하나님께 받은 구체적인 선물이라고 말할 수 있습니다.

바울은 고린도전서 12장에서 아홉 가지 성령의 은사를 소개합니다. 하지만 더 넓은 차원에서 모든 신자는 각자 자신들이 받은 영적인 은사들이 있습니다. 그리고 이러한 은사는 우리의 선천적 재능을 포함하기도 합니다. 왜냐하면 우리가 태어날 때부터 타고난 재능과 기질도 하나님께서 주신 선물이기 때문입니다. 이러한 재능과 좋은 기질은 성령님의 은혜와 능력으로 더욱 강화되고 빛을 발하게 됩니다.

바울은 12장 6–8절에서 영적인 은사와 타고난 재능의 은사 두 가지를 포함해서 말합니다. 그러면서 바울은 가장 먼저 예언의 은사를 소개합니다. 사실 본문에서 가장 이해하기 어려운 내용이 예언의 은사입니다. 예언이란 단어는 '하나님의 말씀이 선포되는 것을 의미한다'라고 흔히 설명합니다.[30] 그리고 신약성경이 정경화되지 않은 초대 교회 시대에는 특별

---

30) 12장 6절에 나오는 '믿음의 분수대로'라는 말은 '믿음의 기준을 따라서'라는 의미로 해석될 수 있기에, 이 '믿음의 기준'(the norms of faith) 혹은 '사도적 신앙의 기준' 에 벗어나지 않도록 예언하라는 의미로 신학자들이 해석해 왔습니다(Hultgren, *Romans*, 448–449). 그러나 12장 3절에서 "각 사람에게 나누어 주신 믿음의 분량대로"(12:3)라는 의미에서 12장 6절의 "믿음의 분수대로"라는 의미 또한 문맥에 맞는 해석입니다. 따라서 '일반적 믿음의 기준을 넘어선 예언적 은사'로 보는 것 또한 문맥상의 해석에 합당합니다(Schreiner, *Romans*, 655–656). 이런 차원에서, 본문에 나오는 예언의 은사는 어떤 특정 상황 안에 있는 교회를 위한 하나님의 말씀을

한 예언의 은사가 필요했지만, 지금은 성경이 있기 때문에 계시적인 예언의 은사가 사라졌다고 설명하기도 합니다.

물론 그렇게 생각할 수 있지만, 이러한 견해는 '예언의 은사'를 오해한 것입니다. 첫째, 예언의 은사가 마치 하나님의 말씀과 같은 권위를 가지고 있다고 생각하거나 하나님의 말씀의 권위를 훼손시킬 수 있다고 오해하는 것입니다. 그러나 예언의 은사는 성경을 대신할 수 있는 절대적인 권위가 없습니다. 그래서 바울은 예언도 실수할 수 있기 때문에 잘 분별하라고 고린도 교회에 말했습니다(고전 14:29-30). 둘째, 예언의 은사를 오해하고 예언을 인정하지 않는 이유는 지금도 무당처럼 미래적인 사건을 예언하다가 빗나가는 가짜 예언들이 판을 치고 있기 때문입니다. 특히 일부 오순절 계통의 교회들과 신사도 교회들이 이러한 미래적 예언을 하고 있는데, 이것은 위험합니다.

그럼에도 불구하고 예언의 은사 자체를 부정해서는 안 됩니다. 고린도전서 12장에 아홉 가지 성령의 은사들 안에 예언의 은사가 언급되어 있고, 14장에서 다시 예언의 은사를 다루기 때문입니다. 고린도전서 14장 1절을 보면, "사랑을 추구하며 신령한 것들을 사모하되 특별히 예언을 하려고 하라"라고 바울은 말합니다. 그리고 14장 39절에서 "그런즉 내 형제들아 예언하기를 사모하며 방언 말하기를 금하지 말라"라고 말합니다. 여기서 예언은 헬라어로 '프로페테이아'(προφητεία)인데, '전하다', '미리 말하다', '대신 말하다'라는 의미입니다. 그래서 이 단어는 단순히 '하나님의 말씀을 전한다'라는 뜻으로 이해할 수도 있지만, 동시에 '미리 말하다'(foretell)라는 의미로 이해할 수도 있습니다.

통한 성령의 인도하심과 관계가 있다고 볼 수 있습니다(Edwards, *Romans*, 288).

그래서 '예언'의 의미를 두 가지로 설명할 수 있습니다. 첫째, '예언의 은사'는 성령님의 감동과 성령님의 인도하심을 받아서 어느 특정인에게 말씀으로 권면하는 것 혹은 하나님의 말씀을 선포하는 것입니다. 지금도 일부 보수주의 신학자들은 단지 하나님의 말씀을 선포하는 설교 그 자체만 예언이라고 주장하지만, 사실 그렇지 않다고 생각합니다. 왜냐하면 설교는 설교자가 생각하고 준비해서 그 각본대로 선포하는 말씀이지만, 예언적인 말씀은 자신이 생각하고 준비한 각본대로 전하는 것이 아니라 성령님의 감동과 성령님의 인도하심을 받아서 말씀을 전하는 것이기 때문입니다.

둘째, '예언의 은사'는 아주 특별한 경우에 숨겨진 것을 드러내거나 혹은 미래적인 사건을 드러내기도 합니다. 예언은 자신의 생각이나 느낌, 혹은 깨달음을 전하는 것이 아니라, 성령님의 인도하심을 받아서 어떤 사건을 드러내거나 알려서 하나님의 뜻을 전하는 것입니다. 사도행전에 나오는 전도자 빌립의 딸들이 이와 같은 일을 했습니다. 사도행전 21장 9절을 보면, 전도자 빌립의 딸은 네 명이었는데, 다 처녀들이었고 모두 예언하는 자들이었습니다. 그들은 바울이 예루살렘으로 가면 결박될 것이라고 바울에게 예언했습니다. 그러나 바울은 그러한 자신의 어두운 미래에 대한 예언을 듣고 나서도 예루살렘에 가려는 자신의 뜻과 생각을 바꾸지 않았습니다(행 21:9-14). 바울과 같이 우리는 미래에 대한 예언에 연연해서는 안 됩니다.

그런데 하나님께서는 때때로 말씀을 통하여, 환상을 통하여, 혹은 꿈을 통하여 다른 사람에게 특별한 그분의 뜻을 전달하실 수 있고 또 어떤 비밀을 드러내실 수 있습니다. 하지만 하나님께 받은 예언인 것처럼 스스로 착각하거나 혹은 고의로 속이면서 자신의 생각대로 남의 미래를 점치듯이 예언하는 가짜 예언자들이 너무나 많습니다. 실제로 어떤 기도원 원장들이나 몇몇 부흥 강사들은 이같은 교묘한 방식으로 헌금을 강요하기도 합니다. 그런데 순수하고 지나치게 순진한 일부 신자들은 그것이 성령님의 감동으로 되어진 예언인 줄로 알고 두려워하면서 어쩔 수 없이 그 예언의 요구에 끌려갑니다. 이렇게 무당 점치듯이 무언가를 요구하는 행위는 절대로 하나님께로부터 나온 예언이 아닙니다.

또 예언 기도는 함부로 믿어서도 안 되고 함부로 해서도 안 됩니다. 그리고 예언은 반드시 잘 분별하고 검증해야 합니다. 특별히 예언의 은사를 받았다고 믿는 사람들은 자신이 받은 예언이 성경의 말씀과 일치하는지, 그리고 교회에 유익을 끼치고 덕을 세우는 것인지 잘 판단하면서 사용해야 합니다. 그렇지 않고 하나님의 말씀을 받은 예언이라고 무조건 믿고 따라가다 보면 큰 실수를 하거나 큰 불행을 겪을 수도 있습니다. 그래서 바울은 12장 6절에서 예언의 은사를 소개한 후에 '믿음의 분수대로' 하라고 말합니다. 자신을 과시하기 위해 믿음의 분량을 넘어서 함부로 예언하지 말라는 것입니다. 또 고린도전서 14장 3절에서는 "예언하는 자는 사람에게 말하여 덕을 세우며 권면하며 위로하는 것이요"라고 말합니다. 그러므로 가장 안전하고 확실한 예언은 성령님의 인도하심을 받아서 하나님의 말씀으로 권면하고 위로하는 것입니다.

*더 깊은 이해를 위한 글 18: "예언의 은사" p. 356을 함께 보세요.

다음으로 "혹 섬기는 일이면 섬기는 일로, 혹 가르치는 자면 가르치는 일로" 하라고 바울은 말합니다. 여기서 '섬김'이라는 말은 헬라어로 '디아코니아'(διακονία)인데, '섬김', '봉사', '목회' 등으로 번역됩니다. 그래서 일부 영어 성경들은 이 단어를 'ministry'(목회)로 번역합니다(KJV, ASV,

NRSV 성경). 그리고 다른 영어 성경들은 'service'(봉사)로 번역합니다(RSV, NIV, NET, ESV 성경). 한마디로 말해서, '섬기는 일', 즉 '디아코니아'는 '목회 사역'이라는 의미와 '봉사'라는 두 가지의 의미가 다 가능합니다. 사실 교회 사역은 모두가 봉사하는 사역이고, 그것이 곧 목회 사역입니다.

다음으로 "혹 가르치는 자면 가르치는 일로" 하라고 바울은 말합니다(12:7). 사실 가르치는 은사는 두 가지 측면이 있는데, 가르치는 재능을 타고난 사람, 그리고 반대로 본래 타고난 가르치는 재능이 없었지만 하나님의 특별한 은혜를 받아서 하나님의 말씀을 잘 가르치는 사람도 있다는 것입니다. 아무튼 타고난 재능을 가졌든 성령님의 은혜로 그런 은사를 받았든지 간에 가르치는 사명이 있다면 그것으로 섬기라는 것입니다.

그 다음 12장 8절에서 바울은 위로하는 은사가 있다면 위로하는 일로 교회를 섬기라고 말합니다. 물론 모든 신자는 다른 형제와 자매들을 위로하고 격려해야 하지만, 천성적으로 그런 역할을 잘하는 사람들이 있고, 또 본래 그런 성품을 타고나지는 않았지만 특별한 하나님의 은혜를 받고 그렇게 변화된 사람들도 있습니다. 그것이 자신의 달란트요, 은사입니다. 또 "구제하는 자는 성실함으로" 하라고 말합니다(12:8). 한글 개역개정은 '성실함'이라고 번역하지만, 헬라어 단어 '아프로테티'(απλότητι)는 '성실함', '진실함', '관대함'이라는 의미를 갖습니다.

그래서 일부 영어 성경을 보면, '관대하게' 또는 '후하게'라는 뜻으로 번역합니다(NRSV나 NIV 성경). 반면에, 일부 다른 영어 성경들은 '진실하게' 또는 '신실하게'라는 뜻으로 번역합니다(KJV나 NET 성경). 그러므로 이 말은 인색한 마음이나 억지로 하는 마음 혹은 자랑하거나 과시하기 위한 마음이 아니라 진실하고 신실한 마음으로 구제하라는 의미로 이해해야 합니다. 그 다음에 "다스리는 자는 부지런함으로 긍휼을 베푸는 자는 즐거움으로 하라"라고 말합니다(12:8).

이처럼 하나님께서는 신자들 각자에게 타고난 은사와 영적 은사들을 주셨습니다. 이러한 다양한 은사들 가운데 자신이 받은 은사가 무엇인지를 발견하고 그 은사를 바르고 유용하게 사용함으로써 하나님께 영광을 돌리는 삶을 살아야 합니다. 이런 차원에서 바울은 우리가 한 몸에 많은 지체를 가졌으나 모든 지체가 같은 기능을 가진 것이 아니라고 말한 후에(12:4), 다양한 은사들에 대해서 이야기합니다(12:6–8). 우리 각 사람에게 주어진 다양한 은사들이 서로 조화를 이루어 그리스도의 몸 된 교회가 세워지도록 하는 것이 하나님의 뜻임을 바울은 여기서 말합니다.

이어서 바울은 다음과 같이 말합니다.

> 9사랑에는 거짓이 없나니 악을 미워하고 선에 속하라 10형제를 사랑하여 서로 우애하고 존경하기를 서로 먼저 하며 11부지런하여 게으르지 말고 열심을 품고 주를 섬기라 12소망 중에 즐거워하며 환난 중에 참으며 기도에 항상 힘쓰며 13성도들의 쓸 것을 공급하며 손 대접하기를 힘쓰라(12:9–13).

9절을 보면 한글 성경은 "사랑에는 거짓이 없나니"라고 번역하지만, 원문에서는 '거짓이 없다'라는 표현 대신 '위선적이지 않은'이라는 뜻을 가진 '안휘포크리토스'(ανυπόκριτος)가 사용됩니다. 그래서 '위선적인 사랑을 하지 말라'는 말이고, 다른 말로 하면 입으로만 사랑하는 척하는 립서비스(lip service)를 하지 말라는 말입니다. 사도 요한은 이렇게 말했습니다. "누가 이 세상의 재물을 가지고 형제의 궁핍함을 보고도 도와줄 마음을 닫으면 하나님의 사랑이 어찌 그 속에 거하겠느냐 자녀들아 우리가 말과 혀로만 사랑하지 말고 행함과 진실함으로 하자"(요일 3:17–18; cf. 약 2:14–17). 이 말씀에 의하면, 사랑에는 두 가지 요소가 있어야 합니다. 첫째, 내적으로 진실함이 있어야 하고, 둘째, 외적으로 행함이 있어야 합니다.

또 "악을 미워하고 선에 속하라"(12:9)라는 말씀도 사랑과 관계가 있습니다. 사랑은 악을 미워하고 선에 속하는 것입니다. 그래서 바울은 고린도전서 13장 6절에서 "사랑은 불의를 기뻐하지 아니하며 진리와 함께 기뻐한다"고 말합니다. 사랑은 불의를 기뻐하지 않습니다. 사랑은 죄와 허물을 무조건 덮어 주는 것이 아닙니다. 죄와 허물을 무조건 덮어 주는 것은 더 큰 죄를 짓도록 방관하고 허용하는 것이기 때문입니다. 이처럼 바울은 거짓 없는 진실한 사랑으로 형제를 사랑하고 존경할 뿐만 아니라 열심을 품고 주를 섬기라고 권면합니다(12:9–11).

뿐만 아니라 "소망 중에 즐거워하며 환난 중에 참으며 기도에 항상 힘쓰며 성도들의 쓸 것을 공급하며 손 대접하기를 힘쓰라"고 말합니다. "소망 중에 즐거워하며"(12:12)라는 말은 영생을 누릴 '소망 안에서 즐거워하라"(8:24–25; 12:12; cf. 15:13; 약 5:7–8)는 의미입니다. 죄의 형벌 아래 있는 인간은 참된 소망도 참된 즐거움도 누릴 수 없습니다. 하지만 하나님께서는 예수 그리스도를 믿는 자들에게 구원의 소망 안에서 참된 즐거움을 누리게 하셨습니다. 그래서 우리는 영생의 소망 안에서 즐거워합니다. 베드로는 "너희 마음에 그리스도를 주로 삼아 거룩하게 하고 너희 속에 있는 소망에 관한 이유를 묻는 자에게는 대답할 것을 항상 준비하되"(벧전 3:15)라고 말했습니다.

평안북도 선천군에 있는 가물남교회를 담임하셨던 이성주 목사의 일화가 있습니다. 그분은 공산주의를 매우 싫어해서 적극적으로 반대하다가 아오지 탄광으로 보내졌습니다. 공산당의 간부들은 이성주 목사의 마음을 돌이켜서 그를 이용하려고 가끔씩 찾아와서 이렇게 말했습니다. "그래, 일해 보니까 어떻소? 그까짓 목사를 해서 무슨 소망이 있겠소? 그러지 말고 우리와 손잡고 공산주의나 합시다." 그럴 때마다 이성주 목사는 담대하게 대답했습니다. "물론 내 소망이야 크지요. 내 소망은 나팔통과 같지요. 오히려 당신들에게는 소망이 없지요. 당신들의 소망이야 보습 끝과 같소."

보습은 밭을 갈 때 사용하는 쟁기인데 내려갈수록 끝이 좁고 뾰족합니다. 반대로 나팔통은 처음에는 가늘지만 갈수록 굵어지고 넓어집니다. 이성주 목사는 공산당 간부들에게 이렇게 설명했습니다. "당신들은 학교를 졸업하고 취직도 하고 결혼도 하지요. 그때만 해도 당신들의 소망은 컸을 것이요. 그러나 나이가 들어서 사십이 되고, 오십이 되고, 육십이 되면 당신들의 소망은 점점 줄어들 수밖에 없소. 그러다가 죽으면 그 소망마저도 완전히 사라져 버리고 마는 것이요. 그러나 내 소망은 예수님을 믿는 소망인데, 이 소망은 나이가 들면 들수록 더욱 더 커지고 넓어진다오. 그러니 공산주의를 포기하고 나와 더불어서 예수님을 믿으십시다." 그리고 이성주 목사는 담대하게 순교의 제물이 되었습니다.

참 소망은 오직 예수 그리스도뿐이십니다. 우리의 소망은 예수 그리스도를 통하여 장차 누리게 될 영원한 천국입니다. 우리 신자들이 이러한 천국 소망을 튼튼히 붙잡고 살아가야만 이 세상의 유혹에 휩쓸려 가지 않고, 세상의 환난에 넘어가지 않고, 온전한 인내와 믿음의 삶을 살아갈 수 있습니다(살전 5:8; 약 5:7–8; 벧전 1:3–4). 그리고 진정한 사랑의 섬김은 이러한 종말론적 소망을 품고 살아가는 복음 안에서 흘러나옵니다.

이런 차원에서 바울은 "성도들의 쓸 것을 공급하며 손 대접하기를 힘쓰라"고 말합니다(12:13).[31] 바울과 당시의 성도들은 신앙을 지키고자 여러 가지 어려움을 감수해야만 했습니다. 또 당시에 이름도 없이 복음을 전하는 전도자들이 있었습니다. 그들은 이곳저곳 여행을 하면서 복음을 전했는데, 그들을 대접해 주고 그들의 필요를 공급해 주는 사람들이 필요했습니다. 바울은 이러한 믿음의 형제자매들을 염두에 두면서 "손 대접하기를 힘쓰라"고 당부한 것입니다(cf. 레 25:35).

더 나아가서, 바울은 다음과 같은 신자의 황금률을 말합니다.

> 14너희를 박해하는 자를 축복하라 축복하고 저주하지 말라 15즐거워하
> 는 자들과 함께 즐거워하고 우는 자들과 함께 울라 16서로 마음을 같이
> 하며 높은 데 마음을 두지 말고 도리어 낮은 데 처하며 스스로 지혜 있는
> 체 하지 말라 17아무에게도 악을 악으로 갚지 말고 모든 사람 앞에서 선
> 한 일을 도모하라 18할 수 있거든 너희로서는 모든 사람과 더불어 화목하
> 라 19내 사랑하는 자들아 너희가 친히 원수를 갚지 말고 하나님의 진노하
> 심에 맡기라 기록되었으되 원수 갚는 것이 내게 있으니 내가 갚으리라고
> 주께서 말씀하시니라 20네 원수가 주리거든 먹이고 목마르거든 마시게
> 하라 그리함으로 네가 숯불을 그 머리에 쌓아 놓으리라 21악에게 지지 말
> 고 선으로 악을 이기라(12:14-21).

---

31) 12장 13절의 '공급하며'라는 단어는 헬라어 동사 '코이노네오'(κοινωνεο)의 현재 능동분사형인 '코이노눈테스'(κοινωνούντες)를 번역한 것입니다. 영어 성경은 이 단어를 '나누다'(share, NIV) 혹은 '분배하다'(distribute, KJV)로 번역합니다. '코이노네오'는 물질적이고 재정적인 도움의 의미를 가진 '주다', '몫을 기부하다'(15:27; 빌 4:15)라는 뜻으로 또는 '참여하다'(빌 4:14), '함께 하다'(갈 6:6)라는 뜻으로도 번역됩니다. 문장에 따라서 '코이노니아'(명사형)는 '친교', '봉사', '섬김', '헌금', '교제' 등의 다양한 뜻으로 해석되기도 합니다(Rogers, 340; Robinson & House, 263).

먼저 바울은 "너희를 핍박하는 자를 축복하고 저주하지 말라"고 말합니다(12:14; cf. 마 5:43-48). 또 "악을 악으로 갚지 말고 선한 일을 도모하라"고 말합니다(12:17). 그리고 다시 반복해서 "원수를 갚지 말고 하나님께 맡기라"고 말합니다(12:19-21). 이렇게 바울이 '원수를 갚지 말라, 하나님께 맡겨라, 선으로 악을 이기라'는 말을 반복하는 이유가 무엇일까요? 그만큼 쉽지 않기 때문입니다. 그만큼 실천하기 어렵기 때문입니다(cf. 살전 5:15; 벧전 3:9).

한국에서 신학대학원을 다니면서 교회에서 전도사로 봉사했을 때의 일입니다. 교회당 건축이 한참 진행 중인 시기에 교회 재정 문제와 담임 목회자의 목회 윤리적 문제들이 동시에 발생하면서, 담임 목사님과 부목사님이 갑자기 교회를 떠나게 되었습니다. 그 빈자리를 대신해서, 제가 1년간 주일 예배 설교와 교회의 전반적인 목회를 담당하게 되었습니다. 그 후에 나이 많으신 한 목사님이 부임하셨습니다. 그렇게 약 두 달을 함께 지내던 어느 날, 그 목사님은 조용한 교회 아래층으로 저를 불러내었습니다. 그러더니 얼굴색이 돌변해서 멱살을 잡고 욕을 하면서 "당장 나가라"면서 저를 밀치기 시작했습니다. 저는 참을 수 없는 감정을 억누르고 집으로 왔지만, 분하고 억울해서 견딜 수가 없었습니다. 그래서 이 사실을 모든 교인에게 공개해야겠다고 결심하고, 그 사건을 기록한 종이를 복사해서 교회로 갔습니다. 그때 한 집사님이 이 상황을 알고 저를 불러서 말했습니다. "전도사님, 이전 목회자로 인해 교인들이 아직도 마음의 큰 상처를 안고 있는데, 이번 일이 공개되면 또 한 번 교회가 아수라장이 될 것입니다. 교회의 평화를 생각해서 전도사님이 참아 주시면 안되겠습니까?" 그 집사님의 권면을 듣고 그것이 하나님의 뜻에 합당하다고 생각이 되어 저는 마음의 복수심을 내려놓고 유인물을 쓰레기통에 버렸습니다.

인간은 본능적으로 복수심이라는 죄의 본성을 가지고 살아갑니다. 그래서 하나님께서는 모세를 통해 "이는 이로 눈은 눈으로 갚으라"고 말씀하셨습니다. 이 법은 감정적으로 복수하지 못하도록 제재합니다. 다시 말해서 상대방이 주먹으로 내 이빨을 다섯 개 부러뜨렸다면, 나는 순간적으로 욱해서 상대방을 죽이고 싶은 복수심이 일어날 수 있기 때문에, 그렇게 하지 못하도록 정당하게 벌을 정한 것입니다. 그렇게 함으로써 개인도 그리고 사회도 평화를 유지할 수 있기 때문입니다.

그런데 우리를 죄에서 구원하실 뿐만 아니라 율법을 완성하시고자 오신 예수님은 "너희 원수를 사랑하며 너희를 핍박하는 자를 위하여 기도하라"고 말씀하셨습니다(마 5:44). 또 "너희 원수를 사랑하며 너희를 미워하는 자를 선대하라"고 말씀하셨습니다(눅 6:27). 바울도 "누가 누구에게든지 악으로 악을 갚지 말게 하고 모든 사람을 대하든지 항상 선을 따르라"고 말합니다(살전 5:15). 베드로 역시 "악을 악으로, 욕을 욕으로 갚지 말고 도리어 복을 빌라"고 말합니다(벧전 3:9).

이처럼 성경에는 "악을 악으로 갚지 말고 축복해 주고 기도해 주라"는 말씀들이 반복해서 나옵니다. 왜 그럴까요? 인간은 본능적으로 복수심이라는 죄의 본성을 가지고 있어서 사랑을 실천하기가 정말 어렵기 때문입니다. 상대방이 나에게 비난을 하거나 작은 아픔을 주어도 거기에 대해서 본능적으로 보복 심리가 작동하는 것이 인간의 본성입니다. 그 결과 우리는 살아가면서 마음의 평화를 잃어버리고 다른 사람들과 갈등 관계 속에서 살아가기 쉽습니다. 그래서 "할 수 있는 대로 모든 사람과 더불어 화목하라"고 바울은 말합니다(12:18). 그러므로 구원받은 신자들은 소극적으로 평화를 유지할 뿐만 아니라, 적극적으로 평화를 만드는 사람들(peace-makers)이 되어야 합니다(마 5:9). 이러한 평화의 사람들이 바로 함께 즐거워하고 함께 아파하는 사랑을 소유한 자들이요, 자신의 마음을 낮추고 서로를 높여 주는 겸손한 자들입니다(12:15–16).

다음으로 바울은 구약성경을 인용하면서 "원수 갚는 것이 하나님께 속한 것"이라고 말합니다(12:20; cf. 신 32:35). 또 원수가 주릴 때 먹이고 목말라할 때 마시게 함으로써 숯불을 그 머리에 쌓아 놓으라고 말합니다(12:21; cf. 잠 25:21–22). '숯불을 그 머리에 쌓아 놓는다'라는 말은 우리의 사랑이 원수의 분노의 감정을 잠재울 뿐만 아니라, 그 원수의 마음을 부끄럽게 함으로 그가 회개할 수 있도록 하라는 의미입니다(Hawkins, 723; Kroll, 1441–1442; Gruenler, 951). 그것이 곧 선으로 악을 이기는 것입니다. 그래서 원수 갚는 일은 하나님께 맡겨야 합니다. 우리가 억울하고 속상한 일을 당했다고 성급하게 보복해서는 안 됩니다. 그런데 가까운 이웃도, 때로는 가족들도 제대로 사랑하지 못하는 것이 바로 우리입니다. 그렇기 때문에 우리는 자신의 무능과 연약함을 더 깊이 깨닫고, 하나님의 은혜와 성령님의 도우심을 구해야 합니다.

이러한 사실을 깨닫게 해 주는 사람이 바로 코리 텐 붐(Corrie Ten Boom, 1882–1983) 여사입니다. 독일이 망하기 전 감옥에서 그녀를 학대했던 군인이 그녀의 집회에 참석했습니다. 그때 그녀는 멀리 서 있는 그 노신사를 알아보고 온몸의 피가 거꾸로 흐르는 전율을 느꼈습니다. "원수까지도 사랑하라"는 말씀과 타오르는 분노의 복수심 때문에 그녀의 마음속은 치열한 전쟁터가 되었습니다. 그때, 그녀는 그녀의 마음에 사랑의 감정이 없었지만 "원수를 사랑하라"는 말씀에 순종하기로 결단하고 그 노인에게 화해의 악수를 건넸습니다. 그 순간, 하나님의 무한한 사랑이 그녀의 마음에 충만하게 채워짐을 경험했고, 그래서 그녀는 자신의 생애에 있어서 그때가 가장 행복한 순간이었다고 고백했습니다. 이처럼 "원수를 사랑하라"는 말씀을 실천하는 것은 우리의 힘으로 불가능합니다. 그러나 우리가 믿음으로 결단하고 하나님의 말씀에 순종하며 행동할 때 성령님이 도우시고 사랑의 힘을 우리에게 공급해 주실 것입니다.

*더 깊은 이해를 위한 글 19: "영어 번역 성경의 역사" p. 359를 함께 보세요.

더 깊은 이해를 위한 글 18

예언의 은사

오늘날 교회에는 신약성경에 나오는 은사들이 더 이상 지속되지 않는다고 주장하는 '은사 중지론'과 지금도 성경에 나오는 은사들이 그대로 지속되고 있다는 '은사 지속론'이 공존하고 있습니다. 그 가운데 예언의 은사는 그것이 '미래적 예언의 은사냐' 아니면 '현재적 말씀 선포의 은사냐' 하는 두 가지 상반된 견해로 입장을 달리하기도 합니다.

물론 예언의 은사는 구약의 선지자들과 같이 하나님의 말씀을 받아서 예언하는 '영감된 계시로서의 예언'을 의미하지는 않습니다. 만약 그렇다면 지금도 새로운 성경이 계속해서 만들어져야 할 것입니다. 또한 예언의 은사를 미래적 예언의 의미로만 이해하고 강조하는 주장도 진정한 의미의 예언의 은사를 오해하고 있는 것이 분명합니다.

사실 구약 시대의 선지자들조차도 그들의 주된 예언은 단순히 미래적 사건에 대한 예언에 초점을 두고 있지는 않았습니다. 다시 말해서, 구약 시대의 선지자들이 강조한 예언들은 이미 모세오경에 기록된 하나님의 말씀을 근거로 한 '축복과 저주'라는 말씀의 성취의 한 결과로서 재앙이 임할 것에 대한 예언이었습니다.

신약 시대에 와서 이러한 예언은 기본적으로 성령의 인도하심으로 하나님의 뜻(말씀)을 전달하는 것과 관련이 있습니다. 즉 예언의 은사는 단순히 미리 준비된 말씀을 가르치고 선포하는 것이라기보다는, 마음에 특별한 성령의 감동을 받아서 하나님의 말씀과 하나님의 뜻을 전달하는 하나의 도구로 보는 것이 타당해 보입니다(cf. 눅 2:25–36; 행 13:1–3; 15:32; 21:10–14; 롬 12:6; 고전 12:10; 13:2; 14:32).

이러한 예언의 은사는 교회 공동체를 세우기 위하여 주신 것입니다(고전 14장). 그런데 고린도 교회 신자들과 같이 종종 이러한 근본적인 하나님의 뜻을 벗어나서 은사를 자신의 영적 우월의식이나 영적 권위의식으로 사용하게 됨으로 교회의 분열과 혼란을 초래하기도 합니다. 뿐만 아니라 극단적인 신사도 운동가들처럼 다른 신자들을 미혹하는 경우들이 발생하기도 합니다.

이러한 이유로 바울은 고린도전서 12장에서 여러 은사들을 다룬 후에, 사람의 방언과 예언하는 능력이 있어도 사랑이 없으면 아무것도 아님을 13장 1–2절에서 강조합니다. 또한, 14장의 내용에서 다시 방언 은사와 예언 은사를 다루면서, '모든 것을 교회 공동체의 질서를 따라서 교회의 덕을 위하여 행하라'고 권면합니다.

특별히 로마서 12장 6–8절을 보면 '우리에게 주신 은혜대로 받은 은사가 각각 다르며, 예언이면 믿음의 분수대로 하라'고 말한 후에, 여러 섬김의 은사들을 나열합니다(12장 6절의 각주 참조). 이러한 은사들은 대부분 성령의 초자연적인 은사와 다른 자연적인 은사들로 보여집니다. 그러나 단순히 재능의 은사를 말하고 있다기보다는 성령의 은혜로 말미암아 타고난 재능과 성품들이 강화되거나 혹은 새로운 영적 변화에 의한 영적 차원의 은사들로서 나타나는 것으로 보는 것이 타당합니다.

따라서 예언의 은사는 기본적으로 성령의 감동에 의해서 교회를 세우는 권면과 가르침과 말씀 선포의 차원에서 이해할 수 있으며, 더 나아가서 이러한 제한적 범위를 넘어서는 보다 넓은 의미로 이해하는 것 또한 성경적입니다. 더 나아가서, 이러한 예언의 은사를 경험한 사람들은 교회의 덕을 위하여 힘써야 하며, 진리 안에서 겸손함을 갖추고 성숙한 믿음의 사람이 되지 않으면, 스스로의 미혹에 빠져 가장 위험한 영적 교만의 사람이 될 수 있음을 기억해야 합니다.

○ 더 깊은 이해를 위한 추천 자료

1. 김동수, "예배와 예언", 「성경과 신학」 63, 2012, 1–25.
2. 막스 터너, 「성령과 은사: 신약은 성령에 대해 무엇을 말하고 오늘날 성령의 은사는 어떻게 나타나는가」(*The Holy Spirit and Spiritual Gifts*), 김재영, 전남식 역, 서울: 새물결플러스, 2011.
3. 조나단 에드워즈, 「성령의 역사 분별 방법」(*The Distinguishing Marks of a Work of the Spirit of God*), 노병기 역, 서울: 부흥과개혁사, 2004.
4. 오스왈드 샌더스, 「성령과 그의 은사」(*Spiritual Gifts*), 권혁봉 역, 서울: 요단출판사, 1975.
5. 척 스미스, 「진짜 성령의 은사 가짜 성령의 은사」(*Charisma vs. Charismania*), 임송현 역, 서울: 나침반, 1995.
6. Max Turner, "Spiritual Gifts Then and Now," *Vox Evangelica* 15 (1985): 7–63.
7. Roderick L. Evans, *The Spiritual Gifts: A Biblical Explanation of the Gifts of the Spirit*, Camden: Abundant Truth Publishing, 2014.
8. Sam Storms, *The Beginner's Guide to Spiritual Gifts*, Bloomington: Behthany House, 2002.
9. *The Lutheran Church–Missouri Synod*, "Spiritual Gifts", file:///C:/Users/Konju/Downloads/Spiritual%20Gifts%201994%20(2).pdf.
10. Wayne Grudem, *The Gift of Prophecy in the New Testament and Today*, Grand Rapids: Crossway, 2000.

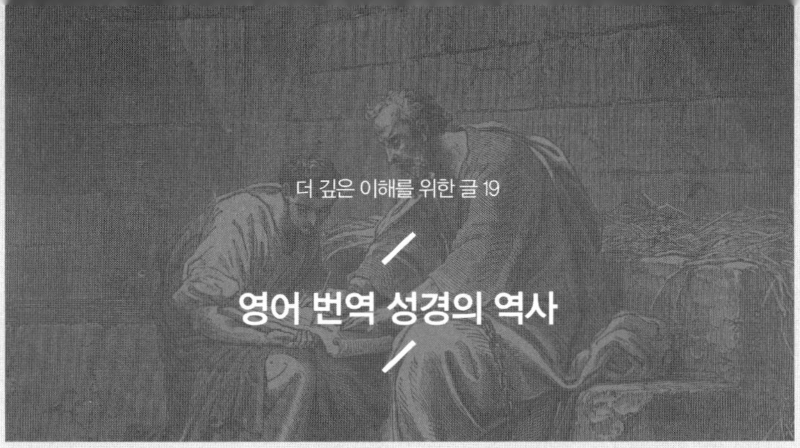

더 깊은 이해를 위한 글 19

영어 번역 성경의 역사

앞에서 살펴보았듯이, 12장 2절의 한글 성경 번역과 영어 성경 번역은 다릅니다. 또한 영어 성경들마다 번역상 차이가 있음을 원문을 중심으로 살펴보았습니다. 따라서 구약의 히브리어 성경이나 신약의 헬라어 성경을 이해하기 어려운 경우, 한글 성경과 영어 성경의 대조는 성경 본문의 의미를 보다 객관적으로 생각하고 이해하는 데 큰 유익을 줍니다. 여기서 영어 성경들이 어떻게 발전되어 왔는지 잠깐 살펴보겠습니다.

최초의 영어 성경은 1380년대에 존 위클리프(John Wycliffe)가 직접 번역해서 쓴 것입니다. 옥스퍼드의 신학자 위클리프는 4세기의 라틴어 불가타 성경으로부터 성경을 번역했습니다. 위클리프는 자신의 생애 대부분을 로마 가톨릭의 관습과 교리에 대항하여 저술하고 가르치는 데 사용했습니다. 그래서 교황은 콘스탄틴 회의의 결정을 따라서 위클리프가 죽은 지 44년이 지난 후에 그의 뼈를 파내어 강에 뿌렸습니다.

위클리프 성경은 라틴어 번역 성경을 다시 영어로 번역한 것이기 때문에 번역에 어느 정도 한계가 있었습니나. 하지만 1516년 에라스무스(Desiderius Erasmus)의 헬라어(그리스어) 신약성경이 출판되면서 성경 원어를 원본으로 한 영어 번역의 작업이 무르익어 갔습니다. 이 시기에 마틴 루터는 에라스무스의 그리스어/라틴어 신약성경으로부터 독일어로 신약을 번역하여 1522년 9월에 출판하였습니다.

그 후 영국의 윌리엄 틴데일(William Tyndale)은 에라스무스의 그리스어/라틴어 신약성경을 바탕으로 서민들도 읽을 수 있는 평이한 영어로 번역하여 1525/6년에 출판했습니다. 그는 옥스퍼드와 케임브리지에서 수학했으며, 부유한 상인 몇 사람의 후원을 받아 독일로 갔고, 그곳에서 2년 만에 신약 번역을 완성했으며, 또 몇 권의 구약 번역을 시작했습니다.

하지만 틴데일 성경은 루터의 서문 일부를 채택하고, 공식 번역인 불가타 성경의 전통적인 용어들을 대체하였기에 당시의 교회로부터 환영받지도 인정받지도 못했습니다(예, 교회-회중; 사제-장로). 결국 틴데일은 성경을 번역한 죄로 체포되어 500여 일 동안 감금되었다가 1536년 10월 6일에 화형을 당했습니다.

그 후 틴데일의 충실한 조력자였던 마일즈 커버데일(Myles Coverdale)이 구약성경의 번역을 마쳤고, 1535년 처음으로 신구약성경을 영어로 출판하였습니다. 이 작업은 루터의 성경과 라틴어 성경을 참고로 하여 이루어졌고, 1535년 10월 4일 출판되었습니다. 커버데일 성경은 최초의 신구약 완본 영어 성경입니다. 이후에 수정 보완된 매튜스 바이블(Matthews Bible, 1537)과 그레이트 바이블(Great Bible, 1539)이 출간되었으나 빛을 보지는 못했고, 그 이후에 출판된 제네바 성경(Geneva Bible)이 널리 인정을 받아서 보급되었습니다(Morton, 14-18).

1560년대에 신구약성경 전체가 출판되었는데, 그것이 제네바 성경입니다. 제네바 성경은 장마다 절 수가 매겨진 최초의 성경이었고, 매 장마다 난외주와 참고 문헌이 있었기 때문에 최초의 스터디 바이블로 평가되기도 합니다. 제네바 성경은 100년 이상이나 영어를 사용하는 사람들의 표준 성경이 되었고, 미국에 정착한 청교도들도 제네바 성경을 사용하였다고 합니다.

한편 영국에서는 메리 여왕의 철권 통치가 끝나자 영국 국교회는 제네바 성경의 출판을 용인했고, 1568년에는 비숍 성경(Bishop's Bible)이 만들어졌습니다. 그 후에 비숍 성경에 대한 대대적인 개정 작업이 시작되어 1611년에 킹제임스 성경(King James Bible)이 처음으로 인쇄되어 나왔으며, 킹제임스 성경은 후에 영어권 사람들의 공식적인 성경으로 자리매김을 하게 되었습니다.

한편 1663년에 미국에서 처음으로 출판된 성경은 존 엘리엇(John Eliot)에 의해서 알곤키안 인디언들의 언어로 쓰여진 성경이었습니다. 또한 미국에서 출판된 첫 번째 영어 성경은 킹제임스(KJV) 성경이었고, 그 후 1791년에는 최초의 패밀리 성경이 출판되었습니다. 1841년에는 영어로 된 헥사플라 신약성경이 발행되었는데, 이 대조 성경은 위클리프 성경, 틴데일 성경, 제네바 성경, 라임즈 성경, 킹제임스 성경을 병렬시켜 놓고, 페이지 상단에 그리스어 원전을 실어 놓았습니다.

그리고 1978년에는 100명이 넘는 세계적인 신학자들이 헬라어와 히브리어 그리고 아람어 원전을 가지고 성경을 번역해서 NIV 영어 성경이 출판되었고, 이후로 수많은 다양한 번역 성경들이 등장하게 되었습니다. 그런데 지금도 일부 신자들은 성경 사본(원본)에 있어서 비잔틴 사본에 근거한 킹제임스 성경만 사탄에 의해서 변개되지 않은 가장 원본에 가까운 성경이라고 가르치거나 그런 가르침을 추종합니다. 그러나 대부분의 사본 학자들은 비산틴 사본을 고대 사본들 가운데 가장 후기의 사본으로 추정합니다. 뿐만 아니라 수많은 고대 사본들 가운데 어느 특정한 고대 사본만 오류가 없다는 생각은 바람직하지 않습니다.

1382 John Wycliffe's Version(위클리프 역 성경): 불가타 성경 번역, 교황이 위클리프의 무덤을 파헤쳐 강물에 뼈를 뿌림.

1525–35 Tyndale's version, 틴데일이 히브리어와 헬라어에서 직접 번역, 틴데일 화형.

1535 Coverdale Version: 틴데일의 조수가 처음으로 인쇄된 영어 성경 발행.

1537 Matthew's Bible: 커버데일의 친구 매튜가 틴데일 성경과 커버데일 역을 개정.

1539–41 The Great Bible: 크롬웰과 크랜머 대주교가 커버데일에게 부탁해 만든 매튜 역 개정판.

1560 The Geneva Bible: 메리 여왕의 개신교 말살 정책으로 인해 제네바로 피신한 신교도들이 출간.

1568 The Bishop's Bible: 파커 대주교 제네바 성경 수정 보완.

1611 King James Version(흠정역): 제임스 1세의 지시로 그레이트 성경과 제네바 성경 개정.

1885 English Revised Version(영어 개역 성경).

1901 American Standard Version(미국 표준역 성경): ERV 번역에 참여했던 자들이 미국 영어로 번역.

1952 Revised Standard Version(영어 개역 표준 성경): ASV의 개정.

1960 New American Standard Version(새 미국 표준 성경).

1971 The Living Bible(리빙 바이블): KJV을 쉽게 의역한다고 했으나 물의를 일으킴.

1974 The Jerusalem Bible(예루살렘 성경): 프랑스판을 영어로 번역.

1976 Today's English Version(오늘날 영어 성경): 교육 수준에 상관없이 누구나 읽기 쉽도록 번역.

1978 New International Version(NIV): 100명이 넘는 세계적인 신학자들의 원전 중심 번역.

1989 New Revised Standard Version(새 개정 표준 성경).

1993 Message, Eugene Peterson(유진 피터슨).

1. 김성환, "아름다운 교회 성경공부: 한글성경과 영어성경의 번역", shk62.tistory.com/attachment/4923a0a1b86d2DQ.pdf.
2. 토니 레인, "영어 성경이 나오기까지: 위협과 인내, 비난과 찬사가 교차한 200년 여정", 「크리스채너티 투데이 한국판」, 2008. 12. 27.
3. F. F. Bruce, *History of the Bible in English*, New York: Oxford, 1978.
4. "History and Lineage of the English Bible", www.gentles.info/BibleHistory/BF2.pdf.
5. J. Harold Greenlee, *The Text of the New Testament: From Manuscript to Modern Edition*, Grand Rapids: Baker Academic, 2008.
6. Russell Morton, "A Short History of the Bible in English", Word's that Shaped the World: 400 Years of the Bible in English, Ashland: Ashland Theological Seminary, 2011.

적 용 과 토 론 을 위 한 질 문

1장 삶이 예배입니다(12장)

1 예배란 무엇입니까? 예배의 의미를 다시 생각해 보고 정해진 모임의 예배와 삶의 예배는 어떤 관계가 있는지 생각해 보고 함께 나누어 봅시다.

2 바울이 말한 '믿음의 분량'(롬 12:3)은 무엇을 말합니까? 본문의 의미를 문맥을 따라 생각해 보고, 나의 믿음의 분량은 어떠한지 생각해 봅시다.

3 바울이 말한 은사에 대하여 생각해 봅시다(롬 12:4-11 참조). 나는 어떤 은사가 있으며, 이 은사를 통해서 어떻게 교회를 섬길 수 있습니까? 생각해 보고 함께 나누어 봅시다.

4 로마서 12장 14-21절에서 바울이 말하고 있는 올바른 그리스도인의 생활은 어떤 모습입니까? 이러한 내용들 가운데 나는 어느 정도 실천하고 있으며, 또 어떻게 실천 가능한지 생각해 보고 함께 나누어 봅시다(cf. 롬 8장 참조).

2장
세상 속의 신실한 신자(13:1–15:13)

국가와 사회 공동체(13장)

진정한 신자는 하나님의 사랑과 정의가 국가와 사회 속에 이루어지도록 힘쓰면서 살아갑니다.

이 점에 관하여 바울은 다음과 같이 말합니다.

> 1각 사람은 위에 있는 권세들에게 복종하라 권세는 하나님으로부터 나지
> 않음이 없나니 모든 권세는 다 하나님께서 정하신 바라 2그러므로 권세
> 를 거스르는 자는 하나님의 명을 거스름이니 거스르는 자들은 심판을 자
> 취하리라 3다스리는 자들은 선한 일에 대하여 두려움이 되지 않고 악한
> 일에 대하여 되나니 네가 권세를 두려워하지 아니하려느냐 선을 행하라
> 그리하면 그에게 칭찬을 받으리라 4그는 하나님의 사역자가 되어 네게
> 선을 베푸는 자니라 그러나 네가 악을 행하거든 두려워하라 그가 공연히
> 칼을 가지지 아니하였으니 곧 하나님의 사역자가 되어 악을 행하는 자에
> 게 진노하심을 따라 보응하는 자니라 5그러므로 복종하지 아니할 수 없
> 으니 진노 때문에 할 것이 아니라 양심을 따라 할 것이라 6너희가 조세를
> 바치는 것도 이로 말미암음이라 그들이 하나님의 일꾼이 되어 바로 이

일에 항상 힘쓰느니라 7모든 자에게 줄 것을 주되 조세를 받을 자에게 조세를 바치고 관세를 받을 자에게 관세를 바치고 두려워할 자를 두려워하며 존경할 자를 존경하라(13:1-7).

먼저 바울은 1-2절에서 "위에 있는 국가 권세에 복종하라"고 말하고, "모든 권세는 하나님께서 정하신 것이라"고 말합니다(cf. 딛 3:1). 한마디로, 교회는 국가의 권위를 인정하고 복종해야 한다고 가르칩니다. 베드로 역시 "인간의 모든 제도를 주를 위하여 순종하되 혹은 위에 있는 왕이나 혹은 그가 악행하는 자를 징벌하고 선행하는 자를 포상하기 위하여 보낸 총독에게 하라"(벧전 2:13-14)라고 말했습니다.

그렇다면 독일의 히틀러나 북한 정권의 악한 통치자에게도 순종하고 복종해야 할까요? 이런 차원에서 생각해 보면, 이 말씀을 바르게 이해하는 것이 쉽지만은 않습니다. 그러다 보니, 일부 교회 지도자들은 정치적인 일은 신자들이 관여할 일이 아닌 단지 세속적인 일이라고 치부하기도 합니다. 또 다른 교회 지도자들은 '모든 종류의 악한 권세까지도 다 하나님께서 주신 권세'라며 정부의 권위에 무조건 순종하는 것이 하나님의 뜻인 양 가르치기도 합니다.

물론 구약성경을 보면 모든 나라와 이 세상의 모든 권세들은 다 하나님의 주권 아래 있음을 알 수 있습니다(출 9:16; 단 1:21; 6:28; 10:1). 그래서 하나님께서는 때로 악한 왕을 세우셔서 죄를 심판하시고 하나님의 능력을 세상에 알리시기도 합니다. 그러나 이러한 구약의 내용들은 세상의 모든 역사가 하나님의 섭리와 통치 가운데 있다는 것을 말하는 것이지, 통치자가 자기 마음대로 권세를 악용해도 된다는 말이 아닙니다. 그래서 이러한 구약의 본문을 가지고 악한 통치자들에게도 복종해야 한다고 말하면 문제가 됩니다.

오히려 우리는 악한 정부의 명령을 거부한 사례들을 성경에서 찾아볼 수 있습니다. 애굽의 바로가 모든 히브리 남자 아이들을 태어날 때 죽이라"고 명령했지만 히브리 산파들은 그 명령을 거절했습니다(출 1:17). 또 다니엘과 세 친구도 왕이 준 음식을 거절했고, 또 우상에게 절하라는 왕의 명령을 공개적으로 거부했습니다(단 3:6). 사도행전 5장을 보면, 베드로와 다른 사도들은 "복음 전도를 금하라"는 산헤드린의 결정을 듣고 "사람에게 복종하는 것보다 하나님께 순종하는 것이 마땅하다"라며 거부했습니다(행 5:29 참조). 이러한 말씀은 교회가 하나님의 뜻을 거역하는 정부의 명령에 무조건 순종할 필요가 없음을 분명히 보여 줍니다. 마찬가지로 본문의 말씀은 악한 지도자들이 남용하는 권세에 무조건 복종하라는 말이 아닙니다. 그렇다고 해서, 신자들이 세상의 정부를 부정하는 무정부주의자나 폭력주의자가 되어서도 안 됩니다. 당시 로마 제국의 법을 존중하고 국민의 의무를 잘 수행했기에 신자들이 평화로운 삶을 살 수 있었고, 그 결과 교회가 계속해서 효과적으로 복음을 전파할 수 있었습니다.

그래서 바울은 국가 지도자들을 "하나님의 사역자"라고 두 번이나 반복하여 말하면서 하나님께서는 국가에 공권력, 즉 사회 질서를 유지하기 위한 '칼'을 주셨다고 말합니다(13:3-4). 그러므로 정부는 그 공권력의 칼을 가지고 하나님을 대신해서 공정하게 악을 심판하고 사회 질서를 바로 잡아야 합니다. 이러한 측면에서 바울은 국가 지도자를 "하나님의 사역자"라고 부릅니다. 그러므로 "모든 권세가 다 하나님께로부터 난 것"이라는 13장 1절의 말씀은 정부는 하나님의 뜻을 따라 행할 때 하나님께서 세우신 진정한 권위 안에 있다는 의미입니다. 이러한 원리는 소위 주의 종이라고 말하는 목사들도 마찬가지입니다. (물론 목사들만 주의 종이 아니고 모든 신자가 주의 종입니다.) 목사 안수만 받았다고 해서 기름부음 받은 주의 종이 아니라, 종이 주인의 뜻대로 행할 때만이 진정한 의미의 주의 종입니다. 그렇지 않다면 악하고 무익한 종에 불과할 뿐입니다.

아무튼 성경이 말하는 기본적인 원리에 따르면, 국민들에 의해서 법적으로 권위를 부여받은 국가와 교회는 둘 다 하나님의 권위 아래 세워진 기관입니다. 하나님께서는 교회에 복음 전파의 사명을 주신 반면, 국가에는 이러한 일이 가능하도록 사회 질서와 안전을 유지할 수 있는 공권력을 주셨습니다. 그러므로 국가의 지도자와 정부 공무원들이 명백하게 하나님의 뜻을 거스르고 백성들을 잘못된 길로 이끌어 간다면 우리는 하나님의 뜻을 올바로 알리는 사명을 감당해야 합니다(딤전 2:1-2). 그리고 행동이 필요할 때는 행동해야 합니다. 다만 미움과 증오의 말과 폭력은 배제해야 합니다. 이것이 교회 지도자들과 신자들이 세상에 보여 주어야 할 모습입니다.

성도들은 할 수만 있다면 합법적인 정부의 권위를 인정하고 복종해야 합니다. 성도들은 정부가 국민의 안전과 사회 질서를 바로 세울 수 있도록 하나님께서 정부에게 권위를 부여하셨다는 점을 기억해야 합니다.

더 나아가서, 바울은 신자들이 양심을 따라서 국가에 복종하면서 시민의 의무를 다해야 한다고 말합니다(13:5-7). 사실 국가의 법이 두려워서 마지못해 법을 지키는 사람들이 많습니다. 그러나 신자들은 더 높은 동기에서 정부 기관을 인정하고 법을 준수해야 합니다. 바울은 이것을 "양심에 의한 복종"이라고 말합니다. 그러면서 국가에 대한 납세 의무를 성실히 이행해야 한다고 말합니다. 우리 모두가 이러한 모범적인 시민의 삶을 살아갈 때 예수 그리스도의 복음은 더욱 효과적으로 전파될 것이고 신자들은 하나님의 자녀다운 삶을 세상에 보여 줄 수 있습니다.

바울은 신자의 의무뿐만 아니라 세상을 살아가는 사회생활의 원리를 다음과 같이 말합니다.

> 8피차 사랑의 빚 외에는 아무에게든지 아무 빚도 지지 말라 남을 사랑하
> 는 자는 율법을 다 이루었느니라 9간음하지 말라, 살인하지 말라, 도둑질
> 하지 말라, 탐내지 말라 한 것과 그 외에 다른 계명이 있을지라도 네 이
> 웃을 네 자신과 같이 사랑하라 하신 그 말씀 가운데 다 들었느니라 10사
> 랑은 이웃에게 악을 행하지 아니하나니 그러므로 사랑은 율법의 완성이
> 니라(13:8–10).

바울은 여기서 "십자가의 사랑에 근거한 사랑의 빚 외에는 아무 빚도 지지 말라 남을 사랑하는 자는 율법을 다 이루었다"라고 말합니다. 바울은 십계명 중에서 제7–10계명(도적질, 간음, 살인, 탐욕)을 인용한 후에, "그 외에 다른 계명이 있을지라도"(13:9)라고 언급합니다. 왜냐하면 율법이 말하는 모든 계명은 한마디로 '사랑하라'는 법에 종속되기 때문입니다. 그래서 '하나님 사랑과 이웃 사랑이 온 율법과 선지자의 강령'이라고 예수님은 말씀하셨습니다(마 22:37–40).

이 사랑의 실천은 교회에서부터 시작되어야 하기에 바울은 12장에서 신자들 상호 간에 "서로 사랑과 우애와 존경을 하라"고 말한 후에, 이러한 사랑이 이웃과 원수를 사랑하는 모습으로 확장되어 가야 함을 말합니다. 그래서 "사랑은 이웃에게 악을 행치 아니하나니"라고 말하면서(13:10), 사랑하는 자는 율법을 다 이루었고(13:8), 사랑은 율법의 완성(13:10)이라고 바울은 말합니다.

사랑을 많이 받은 사람은 사랑을 많이 줄 수 있습니다. 악을 행하고 범

죄를 일으키는 사람들을 보면 대부분 자라면서 사랑을 받지 못한 사람들입니다. 그런데 우리는 예수님을 믿음으로 가장 놀라운 하나님의 사랑을 받았고 하나님의 거룩한 성령님이 우리와 함께하십니다. 그러므로 사랑할 수 있는 십자가의 능력이 우리 안에 있습니다. 문제는 신자들이 이 십자가의 사랑을 머리로는 이해하지만 가슴으로는 느끼지 못하고 살아가는 것입니다. 또한 문제는 십자가의 사랑을 잊어버리고, 십자가를 의지하지 않으며 성령님의 도우심을 구하지 않고 살아가는 것입니다. 그래서 바울은 하나님의 사랑에 대해서 "지식에 넘치는 그리스도의 사랑을 알아 그 넓이와 길이와 높이와 깊이가 어떠함을 깨달아…너희에게 충만하게 하시기를 구하노라"라고 기도했습니다(엡 3:18-19). 또한 바울은 "그리스도께서 너희를 사랑하신 것 같이 너희도 사랑 가운데서 행하라"라고 말했습니다(엡 5:12). 여기에 하나님의 은혜가 필요하고 성령님의 은혜가 필요합니다. 하나님께서는 예수 그리스도를 통해서 완성하신 사랑을 우리를 통하여 나타내기를 원하십니다.

이러한 삶을 위해서 우리는 예수 그리스도로 옷 입어야 합니다. 이 점에 대해서 바울은 다음과 같이 말합니다.

> 11또한 너희가 이 시기를 알거니와 자다가 깰 때가 벌써 되었으니 이는 이
> 제 우리의 구원이 처음 믿을 때보다 가까웠음이라 12밤이 깊고 낮이 가까
> 웠으니 그러므로 우리가 어둠의 일을 벗고 빛의 갑옷을 입자 13낮에와 같
> 이 단정히 행하고 방탕하거나 술 취하지 말며 음란하거나 호색하지 말며
> 다투거나 시기하지 말고 14오직 주 예수 그리스도로 옷 입고 정욕을 위하
> 여 육신의 일을 도모하지 말라(13:11-14).

기독교 역사상 큰 영향을 끼치고 있는 성 어거스틴은 독실한 기독교 신자인 어머니 모니카 밑에서 자랐습니다. 그런데 일찍 부모를 떠나서 유학 생활을 시작한 어거스틴은 10대 후반부터 자유로운 삶을 즐겼고, 마니교(Manichaeism)라는 이방 종교에 깊이 빠지기도 했습니다. 그러다 나중에는 자신의 삶에 대해 깊은 고민을 하게 되었는데, 그때 설교자 암브로시우스(Ambrosius)와 이집트의 수사들의 경건한 삶을 통해서 많은 도전을 받았습니다. 그러던 387년 어느 날, 밀라노에서 수사학(웅변술)을 가르치던 당시, 그는 정원의 무화과나무 아래에서 자신의 부끄러운 모습을 돌아보게 되었고, 죄의 힘과 자신의 의지에 대한 좌절 때문에 깊은 고뇌에 빠졌습니다. 그때 이웃집에서 "펴서 읽어라, 펴서 읽어라"라는 어린아이들의 노래 소리가 들려왔습니다. 그 소리에 특별한 마음의 감동을 받은 어거스틴은 자신이 읽고 있던 성경을 다시 펴서 읽었는데, 그때 본 말씀이 바로 13장 13-14절이었습니다. 이 말씀을 읽는 순간 어거스틴은 회심을 하게 되었습니다. 이 사건은 어머니 모니카가 오랫동안 눈물로 기도한 것에 대한 응답이기도 했습니다. 그 후 어거스틴은 기독교 신앙과 신학에 큰 영향을 끼쳤습니다(곤잘레스, 327-328; 워커, 61-62; 휴커 & 멀더, 38-41; cf. Haacker, 152-153).

다음으로 13장 13절의 말씀을 보면, 바울은 어둠의 일들에 관하여 여섯 가지로 말하는데, 이 여섯 가지는 두 가지씩 세 쌍을 이룹니다. 첫째, 어둠의 일은 '방탕과 술 취함'입니다. 둘째, 어둠의 일은 '음란과 호색'입니다. 그리고 셋째, 어둠의 일은 '다툼과 시기'입니다. 물론 어둠의 일들이 여섯 가지만 있는 것은 아닙니다. 바울은 이미 1장에서 여러 죄의 항목들이 곧 어둠의 일들임을 언급했습니다(1:21-32; cf. 갈 5:19-21; 고전 6:9-10). 그런데 우리는 이러한 어둠의 일들을 세상 사람들이나 예수님을 믿기 전에 했던 일이라고 생각하기 쉽습니다. 그러나 바울은 지금 로마 교회의 성도들에게 이러한 권면을 하고 있다는 것을 우리는 염두에 두어야 합니다. 구원받은 신자라 하더라도 여전히 죄 가운데 머무를 수 있습니다. 그래서 성경은 구원받은 신자들을 향해서 끊임없이 죄에 대해서 경고합니다. 왜냐하면 인간의 죄성은 예수님 믿고 구원받은 이후에도 완전히 사라지는 것이 아니기에, 영적으로 깨어 살아가지 않으면 이와 같은 죄와 타락의 길을 갈 수 있기 때문입니다.

그래서 바울은 로마 교회 성도들에게 "주님께서 오실 때가 가까왔으니 깨어 있으라"라고 말합니다(13:11). 또한 "정욕을 위하여 육신의 일을 도모하지 말라"라고 말합니다(13:14). 여기서 "육신의 일을 도모하지 말라"라는 말은 '죄의 본성에서 나온 욕망들을 어떻게 만족시킬까 하는 생각을 하지 말라'(NIV)는 의미입니다. 그런 욕망을 좇아서 살아가지 말라는 것입니다. 대신에 '빛의 갑옷을 입고'(13:12), '예수 그리스도로 옷 입으라'(13:14)고 말합니다. 빛의 갑옷을 입고 산다는 것은 끊임없는 영적 전쟁을 치르며 살아가는 것을 의미합니다(엡 6:13). 우리는 언제나 이 영적 싸움의 대적인 사탄과 싸울 만반의 준비를 하고 있어야 합니다. 복음의 전신갑주를 입고 믿음의 영적 싸움을 싸우는 자들이 바로 신자들이기 때문입니다.

*더 깊은 이해를 위한 글 20: "바울의 교회론" p. 395를 함께 보세요.

교회와 신자(14:1–15:13)

바울은 12–13장에서 하나님을 섬기는 영적 예배에 대하여 말한 후에, 그리스도의 사랑으로 교회 지체들과 이웃을 섬기고 시민의 의무를 다해야 한다고 말했습니다. 이제 바울은 '약한 자'와 '강한 자' 사이에 있는 갈

등의 문제를 구체적으로 다룹니다. 바울은 14장 1절–15장 13절에서 이 주제를 다룹니다(cf. 고전 8–10장). 이 문제는 바울 당시의 교회 안에서 일어난 것이었지만, 동시에 이 시대의 교회 안에서도 적용됩니다.

먼저 바울은 14장 1–6절에서 다음과 같이 말합니다.

> 1믿음이 연약한 자를 너희가 받되 그의 의견을 비판하지 말라 2어떤 사람
> 은 모든 것을 먹을 만한 믿음이 있고 믿음이 연약한 자는 채소만 먹느니라
> 3먹는 자는 먹지 않는 자를 업신여기지 말고 먹지 않는 자는 먹는 자를 비
> 판하지 말라 이는 하나님이 그를 받으셨음이라 4남의 하인을 비판하는 너
> 는 누구냐 그가 서 있는 것이나 넘어지는 것이 자기 주인에게 있으매 그가
> 세움을 받으리니 이는 그를 세우시는 권능이 주께 있음이라 5어떤 사람은
> 이 날을 저 날보다 낫게 여기고 어떤 사람은 모든 날을 같게 여기나니 각
> 각 자기 마음으로 확정할지니라 6날을 중히 여기는 자도 주를 위하여 중히
> 여기고 먹는 자도 주를 위하여 먹으니 이는 하나님께 감사함이요 먹지 않
> 는 자도 주를 위하여 먹지 아니하며 하나님께 감사하느니라(14:1–6).

바울은 "어떤 사람은 모든 것을 먹을 만한 믿음이 있지만, 믿음이 연약한 자는 채소만 먹는다"라고 말합니다(14:2). 다시 말해서 믿음이 연약한 자는 특정 종류의 고기 음식에 대해서 '속되다'라고 여겨서 마음에 걸림이 되기에 채소만 먹는다는 것입니다. 이것은 믿음의 문제이지, 음식 자체의 문제가 아닙니다. 이처럼 올바른 믿음은 우리의 생각을 바꾸고 우리의 관점을 바꿉니다. 믿음은 우리의 삶 전체에 영향을 미칩니다. 그래서 바울은 14장 마지막 부분에서 이 점에 대하여 말하기를 "의심하고 먹는 자는 정죄되었나니 이는 믿음을 따라 하지 아니하였기 때문이라 믿음을 따라

하지 아니하는 것은 다 죄니라"라고 결론을 맺습니다.

이러한 음식 문제와 관련해서 바울이 반복해서 강조하는 말이 있습니다. 그것은 '서로 비판하지 말라'는 것과 '서로 받으라'는 말입니다. 즉 바울은 "믿음이 연약한 자의 의견을 비판하지 말라"(14:1), "먹지 않는 자는 먹는 자를 비판하지 말라"라고 말하면서(14:3), "남의 하인을 비판하는 너는 누구냐"라고 책망합니다(14:4). 뿐만 아니라 바울은 "네가 어찌하여 네 형제를 비판하느냐"라고 책망한 후에(14:10), "다시는 서로 비판하지 말라"고 강조합니다(14:13). 그러고 나서 15장 7절에서 "그리스도께서 우리를 받아 하나님께 영광을 돌리심과 같이 너희도 서로 받으라"라고 말합니다. 한마디로 말해서, 믿음이 연약한 자를 비판하지 말고 받아들이라는 말입니다. 예수님도 "비판을 받지 아니하려거든 비판하지 말라"라고 말씀하셨습니다(마 7:1).

그러다 보니, 일부 신자들은 성경이 말하는 비판의 의미를 오해하기도 합니다. 그러나 어떤 면에서 보면, 우리는 비판하기와 비판받기에 익숙해져야 합니다. 제가 호주의 두 군데 신학교에서 대학원 과정을 공부하면서 얻은 큰 유익 가운데 하나는 비판하기와 비판받기였습니다. 한 과목 수업을 할 때마다 서로 연구한 주제의 내용을 서로 비판하고, 비판을 받으면서 서로가 더 발전하고 성장할 수 있었기 때문입니다. 이것은 학문의 영역에만 해당되는 것이 아니라 우리가 인생을 살아가는 데 있어서도 마찬가지입니다. 비판할 때는 상대방의 감정을 상하지 않게 건설적이고 창조적인 비판을 해야 하고, 비판을 받을 때는 자신의 감정을 다스리며 겸손히 수용할 줄 알아야 하는데 이러한 자세는 우리가 바른 인간관계를 맺으며 함께 성숙해 가는 데 절대적으로 필요합니다.

이렇게 사랑과 배려의 마음으로 하는 객관적이고 건설적(창조적)인 비판은 우리 모두에게 필요한 덕목이요, 훈련해야 할 영역입니다. 그런데 성경에서 '비판하지 말라'는 의미는 상대방을 비방하기 위해 하는 부정적이고 파괴적인 비판을 하지 말라는 것입니다. 바울은 이러한 차원에서 다른 신자들의 신앙생활을 함부로 비판하지 말라고 합니다(14:1).

바울은 특별히 먹고 마시는 음식과 절기(날)를 구체적인 예로 언급합니다(14:2–3). 그런데 여기서 말하는 '약한 자'와 '강한 자'(14:1–2)가 구체적으로 누구를 가리키는가에 대해서 바울은 언급하고 있지 않습니다. 그러나 문맥을 보면 유대인 신자와 이방인 신자, 두 부류의 사람들로 이해하는 것이 가장 자연스럽습니다(Hultgren, *Romans*, 499; Edwards, 318; Schreiner, *Romans*, 707). 다시 말해서, 바울이 말하는 믿음이 강한 자는 특정한 고기들을 먹는 것에 대해서 마음의 두려움이나 양심의 거리낌을 느끼지 않는 사람들인데, 주로 이방인 출신의 신자들이 여기에 해당됩니다. 반면에 믿음이 약한 사람들은 특정한 고기를 먹는 것을 하나님의 말씀(율법)을 어기는 것으로 여기면서 마음의 불안과 양심의 거리낌을 가진 사람들을 말합니다. 이러한 사람들은 주로 구약의 율법을 따라 부정한 음식을 가렸던 유대인 출신의 신자들이었습니다. 바울은 유대인 신자들과 이방인 신자들 사이에 있었던 갈등을 11장에서도 이미 언급하였는데, 본문에서는 음식과 절기를 예로 들어서 더욱 구체적으로 언급합니다.

그래서 바울은 "먹는 자는 먹지 않는 자를 업신여기지 말고 먹지 않는 자는 먹는 자를 비판하지 말라"라고 권면하면서, "하나님께서 그를 받으셨다"라고 말합니다(14:3). 또 "남의 하인(즉 하나님의 종)을 감히 누가 함부로 비판할 수 있느냐"라고 단호하게 지적합니다(11:4). 그러면서 "모든 권능은 주인되신 하나님께 달려 있다"라고 말합니다(11:4). 즉 개인의 신앙적 경험이나 전통이나 종교적 취향에 따라 다른 신자들을 함부로 평가하고 비방하지 말라는 경고의 말입니다(약 4:11).

절기도 마찬가지입니다. 어떤 사람은 이 날을 저 날보다 낫게 여기고, 또 어떤 사람은 모든 날을 같게 여긴다고 바울은 언급합니다(14:5). 예를 들면, 어떤 유대인 출신의 기독교 신자는 안식일(토요일)을 중요하게 여기고, 또 어떤 이방인 신자는 예수님께서 고난 당하신 금요일을 특별히 중요한 날로 여기고 금식하면서 지켰는지 모릅니다. 그 외에도 구약의 절기들을 근거로 중요하게 여기는 절기들이 있었을 것입니다. 그래서 바울은 이런 문제로 서로를 함부로 판단하거나 비판해서는 안 된다고 말합니다. 또 골로새 교인들에게는 "먹고 마시는 것과 절기나 초하루나 안식일을 이유로 누구든지 너희를 비판하지 못하게 하라"라고 말합니다(골 2:16).

지금도 마찬가지입니다. 어떤 교회들은 추수감사절과 크리스마스와 같은 절기들은 반드시 지켜야 한다고 주장하지만, 어떤 교회들은 그런 절기들에 대해서 크게 중요하게 여기지 않습니다. 또 어떤 교회들은 고난 주일이나 부활 주일에 꼭 성찬식을 해야만 한다고 생각하지만, 어떤 교회들은 그런 절기에 성찬식을 하는 것을 특별히 중요하다고 여기지 않습니다. 그런데 일부 신자들은 자신들이 알고 있는 교회 문화와 전통을 기준으로 다른 교회와 다른 교회의 지도자들을 평가하고 비판하곤 합니다. 심지어는 새로운 교회에서 신앙생활을 시작할 때 자신이 속한 교회와 교회 지도자에 대해서 이러한 비판의 날을 세우기도 합니다. 그리고 이러한 비판에 동조하는 사람들로 인해서 종종 교회에 문제가 발생하거나 공동체가 분열되기도 합니다.

그러므로 "어떤 사람은 이 날을 저 날보다 중요하게 여기고 어떤 사람은 그렇지 않을 수 있다는 점을 인식하면서, 그런 일로 서로 판단하고 비판하지 말고 각자의 양심에 따라 믿음의 소신대로 하라"라고 바울은 권면합니다. 한마디로 말해서, 음식과 절기 문제는 개인의 믿음과 양심에 따라 할 일이지 서로 판단하고 비판할 일은 아니라는 것입니다. 그러므로 그렇게 판단하고 비판함으로써 믿음이 연약한 자를 넘어지게 하지 말라는 것입니다. 이처럼 바울이 특별히 염려하는 것은 믿음이 연약한 신자가 시험에 들거나 실족하는 일이 없도록 배려하는 것이었습니다.

바울은 이와 같은 문제에 대한 해결책으로 주의 영광을 위하여 사는 길을 제시합니다. 그래서 14장 6절을 보면, "주를 위하여"라는 말을 세 번이나 반복합니다. 마찬가지로 우리 가운데 분열이 생긴다면, 과연 어떤 마음과 생각이 그리고 어떤 행동이 정말 주를 위하는 것인지 돌아보아야 할 것입니다. 내 마음의 동기와 행동이 하나님께 영광을 돌리기 위한 것인지, 아니면 자기 만족과 자신의 유익을 위한 것인지를 돌아보아야 합니다. 왜냐하면 대부분의 부정적이고 파괴적인 비판은 하나님 중심의 생각이 아닌 자기 중심의 생각에서 비롯되기 때문입니다. 그래서 바울은 이 문제에 관한 해결책으로 다음과 같이 말합니다.

> 7우리 중에 누구든지 자기를 위하여 사는 자가 없고 자기를 위하여 죽는
> 자도 없도다 8우리가 살아도 주를 위하여 살고 죽어도 주를 위하여 죽나
> 니 그러므로 사나 죽으나 우리가 주의 것이로다 9이를 위하여 그리스도
> 께서 죽었다가 다시 살아나셨으니 곧 죽은 자와 산 자의 주가 되려 하심
> 이라 10네가 어찌하여 네 형제를 비판하느냐 어찌하여 네 형제를 업신여
> 기느냐 우리가 다 하나님의 심판대 앞에 서리라 11기록되었으되 주께서
> 이르시되 내가 살았노니 모든 무릎이 내게 꿇을 것이요 모든 혀가 하나
> 님께 자백하리라 하였느니라 12이러므로 우리 각 사람이 자기 일을 하나
> 님께 직고하리라 13그런즉 우리가 다시는 서로 비판하지 말고 도리어 부

> 뒷칠 것이나 거칠 것을 형제 앞에 두지 아니하도록 주의하라 14내가 주
> 예수 안에서 알고 확신하노니 무엇이든지 스스로 속된 것이 없으되 다만
> 속되게 여기는 그 사람에게는 속되니라 15만일 음식으로 말미암아 네 형
> 제가 근심하게 되면 이는 네가 사랑으로 행하지 아니함이라 그리스도께
> 서 대신하여 죽으신 형제를 네 음식으로 망하게 하지 말라 16그러므로 너
> 희의 선한 것이 비방을 받지 않게 하라(14:7-16).

바울은 유대인 신자들과 이방인 신자들 사이에 있는 갈등을 의식하면서, 서로에 대한 비판(비난)을 삼가라고 경고했습니다. 그러면서 바울은 서로 비판하지 말아야 하는 이유를 네 가지로 설명합니다. 첫째, 하나님께서 서로를 받아 주셨기 때문입니다(14:3). 둘째, 비판은 예수 그리스도의 권한을 침범하기 때문입니다(14:4). 셋째, 그들이 우리의 형제이기 때문입니다(14:10). 넷째, 성도들 각자가 하나님의 심판을 받게 될 것이기 때문입니다. 이러한 이유로 바울은 14장에서 '서로 비판하지 말라'라고 5번이나 반복해서 말합니다(1, 3, 4, 10, 13절).

그러면서 바울은 로마 교회 성도들에게 서로가 '형제'라는 사실을 반복해서 언급합니다. 형제란 곧 가족 관계를 의미합니다. 가족은 어떤 관계입니까? 가족 중에 한 사람이 잘못을 하거나 죄를 지으면 가족 모두가 부끄러움을 당하거나 수치를 당합니다. 또 가족 중 한 사람이 좋은 일을 하거나 상을 받으면 온 가족이 기쁘고 영예를 얻습니다. 특히 가족이란 연약한 점을 덮어 주고 감싸 주는 공동체입니다. 그러므로 형제를 비난하고 업신여기는 일이 교회 안에 있어서는 안 됩니다. 교회는 성도들의 허물과 연약함을 사랑으로 이해해 주고 감싸 주는 사랑의 공동체가 되어야 합니다.

그래서 바울은 이러한 문제에 대한 근본적인 해결책으로 주를 위하여 살라고 말합니다. "우리가 살아도 주를 위하여 살고 죽어도 주를 위하여 죽나니, 이를 위하여 그리스도께서 죽었다가 다시 살아나셨다"라고 바울은 말합니다(14:8-9). 사실 모든 사람은 본능적으로 자신을 위해서 살아갑니다. 자신을 위해서 명예도, 돈도, 인기도 얻으려고 합니다. 그러나 구원받은 신자는 자신이 중심이 아니라 예수 그리스도가 중심이 되어 예수 그리스도를 위해서 살아가는 사람입니다. 이렇게 신자들이 '주님을 위해서' 살아간다면 자기 교만과 자기 중심적인 생각에서 나오는 부정적이고 파괴적인 비판(비난)으로 다른 형제나 자매에게 상처를 입히는 일은 없을 것입니다.

그런데 어떤 신자들은 '주를 위해서 산다'는 말을 신학교에 가서 목사가 되거나 선교사가 되어서 살아가는 사람들에게만 해당된다고 생각합니다. 물론 그렇게 주를 위해서 살 수도 있습니다. 그러나 '주를 위해서 사는 것'은 내가 무슨 직업을 가지고 있든지, 또 무슨 일을 하고 있든지 상관없이 내게 주어진 삶 속에서 하나님께 영광을 돌리는 삶을 사는 것입니다.

한 예를 소개해 드리겠습니다. 예수님을 잘 믿는 한 여자 성도가 설거지하는 시간에도 싱크대 앞에 성경 구절을 붙여 놓고 암송하면서 설거지를 했습니다. 어느 날은 "그런즉 너희가 먹든지 마시든지 무엇을 하든지 다 하나님의 영광을 위하여 하라"라는 고린도전서 10장 31절을 암송하고 있었습니다. 그러다가 문득 자신이 지금 하고 있는 설거지도 하나님의 영광을 위해서 해야 되고, 또 그런 믿음으로 할 때 하나님께 영광이 된다는 사실을 깨달았습니다. 그래서 가정에서 빨래하고, 설거지하고, 음식을 하는 모든 일들이 하나님께 영광을 돌리는 일이라고 생각하게 되니 삶의 의미가 새롭게 느껴지고 힘이 났다고 합니다.

주님은 우리가 무슨 일을 하든지, 또 살든지 죽든지 주를 위해 살기를 원하십니다. 우리가 살아도 주를 위하여 살고 죽어도 주를 위하여 죽는 삶을 살고자 할 때 '우리는 주의 것'이라고 바울은 말합니다(14:8). 홍성사에서 나온 「내 이름은 아직도 이새별」이란 책이 있습니다. 이홍규 씨가 뉴질랜드로 이민을 갔다가 스물두 살의 둘째 딸을 잃었던 과정을 글로 옮긴 내용입니다. 그 안에는 이홍규 씨의 딸인 이새별 씨가 세상을 떠나기 전에 쓴 일기가 있습니다. "간에 암 덩어리가 들어 있다! 이게 말이 되나요? 그런데 이런 상황에 처하니 너무도 선명해지는 사실이 있습니다. 영원의 의미가 무엇인지 눈에 보이는 것입니다. 내가 무엇을 위해 살고, 내가 무엇 때문에 죽는가? 누가 건강한 육신을 지니고 있을 때 이것을 온전히 이해할 수 있을까요? 우리가 살아도 주를 위하여 살고 죽어도 주를 위하여 죽나니, 그러므로 사나 죽으나 우리가 주의 것이로다. 내게 사는 것이 그리스도니 죽는 것도 유익함이라. 주님, 나의 원대로 마시옵고 당신의 뜻이 이루어지게 하옵소서, 아멘." 이처럼 '살아도 주를 위하여 살고 죽어도 주를 위하여 죽는다'라는 고백이 우리 모두의 신앙고백이 되기를 소망합니다.

특별히 바울은 "우리가 다 하나님의 심판대 앞에 서게 될 것이라"고 말합니다(14:10). 여기서 '심판대'라는 단어는 헬라어로 '베마'(βήμα)입니다. '베마'라는 단어는 바울 당시에 각 도시마다 지어진 높고 넓직한 장소에서 공무원(a civic officer)이 사용한 좌석을 말합니다(Hultgren, *Romans*, 514). 때로는 선수들의 경기가 있을 때 시상대로 쓰이기도 했습니다. 이러한 단어를 사용해서 바울은 신자들도 하나님의 심판대 앞에 서게 된다는 사실을 말합니다(고후 5:10; 계 20:11-15).[32] 그러고 나서, 바울은 "모든

32) 14장 10절에 나오는 '하나님의 심판대'에서 심판대는 헬라어로 '베마'(βήμα)입니다. 이 단어는 신약에서 '심판대'(고후 5:10) 혹은 '재판석'(마 27:19; 행 18:12; 25:6, 17)으로 번역됩니다(Moo, 847). 그래서 어떤 이들은 이 본문을 근거로 '베마 심판'이 '상급 심판'을 의미한다고 주장하지만, 이 단어를 근거로 상급 심판을 주장하는 것은 옳지 않습니다.

무릎이 내게 꿇을 것이요 모든 혀가 하나님께 자백하리라"(14:11-12; cf. 사 45:23)라는 이사야서의 말씀을 인용합니다. 그러면서 "서로 비판하지 말고 부딪칠 것이나 거칠 것을 형제 앞에 두지 않도록 주의하라"라고 바울은 권면합니다(14:13).

그러므로 우리는 주님이 다시 오실 때 하나님의 최후 심판대 앞에 서게 될 것을 기억하면서 깨어 믿음의 길을 걸어가야 합니다. 그래서 바울은 형제를 비판하고 비난하는 것조차도 하나님의 심판대 앞에서 책망을 받게 될 것을 알고 두려워하라고 말합니다. 이처럼 신자는 천국 소망을 품고 살아갈 뿐만 아니라 두렵고 떨리는 마음으로 하나님의 심판대 앞에 서게 될 것을 기억하면서 하나님을 경외하는 삶을 살아가야 합니다.

바울은 이렇게 서로 비판과 정죄의 동기를 제공했던 음식 먹는 일에 대해서 "무엇이든지 스스로 속된 것이 없고 다만 속되게 여기는 그 사람에게는 속되다"라고 말합니다(14:14). 모세의 율법 규정을 따라서 어떤 음식물이 깨끗하지 않다고 마음에 확신한다면, 그것은 그 사람의 마음속에서 부정한 음식이 된다는 것입니다. 그래서 바울은 14장 20절에서 "만물이 다 깨끗하지만 거리낌으로 먹는 사람에게는 악한 것이라"라고 말합니다(cf. 딤전 4:4). 그러므로 율법에 금지된 음식 문제로 인하여 갈등이 생긴 것은 서로 받아 주지 않은 데 있으며, 그러한 음식 문제로 형제를 실족하게 하지 말라고 바울은 말합니다(14:15).

다시 말해서, 본문에서 "하나님의 심판대 앞에 서리라"(14:10)는 말씀이 상급을 받기 위해서 심판대 앞에 서는 것으로 보는 것은 옳지 않습니다. 왜냐하면 이 본문은 '형제를 비판하거나 업신여기지 말라'라는 경고와 함께하는 심판이기에 상급 심판은 의미상 맞지 않습니다. 또 '하나님의 심판대'라는 구절은 헬라어 사본에 따라서 차이가 있습니다. 즉 A, B, C, D, F, G 헬라어 사본들은 '하나님'으로 되어 있지만, A2, C2, 048 헬라 사본들은 '예수님'으로 기록되어 있습니다(Schreiner, *Romans*, 724-725). 그래서 NKJV 영어 성경은 '예수님의 심판대'로 번역합니다(cf. 고후 5:10).

그러면서 바울은 “너희의 선한 것이 비방을 받지 않게 하라”라고 당부합니다(14:16). 여기서 ‘선한 것’(아가돈, αγαθόν)은 ‘선한 행위’를 말하는 것이 아니라 ‘선하다고 여기는 것’을 말합니다. 그래서 ‘선한 것이 비방을 받지 않게 하라’는 말은 ‘네가 선하다고 생각하는 것, 즉 믿음 안에서 누리는 자유가 비방을 받지 않게 하라’라는 의미입니다(Edwards, 329; Schreiner, *Romans*, 739; Hultgren, *Romans*, 519). NIV 성경은 이 부분을 “네가 선하다고 생각하는 것이 악하다고 소문나지 않게 하라”라고 번역합니다(do not let what you know is good be spoken of as evil, NIV). 그러므로 ‘너희의 선한 것이 비방을 받지 않게 하라’라는 말은 예수 그리스도의 복음과 관계되는 것, 혹은 복음 그 자체가 비방을 받지 않게 하라는 의미로 이해할 수 있습니다(Schreiner, *Romans*, 727).

더 나아가서 바울은 이러한 음식 문제로 인한 신자들의 신앙적 갈등과 관계하여 하나님 나라의 속성을 다음과 같이 말합니다.

> 17하나님의 나라는 먹는 것과 마시는 것이 아니요 오직 성령 안에 있는 의와 평강과 희락이라 18이로써 그리스도를 섬기는 자는 하나님을 기쁘시게 하며 사람에게도 칭찬을 받느니라(14:17–18).

14장 17절은 헬라어 성경에서 접속사 ‘갈’(γάρ)로 시작하고, 영어 성경에서도 ‘왜냐하면’(for)이라는 접속사로 시작합니다. 즉 이 내용이 앞에서 언급한 먹고 마시는 음식 문제와 직접적으로 관계된 내용임을 헬라어 성경과 영어 성경은 잘 보여 줍니다. 특별히 여기서 ‘하나님 나라’는 헬라어로 ‘바실레이아’(βασιλεία)인데, ‘하나님께서 다스리는 나라’(the kingdom of God), 즉 하나님의 통치를 의미합니다.[33] 하나님의 나라는 흔히 '이미'(alreay)와 '아직'(not yet)이라는 말로 설명합니다. 다시 말해서, 하나님의 나라는 예수 그리스도와 함께 이 세상에 이미 임했고(눅 11:20), 성령의 내주하심으로 믿는 자들을 통하여 이 땅에서 드러나고 있습니다(마 13장). 그리고 장차 예수님의 재림 이후 완전한 하나님의 나라(통치)가 이루어질 것입니다.[34]

하나님의 나라는 두 가지 차원에서 이루어집니다. 하나는 현재 이 세상에서 이루어지는 하나님의 통치입니다. 또 하나는 예수님의 재림 이후 이루어지는 완전한 하나님의 통치입니다. 이러한 하나님의 나라는 성령님이 내주하시는 신자의 심령에서 교회 공동체와 사회 공동체로 확장되어 갑니다. 그리고 이 하나님의 나라는 먹는 것이나 마시는 것과 같이 육신에 속한 것이 아니라 성령 안에서 누리는 의와 평강과 희락입니다(14:17).

---

33) 14장 17절에서, '하나님 나라'로 번역된 '바실레이아'(βασιλεία)는 '신적인 왕권', '주권', '통치', '권위' 등을 의미하며(Robinson & House, 60), 마태복음에서는 '천국'(kingdom of heaven)으로 마가복음과 누가복음에서는 주로 '하나님 나라'(kingdom of God)라는 표현으로, 번역됩니다. 특별히 '천국'(heaven)은 마태복음에서 주로 사용된 표현이고, 마가, 누가, 요한복음과 나머지 서신서는 주로 '하나님의 나라'라는 표현을 씁니다. 마태복음은 유대인을 대상으로 쓰여졌기 때문인데, 유대인들이 신성시하는 '하나님의 나라'라는 표현 대신 '하늘 나라'(kingdom of heaven)라는 표현을 쓴 것으로 일반적으로 추정합니다
그러나 프란스(R. T. France)는 유대인들이 신성시하는 하나님이라는 표현 대신 '천국'(kingdom of heaven)이라는 표현을 쓴 것이 아니라 다니엘 4장 26절(heaven rules)과 같이 하나의 스타일(다른 표현 방식)에 불과하다고 주장합니다(France, 101). 마가복음에는 '하나님의 나라'가 총 15회(1:15; 4:11, 26, 30; 9:47; 10:14, 15, 23, 24, 25; 12:34; 14:25; 15:43) 나타나고, 누가복음에서는 35회 정도 사용됩니다. 이에 반해 마태복음은 '하나님의 나라'라는 용어를 두 번 정도만 사용하였고 다른 모든 경우에는 '천국'이라는 말을 사용합니다.

34) 누가복음 11장 20절 "내가 만일 하나님의 손을 힘입어 귀신을 쫓아낸다면 하나님의 나라가 이미 너희에게 임하였느니라"에서, '너희에게'는 헬라어 '에프 휘마스'(εφ υμάς)를 번역한 것이며, NIV 성경의 번역과 같이 '너희들 위에'(upon you)라는 의미입니다. 또 누가복음 17장 20-21절을 보면, "하나님의 나라는 너희 안에 있느니라"라고 기록하고 있으나, '너희 안에'는 마음속이 아니라 '엔토스 휘몬'(εντός υμών), 즉 '너희들 가운데'(in your midst, NIV)라는 뜻입니다. cf. 헬라어 설명: εντός = '~내에'(within), '안쪽에'(inside), '중앙에'(midst).

여기서 '의'란 예수 그리스도를 믿는 믿음으로 말미암아 얻게 된 '하나님의 의'를 기본으로 하여 하나님의 통치 안에서 하나님의 자녀다운 의로운 삶을 사는 것을 포함합니다. 그러므로 우리가 하나님께 의롭다고 인정을 받는 것과 그 결과 하나님의 말씀을 따라서 의로운 삶을 살아가는 것은 분리될 수 없습니다. 다시 말해서 하나님께 의롭다고 인정받고 구원받은 사람은 실제로 의로워져 가는 삶을 통하여 하나님의 자녀됨을 증명하게 됩니다.

다음으로 성령 안에서 누리는 평강이란 예수 그리스도께서 화목제물이 되심으로 하나님과 원수가 되었던 우리가 하나님과 더불어 평화를 누리게 되는 것을 기초로 하여 성령 안에서 누리는 영적 평안입니다(cf. 5:1). 그리고 성령 안에서 누리는 희락(기쁨)은 하나님의 자녀들이 누리는 구원의 기쁨을 바탕으로 하나님과 더불어 화평의 관계를 누리는 신자들이 얻게 되는 영혼의 기쁨입니다. 믿음의 형제자매들이 함께 나누는 영적 교제 안에서 우리는 더욱 풍성한 영적 기쁨을 누릴 수 있습니다. 뿐만 아니라 성령의 충만함을 통하여 누리게 되는 기쁨이 있습니다(갈 5:22–23). 이러한 기쁨은 환난 중에도 누릴 수 있고, 하나님의 나라를 소망하며 누릴 수 있습니다(5:2–4). 이처럼 성령 안에서 누리는 기쁨은 참으로 놀라운 구원의 기쁨이요, 영적 기쁨이요, 영원한 소망의 기쁨입니다.

이렇게 신자들이 성령 안에서 의와 평강과 기쁨을 누리게 될 때, 그 삶은 하나님을 기쁘시게 하고 사람들에게도 칭찬을 받게 될 것이라고 바울은 말합니다(14:18). 뿐만 아니라 이렇게 성령 안에서 하나님 나라를 누리게 될 때 서로가 하나가 되고 교회가 하나 될 수 있기에 바울은 먹고 마시는 음식 문제와 관련하여 하나님 나라의 속성을 언급합니다(cf. 빌 2:1–3). 바울은 마지막으로 다음과 같이 말합니다.

> 19그러므로 우리가 화평의 일과 서로 덕을 세우는 일을 힘쓰나니 20음식
> 으로 말미암아 하나님의 사업을 무너지게 하지 말라 만물이 다 깨끗하되
> 거리낌으로 먹는 사람에게는 악한 것이라 21고기도 먹지 아니하고 포도
> 주도 마시지 아니하고 무엇이든지 네 형제로 거리끼게 하는 일을 아니함
> 이 아름다우니라 22네게 있는 믿음을 하나님 앞에서 스스로 가지고 있으
> 라 자기가 옳다 하는 바로 자기를 정죄하지 아니하는 자는 복이 있도다
> 23의심하고 먹는 자는 정죄되었나니 이는 믿음을 따라 하지 아니하였기
> 때문이라 믿음을 따라 하지 아니하는 것은 다 죄니라(14:19-23).

로마에 있는 교회들에서는 굉장히 다른 삶의 방식을 가지고 있는 두 부류, 즉 유대인들과 이방인들로 구성된 사람들이 함께 신앙생활을 했습니다. 유대인들은 유대교의 전통을 따라서 음식을 가려 먹었지만 이방 문화 속에서 태어나 살다가 복음을 받아들인 이방인들은 그런 것을 전혀 고려하지 않았습니다(cf. 레위기 11장; 신명기 14장). 그러다 보니 유대인 신자들은 이방인 신자들을 향하여 하나님의 말씀을 지키지 않고 경건하게 살지 않는다고 여기며 비판하고, 반대로 이방인 신자들은 유대인 신자들이 복음 안에서 자유를 누리지 못한다고 여기며 비난했을 것입니다. 그래서 바울은 "먹는 자는 먹지 않는 자를 업신여기지 말고 먹지 않는 자는 먹는 자를 비판하지 말라"라고 했습니다(14:3).

그러고 나서, 14장 마지막에 "음식으로 하나님의 사업을 무너지게 하지 말 것이며, 만물이 다 깨끗하지만 거리낌으로 먹는 사람에게는 악하다"라고 바울은 말합니다(14:19-20).[35] 여기에 나오는 '하나님의 사업'이

35) 14장 19-20절의 한글 성경(개역개정)은 14장 19-20절이 한 문장으로 연결되어 마치 하나의 권면으로 되어 있는 것 같지만, 헬라어 성경이나 영어 성경을 보면, 19절과 20절은 두 문장으로

라는 표현은 다소 어색하고 거창한 번역입니다. 헬라어 '에르곤'은 '일'이라는 뜻이기 때문에 '하나님의 사업'이라는 표현보다는 '하나님의 일'(the work of God)이라는 표현이 더 알맞습니다. 특별히 여기서 말하는 '하나님의 일'이란 믿음이 약한 자들을 세워 가는 교회의 일을 의미할 뿐만 아니라, 하나님께서 예수 그리스도를 통하여 이루신 구속 사역을 의미한다고 볼 수 있습니다(Edwards, 331). 바꾸어 말하면, 먹고 마시는 음식물 문제로 믿음이 약한 영혼을 실족시킴으로써, 형제들의 믿음을 세워 주어야 하는 교회의 일이 무너지게 하지 말라는 것입니다.

이런 차원에서 바울은 "만물이 다 깨끗하지만 거리낌으로 먹는 사람에게는 악한 것이라"라고 말합니다(14:20; cf. 딤전 4:4). 여기서 말하는 '거리낌'이라는 단어는 양심의 거리낌을 말한다고 생각하기 쉽지만 그렇지 않습니다. 헬라어를 보면, '거리낌'(προσκόμματος)은 '다른 사람을 실족시키는 것'을 의미합니다. 다시 말해서, 헬라어 '프로스콤마'(πρόσκομμα)는 '걸림돌', '방해물', '실족' 등을 의미합니다(Rogers, 342; Robinson & House, 302). 영어 성경들은 '거리낌' 대신에 '범죄'(offence, KJV) 또는 '넘어지게 하는 것'(to stumble, NIV)이라고 번역합니다. 그래서 바울은 모든 음식이 다 깨끗하지만 다른 사람을 실족케 하면서 먹는 것은 잘못된 것이라고 말합니다(cf. 딤전 4:3-5; 고전 10:23-33).

로 구성되어 있습니다. 다시 말해서 19절은 "그러므로 우리가 화평의 일과 서로 덕을 세우는 일을 힘쓰자"라는 권면이고, 20절은 "하나님의 사업을 무너지게 하지 말라"라는 권면입니다.
헬라어 본문: 19 άρα ουν τα τής ειρήνης διώκωμε ν και τα τής οικοδομήσσ της εις αλλ ηλους. 20 μη ένεκεν βρώματος καταλυε το έργον του θεού. πάντα μεν καθαρά, αλλ α κακόν τω ανθρώπω τω δια προσκόμματος εσθίοντι.
영역본(NIV): 19 Let us therefore make every effort to do what leads to peace and to mutual edification. 20 Do not destroy the work of God for the sake of food. All food is clean, but it is wrong for a man to eat anything that causes someone else to stumble.

바울은 이 점을 14장 21-22절에서 더 구체적으로 설명합니다. 바울은 "네 형제로 거리끼게 하는 일을 하지 않는 것이 아름답다"라고 말합니다(14:21). 여기서 바울은 '거리끼게 하는 것', 즉 '프로스코마토스'(προσκόμματος, 넘어지게 하는 것)라는 단어를 다시 사용합니다. 그래서 21절은 '고기를 먹든 포도주를 마시든 그 무엇이든지 간에 네 형제를 시험에 들게 하거나 유혹에 빠지게 하는 것은 하지 않는 것이 좋다'라는 의미입니다. 바울은 이런 음식 문제들에 대해서 "네가 믿는 바대로 하나님 앞에서 유지하라"라고 말합니다(14:22a). 이와 관련하여 바울은 "복음을 따라 살려면 확신을 가지고 떳떳하게 행동을 해야지, 왜 유대인들의 눈치를 보고 두려워서 가식적인 행동을 하느냐"라고 베드로를 책망한 적도 있습니다(갈 2:14).

그런데 14장 22절에 나오는 "네게"라는 단어는 특별히 믿음이 강한 일부 이방인 신자들을 가리킵니다. 그래서 너희의 믿음으로 모든 것을 먹을 수 있는 자유를 누린다면, 그 믿음은 하나님 앞에서 너희만 가지고 있으면 충분하고, 그걸 기준으로 다른 유대인 신자들을 비판하거나 강요하지 말라는 것입니다. 참고로 14장 21절에서 바울이 언급한 '포도주를 마시는 행위'는 이방 종교 의식에서 널리 행해진 것이므로 포도주를 마시는 것을 부정한 것으로 여기던 유대인 출신의 신자들이 있었음을 알 수 있습니다(Moo, 861).

그래서 스스로 믿음이 강하다고 생각하는 신자들은 자신이 가진 믿음과 자신의 행위에 대해서 떳떳하고 자기가 옳다고 여기는 것에 의해서 스스로 정죄받지 않는 것이 복이라고 바울은 말합니다(14:22b). 여기서 바울이 말하는 믿음은 구원과 관계된 믿음이 아니라 먹고 마시는 문제와 관련된 확신의 정도를 말하는 믿음으로 이해해야 합니다(Moo, 861). 따라서 바울은 "의심하고 먹는 자는 정죄되었나니 이는 믿음을 따라 하지 아니하였기 때문이라"라고 말합니다(14:23a). 이는 음식을 먹으면서도 율법의 규정을 어겼다고 스스로 정죄하고 그것 때문에 불안과 두려움을 느낀다면, 그것은 믿음을 따라 하지 아니한 것이기 때문에 죄가 된다는 것입니다(14:23b).

과거에 우리나라의 신자들도 그랬던 것 같습니다. 일부 신자들은 제사 음식을 먹는 것을 두려워했습니다. 혹은 제사 음식을 먹는 것은 하나님께서 기뻐하시지 않을 것이라고 하는 율법주의에 빠져 있었습니다. 지금도 그런 신자들이 있는지 모르겠지만, 이렇게 불안한 마음과 의심을 가지고 먹는 것은 불신앙적 마음에서 나온 생각이기 때문에 그것이 오히려 죄가 됩니다. 이처럼 바울은 로마 교회의 성도들에게 율법에 금지된 음식을 먹는 문제에 대해서 중요한 것은 어떤 음식이든지 간에 믿음으로 먹는가 그렇지 않은가가 본질적인 문제라고 지적합니다.

그렇다면 믿음을 따라 하지 않은 것은 왜 모두 죄가 될까요? 성경에서 말하는 죄는 윤리적인 죄나 도덕적인 죄를 넘어서, 마음으로 하나님을 불신하는 것 자체가 죄이기 때문입니다. 그래서 히브리서 기자는 "믿음이 없이는 하나님을 기쁘시게 하지 못하나니 하나님께 나아가는 자는 반드시 그가 계신 것과 또한 그가 자기를 찾는 자들에게 상 주시는 이심을 믿어야 할지니라"(히 11:6)라고 말합니다. 그러므로 우리는 하나님을 찾고 예배하는 자들에게 은혜를 베푸시는 분이심을 믿을 뿐만 아니라, 동시에 세상의 모든 역사가 하나님의 섭리 안에 있다는 사실을 믿어야 합니다. 더 구체적으로 우리의 삶 속에 일어나는 모든 일들이 하나님의 섭리 안에 있기에 삶의 작은 일들 속에서 일하시는 하나님을 믿고 신뢰해야 합니다. 그럴 때 우리는 나의 능력을 넘어선 믿음의 관점으로 사물을 바라볼 수 있으며, 그 가운데 우리는 하나님의 풍성한 영적 은혜를 누리게 됩니다.

이처럼 신자의 삶과 행동의 기준은 윤리나 도덕이 아닌 믿음입니다. 그리고 이 믿음은 예수님과 인격적인 관계를 맺고 하나님과의 올바른 관계 속에서 하나님을 의지하고 신뢰하고 하나님께 순종하는 삶을 살아가는 것입니다. 또한 이 믿음은 하나님과의 관계에서 뿐만 아니라 사람들과의 관계 속에서도 드러납니다. 바울은 이 점에 대해서 다음과 같이 말합니다.

> 1믿음이 강한 우리는 마땅히 믿음이 약한 자의 약점을 담당하고 자기를
> 기쁘게 하지 아니할 것이라 2우리 각 사람이 이웃을 기쁘게 하되 선을 이
> 루고 덕을 세우도록 할지니라 3그리스도께서도 자기를 기쁘게 하지 아니
> 하셨나니 기록된 바 주를 비방하는 자들의 비방이 내게 미쳤나이다 함과
> 같으니라 4무엇이든지 전에 기록된 바는 우리의 교훈을 위하여 기록된
> 것이니 우리로 하여금 인내로 또는 성경의 위로로 소망을 가지게 함이니
> 라 5이제 인내와 위로의 하나님이 너희로 그리스도 예수를 본받아 서로
> 뜻이 같게 하여 주사 6한마음과 한 입으로 하나님 곧 우리 주 예수 그리
> 스도의 아버지께 영광을 돌리게 하려 하노라 7그러므로 그리스도께서 우
> 리를 받아 하나님께 영광을 돌리심과 같이 너희도 서로 받으라(15:1-7).

14장에서 믿음이 연약한 자를 받아들이라고 말했던 바울은 15장 1절에서 "믿음이 강한 우리가 믿음이 약한 자의 약점을 담당해야 한다"라고 말합니다. 또 "각 사람이 이웃을 기쁘게 하되 선을 이루고 덕을 세우라"라고 권면합니다(15:2). 즉 신자들이 서로 비판하지 않는 소극적인 태도를 넘어서 보다 적극적인 자세로 서로의 약점을 담당하면서 선을 이루고 덕

을 세우라는 것입니다. 여기서 '이웃을 기쁘게 하되 선을 이루라'는 말은 영적 교화(edification, KJV)나 신앙을 세워 주는 영적 유익(to build him up, NIV)을 위해서 이웃을 기쁘게 해야 한다는 의미입니다.[36] 한마디로 말해서, '형제자매의 영적 유익과 그들의 신앙을 세워 주기 위해서 기꺼이 섬기라'는 말입니다.

정신과 의사의 진단에 의하면 무감동, 무관심, 냉담 등은 정신병의 한 징조라고 합니다. 오로지 '자기'라는 상자 속에 갇혀서 외부의 작용에는 일체 응답하지 않기 때문입니다. 이러한 정신병은 자신의 문제에 매달려서 자신 안에 깊이 빠져들 때 생기는 경우가 많습니다. 그러므로 정말로 자신보다 남을 더 걱정하고, 자신을 위해서 살기보다는 남을 위해서 살아간다면, 자신으로부터 해방되어 우울증과 정신병이 찾아오지는 않을 것입니다. 신앙생활은 이렇게 타인을 섬기는 데서 오는 기쁨과 행복을 누리는 것입니다.

바울은 자신의 믿음이 강하다고 생각하는 신자들에게 믿음이 약한 신자들을 어떤 자세로 대해야 하는지를 설명하고자 "주를 비방하는 자들의 비방이 내게 미쳤다"라고 하는 시편 기자의 고백을 인용합니다(15:3; cf. 시 69:7-9). 바울이 시편 기자의 메시아 예언을 인용한 이유는 예수님이 핍박을 받고 비방을 받으시면서도 십자가에서 죽으시기까지 자신의 유익을 추구하지 않으셨다는 사실을 언급하기 위함입니다. 그래서 바울은 "전에 기록된 모든 것은 우리로 하여금 하나님의 뜻을 깨닫고 하나님께 소망을

36) 15장 2절, "우리 각 사람이 이웃을 기쁘게 하되 선을 이루고 덕을 세우도록 할지니라"(헬. εις το αγαθόν προς οικοδομήν)는 '교화하다', '세우다'(호이코도메, οικονομική)라는 단어를 사용합니다. 그래서 영어 성경은 우리가 이웃의 유익과 그들의 신앙을 세워 주기 위해서 그들을 기쁘게 해야 한다고 번역합니다(Each of us should please his neighbors for his good, to build them up, NIV).

두고 하나님을 기쁘시게 하는 삶을 살아가도록 하기 위하여 기록되었다"라고 말합니다(14:4; cf. 딤후 3:16–17). 그러면서 바울은 "하나님께서 너희로 하여금 예수님을 본받아 서로 뜻이 같게 하여 한 마음과 한 입으로 하나님께 영광을 돌리기를 바란다"라고 말합니다(15:5–6). 따라서 "그리스도께서 우리를 받아 주신 것처럼 서로 받아 주라"라고 말합니다(14:7). 이처럼 교회의 형제자매들이 서로 용납하고 받아 주는 것은 참으로 중요한 신앙의 덕목입니다. 그리고 이러한 삶은 예수 그리스도를 본받아 살아갈 때 가능합니다.

바울은 계속해서 다음과 같이 말합니다.

> 8내가 말하노니 그리스도께서 하나님의 진실하심을 위하여 할례의 추종
> 자가 되셨으니 이는 조상들에게 주신 약속들을 견고하게 하시고 9이방인
> 들도 그 긍휼하심으로 말미암아 하나님께 영광을 돌리게 하려 하심이라
> 기록된 바 그러므로 내가 열방 중에서 주께 감사하고 주의 이름을 찬송
> 하리로다 함과 같으니라 10또 이르되 열방들아 주의 백성과 함께 즐거워
> 하라 하였으며 11또 모든 열방들아 주를 찬양하며 모든 백성들아 그를 찬
> 송하라 하였으며 12또 이사야가 이르되 이새의 뿌리 곧 열방을 다스리기
> 위하여 일어나시는 이가 있으리니 열방이 그에게 소망을 두리라 하였느
> 니라 13소망의 하나님이 모든 기쁨과 평강을 믿음 안에서 너희에게 충만
> 하게 하사 성령의 능력으로 소망이 넘치게 하시기를 원하노라(15:8–13).

하나님께서는 유대인 조상들에게 메시아를 보낼 것을 약속하셨고, 예수님은 할례의 수종자가 되어 그 약속을 지키셨습니다(15:8). 그래서 예수 그리스도의 탄생은 하나님의 신실하심을 확증합니다. 여기서 '할례

의 추종자'라고 한 개역개정의 번역은 원문의 의미와는 다릅니다. 헬라어로 '디아코노스'(διάκονος)는 '수종자', '종' 등, '섬기는 자'(service)를 의미합니다(Robinson & House, 80). 그래서 영어 성경들도 모두 '수종자'(minister. KJV; servant. NIV, ESV, NLT)로 번역합니다. 이 문장은 예수님이 할례를 받은 유대인으로 태어나셨다는 사실을 강조할 뿐만 아니라, 유대인을 '섬기는 자'(수종자)로 오셨다는 의미입니다. 한마디로 말해서, 예수님은 할례의 추종자(follower)가 아닙니다. 따라서 (구)개역 성경의 '할례의 수종자'라는 번역이 원문에 충실한 번역입니다.

예수님은 유대인을 섬기는 종으로 이 땅에 오셔서 유대인들에게 하나님의 나라를 전파하시고 십자가를 지셨습니다. 물론 예수님이 온 세상 사람들을 죄에서 구원하시기 위해 이 땅에 오시고 십자가에서 죽으셨지만, 하나님의 약속대로 유대인들이 일차적인 대상이 되었습니다. 그래서 예수님은 "구원이 유대인에게서 남이라"라고 말씀하셨고(요 4:22), "나는 이스라엘 집의 잃어버린 양 외에는 다른 데로 보내심을 받지 아니하였노라"라고 말씀하심으로써(마 15:24) 유대인에게 먼저 구원이 임할 것을 말씀하셨습니다(Köstenberger, 156; Morris, *John*, 238–239).[37] 바울도 이 복음이 "먼저는 유대인에게요, 그리고 이방인(헬라인)에게"라고 말함으로써(1:16b), 구원의 복음이 먼저 유대인들에게 전해지고 그 다음에 이방인들에 전해진 사실을 말합니다(cf. 1:16; 11장).

그러면서 바울은 예수 그리스도가 하나님의 언약 안에서 유대인의 후

37) 마태복음과 유대인(이스라엘): "나는 이스라엘 집의 잃어버린 양 외에는 다른 데로 보내심을 받지 아니하였노라"(마 15:24). 프란스는 "이스라엘 집의 잃어버린 양"(cf. 10:5–6)에 대한 해설에서 예수님이 이 말씀을 가나안 여인에게 하신 것은 '이스라엘의 지형적인 상황을 고려해서 먼저 이스라엘 지역을 위해 복음이 전파될 것을 의미한다'라고 설명합니다(France, 593–594; cf. Donaldson, 31–32).

손으로 오셨음을 상기시키고, 그 결과 예수 그리스도를 통해서 유대인들과 이방인 모두가 구원의 소망을 누리게 되었다는 사실을 구약의 말씀들을 인용하며 설명합니다(15:9-11). 여기서 바울은 구약의 율법서, 시편, 그리고 예언서 등을 인용하면서, 하나님의 구원 계획을 보여 줍니다(인용 구절. 삼하 22:50; 신 32:43; 시 117:1; 사 11:1, 10). 그리고 이 구약의 예언들이 예수 그리스도를 통하여 성취된 것은 언약에 대한 하나님의 신실하심을 보여 줍니다. 그러면서 바울은 예수 그리스도는 이스라엘 민족에게 약속된 메시아 소망의 완성이며 이방인들에게는 구원의 새 소망이 됨을 말합니다. 그래서 "하나님은 유대인과 이방인을 같은 구원의 자리로 초대하고 같은 구원의 소망 안에서 하나가 되게 하셨다"라고 바울은 말합니다(15:12). 그리고 "소망의 하나님께서 믿음 안에서 기쁨과 평강을 너희에게 주시고, 성령의 능력으로 소망이 넘치게 하시기를 원한다"라는 축복으로 바울은 본론을 마무리합니다(15:13).

로마 교회 성도들을 향한 이러한 바울의 기원은 세상적인 복지와 세상적인 복과는 전혀 상관이 없습니다. 이는 영적인 부요함를 누리기를 바라는 기원입니다. 우리 주변을 보면 하나님을 잘 믿는 사람들이 불치병으로 고통을 당하거나 일찍 죽거나 갑자스러운 사고로 죽음을 맞는 등의 이해할 수 없는 일이 일어납니다. 때로는 정의와 공평은 사라지고 악인들이 더 잘 되는 것 같고, 불의가 늘 승리하는 것 같은 고통스러운 현실을 보기도 합니다. 그러나 신자들은 이 땅의 것들을 누리며 그 안에서 만족을 누리며 살아가지 않습니다.

제가 고등학교를 갓 졸업한 시기부터 20대 중반의 나이까지 저희 가정에 큰 어려움이 있었습니다. 그 시기 동안 저는 가정과 저의 미래에 대한 깊은 회의감과 절망감에 빠지기도 했습니다. 그럼에도 저는 하나님만을 바라보며 기도 생활을 하게 되었고, 그러던 어느 날 시편 73편의 말씀을 기도 중 읽으면서 묵상하게 되었습니다. 시편 기자는 "악인들은 고난도 없고 재앙도 없고 죽을 때까지 건강하게 살기에 악인의 형통함을 보고 질투하였다"라고 고백합니다. 형통한 악인들은 더욱 교만하고 포악하여 그의 재물은 더욱 불어나고 있는데 자신은 온종일 고난을 당하며 살고 있으니 정직하게 살아가는 것도 헛되다고 시편 기자는 한탄합니다. 그런데 그 다음에 나오는 73편 16-19절을 보면, "하나님의 성소에 들어갔을 때 악인들의 종말이 어떠한지를 깨닫게 되었다"라고 시편 기자는 고백합니다.

이 말씀을 보며 저는 놀라운 기쁨과 평안을 누리게 되었고 하나님의 깊은 임재하심을 경험하게 되었습니다. 하나님의 보좌 앞에 나아가 하나님께 기도하면서 "왜?"라고 했던 깊은 회의적인 질문들이 "아, 그렇군요. 주님"으로 바뀌게 되었고, 슬픔이 기쁨으로, 절망이 소망으로 바뀌었습니다.

우리가 끊임없는 이 세상의 문제와 염려와 고난 속에서 어떻게 기쁨과 평안과 소망을 누릴 수 있습니까? 바울은 '믿음 안에서' 그리고 '성령 안에서'(15:13; cf. 14:17) 가능하다고 말합니다. 우리가 성령 안에서 믿음으로 하나님의 말씀을 붙잡고 살아갈 때, 진정한 영적인 소망과 기쁨과 평안을 누릴 수 있습니다. 그 안에서 우리는 영원한 생명과 심판의 날이 있음을 깨닫고, 하늘의 소망을 가지고 영적 기쁨과 평안을 누리며 이 세상을 살아갈 수 있습니다.

*더 깊은 이해를 위한 글 21: "로마서의 언어는 헬라어일까 히브리어일까?" p. 399를 함께 보세요.

더 깊은 이해를 위한 글 20

바울의 교회론

'교회'라는 단어는 헬라어로 '에클레시아'인데, 그 뜻은 '불러내어 모인 사람들'을 의미합니다. 특별히 바울 서신에서 교회라는 용어는 약 60회가량 사용되었습니다. 바울은 이 '에클레시아'라는 말을 예배와 신앙 교육을 위하여 어떠한 특정한 장소에 모인 지역 신자들의 모임을 지칭할 때 사용합니다.

다시 말해서, 바울이 사용하는 '교회'라는 용어는 모든 지역에 흩어진 신자들이 우주적인 한 몸이라는 보편 교회를 의미할 때도 있지만, 또 다른 한편으로는 지역성을 띤 실제적이고도 정기적인 예배와 신앙 교육의 모임을 의미합니다(Hibbert, 330).

따라서 한 지역 안에서 여러 그룹의 신자들이 각 가정에 모여서 별도의 예배를 드렸던 사실을 생각해 볼 때, 최근 화제가 되고 있는 '가정 교회'라는 개념에 대해서 우리는 과연 '교회'라는 의미로 정의해야 할 것인지 아니면 '그룹'이라는 의미로 정의해야 할 것인지 신중하게 생각해 봐야 합니다.

더 나아가서, 교회란 '모임'(gathering)이지만, 이 모임은 성경적으로 볼 때 선교적인 삶을 살기 위해서 모이는 신자들의 모임입니다. 이러한 차원에서 교회는 '흩어지기 위해서 모이는 모임'(gathering for scattering)이라고 말할 수 있습니다. 그리고 이러한 교회는 예수님 자신의 피값으로 사셨기에 음부의 권세가 이기지 못하는 교회입니다(마 16:18; 행 20:28).

이러한 교회로서의 본질적인 활동은 바로 예배, 전도, 말씀을 전하고 배우는 것, 그리고 친교와 구제와 봉사를 뜻하는 '코이노니아'입니다.

바울은 이러한 교회를 예수님과 나와의 관계, 그리고 나와 다른 신자들의 공동체적 관계를 보여 준다는 차원에서, "교회는 예수님의 몸이요, 예수님은 교회의 머리"라고 말합니다(12:4-5; 고전 12:12-27; cf. 엡 4:15; 골 1:18). 바울은 이러한 비유를 통하여 머리와 몸이 생명의 관계 안에 있음을 보여 주며, 예수님과 신자가 하나 되고 신자와 신자가 하나 된 신비적 연합 공동체가 교회라고 말합니다. 그래서 교회라고 부르는 몸의 각 부분(지체)을 이루는 신자들은 서로를 통하여 필요한 힘과 영양을 공급받고, 서로 지탱해 주면서 함께 성장하고 성숙해 가는 것입니다.

특별히 고린도전서 12장 13절을 보면, "몸은 하나인데 많은 지체가 있는 것처럼 우리가 성령으로 한 몸이 되었다"라고 바울은 말합니다. 교회는 성령님이 이 땅에 오심으로 시작되었고, 성령님의 능력 안에서 성장하였고 지금도 성령님이 신자들 가운데 함께하심으로 교회가 교회되게 하십니다. 따라서 각 신자가 성령으로 충만한 삶을 살아갈 때 교회는 영적인 능력이 있습니다.

바울은 교회의 사역 원리를 말하면서, 하나님께서 "어떤 사람은 사도로, 어떤 사람은 선지자로, 어떤 사람은 복음 전하는 자로, 어떤 사람은 목사와 교사로 삼으셨다"라고 말합니다. 이렇게 세운 목적은 "성도를 온전하게 하고 봉사의 일을 하게 함으로써 신자들의 신앙이 온전히 세워지도록 하기 위해서, 즉 그리스도의 몸인 교회를 세우기 위해서"라고 말합니다(엡 4:11-14).

또 바울은 교회의 교인들을 세 가지 호칭을 사용해서 말하는데 그 의미는 다음과 같습니다. ⑴ 성도들: 하나님의 부르심을 받아서 세상과 구별된 자들로서, 바울의 서신들 중 가장 많은 호칭으로 약 40회 가량 나옵니다. ⑵ 형제들: 서신들의 마지막 부분에 즐겨 사용되었으며, 하나님의 영적 가족이라는 의미를 나타냅니다. ⑶ 신자들: 예수 그리스도께서 구주이심을 확신하며, 하나님을 믿는 믿음 안에서 살아가는 자들을 의미합니다. 이러한 세 용어들을 요약해 보면, '성도'란 거룩한 삶을 살아가는 자들이요, '형제'란 하나님의 자녀로서 영적인 한 가족임을 나타내며, '신자'란 예수 그리스도를 믿고 따르는 자들입니다.

○ 더 깊은 이해를 위한 추천 자료

1. 김기호, "유기체적 관점에서 본 교회론에 관한 고찰", 장로회신학대학교대학원 석사학위논문, 2003.

2. 박해경, 「조직신학요해: 신학편람시리즈 4」, 서울: 아가페문화사, 1993.

3. 이한수, "바울의 교회론", 「신학지남」 1992년 봄호(통권 제231호), 35–70.

4. 하영택, "로마 가톨릭과 개신교 교회론 비교: 제2차 바티칸 공의회 교회에 관한 교의 헌장과 칼 바르트의 교회 교의학을 중심으로", 장로회신학대학교대학원 석사학위논문, 2001.

5. C. W. Williams, *The Church*, Philadelphia: Westminster Press, 1968.

6. E. P. Clowney, "Toward a Biblical Doctrine of the Church", *Westminster Theological Journal*, 31 no 1 N 1968, 22–81.

7. Frost M., *The Road to Missional: Journey to the Center of the Church*, Grand Rapids: Baker Books, 2011.

8. H. Halter & M. Smay, *The Tangible Kingdom: Creating Incarnational Community*, San Francisco: Jossey–Bass, 2008.

9. J. H. Wright Christopher, "The Whole Church–A Brief Biblical Survey 1", *Evangelical Review of Theology*, 34 no 1 Ja 2010, 14–28.

10. Richard Hibbert, "The Place of Church Planting in Mission: Towards a Theological Framework", *ERT*(2009) 33:4, 316–331.

더 깊은 이해를 위한 글 21

로마서의 언어는 헬라어일까 히브리어일까?

뵈뵈는 바울이 쓴 편지를 로마 교회에 전했습니다. 그런데 뵈뵈가 로마 교회에 전해 준 바울의 편지는 히브리어로 쓰여졌을까요 아니면 헬라어로 쓰여졌을까요? 혹자는 신약성경이 히브리어와 아람어로 기록되었고, 그래서 '신약성경도 히브리어로 봐야 한다'라는 주장을 합니다. 그리고 이렇게 히브리어로 로마서를 해설하는 강의가 지금도 기독교 매체를 통하여 널리 전해지고 있습니다.

물론 유대인들을 위한 히브리어 신약성경이 있습니다. 하지만 고대 신약성경 사본들이 헬라어로 기록되었다는 것은 역사적으로 그리고 신학적으로 이미 충분히 입증되었습니다. 다시 말해서 주전 322년부터 주후 529년(유스티니아누스 황제)까지의 코이네 헬라어 시대는 신약성경의 배경이 되며, 19세기 말엽에 많은 양의 파피루스 문서들이 발견된 이후 학자들의 검토에 의해서 이 사실이 입증되었습니다(마이켈슨, 169).

또 바울의 전도 여행 중 많은 이방인들이 교회로 들어왔을 때 70인역(헬라어 구약성경)은 대단히 중요한 역할을 했으며, 바울은 헬라어, 히브리어, 아람어를 알고 있었음에도 불구하고, 헬라어 역본으로 구약성경(히브리어 성경)을 인용하였습니다(마이켈슨, 170).

학자들은 고대 헬라어 사본들을 주로 세 부류(혹은 네 부류, Caesarean

text-type 포함)로 구분하고 있는데 다음과 같습니다. 첫째, 알렉산드리아 사본들(시내산 사본, 바티칸 사본, 파피루스 사본 등). 둘째, 서방 사본들(베자 사본, 고대 라틴어 사본 등). 셋째, 비잔틴 사본(가장 후기의 사본들로 가장 많이 보존되어 있음). 이러한 고대 사본들을 기초로 번역한 세계적으로 널리 인정받는 현대의 헬라어 신약성경은 네슬-알란트판 신약성경과 UBS(United Bible Societies)에서 간행된 헬라어 성경(The Greek New Testament)입니다(Greenlee, 41).

신약성경 27권은 성경의 기자들에 의해서 기록된 이후 인쇄 기술이 발달하지 않았던 시대에는 필사자들에 의하여 사본들이 만들어졌습니다. 그리고 시간이 지나서 낡아진 원본들이 사라진 이후에는 하나님의 말씀을 보존하신 그분의 섭리 가운데 사본들이 원본의 역할을 대신하게 되었습니다. 현존하는 고대 사본들은 최소한 4,000개가 넘습니다(The Greek New Testament, 5th에 의하면 성구집 사본 2,281개를 합하여 5,529개로 추정).

다른 한편으로, 고대 사본들은 그 내용에 있어서 서로 일치하지 않는 부분들이 있기 때문에, 고대 사본들을 바탕으로 원본의 의미를 정확하게 이해하고자 생겨난 학문의 분야가 성경사본학입니다. 그러나 우리가 기억해야 할 것은 사본들이 내용에 있어서 어느 정도 불일치가 있음에도 불구하고 그것들이 복음의 진리와 하나님의 뜻을 전달하는 데 있어서 근본적인 오류나 불일치가 없다는 사실입니다. 따라서 우리는 이것을 하나님께서 당신의 뜻을 계시하시기 위한 하나님의 섭리적 보전이라고 말할 수밖에 없습니다.

그럼에도 불구하고 '신약을 헬라어가 아닌 히브리어로 봐야 구약과 신약이 통일되어 분명하게 뜻이 드러난다'라고 저에게 직접 반론을 제기하는 분이 있었습니다. 그러면서 다음과 같은 설명을 덧붙였습니다. "헬라어는 헬라 사상이 들어가 있으므로 구약과 신약이 끊어져서 올바르게 해석되지 못합니다. 그래서 구약과 동일하게 신약 역시 히브리어로 봐야 구약과 신약 66권 전체가 논리정연하게 풀어지고 해석됩니다"(2014년 8월 6일, Hsydney.com 게시판 댓글).

그런데 '헤브라이즘(유대 사상)과 헬레니즘(헬라 사상)의 사상적 차이가 커서 헬라어 성경은 그 뜻을 바르게 해석할 수 없다'는 주장은 근본적으로 잘못된 논리입니다. 다시 말해서 두 성경을 비교 분석하든지 혹은 두 사상을 비교 분석해야 되는 것이지, 성경과 사상(두 다른 사상)을 비교한다는 것은 비교의 기준 자체가 없는 근본적으로 잘못된 주장입니다.

오히려 하나님께서 인간의 모습으로 온 성육신 사상은 헬라의 사상을 토대로 할 때 가장 잘 이해할 수 있습니다. 예를 들면, 예수님이 현재 시제를 사용하셔서 자신의 신성을 계시하신 '에고 에이미'(나는 ~이다) 용법은 현재 시제가 없는 히브리어로는 불가능한 표현입니다. 그러므로 바울이 로마서와 다른 서신서들을 헬라어로 기록한 것은 결코 우연한 일이 아니며, 이 또한 하나님의 시대적 간섭과 섭리가 함께했음을 생각하게 합니다.

1. 버클리 A. 마이켈슨, 「성경해석학」(*Interpreting the Bible*), 김인환 역, 파주: 크리스챤다이제스트, 1995.
2. 김효성, "신약본문문제", 2016년도 강의안, http://www.cps2014.net/00download/04text/00NTtextual.pdf.
3. 변종길, "성경사본학의 현재와 미래", 「개혁신학과 교회」 제6호(1996), 고신대학교신학대학원, 67–94.
4. 신현우, 「사본학 이야기: 잃어버린 원문을 찾아서」, 용인: 웨스트민스터출판부, 2004.
5. Bart D. Ehrman, "Studies in the Textual Criticism of the New Testament", Brill: Leiden–Boston, 2006.
6. Bruce M. Metzger, *The Text of the New Testament: Its Transmission, Corruption, and Restoration*, New York: Oxford University Press, 1968.
7. D. C. Packer, *Codex Sinaiticus: The Story of the World's Oldest Bible*, London: The British Library Publishing Division, 2010.
8. F. F. Bruce, "Textual Criticism", *The Christian Graduate* 6.4(Dec. 1953), 135–139.
9. J. Harold Greenlee, *The Text of the New Testament: From Manuscript to Modern Edition*, Grand Rapids: Baker Academic, 2008.
10. James A. Borland, "The Preservation of the New Testament Text: A Common Sense Approach", *TMSJ* 10/1(Spring 1999), 41–51.

적 용 과 토 론 을 위 한 질 문

2장 세상 속의 신실한 신자(13:1–15:13)

1 바울은 로마서 13장에서 정부가 하나님의 권위 아래 있음을 이야기하고 있습니다. 나의 신앙생활이 국가에 대한 의무이행과 정부가 하는 일에 대한 참여와 어떤 관계가 있습니까?(13:1–7 참조)

2 바울은 사랑이 율법의 완성이라고 말합니다(13:10). 사랑이 율법의 완성이라는 말의 의미가 갖는 중요성은 무엇입니까? 로마서 12장 14–21절, 13장 8–10절, 14장 13–21절을 살펴보고 묵상한 후에 함께 나누어 봅시다 .

3 바울은 로마서 14장에서 '비판하지 말라'는 말씀을 반복해서 강조하고 있습니다(14:1–13 참조). 그렇다면 바울이 말하는 '비판하지 말라'는 의미는 무엇입니까? 비판의 의미를 다시 정의해 보고, 이 말씀의 내용에 비추어 우리들의 모습을 돌아봅시다.

4 로마서 15장 1–7절에서 바울이 말하는 신앙생활의 원리는 무엇입니까? 14장의 내용과 함께 믿음이 강한 자와 약한 자의 관계 안에서 생각해 보고 함께 나누어 봅시다.

3장
신실한 하나님의 사람들(15:14–16:27)

바울이 로마 교회에 전한 편지의 본론은 15장 13절에서 마쳤습니다. 15장 14절부터 15장 마지막까지는 로마서의 결론에 해당되고, 마지막 16장은 바울의 개인적인 인사입니다. 여기서 우리는 바울이 로마 교회에 대해서 얼마나 특별한 애정과 관심을 가지고 있는지를 엿볼 수 있습니다. 로마 교회는 유럽으로 복음을 전파하는 데 있어서 전략적으로 중요한 위치에 있었습니다. 그래서 바울은 복음 전파의 사명을 위해서 로마 교회 성도들의 갈등 문제를 그냥 넘어갈 수 없었고, 또 로마 교회의 성도들에게 특별히 애정을 품고 있었을 것입니다. 그래서 바울은 다음과 같이 말합니다.

> 14내 형제들아 너희가 스스로 선함이 가득하고 모든 지식이 차서 능히 서
> 로 권하는 자임을 나도 확신하노라 15그러나 내가 너희로 다시 생각나게
> 하려고 하나님께서 내게 주신 은혜로 말미암아 더욱 담대히 대략 너희
> 에게 썼노니 16이 은혜는 곧 나로 이방인을 위하여 그리스도 예수의 일꾼
> 이 되어 하나님의 복음의 제사장 직분을 하게 하사 이방인을 제물로 드
> 리는 것이 성령 안에서 거룩하게 되어 받으실 만하게 하려 하심이라 17그
> 러므로 내가 그리스도 예수 안에서 하나님의 일에 대하여 자랑하는 것이

있거니와 18그리스도께서 이방인들을 순종하게 하기 위하여 나를 통하여
역사하신 것 외에는 내가 감히 말하지 아니하노라 그 일은 말과 행위로
19표적과 기사의 능력으로 성령의 능력으로 이루어졌으며 그리하여 내가
예루살렘으로부터 두루 행하여 일루리곤까지 그리스도의 복음을 편만하
게 전하였노라 20또 내가 그리스도의 이름을 부르는 곳에는 복음을 전하
지 않기를 힘썼노니 이는 남의 터 위에 건축하지 아니하려 함이라 21기록
된 바 주의 소식을 받지 못한 자들이 볼 것이요 듣지 못한 자들이 깨달으
리라 함과 같으니라(15:14-21).

먼저 바울은 로마 교회의 성도들이 가지고 있는 좋은 면에 대해 15장 14절에서 세 가지로 칭찬합니다. 첫째, 로마 교회 성도들은 "선함이 가득했다"라고 칭찬합니다. 이 말은 단순히 도덕적으로 선했다는 말이 아니라 하나님께서 보시기에 선했다는 뜻입니다. 둘째, 로마 교회의 성도들이 "지식으로 가득했다"라고 칭찬합니다. 여기서 말하는 지식도 세상 지식이 아닌 하나님의 말씀에 대한 지식을 말합니다. 셋째, "모든 지식으로 서로 권면했다"라고 로마 교회의 성도들을 칭찬합니다(cf. 골 3:16). 신자들은 자신의 경험이나 자신의 생각을 기준으로 권면하지 말고, 진리의 말씀을 기준으로 권면해야 합니다.

이처럼 바울은 로마 교회 성도들이 선함이 가득하고 진리의 지식이 가득 차서 서로 권면하는 신앙생활을 한다고 칭찬하면서, 복음의 진리를 다시 생각나게 하려고 이 편지를 쓴다고 말합니다(15:15; cf. 1:11). 그리면서 이방인을 위한 복음의 제사장 직분을 은혜로 감당하게 되었다고 바울은 말합니다(15:16). 여기서 바울은 복음을 전하는 자신의 직분을 구약시대의 제사장의 직분으로 연상하면서 '복음의 제사장 직분'이라는 표현

을 사용합니다. 구약의 제사장들은 세 가지 역할(사명)을 감당했습니다. 첫째, 그들은 하나님의 말씀(율법)을 백성들에게 가르쳤습니다. 둘째, 희생 제사를 하나님께 드림으로써 백성들이 하나님 앞에 자유롭게 나아갈 수 있게 하였습니다. 셋째, 그들은 거룩한 삶을 통하여 하나님의 거룩함을 세상에 드러내야 했습니다(Motyer, 199–200; Bruckner, 173, Christopher Wright, 23). 이러한 복음의 제사장 직분은 바울뿐만 아니라 예수 그리스도를 믿는 모든 신자들에게도 해당됩니다. 그래서 베드로는 "너희(신자들)가 거룩한 나라요 왕 같은 제사장들"이라고 말하면서 신자들의 사명은 "너희를 어두움 가운데서 불러내신 이의 아름다운 덕을 선포하게 하려 하심이라"라고 베드로전서 2장 9절에서 말합니다(cf. 벧전 2:5–10).[38)]

바울은 '복음의 제사장'이라는 표현과 함께 "이방인을 제물로 드리는 것이 성령 안에서 거룩하게 되어 받으실 만하게 하려 하심이라"라고 말합니다(15:16). 즉 구약의 제사장들이 하나님께 제물을 드리는 것처럼, 바울은 이방인들을 구원의 제물(열매)로 하나님께 바치는 복음의 제사장이 되었다고 자신의 사명과 사도의 직분을 연관지어서 이야기합니다. 그러면서 바울은 "그리스도 예수 안에서 하나님의 일을 자랑한다"고 밝히면서, 그것은 "이방인들을 순종하게 하기 위하여 나를 통하여 역사하신 것으로, 말과 행위와 표적과 성령의 능력으로 예루살렘으로부터 일루리곤까지 복음을 편만하게 전한 것이라"고 말합니다(5:17–19). 즉 바울은 자신을 높이는 것이 아니라 하나님께서 하신 일을 자랑하고 하나님을 높여 드립니다.

38) 베드로전서 2:9에서 베드로가 말하는 '왕 같은 제사장들'과 '거룩한 나라'는 출애굽기 19장 6, 14절의 70인역(LXX) 번역이며, '그의 소유가 된 백성'은 출애굽기 19장 5절과 이사야 43장 20–21절을 배경으로 합니다(Carson, 1030–1031). 그리고 이 말씀은 하나님의 택함 받은 자녀가 누리는 특권과 책임(사명)을 동시에 말해 줍니다.

바울이 이러한 자랑을 하는 또 다른 이유가 있습니다. 그것은 자신이 하나님의 보내심을 받은 사도라는 사실을 확실하게 알리기 위해서입니다. 당시에 바울의 사도권을 의심하는 사람들이 여러 지역에 흩어져 있었습니다. 그래서 바울은 그가 편지들을 써서 보낼 때마다 자신이 예수님의 특별한 부르심을 받고 보냄을 받은 사도라는 사실을 먼저 밝히고 있습니다. 한 예로 고린도후서 10장을 보면, 유대인 출신의 성경 교사들이 바울의 편지는 무게와 힘이 있으나 직접 대하면 약하고 말도 시원치 않다고 비판하는데, 바울은 고린도후서 10-13장을 통해 자신의 사도권을 변호합니다. 이러한 이유 때문에 바울은 로마에 있는 신자들이 자신을 비방하는 소리에 흔들리지 않고 자신의 가르침을 따를 수 있도록 자신을 통하여 하나님께서 하신 일들을 자랑할 필요가 있었을 것입니다.

그래서 바울은 자신이 복음의 제사장 직분을 가지고 예루살렘으로부터 일루리곤(알바니아와 유고슬라비아)까지 이방인들에게 그리스도의 복음을 충만하게 전하였다고 말합니다(15:19). 또 바울은 "그리스도의 이름을 부르는 곳에는 복음을 전하지 않기를 힘썼다"라고 자랑합니다(15:20). 그래서 "기록된 대로 주의 소식을 받지 못한 자들이 보고 듣지 못한 자들이 깨달을 것이라"고 이사야 선지자의 말을 인용해서 이야기합니다(15:21; cf. 사 52:15). 이처럼 바울은 하나님의 은혜로 이방인들에게 복음을 전하는 복음의 제사장이 된 것을 자랑했고, 고난 가운데 성령의 능력으로 복음 전파의 사명을 감당할 수 있게 해 주신 하나님을 자랑했습니다. 뿐만 아니라 남의 터 위에 복음을 건축하지 않았다고 자랑했습니다. 바울과 같이 주 안에서 하는 자랑이 우리의 자랑이 되어야 합니다.

다음으로 바울은 자신의 선교 계획과 하나님의 뜻에 대해서 다음과 같이 말합니다.

> 22그러므로 또한 내가 너희에게 가려 하던 것이 여러 번 막혔더니 23이제
> 는 이 지방에 일할 곳이 없고 또 여러 해 전부터 언제든지 서바나로 갈
> 때에 너희에게 가기를 바라고 있었으니 24이는 지나가는 길에 너희를 보
> 고 먼저 너희와 사귐으로 얼마간 기쁨을 가진 후에 너희가 그리로 보내
> 주기를 바람이라 25그러나 이제는 내가 성도를 섬기는 일로 예루살렘에
> 가노니 26이는 마게도냐와 아가야 사람들이 예루살렘 성도 중 가난한 자
> 들을 위하여 기쁘게 얼마를 연보하였음이라 27저희가 기뻐서 하였거니와
> 또한 저희는 그들에게 빚진 자니 만일 이방인들이 그들의 영적인 것을
> 나눠 가졌으면 육적인 것으로 그들을 섬기는 것이 마땅하니라 28그러므
> 로 내가 이 일을 마치고 이 열매를 그들에게 확증한 후에 너희에게 들렀
> 다가 서바나로 가리라 29내가 너희에게 나아갈 때에 그리스도의 충만한
> 복을 가지고 갈 줄을 아노라(15:22-29).

바울은 "내가 너희에게 가려고 하던 계획이 여러 번 막혔다"라고 말합니다(15:22). 여기서 '여러 번 막혔다'는 말은 누군가(사탄?)의 방해로 막혔다는 의미가 아니라, 하나님의 뜻을 따라 먼저 해야 할 일들 때문에 기회를 얻지 못했다는 의미입니다. 그래서 바울은 "하나님의 뜻 안에서 너희에게 갈 좋은 기회를 얻기를 기도한다"라고 앞에서 언급했습니다(1:10). 그러면서 바울은 "이제는 이 지방에 일할 곳이 없고, 또 여러 해 전부터 복음 전파를 위해 스페인으로 가려고 계획했었다"라고 말합니다(15:23). '이 지방에 일할 곳이 없다'는 말은 더 이상 복음을 들어야 할 사람들이 없다는 의미가 아니라, 최전방에서 복음을 전하고 교회를 개척할 사명이 있기 때문에 그러한 선교 베이스를 만들기 위해서 이곳에 더 이상 머무를 필요가 없다는 의미입니다. 그래서 이제는 멀리 서바나, 즉 지금의 스

페인으로 복음을 전하러 가고자 하는 자신의 선교 계획을 밝히고 있습니다. 그리고 "서바나(스페인)로 가는 길에 먼저 너희(로마 교회의 성도들)를 만나서 교제의 기쁨을 나누고, 또 너희들의 후원을 받아서 스페인에서 선교하기를 원한다"고 말합니다(15:24).

그런데 이러한 선교 계획에 앞서서 해야 할 일이 있었습니다. 왜냐하면 예루살렘 지역에 대흉년이 들어서 예루살렘 교회가 어려움에 빠졌다는 소식을 들었기 때문입니다. 그래서 바울은 그 동안의 선교 여행을 통하여 세운 마게도냐와 아가야 지방의 교회들로부터 모금한 구제 헌금을 예루살렘 교회에 전달하고자 했습니다(15:25–26). 마게도냐 지역에는 데살로니가 교회, 빌립보 교회, 베뢰아 교회들이 있고, 아가야 지역에는 고린도 교회가 있었습니다(Dowley, 68–69). 바울은 "복음을 들은 이방인 신자들이 예루살렘의 유대인 신자들에게 복음의 빚을 진 자들이니 그들이 어려움 당할 때 가진 것을 나누는 것이 마땅하다"라고 로마 교회의 성도들에게 말합니다(15:27; cf. 행 19:21; 고후 8:1–5).

또 이러한 헌금 전달은 바울이 볼 때 또 다른 중요한 의미가 있었습니다. 왜냐하면 어려움을 당하는 예루살렘의 신자들이 이방인 신자들로부터 물질적인 지원을 받음으로써 믿음 안에서 한 가족이라는 사실을 깨닫고, 이방인 신자들을 진심으로 한 형제로 여기고 받아들이는 좋은 계기가 될 수 있었기 때문입니다. 뿐만 아니라 바울의 입장에서, 이방 선교의 결과로 나타난 실제적인 열매를 보여 주고, 그 결과 예루살렘 교회의 지속적인 신뢰와 후원의 관계를 유지하는 데 적지 않은 영향을 끼칠 수 있었기 때문입니다(해리슨, 316). 이러한 이유로 바울은 "이 일을 마치고 이 열매를 그들에게 확증한 후에 너희에게 들렀다가 서바나로 갈 것이라"라고 말합니다(15:28). 그러면서 바울은 "내가 너희에게 갈 때에 그리스도의 충만한 복을 가지고 갈 것이라"라고 말합니다(15:29). 결론적으로 바울은 예루살렘 교회를 돕는 일을 마치고 나면, 로마에 있는 신자들을 만나서 축복하고 로마를 거쳐서 스페인으로 가겠다는 계획을 밝힙니다.

그러고 나서, 바울은 로마 교회의 성도들에게 자신을 위해서 기도해 줄 것을 다음과 같이 요청합니다.

> 30형제들아 내가 우리 주 예수 그리스도와 성령의 사랑으로 말미암아 너
> 희를 권하노니 너희 기도에 나와 힘을 같이하여 나를 위하여 하나님께
> 빌어 31나로 유대에서 순종하지 아니하는 자들로부터 건짐을 받게 하고
> 또 예루살렘에 대하여 내가 섬기는 일을 성도들이 받을 만하게 하고 32나
> 로 하나님의 뜻을 따라 기쁨으로 너희에게 나아가 너희와 함께 편히 쉬
> 게 하라 33평강의 하나님께서 너희 모든 사람과 함께 계실지어다 아멘
> (15:30-33).

바울은 첫째로 "유대에서 순종하지 아니하는 자들로부터 건짐을 받게" 해 달라고 기도를 요청합니다(15:31). 여기서 '순종하지 아니하는 자들'은 예수님을 믿지 않는 유대인들을 말합니다. 다시 말해서 바울은 '예수님을 믿지 않는 것'과 '순종하지 않는 것'을 같은 의미로 사용합니다. 그래서 "이방인들이 믿어 순종하게 하려고" 하나님께서 자신을 이방인의 사도로 택하여 부르셨다고 앞서 말했습니다(1:5). 둘째, 바울은 구제 헌금을 전달할 때에 예루살렘 신자들이 기쁘게 받아들이도록 기도해 달라고 요청합니다(15:31). 왜냐하면 바울에 대한 좋지 않은 소문 때문에 예루살렘 교회의 유대인 신자들이 그를 얼마나 환대할지 알 수 없었고, 또 이방인 신자들이 전해 주는 연보를 예루살렘 교회의 유대인 신자들이 얼마

나 기쁘게 받아들일지 알 수 없었기 때문입니다. 바울이 준비한 구제 헌금을 예루살렘 교회에 잘 전달했는지에 대해서는 정확히 알 수가 없습니다. 다만, 일부 성경학자들은 사도행전 24장 17절(여러 해 만에 내가 내 민족을 구제할 것과 제물을 가지고 와서)을 근거로 바울이 구제 헌금을 예루살렘 교회에 전달한 것으로 추측할 뿐입니다(Peterson, 637).

셋째, 바울은 하나님의 뜻 안에서 로마에 갈 수 있도록 기도해 달라고 요청합니다(15:32). 바울은 하나님의 때에 하나님의 뜻을 따라서, 하나님의 방법으로 로마에 가기를 원했습니다(15:32; cf. 1:10). 또한 로마에 가서 로마 교회의 성도들과 교제하는 가운데 위로와 기쁨과 도움을 힘입어서 멀리 스페인까지 복음 전하기를 원했습니다(cf. 15:28).

한국에 선교사로 들어온 언더우드 선교사는 본래 인도로 선교를 가려고 준비를 했었습니다. 그는 신학교를 졸업하고 목사가 된 후에 인도 선교사로 가려고 1년간 의학 공부를 했습니다. 그러던 중 하나님의 부르심을 따라 조선으로 파송 결정이 내려졌습니다. 결국 언더우드는 1885년 4월 5일 부활절에 배를 타고 제물포에 도착했고, 의학 공부를 한 덕분에 제중원 교사라는 직함을 가지고 마음껏 선교 사업을 할 수 있었습니다. 언더우드는 인도 선교사가 되기를 원했지만 하나님께서는 그를 우리나라 조선의 선교사로 보내신 것입니다. 바울도 마찬가지였습니다. 바울이 소아시아의 터키 지방으로 선교를 가려고 했을 때, 유럽의 마게도냐 지방에서 한 사람이 손을 흔들면서 건너와서 우리를 도와달라는 환상을 보게 되었습니다(행 16:9-10). 성령님은 바울의 계획을 바꾸어 복음이 유럽 쪽으로 전파되도록 인도하신 것입니다. 이처럼 하나님의 뜻과 계획은 우리의 생각과 다를 때가 있습니다.

바울은 자신의 계획보다 하나님의 뜻과 하나님의 계획을 따라서 복음 전파의 사명을 감당하고자 기도를 요청합니다. 바울의 기도 요청은 다른 지역에 있는 교회들에게 보내는 편지들에서도 볼 수 있습니다(고후 1:11; 골 4:3; 엡 6:18-19). 그 결과 하나님의 특별한 섭리와 계획 가운데 바울은 로마로 건너가게 됩니다. 바울은 재판을 받는 과정에서 로마 황제의 재판을 요청하였는데, 그것이 허락되어 죄수의 신분으로 로마로 가게 되었습니다. 물론 죄수의 신분이었지만, 오히려 오랜 기간이 걸리는 시간과 경비의 부담 없이 가장 빠른 길로 로마에 도착하여 복음을 전하는 기회를 갖게 된 것입니다(cf. 빌 1:12). 이처럼 기도는 하나님의 선하신 인도하심을 따라가는 가장 좋은 길입니다.

그 다음 16장에서 바울은 로마에 있는 신실한 믿음의 일꾼들의 이름을 일일이 부르며 그들에게 칭찬과 감사와 문안의 인사를 전하면서 편지를 마칩니다. 바울은 16장 1-16절에서 복음을 전하고 교회를 세우기 위해서 수고한 신실한 하나님의 사람들을 다음과 같이 소개합니다.

> 1내가 겐그레아 교회의 일꾼으로 있는 우리 자매 뵈뵈를 너희에게 추천하
> 노니 2너희는 주 안에서 성도들의 합당한 예절로 그를 영접하고 무엇이든
> 지 그에게 소용되는 바를 도와 줄지니 이는 그가 여러 사람과 나의 보호
> 자가 되었음이라 3너희는 그리스도 예수 안에서 나의 동역자들인 브리스
> 가와 아굴라에게 문안하라 4그들은 내 목숨을 위하여 자기들의 목까지도
> 내놓았나니 나뿐 아니라 이방인의 모든 교회도 그들에게 감사하느니라 5
> 또 저의 집에 있는 교회에도 문안하라 내가 사랑하는 에배네도에게 문안
> 하라 그는 아시아에서 그리스도께 처음 맺은 열매니라 6너희를 위하여
> 많이 수고한 마리아에게 문안하라 7내 친척이요 나와 함께 갇혔던 안드로
> 니고와 유니아에게 문안하라 그들은 사도들에게 존중히 여겨지고 또한

> 나보다 먼저 그리스도 안에 있는 자라 8또 주 안에서 내 사랑하는 암블리아에게 문안하라 9그리스도 안에서 우리의 동역자인 우르바노와 나의 사랑하는 스다구에게 문안하라 10그리스도 안에서 인정함을 받은 아벨레에게 문안하라 아리스도불로의 권속에게 문안하라 11내 친척 헤로디온에게 문안하라 나깃수의 가족 중 주 안에 있는 자들에게 문안하라 12주 안에서 수고한 드루배나와 드루보사에게 문안하라 주 안에서 많이 수고하고 사랑하는 버시에게 문안하라 13주 안에서 택하심을 입은 루포와 그의 어머니에게 문안하라 그의 어머니는 곧 내 어머니니라 14아순그리도와 블레곤과 허메와 바드로바와 허마와 및 그들과 함께 있는 형제들에게 문안하라 15빌롤로고와 율리아와 또 네레오와 그의 자매와 올름바와 그들과 함께 있는 모든 성도에게 문안하라 16너희가 거룩하게 입맞춤으로 서로 문안하라 그리스도의 모든 교회가 다 너희에게 문안하느니라(16:1–16).

바울이 위에서 언급한 사람들을 보면, 귀족도 있고, 노예도 있고, 사업가도 있고, 유식한 사람도 있습니다. 그들이 어떤 신분의 사람이든지 간에 이들은 모두 신실한 하나님 나라의 일꾼들이요, 소중한 교회의 일꾼들이었습니다. 여기에 가장 먼저 나오는 이름은 뵈뵈입니다. 뵈뵈는 바울이 로마 교회 성도들에게 쓴 편지를 로마 교회에 전달한 사람이었습니다. 당시에는 우편 제도가 없었기 때문에 개인이 직접 편지를 전달했고, 그래서 편지를 전달하는 사람은 그 편지를 보낸 사람의 위임장을 소지해야만 했습니다. 이러한 관례를 따라서 바울은 뵈뵈를 로마 교회 성도들에게 추천하면서 그녀에게 성도로서 합당한 대접을 해 주라고 부탁합니다. 또 겐그레아 '교회의 일꾼'인 뵈뵈가 로마 교회에 머무는 동안에 그녀에게 필요한 것은 무엇이든지 도와주도록 요청합니다(16:1–2). 겐그레아는 고린도 지역의 동쪽 15km 지점에 있는 항구 도시로서, 바울은 제 2차 전도 여행 때 고린도 지역에 복음을 전파하면서 거기서 가까운 겐그레아 지역에 교회를 세웠습니다(cf. 행 15-18장). 뵈뵈는 이렇게 알려지지 않은 무명의 교회에 속해 있었지만, 이미 많은 사람들에게 알려질 만큼 인정받는 충성된 일꾼이었습니다.[39)]

다음으로 바울은 브리스가와 아굴라를 '나의 동역자들'이라고 소개합니다(16:3). 참고로 브리스가는 아내이고, 아굴라는 그의 남편입니다. 신약성경에서 이 부부는 여섯 번 언급되는데, 세 번은 누가가 쓴 사도행전에(행 18:2, 18, 26), 그리고 나머지 세 번은 바울이 쓴 편지에(16:3; 고전 16:19; 딤후 4:19) 등장합니다. 그 중 네 번은 아내 브리스가 이름이 먼저 나오고 그 뒤에 남편 아굴라 이름이 나옵니다. 이것은 아내 브리스가가 그의 남편보다 헌신적인 삶을 살았음을 간접적으로 시사합니다.

유대인 출신이었던 아굴라와 브리스가 부부의 직업은 천막 만드는 일이었고, 약 1년 6개월 동안 바울과 함께 있으며 가르침을 받기도 하면서 복음 전파의 사명을 감당했습니다(cf. 행 18:1-11). 특별히 바울은 브리스가와 아굴라에 대하여 소개하기를 "내 목숨을 위하여 자기의 목이라도 내어 놓았다"라고 말합니다. 그러면서 "모든 이방인 교회들도 저희에게 감사한다"라고 바울은 칭찬의 말을 아끼지 않습니다(16:4). 뿐만 아니라, 아굴라와 브리스가 부부는 자신의 집을 예배 처소로 개방해서 복음 사역에 헌신하였습니다(16:5). 초대 교회 때는 이처럼 헌신적인 신자들이 자신의 집을

39) 우리는 뵈뵈의 직분을 흔히 집사라고 말합니다. 한글 성경에서 '일꾼'으로 번역된 헬라어 '디아코노스'(διακοωος)는 '종', '조력자', '집사', '사역자'(minister) 등으로 번역됩니다. 그래서 개역개정은 '일꾼'으로 번역하지만, KJV 영어 성경은 '종'(servant)으로 번역하고, RSV 영어 성경은 '여집사'(deaconess)로 번역합니다. 반면에 NIV 영어 성경은 '종'으로 번역한 후에 하단에 '또는 여집사'라고 주석을 붙입니다.

개방해서 예배 처소로 사용하였고, 브리스가와 아굴라 부부도 고린도와 로마 지역 등 자신이 머문 곳마다 자신의 집을 예배의 장소로 제공했습니다(16:5; 고전 16:19; 몬 2). 또한 본문에 의하면, 최소한 5개 이상의 가정 교회가 로마의 도시에 있었음을 짐작할 수 있습니다(16:5, 10, 11, 14, 15).

이렇게 신자들의 가정이 중심이 되어 예배를 드리다 보니 오늘날 교회의 예배 형식이나 제도와 큰 차이가 있는 것이 사실입니다. 그런데 이런 차이점을 강조하면서, 한편에서는 신약성경의 가정 교회를 모델로 삼자고 하는 운동이 일어나고 있습니다. 이러한 운동은 다양한 형태로 나타나고 있기 때문에 한마디로 정의하기 어렵습니다. 그리고 이 가운데에는 오늘날 기존 교회와 다른 가정 교회 형태의 좋은 모델이 될 만한 일부 교회나 모임들도 있습니다. 하지만 이 가운데는 다소 극단적인 생각을 가지고 있는 사람들도 있습니다. 그들은 목회자와 교회 같은 제도가 필요없다고 주장하면서 전통적인 기존 교회들의 제도와 조직이 성령님의 역사를 막는다고 주장합니다. 그러나 성령님의 역사는 교회 제도나 조직의 여부에 따라 결정되는 것이 아닙니다. 성령님의 역사는 하나님의 뜻 가운데 주권적으로 일어납니다.

특별히 성경이 보여 주는 가정 교회(초대 교회)가 과연 완전한 교회의 모델인지 깊이 생각해 봐야 합니다. 고린도 교회를 보면, "나는 아볼로파요, 나는 바울파요, 나는 베드로파요, 나는 그리스도파"라고 하면서 신자들이 서로 다투고 분열됩니다(고전 1장). 제도적 교회가 없는 고린도 지역의 가정 교회 그룹들 간에 생긴 분쟁입니다. 또 가정에 모여서 식사와 성찬식을 함께 하다 보니 먹고 취하는 등의 별 추태가 다 벌어졌고, 바울은 고린도전서 11장에서 성찬식 문제에 대해 그들을 엄하게 꾸짖습니다.

갈라디아 지역의 가정 교회들은 어땠을까요? 그들은 복음을 버리고 다시 율법주의로 돌아가려고 했습니다. 갈라디아 지역에 있는 가정 교회 지도자들이 잘못된 가르침을 받으면서 바울이 전한 복음을 져버린 것입니다. 그래서 바울은 갈라디아서 1장에서 "하늘로부터 온 천사라도 우리가 너희에게 전한 복음 외에 다른 복음을 전하면 저주를 받을지어다"라고 잘못된 가정 교회 지도자들에게 저주를 퍼붓습니다(갈 1:6-8).

또 골로새 지역의 가정 교회들은 절기를 지키는 문제들과 예수님이 육체로 오심을 부인하는 영지주의라는 이단적 가르침 때문에 복음이 변질될 위기에 처해 있었습니다. 그래서 바울은 골로새서 2장에서 이러한 잘못된 가르침을 바로 잡아 줍니다.

사도 요한도 마찬가지입니다. 요한이서를 보면 요한은 가정 교회 안에 이단적 가르침인 영지주의가 퍼지는 것을 책망하고 있고, 요한계시록에 나오는 소아시아 일곱 지역에 있는 가정 교회들에게 그들이 심각한 영적, 도덕적 타락에 빠진 것을 책망합니다. 이처럼 신약성경에 소개된 교회들은 대부분 제도적 교회가 아닌 가정 교회들입니다. 그리고 당시의 가정 교회들이나 오늘날의 교회들은 여전히 그 시대의 상황 속에서 다양한 문제들을 안고 있습니다. 인간의 죄성과 인간의 본성이 바뀌지 않는 이상, 어느 시대의 어떤 교회의 형태에서든 문제는 나타나기 마련입니다. 그러므로 성경에 등장하는 가정 교회들은 기독교가 핍박을 받던 당시의 시대적인 특성과 지역적 특성과 문화적 특성과 관계가 있는 것이지 그 자체가 모든 시대의 모든 교회가 따라가야 할 완전한 교회의 모델이 아님을 기억해야 합니다.

또 다른 일부 극단적인 가정 교회 지도자들은 기독교 역사를 비판하면서 제도적 교회가 성직자와 평신도의 이원화라는 인간적인 제도를 만들어 냈다고 비판합니다. 그러나 사실 '감독과 장로와 사도들'이 초대 가정 교회를 지도했습니다. 만약 그렇지 않았다면, 당시의 가정 교회들은 더 심각하게 타락하고 잘못된 이단들의 유혹에 빠져 신앙의 혼란을 초래하였을 것이 분명합니다. 그러므로 교회의 본질적인 문제는 교회 제도나 교회 조직이나 교회 시스템의 문제이기 전에, 타락한 죄성을 가진 인간 자체에 있음을 초대 교회는 보여 줍니다. 다만, 교회의 제도는 교회가 시행착오를 거치면서 만들어진 것으로, 성경적 교회의 모델을 추구하고자 했던 노력의 결과입니다. 어쨌든 중요한 것은 교회의 형태나 교회 제도나 교회 전통의 문제를 생각하기 이전에, 어떤 하나님의 사람들이 어떤 마음으로 교회를 섬기고 교회를 세워가는가입니다.

그래서 바울은 믿음의 사람들 한 사람 한 사람에게 초점을 맞추어 그들에게 문안 인사를 합니다. 5절에서는 에배네도를 소개하면서, 그는 아시아 지역에서 처음 개종한 사람이요, 자신의 사랑을 받는 믿음의 사람이라고 문안합니다. 특별히 6절과 12절을 보면, 교회를 위해 많이 수고한 사람들의 이름이 나옵니다. 6절에서는 "너희를 위하여 많이 수고한 마리아에게 문안하라"고 말합니다. 12절에서는 "주 안에서 수고한 드루배나와 드루보사에게 문안하라 주 안에서 많이 수고하고 사랑하는 버시에게 문안하라"고 말합니다. 뿐만 아니라, 바울은 그의 친척들도 소개합니다(16:7, 21). 이처럼 복음 전파와 교회를 위해서 많이 수고하고 애쓴 사람들이 있었기에 복음이 효과적으로 전파되었고 초대 교회는 든든히 세워져 갈 수 있었습니다.

그리고 바울은 "그리스도의 모든 교회가 다 너희에게 문안한다"라고 말하며 인사를 마칩니다(16:16). 초대 가정 교회들은 서로 다른 가정 공동체 안에서 신앙생활을 했지만, 바울과 같은 사도들과 장로들과 감독들의 지도를 받으며 신앙이 자랐고 성숙해져 갔습니다. 때로는 복음을 위해서 수고하고 함께 고난을 받기도 했습니다. 마찬가지로 우리가 신실한 하나님의 사람이 되기까지, 우리는 하나님의 말씀으로 바르게 지도를 받고 성도의 교제를 통하여 훈련해야 합니다.

마지막으로 바울은 로마에 보내는 그의 편지를 다음과 같이 마칩니다.

> 17형제들아 내가 너희를 권하노니 너희가 배운 교훈을 거슬러 분쟁을 일
> 으키거나 거치게 하는 자들을 살피고 그들에게서 떠나라 18이같은 자들
> 은 우리 주 그리스도를 섬기지 아니하고 다만 자기들의 배만 섬기나니
> 교활한 말과 아첨하는 말로 순진한 자들의 마음을 미혹하느니라 19너희
> 의 순종함이 모든 사람에게 들리는지라 그러므로 내가 너희로 말미암아
> 기뻐하노니 너희가 선한 데 지혜롭고 악한 데 미련하기를 원하노라 20평
> 강의 하나님께서 속히 사탄을 너희 발 아래에서 상하게 하시리라 우리
> 주 예수의 은혜가 너희에게 있을지어다 21나의 동역자 디모데와 나의 친
> 척 누기오와 야손과 소시바더가 너희에게 문안하느니라 22이 편지를 기
> 록하는 나 더디오도 주 안에서 너희에게 문안하노라 23나와 온 교회를 돌
> 보아 주는 가이오도 너희에게 문안하고 이 성의 재무관 에라스도와 형제
> 구아도도 너희에게 문안하느니라 24(없음) 25나의 복음과 예수 그리스도
> 를 전파함은 영세 전부터 감추어졌다가 26이제는 나타내신 바 되었으며
> 영원하신 하나님의 명을 따라 선지자들의 글로 말미암아 모든 민족이 믿
> 어 순종하게 하시려고 알게 하신 바 그 신비의 계시를 따라 된 것이니 이
> 복음으로 너희를 능히 견고하게 하실 27지혜로우신 하나님께 예수 그리
> 스도로 말미암아 영광이 세세무궁하도록 있을지어다 아멘(16:17-27).

앞에서 살펴본 16장 1-16절에서, 바울은 로마 교회 성도들에게 깊은

사랑과 애정을 담아 길게 문안했습니다. 그런데 이제는 마지막 경고의 말을 합니다. 이것은 마치 부모가 자녀들의 안전을 염려하는 마음으로 마지막 당부와 경고를 하는 것과 같습니다. 그 내용이 무엇입니까? 그것은 "배운 교훈을 거슬러 분쟁을 일으키거나 거치게 하는 자들을 살피고 그들에게서 떠나라"는 것입니다(16:17). 여기서 '거치게 하다'는 말의 헬라어는 '스칸달리조'(σκανδαλίζω)인데, '넘어지게 하다' 또는 '죄짓게 하다'를 의미합니다. 즉 하나님의 말씀을 거스려 분쟁을 일으키거나 죄짓게 하는 자들로부터 떠나라는 것입니다.

이러한 악한 자들의 특징을 바울은 두 가지로 말하고 있는데, 첫째, 그들은 자기들의 배만 섬기고, 둘째, 그들은 교활하고 아첨하는 말로 미혹합니다(16:18; cf. 빌 3:18-19; 딤전 6:5). 여기서 '배(stomach)만 섬긴다'는 말은 바울이 빌립보 교회 성도들에게 한 말과 동일하게 자신의 욕망과 욕심을 위해 사는 것을 말하고, 욕심이 우상이 되어 버린 것을 의미합니다(cf. 빌 3:18-19). 또 '교활한 말과 아첨하는 말'은 듣기에 좋은 유혹의 말들을 의미합니다. 그러므로 기분 좋게 해 주는 듣기 좋은 말이라도 그것이 나의 영혼에 유익이 되는지 그리고 교회 공동체에 유익이 되는지 잘 분별해야 합니다. 그래서 바울은 "너희가 선한 데 지혜롭고 악한 데 미련하기를 원한다"라고 권면하면서, "너희의 순종으로 인해 기뻐한다"(16:19-20)라고 말합니다. 여기서 '순종함'이란 말은 바울이 1장 5절과 18절과 31절에서도 이미 사용하였으며, 이 말은 곧 믿음의 행위를 의미합니다. 믿음은 하나님의 말씀을 들을 때 생기지만, 그 믿음은 하나님의 말씀을 따르는 순종의 행위로 나타납니다. 또, 여기서 '순종하다'에 해당하는 헬라어 '휘파쿠오'(υπακούω)는 '아래'(under)란 뜻의 '흎'(υπ)과 '듣다'(hear)란 뜻의 '아쿠오'(ακούω)의 합성어입니다. 그래서 '겸손한 마음으로 듣는 자세에서 믿음이 생기고 순종의 마음이 가능하다"라고 생각할 수 있습니다.

바울은 순종의 삶, 즉 신실한 믿음의 삶을 살아가는 로마 교회 성도들을 생각하면서 마음이 기뻤습니다. 다른 한편으로는 그들이 진리가 아닌 말과 잘못된 가르침에 쉽게 유혹되는 것에 대해 염려했습니다. 그래서 "너희가 선한 데 지혜롭고 악한 데 미련하기를 원한다"라고 권면합니다(16:19). 여기서 '악한데 미련하라'는 말은 '죄와 타협하지 말라'는 의미입니다. 또 '미련하다'로 번역된 헬라어 '아케라이우스'(ἀκεραίους)는 형용사로서 '악과 섞이지 않은', '순수한'이란 뜻이 있습니다(Robinson & House, 13; Rogers, 345). 이렇게 '악을 미워하고 선에 속하라'라는 말을 바울은 12장 9절에서도 했습니다(cf. 마 10:16). 우리의 신앙생활은 악을 멀리하고 하나님의 선한 뜻을 좇아 살고자 하는 마음과 신앙의 순결성을 지키기 위한 영적 싸움입니다.

바울은 "평강의 하나님께서 사탄을 너희 발 아래에서 상하게 하실 것이라"고 말합니다(16:20). 다시 말해서 로마 교회 성도들이 지속적으로 하나님께 순종하며 살 때, 평강의 하나님께서 사탄을 그들의 발 아래 상하게 하실 것이라는 말입니다(cf. 창 3:15; Beal, 219).

바울은 앞에서 분쟁을 일으키고 거치게 하는 자들을 살펴서 저희에게서 떠나라고 하면서, 그들의 배후 조정자가 사탄(마귀)임을 지적합니다(고후 11:14-15; cf. 엡 4:27; 6:11; 벧전 5:8).[40] 그러므로 우리는 영적 승리를 위해

40) 16장 20절에서 '사탄'이라는 말은 '대적'이란 말인데 헬라어로 '호 사타나스'(ο σατανας)라고 합니다. 이 말은 신약에 36번 나오는데 특별히 바울은 사탄을 '속이는 자'(고전 2:11), '유혹자'(고전 7:5), 그리고 '고통을 주는 하나의 힘'(고후 12:7)으로 묘사하고 있습니다. 반면에 '마귀'란 말은 신약에 34번 나오는데, 영어로 'devil'이며, 희랍어로는 '디아볼로스'(διαβολος)라고 합니다. 여기서 '디아'라는 말은 영어의 '가운데'(between)라는 뜻이고, '볼로스'란 말은 '던진다'(throw)란 뜻입니다. 즉 가운데 던져서 헤쳐 놓고 이간시키는 것을 말합니다(Hultgren, *Romans*, 594-595; Robinson & House, *Analytical Lexicon*, 314, 317).

분쟁을 일으키고 진리를 거슬러 살아가는 자들의 교활하고 아첨하는 말들을 잘 분별해야 합니다. 이렇게 바울은 로마 교회의 성도들에게 일일이 개인적인 문안 인사를 하고 권면의 말로 편지를 마칩니다.

그리고 그 다음에 16장 21-23절에 나오는 사람들은 로마 교회의 성도들이 아니라 바울과 함께 있는 고린도 교회 신자들입니다. 다시 말해서 바울과 함께 선교 여행을 하는 디모데와 바울이 머물러 있는 고린도 교회의 신자들이 바울과 함께 로마 교회의 성도들에게 문안 인사를 합니다. 그러고 나서 바울은 "나의 복음"(16:25)이라는 말을 사용하면서 이것은 "선지자들의 글로 말미암아 모든 민족이 믿어 순종하게 하시려고 알게 하신 바 그 신비의 계시를 따라 된 것이라"고 말합니다(16:26).

여기서 말하는 '신비'(뮈스테리온, μυστήριον)란 하나님께서 계시로 알려 주시지 않으면 인간이 알 수 없는 하나님의 구원 계획과 그 목적, 그리고 그것을 성취하는 하나님의 경륜을 말합니다(11:25 해설 참조). 또 여기서 '믿어 순종하게 하신다'는 말은 앞에서 언급한 바와 같이, 믿음이란 마음으로 끝나는 것이 아니라 순종이 따라오는 것을 의미합니다. 이처럼 바울은 철저히 믿음을 강조하지만, 그 믿음은 순종이 따르는 믿음이라는 점 역시 반복해서 강조합니다(1:5; 15:18; 16:19). 그리고 이 복음으로 너희(로마 교회 성도들)를 능히 견고하게 하실 하나님께서 예수 그리스도로 말미암아 영광이 세세무궁하도록 있을 것이라고 하나님을 찬양하면서 편지를 마칩니다(16:26-27).

신학자요 목회자인 미국의 볼드윈 박사는 이렇게 고백했습니다. "나는 20대에 철학과 종교를 공부했고, 복음에 대해서는 단순하다고 생각했다. 30대에 내가 추구하던 철학과 종교가 내 인생의 문제들을 해결할 수가 없다는 딜레마에 빠졌을 때 비로소 복음은 나에게 심오하게 다가오기 시작했다. 40대에 들어서 스트레스와 삶의 문제들과 싸우면서 복음을 의지했을 때 복음은 능력으로 내게 다가왔다. 50대에 들어와서 내가 지금까지 쌓아 놓은 모든 성취가 허무하게 느껴졌을 때 복음은 내 삶의 가장 소중한 것이 되었다. 60대에 와서 주변의 친구들이 하나둘씩 세상을 떠나기 시작하는 모습을 보면서 내가 붙들고 의지할 수 있었던 것은 복음밖에 없었다. 복음은 유일한 것이다. 복음 없이 나는 살지 못한다. 복음은 나의 삶의 전부다. 복음은 나의 인생이다."[41)]

바울은 복음의 놀라운 비밀을 깨닫고 이 복음 전파를 위해 일생을 헌신했습니다. 바울은 이 복음이 "나의 복음"이라고 고백하면서 로마 교회에 보내는 긴 편지를 마칩니다. 여러분도 이 복음을 누리고 경험하면서 그 복음을 고백하고 증거하는 삶을 살아가시기를 바랍니다.

*더 깊은 이해를 위한 글 22: "가정 교회에 관하여" p. 423을 함께 보세요.

41) "Complete in Him", Sermon at Lurgan Baptist, 2012, http://www.unsearchableriches.org/wp-content/uploads/2015/10/1-Setting-The-Scene.pdf.

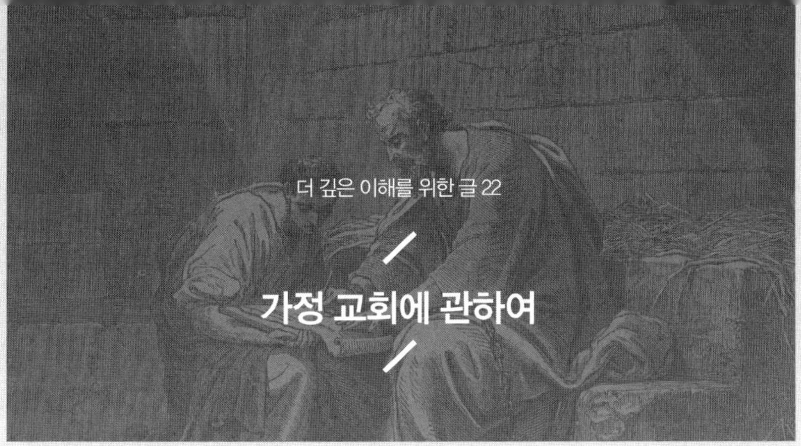

더 깊은 이해를 위한 글 22

가정 교회에 관하여

바울은 그의 서신들을 통하여 초기 신자들의 가정 교회 모임에 대해서 언급합니다(16:3, 5; 고전 16:19; 골 4:15; 몬 2). 초대 교회 당시 신자의 가정집은 교회가 외부의 압력을 받지 않고 발전할 수 있는 가장 안전한 예배의 장소였습니다. 그리고 오늘날과 같은 예배당 건물이 처음 발견된 곳은 256년 유프라테스강 상류 지역에 위치한 두라-유로포스(Dura-Europos)라는 지역입니다(최영현, 95; 이상규, 2; 홍인규 등). 가정 교회는 313년에 콘스탄틴 황제에 의해서 기독교가 공인되어 바실리카 교회당 건물이 세워지기까지 신자의 가정집에서 시작해서 점차 가정집을 개조한 형태로, 그리고 보다 넓은 건물에서 모이는 형태로 변했습니다.

일반적으로 신자의 집에서 모인 가정 교회의 경우는 약 10-25명 정도였을 것으로 추정되며, 숫자가 증가하면 다시 작은 그룹들로 나뉘어졌을 것입니다. 이럴 경우 보통 집 주인은 가정 교회의 중심 역할을 담당하였고, 외부적인 제약을 받았던 여자들은 가정 교회 안에서 자신들의 은사와 재능을 활용할 수 있는 기회를 더 많이 누릴 수 있었습니다.

당시 로마 사회에서는 주로 상업 활동이나 전문직에 종사했던 중류층의 사람들과 가난한 평민이나 노예 계급에 속한 하류층의 사람들 등 다양한 부류의 사람들이 복음을 듣고 기독교로 개종했습니다. 따라서 일부

중류층의 사람들이 자신의 집을 예배 처소로 사용하지 않았다면 가정 교회의 모임은 사실상 어려웠을 것입니다. 실제로 고린도 교회의 경우 이런 유력한 자들이 교회 안에 여러 명 있었다고 바울은 소개합니다(16:1–2, 23; 고전 1:14–16; 16:15–17; 행 18:2–3, 6–8, 17).

특별히 16장을 근거로 어떤 이들은 로마에 약 3개의 가정 교회가 있었던 것으로 추정합니다. 브리스가와 아굴라의 집에서 모이는 가정 교회(16:3, 5), 아순그리도와 함께 있는 교회(16:14), 그리고 빌롤로고와 함께 있는 교회(16:15; cf. 16:5, 10)로 구분을 합니다. 하지만 또 다른 신학자들(Hultgren, *Romans*, 700; Schreiner, *Romans*, 797)은 16장의 내용을 근거로 다섯 그룹의 공식적인 가정 교회들이 존재하였다고 봅니다(5, 10, 11, 14, 16절).

또한 이러한 가정 교회들이 연합하여 모이는 모임이 있었다고 주장하는 이들(예, 홍인규)은 "온 교회가 함께 모였다"(16:23; 고전 14:23)는 표현을 근거로 합니다. 하지만 변종길 교수는 고린도전서(14:23)와 로마서(16:23)에 나오는 '온 교회'를 가정 교회들의 연합으로 해석하는 것이 타당하지 않다며 큰 의문을 제기합니다. 이러한 해석은 어느 정도 가정(추측)에 근거한 해석이며, '교회'가 신자들의 모임을 의미할 뿐만 아니라 지역 교회(local church)적 성격을 띠고 있다는 점에서 볼 때 충분히 타당한 문제 제기입니다.

한편 당시 사회에서 유대인과 이방인, 노예와 자유인, 남자와 여자 사이에 구분과 차별이 존재한 것과 달리, 신자 공동체인 교회에서는 '한 성령 안에서' 평등과 하나 됨의 모습을 보여 주는 공적 예배를 드렸습니다. 하지만 그 가운데 성찬의 오용과 예배 질서의 혼란 등 또 다른 교회의 문제들이 나타났고, 바울은 이 점에 대하여 고린도전서 11–14장에서 구체적으로 언급합니다.

이렇게 신자의 가정집에서 모이는 가정 교회는 2세기 중반까지 이어졌으며, 그 후 건물을 개조한 새로운 형태의 가정 교회가 나타나기 시작했습니다. 이것은 교인의 숫자적 증가에 따른 자연스러운 변화이며, 3세기 중엽 이후에는 별도의 교회당이 세워지기 시작했습니다.

홍인규 교수는 이러한 교회 건물의 등장을 비판적인 입장에서 이해합니다. 교회라는 의미의 개념 변화, 은사 중심의 사역이 아닌 성직자와 평신도의 구분, 성직자 중심의 예배 의식(ritual)으로 인한 평신도의 소극적인 예배 참여, 가정 교회 안에 있던 예배와 삶의 분리, 은사를 통한 나눔보다 설교와 성례식 참여, 가족 공동체의 특성을 상실한 개인주의를 교회 건물과 교회 제도의 등장이 가져온 문제점으로 지적하면서, 초대 가정 교회를 성경적 모델로 삼아야 한다고 주장합니다. 그러나 이러한 주장은 성경에 등장하는 수많은 초대 가정 교회들이 많은 문제를 안고 있었다는 점에 대해서 충분한 검토를 했는지 의구심이 들지 않을 수 없습니다.

다시 말해서, 초대 가정 교회는 예배 질서의 혼란뿐만 아니라 교회 안의 이단적 가르침과 영적 타락으로 인하여 위기를 겪고 있었다는 점도 간과하면 안 됩니다. 한마디로 말해서, 초대 가정 교회는 완전한 교회의 모델이 아니라 이 시대와 동일하게 여전히 불완전한 교회의 한 형태였습니다.

이런 차원에서, 가정 교회의 모임은 하나님의 섭리 가운데 필요했던 그 시대의 한 형태일 뿐, 가정 교회 자체가 성경이 가르치는 교회의 완전한 모델이나 교회의 본질적인 의미를 모두 담고 있는 것으로 여기는 것은 지나치게 무리한 해석이라고 여겨집니다(16장 해설 참조).

1. A. J. 말허비, 「초기 그리스도교의 사회적 이해」(*Social Aspects of Early Christianity*), 조태연 역, 서울: 대한기독교서회, 1994.
2. 변종길, "가정 교회는 성경적인가?", 「개혁신학과 교회」 21(2008), 33–69.
3. 이상규, "초기 그리스도인들은 어디서 모였을까? 첫 3세기 동안 그리스도인들의 예배당: 가정 교회에서 바실리카까지", http://blog.naver.com/kaikk/70009424801.
4. 최영현, "소규모 개신교회를 위한 공간과 예배의 탐구: 초기 교회 유형으로서의 Dura–Europos와 이머징 예배를 중심으로", 「종교와 문화」 제28호(2015), 서울대학교 종교문제연구소, 79–107.
5. 홍인규, "바울과 가정 교회", 생명평화 교회론 심포지엄 발제문, 2013.
6. F. V. Filson, "The Significance of the Early House Churches", *JBL* 58(1939), 105–112.
7. J. Becker, "Paul and His Churches," *Christian Beginnings*, Louisville: Westminster John Knox Press, 1993.
8. Lampe, *The Romans Debate*, Edinburgh: T&T Clark, 1991.
9. V. P. Branick, *The House Church in the Writings of Paul*, Wilmington: Michael Glazier, 1989.

적 용 과 토 론 을 위 한 질 문

3장 신실한 하나님의 사람들(15:14-16:27)

1 바울이 말한 '하나님의 복음의 제사장 직분'(15:16)이란 어떤 의미들이 함축되어 있습니까? 그 의미를 다시 생각해 보고 나의 신앙생활에 적용해 봅시다.

2 바울의 로마 방문 계획이 지연된 이유는 예루살렘 교회를 돕는 일과 밀접한 관련이 있습니다. 바울은 이 문제에 관하여 로마 교회 성도들에게 어떻게 말하고 있습니까?(15:22-28 참조)

3 로마서 16장의 내용은 크게 두 부분으로 나뉘어져 있습니다. 그 부분은 어떻게 구분되어질 수 있으며, 그 차이점은 무엇입니까?

4 로마서 16장에서 바울이 칭찬하고 있는 신실한 하나님의 사람들은 누구입니까? 그들의 이름과 칭찬의 이유들을 찾아보고 함께 나누어 봅시다.

참고 문헌

신학서 및 주석서

Barrett, C. K., *The Epistle to the Romans*, Peabody: Hendrickson, 1991.

Beal, G. K., *A New Testament Biblical Theology: The Unfolding of the Old Testament in the New*, Grand Rapids, Baker Academic, 2011.

Blenkinsopp, J., *Opening the Sealed Book: Interpretations of the Book of Isaiah in Late Antiquity*, Grand Rapids: Wm. B. Eerdmans Publishing Company, 2006.

Block, Daniel I., *The New Application Commentary, Deuteronomy*, Grand Rapids: Zondervan, 2012.

Bock, Darrell L., *Baker Exegetical Commentary on the New Testament, Luke 9:51-24:53*, Grand Rapids: Baker Academic, 1996.

Bolt, Peter G. & Thompson, Mark D.(Ed), *Assembling God's People*, Sydney: Australian Church Record, 2008.

Bruckner, James K., *New International Biblical Commentary, Exodus*, Peabody: Hendrickson, 2008.

Calvin, John, *Commentary Upon The Epistle of Saint Paul to The Romans*, Edinburgh: Calvin Translation Society, 1844.

Carson, D. A. & Carson, G. K.(Ed), *I Peter: Commentary on the New Testament Use of the Old Testament*, Grand Rapids: Baker Academic, 2007.

Casey, Maurice, *Is John's Gospel True?*, London: Routledge, 1996.

Donaldson, T. L., *Jews and Anti-Judaism in the New Testament*, London: SPCK, 2010.

Dunn, James D. G., *Word Biblical Commentary Vol. 38A, Romans 1-8*, Nashville: Thomas Nelson, 1988.

_______, *Word Biblical Commentary Vol. 38B, Romans 9-16*, Nashville: Thomas Nelson, 1988.

Dunnam, Maxie D., *The Communicator's Commentary, Exodus*, Nashville: W Pub Group, 1987.

Durham, John I., *World Biblical Commentary, Exodus*, Nashville: Thomas Nelson, 1987.

Edwards, James R., *New International Biblical Commentary, Romans*, Peabody: Hendrickson, 2009.

Elwell, Walter A.(Ed), "Romans" by Gruenler, R. G., *Baker Commentary on the Bible*, Grand Rapids: Baker Academic, 1989.

Enns, P., *The NIV Application Commentary, Exodus*, Grand Rapids: Zondervan, 2000.

Fee, Gordon D., *The New International Commentary on the New Testament, Paul's Letter to the Philippians*, Grands Rapids: Wm. B. Eerdmans Publishing Company, 1995.

Fink, Paul R., *KJV Bible Commentary, Minor Prophets*, Nashville: Thomas Nelson Inc., 2005.

France, R. T., *The New International Commentary on the New Testament, The Gospel of Matthew*, Grands Rapids: Wm. B. Eerdmans Publishing Company, 2007.

Frethem, Terence E., *Exodus: Interpretation*, Louisville: John Knox press, 1991.

Gowan, D. E., *Theology in Exodus: Biblical Theology in the Form of a Commentary*, Louisville: Westminster John Knox Press, 1994.

Greenlee, J. Harold, *The Text of the New Testament: From Manuscript to Modern Edition*, Grand Rapids: Baker Academic, 2008.

Haacker, Klaus, *The Theology of Paul's Letter to the Romans*, Cambridge: Cambridge University Press, 2003.

Hasel, G. F., *The Remnant: The History and Theology of the Remnant Idea from Genesis to Isaiah*, Berrien Springs: Andrews University Press, 1972.

Havell, H. L., *Ancient Rome: The Republic*, Glasgow: Geddes and Grosset, 2003.

Hawthorne, Gerald F., *Word Biblical Commentary Vol. 43, Philippians*, Nashville: Thomas Nelson, 1983.

Hawkins, R. E., *KJV Bible Commentary: Proverbs*, Nashville: Thomas Nelson, 2005.

Hindson, Edward E., *KJV Bible Commentary, Isaiah*, Nashville: Thomas Nelson, 2005.

Hultgren, Arland J., *The Parable of Jesus*, Grands Rapids: Wm. B. Eerdmans Publishing Company, 2000.

_______, *Paul's Letter to the Romans*, Grands Rapids: Wm. B. Eerdmans Publishing Company, 2011.

Janzen, W., *Believers Church Bible Commentary, Exodus*, Waterloo: Herald Press, 2000.

Klein, W. W. & Blomberg, C. L. & Hubbard Jr. U. L., *Introduction to Biblical Interpretation*, Nashville: Thomas Nelson, 1993.

Köstenberger, Andreas J., *Baker Exegetical Commentary on the New Testament, John*, Grand Rapids: Baker Academic, 2004.

Kroll, W. M., *KJV Bible Commentary, Romans*, Nashville: Thomas Nelson, 2005.

Laato, Antti, *About Zion I will Not Be Silent: The Book of Isaiah as an Ideological Unity*, Stockholm: Almqvist & Wiksell International, 1998.

Lincoln, Andrew T., *Word Biblical Commentary Vol. 42, Ephesians*, Nashville: Thomas Nelson, 1990.

Mackay, John L., *Exodus: A Mentor Commentary*, Highland: Christian Focus Publications, 2001.

Meyers, C., *The New Cambridge Bible Commentary, Exodus*, New York: Cambridge University Press, 2005.

Moo, Douglas J., *The Epistle of Romans*, Grand Rapids: Wm. B. Eerdmans Publishing Company, 1996.

Morris, Leon, *The Gospel According to John*, Grand Rapids: Wm. B. Eerdmans Publishing Company, 1995.

_______, *The Epistle to the Romans*, Westmont: Inter-Varsity Press, 1988.

Motyer, A., *The Message of Exodus: The Bible Speaks Today*, Westmont: Inter-Varsity

Press, 2005.

Mounce, Robert H., *Romans; The New American Commentary*, Nashville: B&H Publishers, 1995.

Murray, John, *The Epistle to the Romans*, Grand Rapids: Wm. B. Eerdmans Publishing Company, 1968.

Osborne, G. R., *The Hermeneutical Spiral: A Comprehensive Introduction to Biblical Interpretation*, Westmont: Inter-Varsity Press, 1991.

______, *The IVP New Testament Commentary Series, Romans*, Westmont: Inter-Varsity, 2004.

______, *Baker Exegetical Commentary on the New Testament, Revelation*, Grand Rapids: Baker Academic, 2002.

Oswalt, J. N., 1986, *The New International Commentary on the Old Testament, The Book of Isaiah, Chapters 1-39*, Grand Rapids: Wm. B. Eerdmans Publishing Company, 1986.

Peterson, David G., *The Acts of the Apostles*, Grand Rapids: Wm. B. Eerdmans Publishing Company, 2009.

Poythress, Vern S., *Understanding Dispensationlists*, New Jersey: P&R Publishing, 1994.

Propp, William H. C., *Anchor Bible, Exodus 1-18*, New York: Doubleday, 2006.

Ridderbos, H., *Paul: An outline of His Theology*, Grand Rapids: Wm. B. Eerdmans Publishing Company, 1975.

Robinson, Donald, *The Church of God: Its Form And Its Unity*, Selected Works Vol. 1, Sydney: Australian Church Record, 2008.

Robinson, Maurice A. & House, Mark A.(Ed), *Analytical Lexicon of New testament Greek*, Peabody: Hendrickson, 2012.

Rogers JR., Cleon L. & Rogers III, Cleon L., *The New Linguistic and Exegetical Key to the Greek New Testament*, Grands Rapids: Zondervan, 1998.

Rosner, Brian S., *Paul and the Law: Keeping the Commandments of God(NSBT)*, Westmont: Inter-Varsity Press, 2013.

Ruether, *Rosemary, Faith and Fratricide: The Theological Roots of Anti-Semitism, "A Crossroad Book"*, New York: Seabury, 1974.

Ryrie, Charles Calawell, *Dispensationalism*, Chicago: Moody Publishers, 2007.

Sanday, William & Headlam, A. C., *A Critical and Exegetical Commentary on the Epistle to the Romans*, Edinburgh: T&T Clark, 1971.

Schreiner, Thomas R., *Baker Exegetical Commentary on The New Testament, Romans*, Grand Rapids: Baker Academic, 1998.

_______, *New Testament Theology: Magnifying God in Christ*, Grand Rapids: Baker Academic, 2008.

Seifrid, Mark A., *Christ, Our Righteousness: Paul's Theology of Justification(NSBT)*, Westmont: Inter-Varsity Press, 2000.

Smith, G. V., *The New American Commentary, Isaiah 1-39*, Nashville: B&H Publishers, 2007.

Sproul, R. C., *St. Andrew's Expositional Commentary, Romans*, Wheaton: Crossway Books, 2009.

Stein, Robert H., *Baker Exegetical Commentary on the New Testament, Mark*, Grands Rapids: Baker Academic, 2008.

Stuhlmacher, Peter, *Paul's Letter to the Romans*, Nashville: Westminster John Knox Press, 1994.

Toews, John E., *Believers Church Bible Commentary, Romans*, Kitchener: Herald Press, 2004.

VanGemeren, W. A., *Baker Commentary on the Bible, Isaiah*, Grand Rapids: Baker Books,1989.

Walton, John H., *The NIV Application Commentary, Genesis*, Grands Rapids: Zondervan, 2001

Wedderburn, A. J. M., *The Reasons for Romans*, London: T&T Clark, 2004.

Yoder, N. T. R., *Ephesians*, Kitchener: Herald Press, 2000.

곤잘레스, 유스토 L., 「초대교회사」(*The Story of Christianity: The Early Church to the Reforation*), 서영일 역, 서울: 은성출판사, 1987.

_______, 「기독교 사상사 3」(*A History of Christian Thought, Vol 3*), 이형기, 차종순 역, 서울: 대한예수교장로회총회출판국, 1988.

곽선희, 「로마서 강해 상」, 서울: 엠마오출판사, 1992.

_______, 「로마서 강해 하」, 서울: 엠마오출판사, 1992.

김세윤, 「바울 신학과 새 관점」(*Paul and the New Perspective*), 정옥배 역, 서울: 두란노, 2002.

레만, 체스터 K., 「성경신학 II」(*Biblical Theology*), 김인환 역, 파주: 크리스챤다이제스트, 1994.

마이켈슨, 버클리 A., 「성경해석학」(*Interpreting the Bible*), 김인환 역, 파주: 크리스챤다이제스트, 1995.

바빙크, 헤르만, 「하나님의 큰일」(*Magnalia Dei*), 김영규 역, 서울: 기독교문서선교회, 1992.

박해경, 「조직신학요해: 신학편람시리즈 4」, 서울: 아가페문화사, 1993.

박용규, 「초대교회사: 교회사총서1」, 서울: 총신대학교출판부, 1993.

변승우, 「다이아몬드 같은 진리」, 서울: 거룩한진주, 2015.

스피츠, 루이스 W., 「종교개혁사」(*The Reformation: Education and History*), 서영일 역, 서울: 기독교문서선교회, 1983.

에버레트 F. 해리슨, 「신약개론: 신학총서 5」(*The New Testament*), 정성구 역, 서울: 세종문화사, 1992.

옥한흠, 「아무도 흔들 수 없는 나의 구원: 로마서 강해 설교 제2권」, 서울: 두란노, 2002.

워커, 윌리스턴, 「기독교 신앙 위인전」(*Great Men of the Christian Church*), 이길상 역, 서울: 크리스챤다이제스트, 1994.

채위, "바울의 기독 체험과 역사적 예수", 「신학논단」, 1954.

카슨, D. A., 무, 더글라스 J., 모리스, 레온 공저, 「신약개론」(*An Introduction to the New Testament*), 노진준 역, 서울: 은성, 1994

커, 휴 & 멀더, 죤, 「위대한 회심자들」(*Conversions*), 김영봉 역, 서울: 생명의말씀사, 1983.

논문, 저널, 사전 및 강해서

Arndt, William F. & Gingrich F. Wilbur, *A Greek-English Lexicon of the New Testament* 4th ed., Chicago: University of Chicago, 1971.

Athas, George, "Reflections on Scripture Using the Distinction Between Jews and Gentiles as An Exegetical Key", *Donald Robinson Selected Works Appreciation*, Bolt, Peter G. & Thompson, Mark D.(ed), Sydney: Australian Church Record, 2008.

Bloesch, Donald G., "All Israel Will Be Saved: Supersessionism and the Biblical Witness", *Interpretation* 43, no 2 Ap 1989.

Cooper, Craig., "Romans 11:25, 26: Restoration", *Quarterly* 21, no 2, 1978.

Cooper, Eugene J., "Sarx and Sin in Pauline Theology", *Laval Théologique et Philosophique* Vol. 29, n3, 1973.

Davis, John P., "Who are the Heirs of the Abrahamic Covenant?", *Evangelical Review of Theology*, Vol. 29 Issue 2, April 2005.

Dowley, Tim(Ed), *The Baker Atlas of Christian History*, Singapore: Baker Book House Co. 1996.

Evans, Craig A., "Polemics or Anti-Semitism?: The New Testament and First-Century Judaism", *Mishkan* 34, 2001.

Hibbert, Richard, "The Place of Church Planting in Mission: Towards a Theological Framework", *ERT* 33:4, 2009.

Kittel, G. & Friedrich, G., *Theological Dictionary of the New Testament Vol. IX*, Grand Rapids: Wm. B. Eerdmans Publishing Company, 1974.

Lewis, Steve, "The Doctrine of the Remnant and the Salvation of Israel in Romans 9-11", *Conservative Theological Journal*, March 2005.

Ludwigson, K. R., 1995, "Postmodernism: A Declaration of Bankruptcy", *Theology Matters* Vol. 5, No 4, Jul/Aug 1999.

MacArthur, John, "Grace to You: Romans", https://www.gty.org/resources/sermons/scripture/romans.

Merkle, Ben L., "Romans 11 and the Future of Ethnic Israel", *JETS* 43/4, December 2000.

Morton, Russell "A Short History of the Bible in English", *Words that Shaped the World: 400 Years of the Bible in English*, Ashland: Ashland Theological Seminary, 2011.

Okholm, D. L., "I Don't Think We're in Kansas Anymore, Toto: Postmodernism in Our Everyday Lives", *Theology Matters* Vol. 5, Jul/Aug 1999.

Piper, John Stephen, "Desiring God: Romans", http://www.desiringgod.org/messages/by-scripture.

Read, Jeff, "That You May Not Be Conceited", *Donald Robinson Selected Works Appreciation*, Bolt, Peter G. & Thompson, Mark D.(Ed), Sydney: Australian Church Record, 2008.

Robinson, Donald W. B., "Biblical Understanding of Israel–The Geographical Entity: Some Prolegomena," *St. Mark's Review*, Issue 159, Spring 1994.

Strong, James, "Biblesoft New Exhaustive Strong's Numbers and Concordance with Expanded Greek–Hebrew Dictionary", Biblesoft, Inc. and International Bible Translators, Inc., 2006.

Vanlaningham, Michael G., "Romans 11:25–27 and the Future of Israel in Paul's Thought", *TMSJ* 3/2, Fall 1992, 141–174.

Vlach, Michael J., "Rejection then Hope: The Church's Doctrine of Israel in the Patristic Era", *TMSJ* 19/1, Spring 2008.

Wright, N. T., "New Perspectives on Paul", Rutherford House Conference, 2003

_______, "Paul's Gospel and Caesar's Empire, Center of Theological Inquiry", Princeton, 2004.

Wright, Christopher J. H., "The Whole Church–A Brief Biblical Survey 1", *Evangelical Review of Theology* 34, no 1, Jan 2010.

Zoccali, Christopher, "And So All Israel Will Be Saved: Competing Interpretations of Romans 11.26 in Pauline Scholarship", *Journal for the Study of the New Testament* 30, no 3, Mr 2008.

구미정, "한국 교회와 성적 소수자", 새길교회 새길기독사회문화원 개최 기획토론, 2010. 7. 18.

권연경, "옛 관점과 새 관점의 충돌", 「한국개혁신학」, 제28호(2010).

김경식, "바울은 왜 로마서 2장에서 행위 심판을 말하는가?: 시편 61(LXX)에 대한 바울의 해석 논쟁", http://iktinos.org.
김병훈, "율법주의, 언약적 율법주의, 그리고 은혜언약: '바울의 새 관점들'의 신학적 소재(所在)?", 「한국개혁신학」, 제28호(2010).
김철홍, "현대 바울신학 연구 동향: 바울신학의 새 관점을 중심으로", 「성경마당」(2008).
나용화, "믿음과 칭의에 대한 칼빈의 이해", 「개신논집」, *JSRT* 9(2009).
박영돈, "개혁주의 구원론이 전파되지 않는 개혁교회", http://flvmov.kts.ac.kr(PDF).
이동원, "로마서 강해", word document 다운로드.
이상규, "초기 그리스도인들은 어디서 모였을까? 첫 3세기 동안 그리스도인들의 예배당: 가정 교회에서 바실리카까지", http://blog.naver.com/kaikk/70009424801.
이은선, "종교개혁자들과 바울의 새 관점의 이신칭의의 비교: 칼빈과 톰 라이트를 중심으로", 「한국개혁신학」 28호, 2005.
이진섭, "칭의-성화-영화: 구원받는 순서인가?" 「성경과 교회」 7권, 2009.
______, "로마서와 갈라디아서에 공통적으로 나타난 바울의 율법 이해", 「Canon & Culture」 5/2, 2011.
장인수, "아브라함의 고향 갈대아 우르(3): 성경 시대의 역사 탐방(7)", 「기독교개혁신보」(2009).
조갑진, "로마서에 나타난 성령 이해", 「신학논문총서 신약신학」 25, 2004.
조병수, "로마서 7장에 대한 신학적 해설", 「그말씀」 2000년 6월호.
______, "로마서 9-11장 주해와 적용", 「그말씀」 2000년 7월호.
최갑종, "장로교회와 로마서 이해: 로마서 7장을 중심으로", 「장로교신학회」, 2002.
______, "바울에 대한 '새 관점'의 접근과 개혁신학: '새 관점', 무엇이 문제인가?",
최영현, "소규모 개신교회를 위한 공간과 예배의 탐구: 초기 교회 유형으로서의 Dura-Europos와 이머징 예배를 중심으로", 「종교와 문화」 제28호(2015), 서울대학교 종교문제연구소, 79-107.
최종상, "바울의 삶과 사역에 나타난 개혁주의 생명 신학: 그 원리와 21세기 적용", 「생명과 말씀」 제6권(2012), 17-56.
한국개혁신학회 제28회 정기학술대회, 2010.
홍인규, "바울과 가정 교회", 생명평화 교회론 심포지엄 발제문, 2013.